师兄云系列

投融资那些事儿

2021—2022年

唐寅生　韩济阳　主编

中国财经出版传媒集团
中国财政经济出版社

图书在版编目（CIP）数据

投融资那些事儿.2021－2022年／唐寅生，韩济阳主编.--北京：中国财政经济出版社，2022.7

（师兄云系列）

ISBN 978－7－5223－1262－0

Ⅰ.①投… Ⅱ.①唐… ②韩… Ⅲ.①投资－基本知识②融资－基本知识 Ⅳ.①F830.59②F830.45

中国版本图书馆CIP数据核字（2022）第046499号

责任编辑：郁东敏　　　　责任印制：刘春年
封面设计：陈宇琰　　　　责任校对：胡永立

投融资那些事儿　2021—2022年

TOURONGZI NAXIESHIER　2021—2022NIAN

中国财政经济出版社 出版

URL：http：//www.cfeph.cn

E－mail：cfeph@cfeph.cn

社址：北京市海淀区阜成路甲28号　邮政编码：100142

营销中心电话：010－88191522

天猫网店：中国财政经济出版社旗舰店

网址：https：//zgczjjcbs.tmall.com

北京中兴印刷有限公司印刷　各地新华书店经销

成品尺寸：170mm×240mm　16开　22.75印张　344 000字

2022年7月第1版　2022年7月北京第1次印刷

定价：76.00元

ISBN 978－7－5223－1262－0

（图书出现印装问题，本社负责调换，电话：010－88190548）

本社质量投诉电话：010－88190744

打击盗版举报热线：010－88191661　QQ：2242791300

编 委 会

序一
Preface 1

中国经济发展的速度，是世界格局遭遇百年未见之巨变的关键变量之一。虽2021年中国投融资市场表现趋冷，全行业投资额大幅下降，企业暴雷情况频出，整个融资环境十分恶劣，然而在监管趋严，市场回归理性，人工智能发展，5G迎来元年和技术的不断创新，中国资本市场笑迎新的机遇与挑战。

面临前所未有的挑战，企业争相求变，而不变的是投融资的本质。投资者无非是希望“春种一粒粟，秋收万颗子”，而创业者希望通过“卖企业”，借助资本市场的力量创造更大的价值。二者在本质上都希望抓住超出预期的机会。

《投融资那些事儿（2021—2022年）》立足于投融资市场发展的现状，覆盖人工智能、金融科技、电子商务、在线教育、新零售、新能源等多个行业领域，通过30个备受资本市场关注的知名企业投融资研究案例，借鉴行业相关的公开数据，引领我们去探索和思考这些超出预期的机会。

现阶段，资本市场的谨慎性与避险倾向仍在持续。书中案例背后的分析思路与逻辑框架，提炼出来的未来行业发展趋势和创新型商业模式，对投资者和创业者都极具借鉴意义。

香港中文大学商学院副院长（创新）

麻省理工学院特邀研究员

张晓泉

2022年6月

序二
Preface 2

投融资是国家经济发展的重大动力。自古以来，无论是企业家还是投资者，能够在未来占得先机都是成功的主要因素。市场变化急速，随着中国以致全球的经济发展增速放缓，21 世纪企业投融资需面对更多元的挑战。立足当下，放眼未来的同时，我们也不可以忽略回顾过去的重要性。

唐寅生先生和韩济阳先生主编的《投融资那些事儿（2021—2022 年）》收录了 2021 年中国市场上 30 个被广为津津乐道的投融资案例，所提及的都是与市民生活息息相关的企业，探讨的主题涵盖当前的热点问题。文章语言朴实而简洁，深入浅出地分析案例，探讨市场定位、潜在机遇、企业将要面临的压力和挑战等，协助读者在短时间里获取精简有用的信息，了解市场趋势。

特别欣赏本书采用了由国内在读大学生搜集的材料，以及部分由他们负责撰写之文章。在经济转型的环境下，传统经济与新兴经济既要互相竞争，也要寻求融合。由这批投融界的新力军所撰写的精彩分析，实在不容忽视。本书为读者提供所关注的重点及值得思考的问题的同时，也为培育金融界的未来栋梁贡献了力量。

旧事已过，谁都没办法改变过去的决定，但是我们可以从这些具有代表性的案例中学习，赢得明天。“师兄云系列”丛书《投融资那些事儿（2021—2022 年）》帮助读者掌握最新的投融资实务动态之余，也激发更多投融资者的想象。这是一本富实用性的参考书，我强力推荐给企业领导和 EMBA 学员。

香港中文大学高级管理人员工商管理硕士课程（中文班）主任
亚洲供应链及物流研究中发展办公室主任
杨海仁教授
2022 年 6 月于中国香港

前言
Foreword

如果说，2020年是整个资本市场乃至整个经济体的巨变期，那么2021年则是这个巨变后的适应期，显然，这个适应期，并不那么容易。

由内循环、消费升级带来的新消费，经历了一年的市场追捧最终打破了自己造就的估值奇迹，越来越多的早期消费类项目开始变得无人问津，而从短视频、直播崛起的一众国货品牌的资本化道路也开始变得坎坷。

同样，2020年科技兴国催生的一批硬科技创业团队，却同样在2021年随着科创板的审核力度提升而面临“断粮”危机。

更为客观地来看，面对新的经济与政治环境下的产物，市场变得理性了，从追捧题材转向了更注重投资标地的可持续价值。值得关注的是，这种去泡沫化的速度在这几年外部环境剧烈变化的催化下，也变得越来越快。

2021年同样发生巨变的是互联网行业，受制于行业转型的大政策，几大互联网巨头市值剧烈缩水，给所有身处乃至励志投身于这个辉煌了十多载的行业的年轻人带来了无限的迷茫。

尽管如此，依然不乏互联网业内的翘楚依托自身渠道和流量优势，开始进军科技领域，寻求能够实现华丽转身的机会。

身处巨变，唯有审时度势，方能处惊不变，从容应对。希望本书介绍的各大投资机构在2021—2022 年的投资案例，能够给读者朋友们一些应面对危与机时的思考与启示！

唐寅生
2022 年 6 月

目录
Contents

No. 1

Keep：专注健身“小白”的“行业破局者”

主笔：陈雨杨　上海财经大学

交易概述：

运动科技公司 Keep 于 2021 年初宣布完成 3.6 亿美元 F 轮融资，投后估值 20 亿美元，距离 2020 年 5 月 Keep 上一轮融资时的 10 亿美元估值翻了 1 倍。本轮融资由软银愿景基金领投，高瓴资本、蔻图资本跟投，GGV、腾讯、五源资本、时代资本和 BAI 资本等老股东也追加了投资。

自 2015 年 2 月 4 日上线至今近 6 年时间里，Keep 已累计进行 8 轮融资，融资额超过 6 亿美元（见图 1）。截至目前，Keep 运动消费品年销售额已实现 100% 年增长，成为新锐国货运动品牌。本轮融资过后，2021 年 Keep 还将针对跑步机、运动手环等智能硬件进行迭代升级，持续优化运动小器械品类，并推出更符合中国消费者肠胃的健康食品。

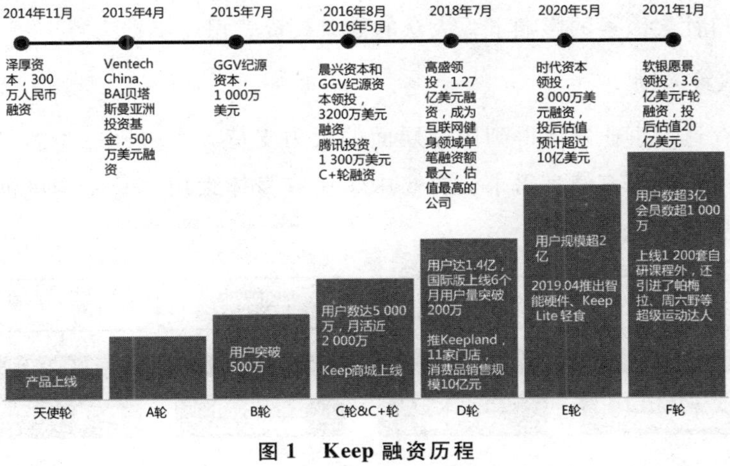

图 1　Keep 融资历程

资料来源：公开资料整理

一、中国运动健身市场：在多种利好因素的作用下已具有一定用户基数，且增长势头向好规模和发展趋势

我国经常参加体育锻炼的人数逐年增长，到 2020 年，中国的体育人口有望达到 4.35 亿人（见图 2）。庞大的基数和持续的增长，无一不展示出中国运动健身市场的蓬勃态势。

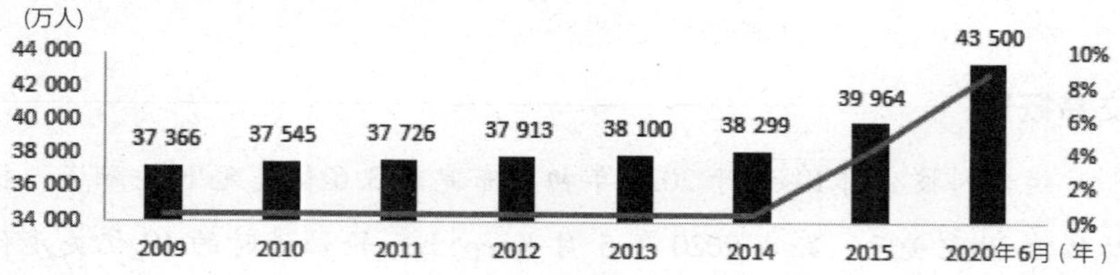

图 2　2009—2020 年中国经常参加体育锻炼的人数

资料来源：易观、国家体育总局

（一）社会人口因素

截至 2017 年，城镇居民人均可支配收入达到 36 396 元，人均消费支出为 24 445 元，大众消费力和消费意愿逐年上升。同时，根据艾瑞咨询的统计结果，从 1992 年到 2015 年，中国肥胖率从 3% 上升至 12%，已经成为世界第一肥胖大国。在“生活水平提高”“肥胖问题严重”“亚健康普遍”等诸多人口社会因素的影响下，大众的健康投资意识逐步觉醒。

（二）政策激励

体育运动事业发展得到国家层面的大力支持，力求进一步满足人民群众日益增长的体育健身需求，提高中华民族身体素质，并将全民健身上升为国家战略（见图 3）。

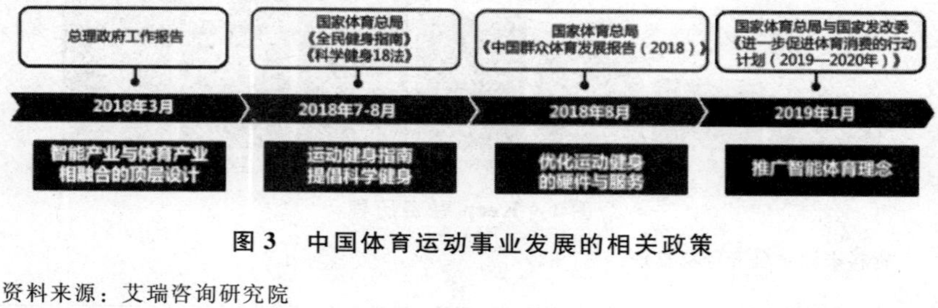

图 3　中国体育运动事业发展的相关政策

资料来源：艾瑞咨询研究院

（三）疫情影响

新冠肺炎疫情期间，浙江省对21 118名居民进行了问卷调查，81.54%的居民进行了健身活动，82.5%的居民认可了居家健身的必要性（见图4）。强身健体提高免疫力的意识不再停留在口头上，而是被越来越多的人实践起来。

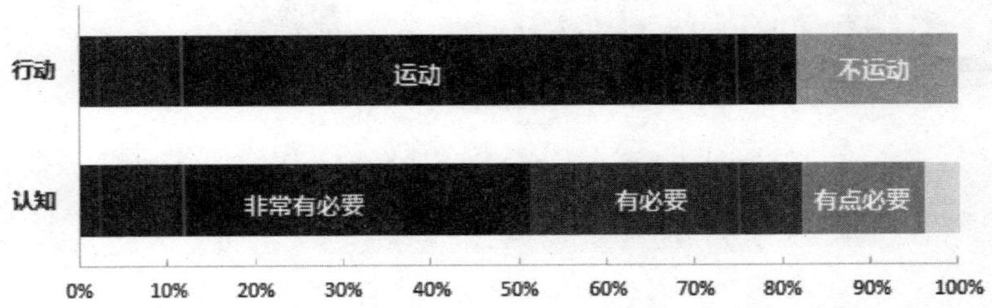

图4　疫情期间浙江省居民居家健身状况调研结果

资料来源：国家体育总局

（四）想象空间

我国一线城市的健身人口渗透率仅为3.9%，对比发达国家（美国为20%，英国为15%，日本为8%）仍有较大提升潜力。此外，随着互联网的普及和科技进步，运动健身的方式愈发多样，健身资源的获取愈发便捷，中国健身市场由此具有更为广阔的想象空间。

二、产业链价值分析：传统运动健身行业服务层缺失，服务升级将成为行业增长核心力量

上游的资源层一直以来都是行业重心，场景和用品的开发较为成熟。服务层作为传统运动健身行业相对缺失的一环，水平参差的课程教练和良莠不齐的课程内容，长久以来都饱受用户诟病。该层是行业增长的核心力量，也是当前企业商业模式转型和用户消费点挖掘的突破口。衍生服务层中，赛事、活动和体育旅游等与运动健身行业联系紧密的交叉领域，可能会诞生行业新的增长点（见图5）。

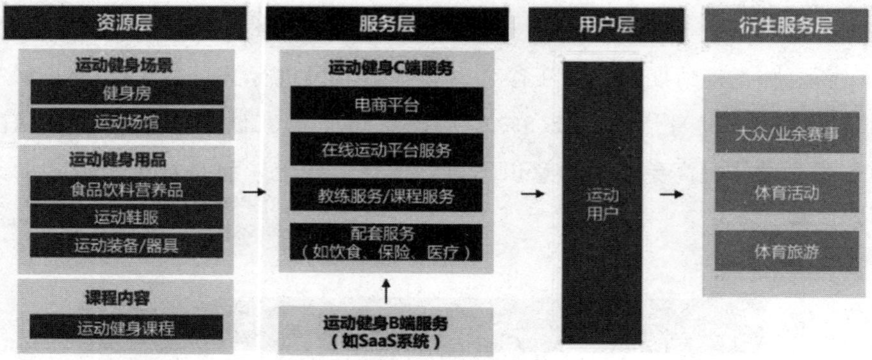

图5　中国运动健身产业链（2018年）

资料来源：艾瑞咨询研究院

三、商业模式分析：市场迅速膨胀但服务缺乏，专注服务的线上APP萌生破局机会

线下运动健身场馆受益于诸多利好因素，2019年中国18大城市健身房行业规模扩增到了337亿元，健身房总数达2.8万家，健身房会员总数达879万人，会员渗透率达3.9%，行业保持稳定增长势头。

然而该模式发展早、玩家多、重资产，且具有盈利模式固定（办卡、私教）、服务体系欠缺等问题。面对2020年初疫情的冲击，线下健身房的进店客流大幅下降，尽管后期复工使得经营回暖，但疫情的反复仍带来了较大的经营风险（见图6）。

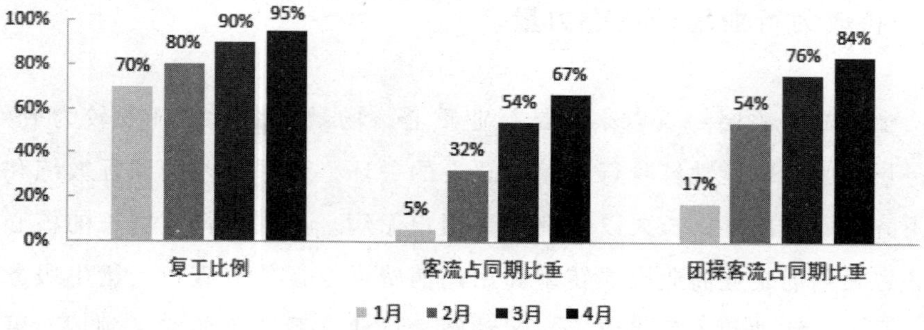

图6　2020年上半年中国健身房行业平均复工及客流情况

资料来源：前瞻产业研究院

线上运动健身 APP 和线下运动场馆类似，近年来在线健身用户规模也在不断扩大。同时疫情为线上 APP 带来了正向影响，用户数量和用户活跃度显著上升（见图 7）。

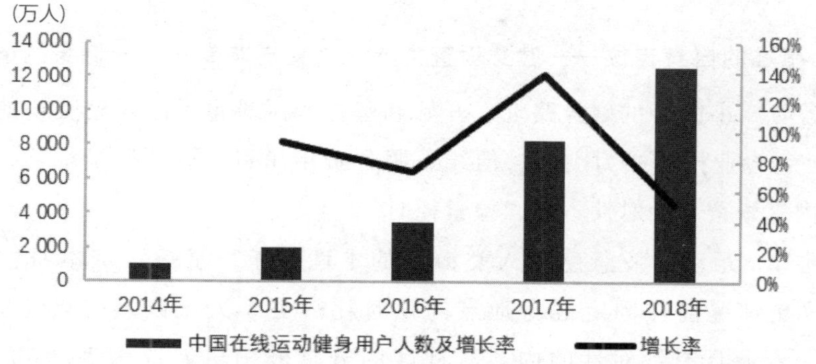

图 7　2014—2018 年中国在线健身用户人数及增长率

资料来源：易观、前瞻产业研究院

数据显示，2020 年我国健身运动类 APP 的 MAU 较上年同期快速提升，疫情初期甚至达到了 20% 和 24%（见图 8）。中国下沉市场的海量用户和其对实惠便捷健身服务的需求，也为线上 APP 提供了机遇。

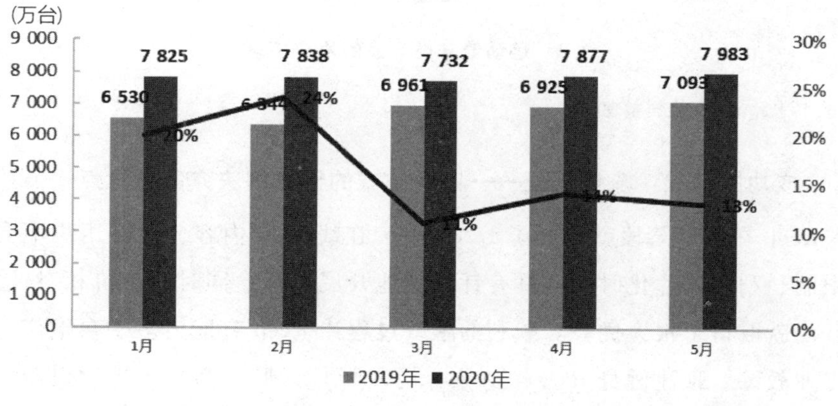

图 8　2019—2020 年 1—5 月中国健身类 APP 的 MAU 对比

资料来源：易观、前瞻产业研究院

四、Keep 的商业模式——从内容切入逐步拓展服务范围，深耕非专业人士的健身需求

（一）精准的自身定位——健身垂直类 APP，直击非专业人士健身的痛点

运动“小白”的健身路上，开始和坚持都困难重重。运动受伤的巨大风险使得专业指导成为刚需，但线下服务费用昂贵、服务质量堪忧，线上 UGC 内容繁杂、针对性不强、检索耗时。

此外，运动的疲惫感和人类懒惰的本性相矛，坚持锻炼本身就具有难度，更何况前往固定健身地点的耗时耗财更令人难以接受（见图 9）。所以，专业且有针对性的内容、社区的分享鼓励机制成为 Keep 的“破局点”。

图 9　运动健身类产品的用户痛点

资料来源：公开资料整理

（二）成功的基础：流量保证——以一站式的健身解决方案为卖点

Keep 在初始阶段就研制了 1 200 多套在线 PGC 内容，允许用户不受场地限制、利用碎片化时间、具有针对性地开展训练；同时，售价相对低廉，在开局就取得了很大优势。顺利的融资过程让 Keep 有能力多平台推广，邀请专业教练、顶流健身 IP（帕梅拉、周六野）入驻，为平台持续引流。此外，配合便携设备记录运动数据，社区分享、用户间相互鼓励坚持的机制，进一步增强 Keep 的用户黏性（见图 10）。

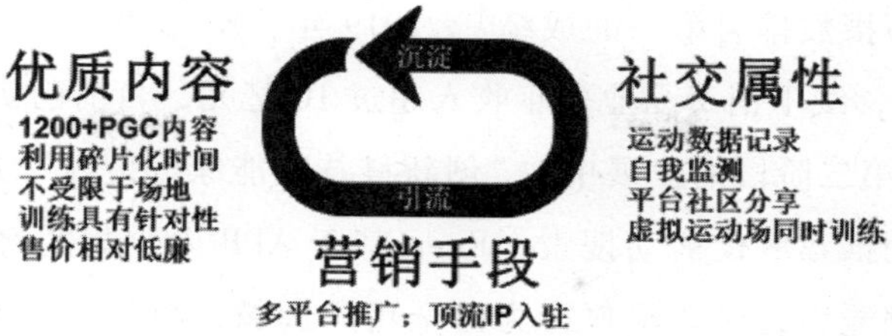

图 10　Keep 的流量正循环

资料来源：根据公开资料整理

（三）商业化拓展：围绕非专业人士需求稳步推进

据统计，截至 2021 年 2 月，Keep APP 在安卓系统手机上的累计下载频次达到了 18.9 亿次，并在 Apple Store 上获得了高达 4.9 分的用户评分（满分为 5 分）。在经历了流量的快速积累后，用户增速开始放缓，Keep 进一步挖掘存量用户需求。在线上 Keep 持续扩充 PGC 内容，吸引更多达人创作者进驻；在线下围绕“吃穿用练”布局运动消费品，陆续开发了家用智能运动硬件、健身器材、健康食品等品类，还开设了线下健身房 Keepland（见图 11）。

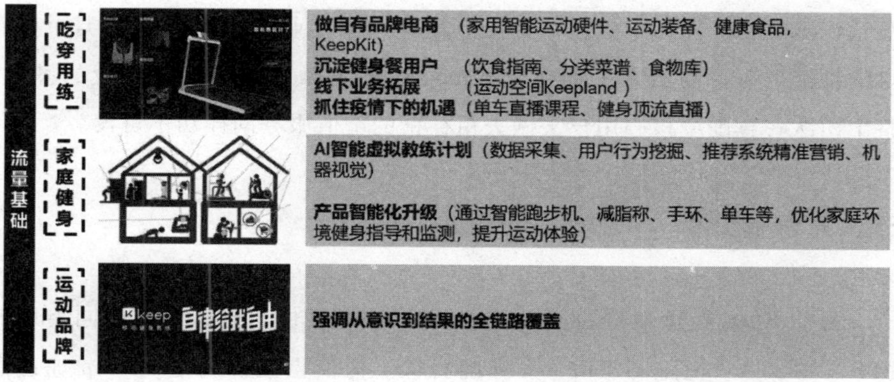

图 11　Keep 以流量为基础的商业化拓展场景

资料来源：根据公开资料整理

其中 Keep C1 家庭智能动感单车在 2020 年 11 月 1 日当天的单品成交额就超过了 1 000 万元，而加宽健身垫则在天猫和京东两大平台均取得瑜伽垫类目商品交易指数排名第一的成绩[①]。2019 年，Keep 线上业务全年营收同比增长 286%，线下消费品业务年收入超过 10 亿元，目前已实现整体盈利。

在 Keep 第二阶段的发展中，“创新科技赋能家庭健身”这一概念被付诸实践。主动推荐取代被动搜索，Keep 基于 APP 内收集的海量用户数据，加强数据挖掘能力，研究用户行为健全用户画像，再根据内容特征提升分发精度，为用户带来个性化的精选内容。同时，Keep 推出了 AI 智能虚拟教练计划，尝试优化传感器或摄像头的数据采集能力，并开发机器视觉捕捉人体动作反馈，从而实现智能硬件（智能跑步机、减脂称、手环、单车）的升级换代，优化家庭环境健身指导和监测，提升运动体验。此外，在全球疫情大背景下的 2020，Keep 还推出了单车直播课，开创了又一家庭场景下的健身交互方式。

目前阶段的 Keep 在探索盈利模式优化的同时，强调运动健身从意识到结果的全链路覆盖，力图成为“新一代运动品牌”。

回顾 Keep 的发展：优质内容引流，社交属性沉淀用户，围绕需求拓展业务，最终建设品牌效应。这一成长路径大家耳熟能详，Keep 能够用新瓶装旧酒的方式在运动健身赛道上取得今日的成绩，不仅归功于它在全民健身意识觉醒初期抓住了机遇，更在于其对“非专业健身者”这一类用户痛点的精准把握。创始人王宁在减肥成功时的见微知著奠定了创业的基础，整个团队一直围绕核心用户去做去粗存精的增值服务同样功不可没。

五、竞争者分析

目前 Keep 在运动健身类 APP 中位于领跑地位，遥遥领先于同类型的 APP，如咕咚、悦跑圈、fit、火辣健身等。但值得注意的是，Keep 加速商业化后的用户使用时长呈下降趋势，像每日瑜伽这种专注细分领域的垂直类 APP 和以乐刻为代表的智能连锁品牌、以超级猩猩为代表的团课，正在不断分走 Keep 的付费用户。

---

① 周天财经，2020，运动健身大赛道的破局点，来了 . https：//baijiahao. baidu. com/s? id = 1683046364473415692&wfr = spider&for = pc。

六、流量 APP 的变现思路

Keep 的发展逻辑是先用免费内容积累流量，再将业务流量变现。如上文介绍，如何在尽可能避免用户反感的前提下商业化，Keep 在诸多方面都进行了尝试。首先，Keep 凭借巨大的用户量和复杂的数据维度所带来的媒体价值，已与阿迪达斯、安德玛等多个品牌的合作，建立了广告连接。其次，Keep 通过试水明星、草根大 V 直播进行课程售卖，在 APP 会员和付费课程研发方面收获了现金流的正向反馈。

互联网流量的广告变现是经过长期检验的成熟模式，APP 会员和付费课程也已成为普遍的变现手段。从图 12 可以发现，目前 Keep 的最大营收来源是运动消费品的售卖收入。Keep 合伙人刘冬称："现在 Keep 的营收结构里，第一大营收来源是运动消费产品，但线上业务贡献了最多利润。"但不可否认这一项增值服务拓展仍是成功的尝试。

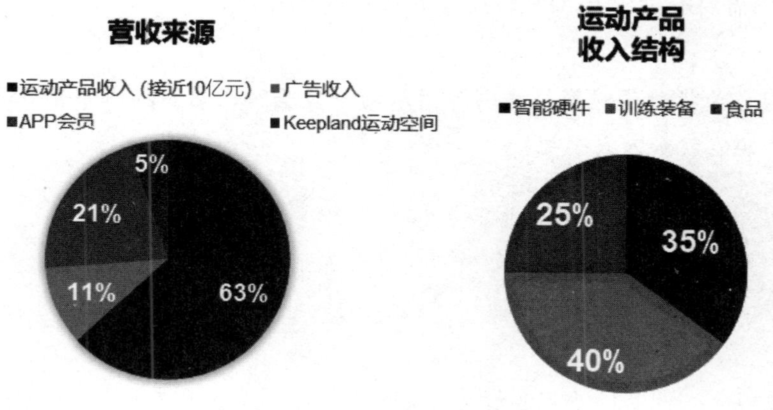

图 12　Keep 的营收来源及运动产品收入结构

资料来源：公开资料整理

不过 Keep 线下运动空间 Keepland 的表现并不理想。据资料称："2020 年是 Keep 重新梳理战略、明确不同业务所处不同阶段的一年。线下运动空间 Keepland 在探索到新的商业模式前，暂时不会再大规模扩张，而包括智能动感单车、跑步机、健康食品等消费品业务仍会是接下来商业化的重点。"对此，何康瑞评论："Keep 的基因是一个互联网公司，它的长处在于线上用户的运营以及一整套服务，而线下传统的生意要遵循线下的商业逻辑，不应该用别人的长板去打自己的短板。未来要想贯穿到线下必须要找值得信赖的合作方，它更应该做成一个大的平台，链接各种授权的供应商。”①

Keep 在挖掘用户需求的同时，也在尝试着“引导需求”。比如 Keep 那句经典的 slogan“自律给我自由”，就成功地把用户自律运动这一行为与追求自由人生的追求联系了起来。相比起生硬地贩卖情怀，像 Keep 这般洞察青年人心态后提炼出社会风向，再结合产品生动地传播情怀，是值得学习的营销方式。

七、风险提示

在探索商业化路径的道路上，Keep 似乎还没有得到正确的答案，这一点势必也会让资本市场对其持续盈利能力产生一定的疑虑。长久来看，Keep 仍需要解决线上 APP 转投线下的盈利难题。

想成为投融资观察报告创作团队的一员吗？微信扫描本书第 352 页二维码，现在就加入我们吧！

① 中国日报网，2019，多轨并行 Keep 蓄力变现，https：//baijiahao. baidu. com/s？ id = 1642370861135474948&wfr = spider&for = pc。

No. 2

Rokid（若琪）：从智能音箱到AR眼镜，万物互联时代下窥探虚拟世界的“眼睛”

主笔：张鹏洋　上海财经大学

交易概述：

2021年7月2日，Rokid（若琪）完成新一轮由海通证券和若干核心产业投资人共同助力的数亿元人民币的战略融资。本文旨在通过介绍公司业务及其核心团队情况，探讨其所在的智能音箱以及AR眼镜行业赛道的发展现状，相对竞品表现出的核心竞争力，以及其未来的发展趋势。

一、Rokid（若琪）——向“服务十亿用户的全球交互风向标公司”迈进

Rokid成立于2014年7月，是一家专注人机交互技术和人工智能软硬件产品开发的科技创新型企业。成立之初，Rokid研究团队便在人工智能的研究探索和产品设计的道路上不断摸索。2016年2月完成了Rokid第一代产品的试产，推出智能陪伴机器人。2017年，Rokid进入智能音箱市场，于2017年5月推出高品质智能音箱。2018年，Rokid在迭代智能音箱产品的同时进入AR眼镜行业并在随后的三年里深耕于该赛道进行产品的创新与迭代。如今Rokid的产品涵盖智能家庭机器人、智能音箱、增强现实（AR）眼镜以及人工智能应用与服务。纵观Rokid的发展历程（见图1），

其从 Home AI（家庭服务）到 Portable AI（便携式 AI）再到 Personal AI（个人人工智能）的发展路线非常明朗。

图 1　Rokid 发展时间轴

资料来源：公司官网

Rokid 拥有国际领先的自主人工智能技术研发和创新能力，核心技术包括语音识别、自然语言处理、图像识别、光学显示等。秉持着“每一步都在离成为每天服务十亿用户的全球交互风向标公司更近一些”的理念，Rokid 致力于将先进的 AI 和 AR 技术与行业应用相结合，通过提供高效的解决方案为不同垂直领域的客户赋能，用坚实的技术力量推进产业发展。

二、公司治理——Rokid CEO 祝铭明：人工智能领域的抢跑者与长跑者

要成就一家与众不同的公司，尤其是新科技公司，一个特立独行的 CEO 就是灵魂。Rokid 创始人兼 CEO 祝铭明毕业于加州大学伯克利分校，是前阿里巴巴 M 工作室领头人，负责深度学习、视觉和自然语言处理的研发。他是 Rokid 的灵魂及投资者投资 Rokid 的最大关键点。

（一）敏锐的眼光——比大多数人更早地看到人工智能产品的市场潜力

2016 年 10 月 8 日，祝铭明写下了一篇自述《在自己选择的路上，寒冬只是另一种风景》，其中提及他的创业经历：“2010 年 6 月，我们作出决定把创办的一个小公司卖给了阿里巴巴，我自己也带领团队加入阿里。记得那时候有一次和老板聊天，他问我：‘如果我们不买下你的公司，你会怎么继续走下去？’我回答他说：‘应该会做人工智能产品有关的探索。’当时大家也就觉得是句玩笑话。在阿里工作 4 年后，2014 年我提出离职申请，

老板找我谈话，问我有什么想法。我回答说：‘4 年前我就告诉你了’。我还告诉他，阿里给了我足够的空间和自由做我自己认可的方向探索，之所以要离开，因为接下来的两到三年后，人工智能会有突飞猛进，我们必须提前起跑才能在那时候有能力和实力强的企业同台演出。”

2014 年是投资热潮年，大量的 O2O、社交、电商和智能硬件公司获得资助和关注，但当时人工智能是一个非常冷门的创业方向。而祝铭明准确地判断出了人工智能技术在未来的发展潜力及广泛的应用场景，在整个人工智能领域处于蓝海市场时进入赛道创办了 Rokid。先入者的优势使 Rokid 在这些年积累了技术以及和运营商的良好关系，为日后产品的创新与转型提供了保障。

（二）丰厚的人脉资源——国际领先的技术研发团队及知名机构的资本支持

公司成立之初，祝铭明就凭借其之前创业经历及在阿里巴巴工作时期积累的人脉资源组成了 Rokid 自己的研究团队。团队成员均来自头部互联网公司，有较强技术背景和工作经验（见表 1）。高水平的研究团队为 Rokid 打造高水准产品奠定了基础。

表 1　Rokid 团队成员简介

团队核心成员	职位	简介
祝铭明	CEO、创始人	前猛犸科技创始人，前阿里巴巴 M 工作室负责人，浙江大学计算机专业
向文杰	副总裁、产品技术中心负责人	负责 Rokid Glass 的产品、技术和生产工作，前阿里云 OS 高级产品经理，淘宝电影产品负责人
张信扬	首席运营官	负责公司经营与集团战略管理工作，通信领域专家，前中国电信杭州分公司高管，北京邮电大学应用电子技术专业
周军	首席科学家	前三星半导体（中国）研究所所长，南京大学电子科学与工程系博士
王俊杰	AR 系统负责人	芯片系统专家，前三星半导体研究所工程师
管亮	光学行业专家	负责光机的研发和生产工作，斯蒂文斯理工学院物理光学专业硕士

资料来源：公开资料整理

在融资方面，祝铭明的背景也为公司资金的运转带来了极大的便利。2014—2015 年，人工智能仍是一个非常冷门的领域，以至于 Rokid 都没有打算公开寻求风险投资机构的支持。在天使轮中，解决黑森林阶段 Rokid 融资难题的便是祝铭明的人脉，包括他的学长、前 91 的 CEO、MFund 的胡泽民；他的老领导、阿里 18 个创始人之一的吴泳铭；好友北极光投资的姜皓天；线性资本的王淮和张川；带来知名基金 IDG 资金的好友楼军。

高新技术企业需要大量研发支出，而资金成为整个公司运作过程中极其重要的一环。正是祝铭明在前期的创业经历以及在阿里巴巴的人脉积累，使得他自带光环，在人工智能赛道仍处于不确定的状态之时吸引投资方，而日后这些投资方都在 Rokid 后续的融资轮次中有追加投资，为 Rokid 的运营提供了强有力的资金保障（见表 2）。

表 2　**Rokid 融资历程梳理**

融资轮次	融资时间	投资方	融资金额	估值
D 轮	2021-07-03	海通证券	数亿元人民币	—
C 轮	2018-01-18	淡马锡 CDIB Capital IDG 资本 瑞士信贷	1 亿美元	10 亿美元
B 轮	2016-10-09	尚珹投资 华登国际 MFund 魔量资本 元璟资本 线性资本 IDG 资本	5 000 万美元	4.5 亿美元
A 轮	2015-04-12	华登国际 MFund 魔量资本 元璟资本 线性资本 IDG 资本	数千万美元	—
天使轮	2014-08-01	MFund 魔量资本 元璟资本 线性资本 IDG 资本	830 万美元	—

资料来源：IT 桔子

三、产品——从智能音箱到 AR 眼镜

（一）我国智能音箱产业

在经济发展及居民消费水平不断提升的背景下，智能化产品逐渐普及，智能音箱作为智能产品的主要分类，发展态势良好。2015—2020 年，中国智能音箱行业市场规模由 2.0 万台增长至 6 034 万台。在随着中国互联网巨头接连进入市场，智能音箱在中国的普及度迅速提升，智能音箱消费者受众面不断扩大，推动智能音箱行业发展。

（二）Rokid 智能音箱的发展态势

Rokid 在 2015—2016 年我国智能音箱的兴起之初便涉猎该领域，但其产品始终不温不火。供给端上，随着互联网巨头的接连进入，百度、阿里、小米这三大巨头凭借旗下产品和音箱有互补作用的优势，占据约 90% 的市场份额，头部集中的态势使得其余厂家很难在体量上有大幅突破；需求端上，智能音箱作为音频播放的载体，对于 B 端及 C 端并非刚需，可替代性较强。此外，随着近些年来音频的渗透率趋于稳定，以音频为载体的智能音箱产业也难以维持前些年的高增长率。

当供给端及需求端都不利于 Rokid 音箱产品的发展，且其在行业内没有明显的竞争优势时，Rokid 逐渐转型从音频载体过渡到视觉的工具——AR 眼镜。而 Rokid 在智能音箱中所运用的语音识别、命令识别等技术，以及与运营商之间建立的良好关系，都为他在 AR 眼镜的赛道上做出高质量的产品提供了坚实基础。

四、硬件产品——AR 眼镜

（一）AR 行业概况

增强现实（Augmented Reality，AR）技术是一种将虚拟信息与真实世界巧妙融合的技术，通过将虚拟建于现实之上，在现实的开放场景下，输出相关视频等内容，同时需要与当前场景进行实时交互。

AR 行业经历高开低走，全球出货量从 2017—2019 年经历了先降后升的情形（见图 2）。2020 年由于疫情以及“宅”经济的影响，AR 行业也迎来了增长。2020 年出货量为 40 万台，同比增长 33%。2021 年预计出货 70 万台同比增长 75%（见图 3）。在这几年中，AR 产品策略从 C 端转向 B 端，目前 AR 应用仍以 B 端为主。根据华泰证券的测算，2030 年全球 AR 出货量将达到 12 652 万台，2020—2030 年 CAGR 能达到 83.9%；2030 年市场空间将达到 2 430 亿美元，2020—2030 年 CAGR 能达到 41.9%。

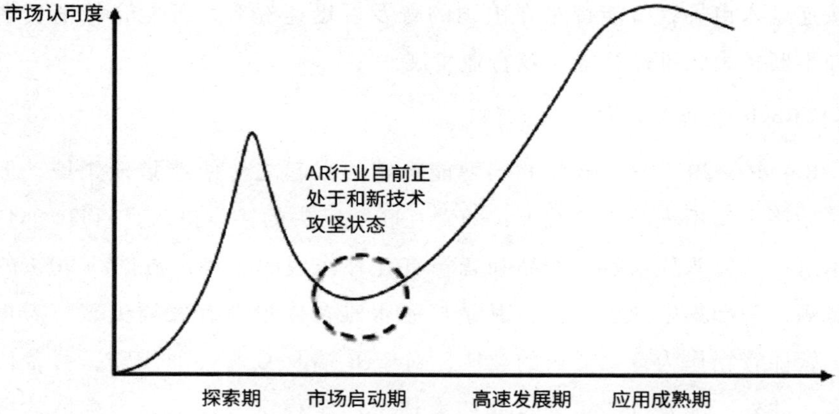

图 2　AR 行业发展时间轴

资料来源：华西证券研究所

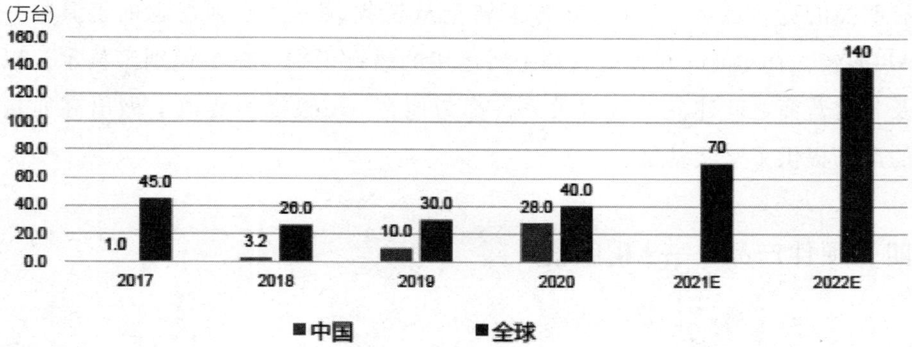

图 3　AR 出货量预测

资料来源：IDC、VR 陀螺、华西证券研究所

1. AR 上游

AR 的上游核心技术还并不成熟，诸多技术环节还在研发阶段，其中主要包括了如表 3 所示的几个方面。

表 3　　　　AR 上游核心技术情况

处理器	显示	光学	感知交互
（1）高通芯片一家独大 （2）目前 AR 眼镜处理器基本以传统手机使用的高通骁龙 8 系列、以及高通 XR 系列为主配	多种显示屏幕共存 LCOS、硅基 OLED、DLP 三种屏幕共存	多种光学方案共存自由曲面、Birdbath、光波导植镜方案共同存在	SLAM 开始普及部分 AR 眼镜开始搭载计算机视觉模组，当前 AR 镜方案基本是 IMU + 单双目融合为主，具备了 SLAM、环境理解、图像识别等 AR 能力
（1）国产芯片保留希望 Rokid Glass 2 搭载了中国品晨半导体 AI 芯片 （2）Dream Gass 4K 使用了璃芯徽的 GPU	Micro - LED 是未来 Micro - LED 毫亮度、低延时、低功耗等优点将成为 AR 眼镜的微显示屏幕的未来选择	光波导 + Micro - LED 波导被认为是消费级 AR 眼镜光学方案的黄金搭档	手势识别逐步具备 搭载了计算机视觉模组的 AR 眼镜部分开始具备动作捕捉，手势识别功能

资料来源：VR 陀螺、华西证券研究所

微显示：因为 AR 大多在外部环境中使用，需要采用亮度很强的微显示产品。目前 Micro - LED 是最理想的解决方案。但 Micro - LED 还处在技术攻克阶段，从衬底外延材料、单片集成到驱动，目前都没有成熟的解决方案。

光学：目前主要方案有自由曲面、Birdbath、光波导的方案，目前看衍射光波导方案是未来主流方案。

主芯片：目前行业主要使用高通骁龙 8 系列芯片，目前市场还没有专门为 AR 设备设计的主芯片。

2. AR 下游

AR 的下游应用还处在探索阶段，在 C 端还没有找到杀手级应用。目前大部分应用主要集中在目标识别，多用于行业解决方案（见图 4）。

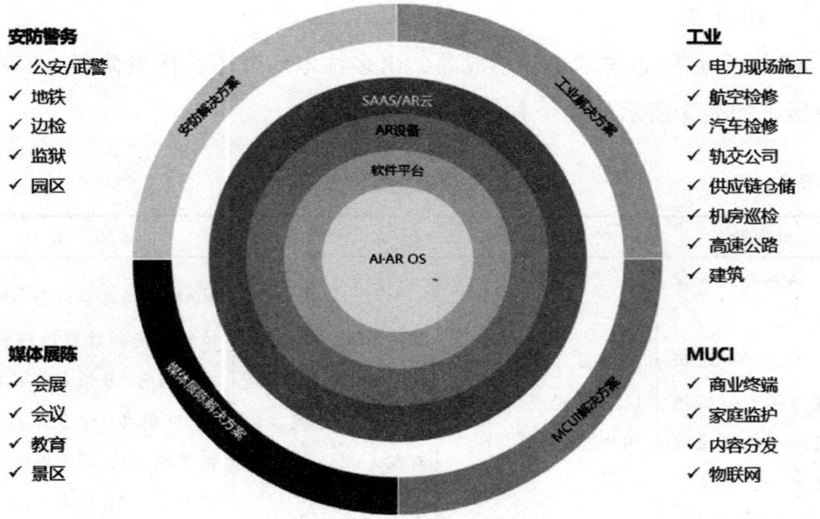

图 4　Rokid 的 AR 眼镜商业化模式及应用场景

资料来源：公开资料整理

（二）AR 和 VR 的区别

VR 和 AR 是两种不同形态的产品。VR（Virtual Reality）指虚拟现实，利用计算机模拟虚拟环境给用户带来沉浸感，是一种创建与体验虚拟世界的仿真系统。VR 中不包含真实信息，用户将自己的意识代入一个虚拟的世界。AR（Augment Reality）指增强现实，是一种将虚拟信息融合叠加在真实世界上的技术，利用计算机将文字、图像、三维模型等信息仿真后应用到现实世界中，虚拟信息与真实信息互相补充，实现对现实世界的“增强”作用（见表 4）。VR 和 AR 统称 XR（Extended Reality）。

表 4　AR 与 VR 的比较

比较	VR	AR
属性	纯虚拟场景	虚拟与实景的结合
设备	多配有位置追踪器、数据手套、动作捕捉系统、数据头盔等	一般都配置 3D 摄像头的产品都可以进行 AR 体验
技术	VR 的核心是 Graphics 的各项技术的发挥，目前在游戏领域应用最广，最为关注的是沉浸感，对 GPU 性能要求较高	强调复原人类的视觉功能，应用了很多 Computer Vision 的技术对真实场景进行 3D 建模再处理，重视 CPU 的处理能力

续表

比较	VR	AR
上游核心技术	处理器、显示、光学、追踪定位	处理器、显示、光学、感知交互
应用场景	多用于游戏、娱乐以及教育社交等领域	偏向于与现实交互，适用于生活、工作、生产等领域
下游生态展望	（1）VR产品主要分为主打观影的高清观影VR和主打游戏的沉浸式VR（2）未来的应用多局限于娱乐领域或是纯模拟的状态	目前对AR未来的定位有两个：一是手机屏幕的延伸，替代手机里将近一半的应用；二是直接替代手机，成为下一代计算中心

资料来源：公开资料整理

（三）Rokid旗下AR眼镜应用场景

Rokid的AR眼镜产品系列见图5。

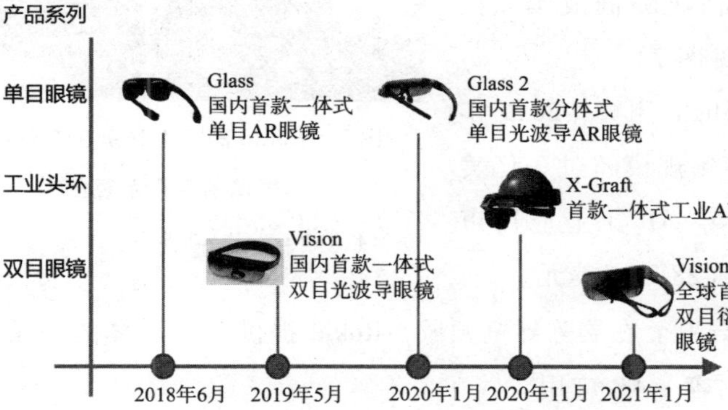

图5　Rokid的AR眼镜产品系列

资料来源：公司官网

1. B端应用场景

（1）安防警务。Rokid专为防疫抗疫自主研发的一套基于AR眼镜的红外测温解决方案，集成了红外热成像技术、AI智能算法和AR显示技术，实现安全、准确、高效地远距离体温测量，满足体温筛查、防疫控制、治安防控等需求，助力“后疫情时代”的安全复工复产（见图6）。

图6　Rokid的AR眼镜在安防警务领域的应用示意图

资料来源：公开资料收集

人体体温快速筛查将有百亿级以上的市场需求，据 Maxtech International 统计，随着红外监测产品在医疗、安防、车载、电力等行业应用的逐渐增多，2023 年全球市场有望达到 74.7 亿美元。除测温外，Rokid Glass 还可以为警察提供人脸识别、执法记录、实时追踪、远程指导等能力，帮助提高警方和安防人员工作效率和协同能力。

（2）工业制造。Rokid 专为工业制造行业打造的基于 AR 眼镜的远程专家协作系统，具备第一视角的操作培训与实时的专家指导，通过屏幕共享、截图标注、工业白板、视频录制等形式，让远程的专家能通过 AR 眼镜实时指导一线人员实地操作，有助于提升员工生产力、工作效率和客户满意度，服务企业实现数字化转型，协助企业降低成本，提高经济效益（见图 7）。

图 7　Rokid 的 AR 眼镜在工业制造领域的应用示意图

资料来源：公开资料收集

根据 Greenlight 测算，2019 年 AR 工业应用市场规模超过 3 亿美元，预计 2023 年 AR 工业应用市场规模有望达到 28.5 亿美元。

（3）展陈导览。在展陈导览领域，Rokid 提供三位一体的一站式服务：AI 引擎 + AR 内容 + AR 应用。

- AI 引擎：拥有语音识别、语义理解、图片识别、物体识别、文字识别、人脸识别等多种人工智能算法。通过深度学习实现展品自动识别，了解用户意图等功能，为各类应用场景的实现提供强大的 AI 引擎。
- AR 内容：支持文本、图像、音频、沉浸全息视频等多种媒体形态，让展品变得栩栩如生。集语音、触摸、头控于一体的交互体验，将传统的导览转变为令人身临其境的难忘旅程。
- AR 应用：利用 AR 眼镜的图片识别、物体识别功能，基于展品所在真实世界空间位置，特别制定增强互动体验，丰富展厅的内容；提供室内导航、步行 AR 导航和路线规划能力，利用增强现实技术把导航场景投射到真实世界，设定最优游玩路线；提供 AI 环境增强、虚拟人物导览、TTS 拟真等服务，呈现特别定制的音视频画面、物体 3D 模型、虚拟人物形象等数字化视觉效果；为展厅沙盘物理空间构造数字孪生的数字化沙盘，透过 AR 眼镜在真实的物理展厅还原遗址、园区、道路等信息，更立体地呈现从宏观全貌到微观系统的运行过程。多人共享数字化沙盘，提供个性化信息以及虚实结合互动。

展陈导览方案有望运用到全国的一级博物馆中（见图 8）。目前 Rokid 的核心客户有良渚博物馆、三星堆博物馆，预计未来全国具备开发潜质的一级博物馆超过 103 家。

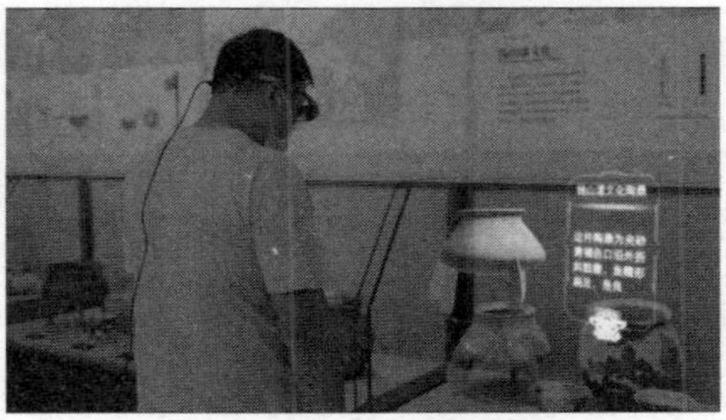

图 8　Rokid 的 AR 眼镜在展陈导览领域的应用示意图

资料来源：公开资料收集

2. C 端应用场景

（1）MR 眼镜。Rokid 为 C 端用户研发出一款消费级的 MR 眼镜 Rokid Vision。其采用了分体式的设计，可以通过 USB－C 数据线连接多种类型的移动设备，无须在 MR 眼镜内部集成 CPU、GPU 以及电池模块，从而大大降低了眼镜自身的重量，改善了消费者的佩戴体验。此外，Rokid Vision 能够连接手机等移动设备，共享终端庞大的软件生态（见图 9）。

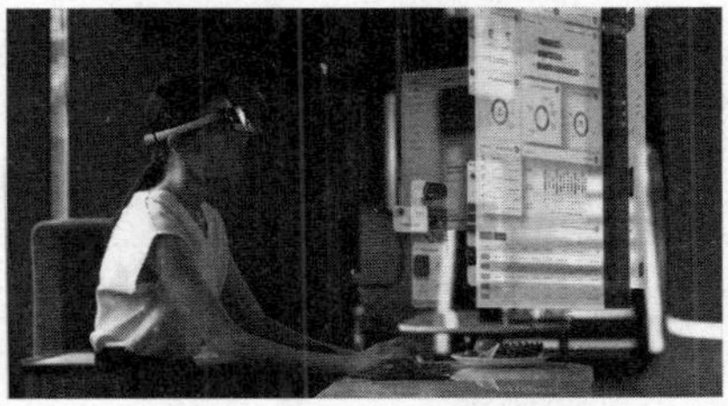

图 9　Rokid Vision 在 C 端的应用示意图

资料来源：公开资料收集

（2）多通道交互（MCUI）。Rokid 智能家居生态平台是基于 Rokid－IoT 技术，垂直于智能家居方向，提供覆盖设备注册、管理、控制、联动等全生命周期的一站式解决方案。帮助智能家居厂商更快捷地使用设备云服务，帮助音箱、电视等终端厂商，快速实现智能化转型（见图 10）。

图 10　Rokid 在智能家居领域的应用

（四）Rokid竞争优势

1. 海思芯片

2020年5月，Rokid正式宣布加入海思的XR芯片平台，与华为海思达成战略联盟，由华为海思独家为Rokid供应芯片。双方一起优化了XR芯片平台专用算法和方案，对语音、视觉、环境感知等AI计算能力做了大量优化工作，完成了多路视频编解码的高分辨率低延时设计，从芯片规格、系统软件和云端服务多个层面，为XR行业提供AI交互和多人协同等核心基础能力。

海思XR芯片在该领域属于很高水准，且海思芯片的应用使得Rokid旗下AR眼镜能实现全部零件国产化，无须依赖进口芯片（竞品比较见表5）。这对于军工、铁路、石油、电力等涉及国计民生或是国家信息安全方面具有重大的战略意义。这一特性也使得Rokid能获得中国石油、国家电网的青睐。

表5　Rokid的竞品比较

公司	产品	重量	待机时间	FOV	芯片	光源	显示原理	应用场景
Rokid	Rokid Vision	120g	3—4h	40°	海思XR芯片	LCoS	阵列光波导	C端为主
	Rokid Glass 2	90g	5—6h	33°	骁龙835	LCoS	阵列光波导	B端为主兼有C端
微软	HoloLens 2	566g	2—3h	52°	高通骁龙850	LCoS	衍射光波导	B端
Vuzix	Vuzix Blade	90g	2—12h	28°	ARM A53	DLP	半透半反	B端
RealWear	HMT－1Z1	不详	8—10h	20°	高通骁龙625			B端
Nreal Light	Nreal Light	88g	数小时	52°	骁龙845	Micro OLED	自由曲面	C端为主
亮亮	GLXSS ME	33.4g	4—10h	20°	Movidius Myriad 2	OLED	阵列光波导	B端、C端
	GLXSS SE	75g	4—10h	20°	Movidius Myriad 2	OLED	阵列光波导	
	GLXSS LEION	79g	4—10h	30°	Movidius Myriad X		阵列光波导	
亮风台	HiAR G200	80g	2—4h	40°	骁龙820		自由曲面	B端
Magic Leap	Magic Leap One	325—360g	3h	40°	Nvidia Tegra X2		衍射光波导	C端

2. 商业模式

相比于单纯地提供 AR 眼镜硬件产品，Rokid 在多领域提供软件服务 + 硬件产品的全方位服务，打造生态的闭环，因而其估值也能远高于同行业其余 AR 公司。

（五）Rokid 在 AR 眼镜领域的发展态势

1. B 端

目前，B 端仍是 AR 技术应用较多的领域。B 端市场上的竞争不仅取决于技术的高低，也取决于和运营商及客户的关系。客户的转换成本较高，Rokid 难以吸引竞争对手的客户来全面放弃原有产品改用 Rokid 旗下产品，这也导致 2B 市场整个体量的局限性。此外，高新技术类企业的前期研发成本很高，从研发到试验，再到批量生产，最后回款，这期间有很长一段时间处于资金的缺口期，需要 Rokid 有较强的资金运转能力以及与运营商和客户谈判回款时间的地位。

2. C 端

C 端市场上，AR 成为万物互联时代的新窗口，AR 技术与移动应用的结合甚至是替代作用也愈演愈烈（见表 6）。相比于手机触屏式应用，AR 眼镜可以通过投射将虚拟屏幕映射至眼前，用户通过语音、手势进行操作，同时镜腿离耳朵距离较近，可以直接发挥耳机的作用，实现声学和光学交互的合二为一。

表 6　　容易被 AR 替代的手机应用

应用类型	AR 相比于手机的优势
游戏	AR 将现实世界和虚拟世界进行了完美结合，玩家可在真实世界中进行探索，运用虚拟世界的游戏角色进行娱乐，给游戏玩家带来更大的乐趣
地图 & 导航	在驾驶时使用 AR 眼镜，司机不仅能看见车前的现实场景，同时还能看到相应的导航指示以及附近的交通拥堵情况，相比于边开车边看手机更为安全
视频	在佩戴 AR 眼镜后，将在面前投射出一块虚拟屏幕，视频 AR 化使得人们不必再纠结手机屏幕太小的问题，摆脱了空间的束缚使得人们能够以舒适的姿势获得最佳的观影体验
网购	提高人们的离线购物体验，人们佩戴 AR 眼镜在线下体验店消费时可自动看到产品的相关信息及评论

续表

应用类型	AR 相比于手机的优势
浏览器	相比于手机 2D 的用户界面展示网站，AR 能够提供 3D 的立体界面，加强用户的实地体验感

尽管在不少应用方面，AR 比传统的手机应用更胜一筹，但从便携性与移动性来看，后者目前已经做到了轻便、便携、易操作的极致。从用户习惯与产品体验、操作便捷性上来看，带着头盔拨弄眼镜并不比双手去操控手机更方便，况且在处理文档、打字、游戏等玩法体验来看，办公工具、即时通讯及娱乐消遣的应用，手机的触屏体验并非眼镜所能取代。

目前 AR 眼镜主要作为手机配件通过与运营商合作模式加速终端推广。未来，AR 是否将颠覆传统实体设备的使用，用虚拟画像完全替代实体终端，引领脑机互联的人机交互的新风口仍有极大的不确定性（见图 11）。而其中涉及伦理方面的价值冲击使得 AR 在 2C 市场的应用有很高的风险。

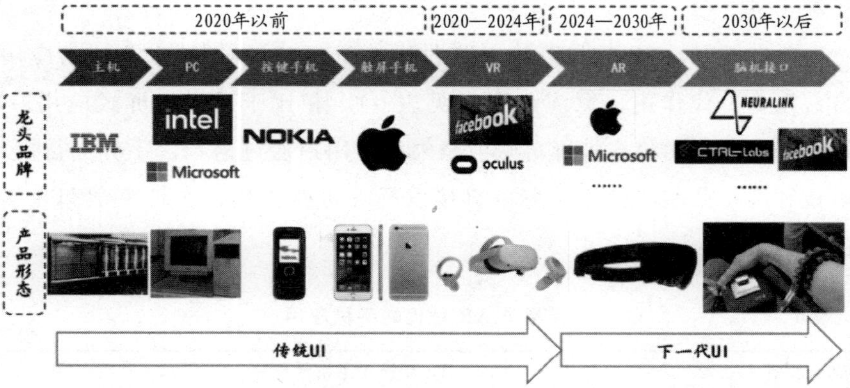

图 11　消费电子交互方式变迁路径

资料来源：映维网、公司官网、华泰研究

五、关于 Rokid 的未来畅想

(一) 科创板 IPO

在 2020 年 12 月时，36 氪曾称有接近 Rokid 的消息人士表示，人工智能硬件提供商 Rokid 老股东正在以 8 亿美元左右估值寻找机构投资人。卖股的原因是 Rokid 计划未来在科创板进行 IPO，所以需要拆分 VIE 架构。

2021 年 7 月 2 日，海通证券和若干核心产业投资人投资 Rokid。券商系的投资进一步表明 Rokid 有上市的迹象。Rokid 目前在财务、业绩、科技属性等方面也基本达到了科创板上市的监管规定，未来进行 IPO 的可能性很高。

（二）AR 领域前景

随着 5G 技术的逐渐铺开，硬件设备不断成熟，叠加软件优化，场景的虚拟化成为核心看点。随着 AR 在 B 端场景的落地，在 C 端场景的试错，长远来看，AR 领域也有望出现一家千亿元人民币级别市值的公司。但新兴技术发展及运用、政策及监管变化等，都使得未来 AR 在日常生活中的普及存在着极大的不确定性。

想成为投融资观察报告创作团队的一员吗？微信扫描本书第 352 页二维码，现在就加入我们吧！

No. 3

Manner Coffee：快速融资，中国咖啡市场拆解与终极形态的猜想

主笔：张硕　新加坡管理大学

交易概述：

2021 年 6 月，中国本土精品咖啡品牌“Manner”完成新一轮融资，字节跳动成为新投资方。截至本轮融资，Manner Coffee 在 6 个月内完成了四次融资（见表 1）。2021 年 5 月美团龙珠资本投资时，Manner Coffee 估值已达 28 亿美元，根据 GeoQ Ana 品牌数据，Manner Coffee 的门店已达 215 家，综合来看，单店估值超过 8 000 万元人民币。

表 1　　融资历程梳理

轮次	时间	金额	投资方
战略融资	2021－06－16	未披露	字节跳动
战略融资	2021－05－24	数亿美元	美团龙珠资本
A＋轮	2021－02－24	未披露	淡马锡
战略融资	2020－12－24	1 亿美元	H Capital，Coatue Management
A 轮	2018－10－19	8 000 万元人民币	今日资本

资料来源：公开资料整理

近年来，一众咖啡品牌如雨后春笋般涌入人们的视线，也引爆了一轮资本的狂欢。以 Manner Coffee 为代表的咖啡品牌被称为中国咖啡新势力，他们能否以各自独特的优势吸引消费者，实现持续的增长，最终挑战“铁王座”巨头——星巴克？中国未来的咖啡消费市场呈现什么样的形态？本报告以分析 Manner Coffee 入手，结合市场现状与各方意见，大胆猜想未来中国咖啡市场的终极形态。

一、中国咖啡市场的发展历程：重产品→重体验→产品，体验品质化

1998 年，速溶咖啡进入中国，雀巢在中国推出速溶咖啡产品，咖啡逐渐进入中国消费者视野。当时，中国消费者主要关注的是咖啡产品的功能性。1999 年星巴克在中国设立门店标志着欧美系咖啡店进入中国，消费者对咖啡的需求从功能性开始逐步转向对咖啡店的社交属性的体验。2010 年后，咖啡便利店兴起，喜士多推出现磨咖啡，咖啡逐渐成为中国消费者的日常选择，咖啡店的便利性受到消费者的关注。2015 年，以连咖啡成立为代表的互联网咖啡品牌快速发展，以瑞幸为代表的快捷连锁互联网咖啡品牌凭借 O2O 模式 + 补贴等手段，迅速俘获中国消费者（见图 1）。

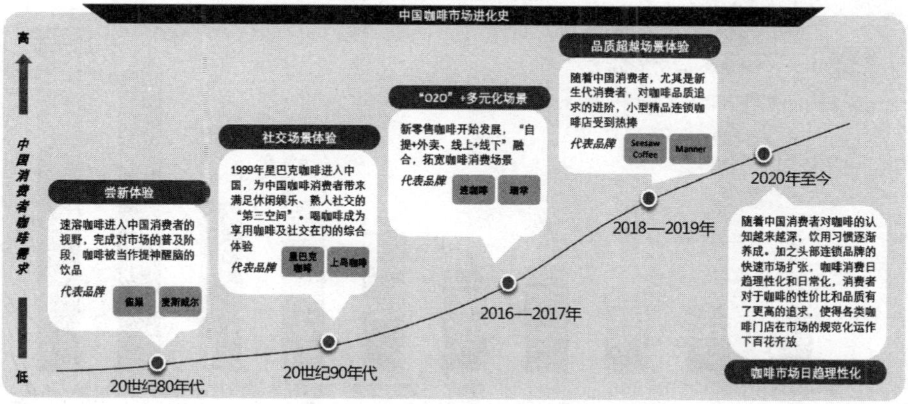

图 1　中国咖啡市场进化史

资料来源：《中国现磨咖啡行业白皮书（2021）》

咖啡在中国的发展史中，瑞幸咖啡通过不计成本的疯狂占据点位，抬高租金抢占门店的打法，快速占据了中国的咖啡市场，将咖啡作为一种功能性饮料回归产品本质，而后续的暴雷又让出来了巨大的咖啡市场空间，让很多品牌看到了机会，某新锐咖啡品牌创始成员曾表示，瑞幸的自身危机反而成为其他新品牌的历史性机遇。

2018 年，咖啡产品步入进阶发展的阶段，新锐咖啡品牌迅速走红，冻干、冷萃咖啡原液等咖啡新形态受到消费者欢迎。这标志着经过十余年的

市场发展，消费者对咖啡品质诉求逐步升级。同时，咖啡体验也正式进入进阶的发展阶段，主打精品咖啡理念、重视体验的精品品牌进入消费者视野（Seesaw、鹰集、Manner 等），中国消费者在讲究咖啡品质的同时，对咖啡店的体验也逐步转向对品质的诉求。一批咖啡市场定位主打性价比的品牌开拓了现磨咖啡行业运营的新模式。Manner Coffee 快速融资速度也反映出，这类采取高效便捷运营模式的新兴咖啡品牌，在近年来受到了广大投资者的青睐，"快咖啡"品牌的高速发展，打破了以往咖啡品牌对线下空间的依赖，为中国现磨咖啡品牌开辟了新的商业发展之路（见图 2）。

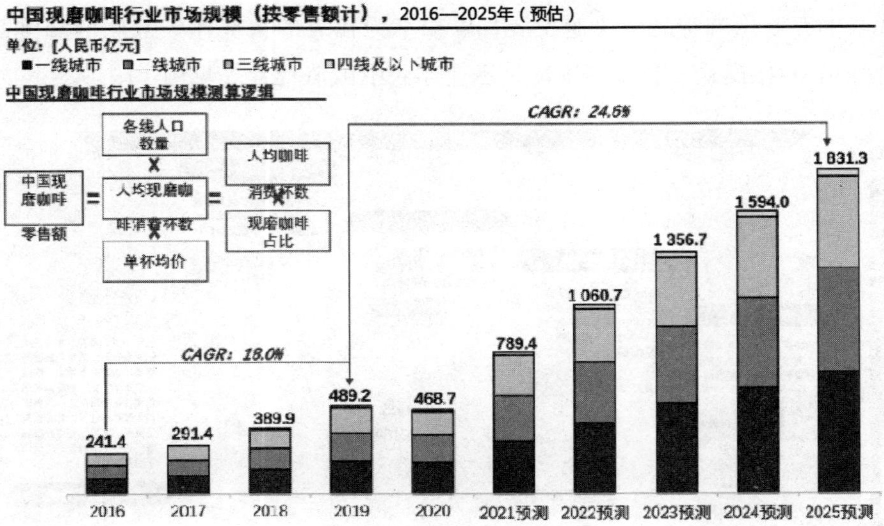

图 2　中国现磨咖啡行业市场规模

资料来源：《2021 年中国现磨咖啡行业：国内外咖啡品牌发展差异化探析》

（一）我国现磨咖啡行业：整体规模 5 年内增长为千亿元规模的市场，预计超 1 800 亿元人民币

2014 年，瑞幸等品牌以互联网营销模式，凭借中档品质和低档价格的咖啡产品激发消费者的咖啡需求，使中国现磨咖啡行业进入高速发展阶段，2019 年市场规模达到 489.2 亿元。2020 年由于疫情对市场的冲击，现磨咖啡门店经营受损，远程办公使得消费者对于现磨咖啡的需求下降，市场规模下降至 468.7 亿元。受价格下降对咖啡产品消费需求的刺激以及低线城

市消费者饮用现磨咖啡渗透率的提升等因素的影响，中国现磨咖啡行业进一步发展，预计2019—2025年中国现磨咖啡市场的复合增长率达24.6%。虽然与发达国家相比中国现磨咖啡的人均饮用量低，但一线和二线城市的饮用量已接近成熟市场，现磨咖啡饮品正在从“社交饮品”转变为日常饮品（见表2）。

表2　　中国现磨咖啡市与成熟咖啡消费市场的对比

饮用结构	现磨咖啡为全球咖啡饮用市场中的主要品类；中国则以速溶咖啡为主导，具有较大发展空间
连锁程度	美国现磨咖啡门店中78%的门店来自星巴克等知名连锁品牌；中国咖啡门店的连锁化程度低，独立咖啡门店高达80%左右
发展空间	全球现磨咖啡市场发展较为成熟，主要国家或地区饮用现磨咖啡的占比已达到80%以上，未来全球市场的发展空间相对有限；中国现磨咖啡市场由于起步较晚，有较大增长空间，受多方面因素影响，预计2019—2025年中国现磨咖啡市场规模的CAGR为24.6%
供应链	海外现磨咖啡品牌在供应链端具备较为完善的体系；中国现磨咖啡品牌供应链上游与国际水平接轨，供应链运营管理体系以技术为支撑，下游销售渠道则为国产咖啡品牌的弱势环节
门店分布	一线城市和新一线城市为主流现磨咖啡品牌的集聚地，与海外品牌相比，国产现磨咖啡品牌下沉趋势更为明显
盈利模式	由于中国现磨咖啡馆暂未形成品牌及规模效应，其在房租租金和原材料方面的议价能力弱，造成房租和原材料成本占比超过50%。海外品牌则因品牌影响力强而具备较强的租金议价能力。相比较海外品牌的“大店”模式，国产现磨咖啡品牌的“小店”模式单店盈利能力更强

（二）现磨咖啡的渗透率迅速提高，连锁品牌快速发展

尽管在中国市场咖啡馆的数量已近乎饱和，但2019年独立咖啡馆占比仍高达87%，咖啡馆的连锁化率仅为13%。现存的独立咖啡馆数量庞大且尚未形成规模效应（见图3、图4、图5）。而随着头部知名品牌的扩张，选择连锁知名咖啡品牌的消费者逐步增多（见图6），现磨咖啡馆的连锁化率将进一步提高。饱和的咖啡馆市场对新进入的独立咖啡馆而言市场空间有限，但对于行业内的头部来说却有利于其品牌扩大规模，进一步塑造品

牌效应。

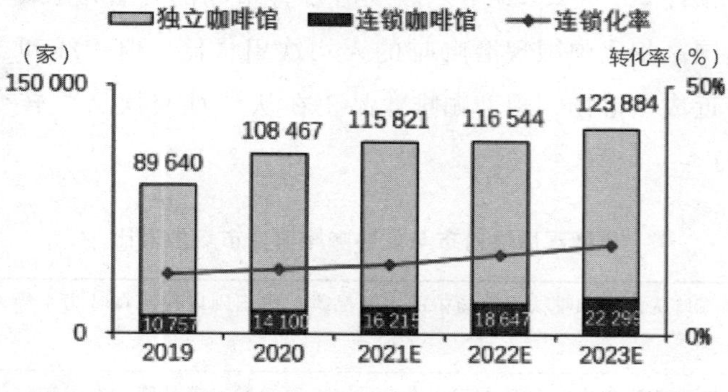

图 3　中国现磨咖啡连锁化情况（2019—2023 年）

资料来源：《2021 年中国现磨咖啡行业：国内外咖啡品牌发展差异化探析》

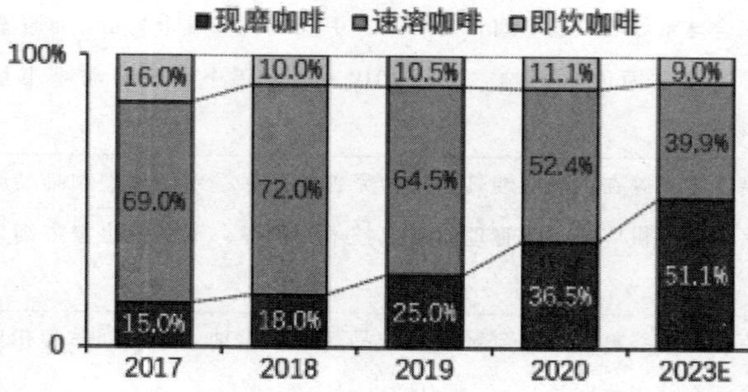

图 4　中国咖啡市场饮用品类结构（2017—2023 年）

资料来源：《2021 年中国现磨咖啡行业：国内外咖啡品牌发展差异化探析》

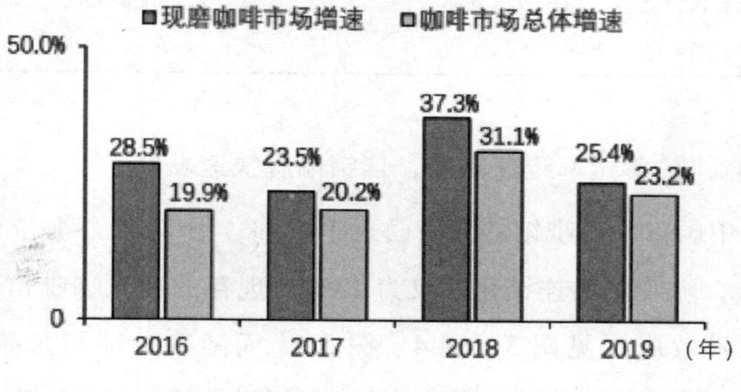

图 5　中国现磨咖啡及咖啡市场增速情况（2016—2019 年）

资料来源：《2021 年中国现磨咖啡行业：国内外咖啡品牌发展差异化探析》

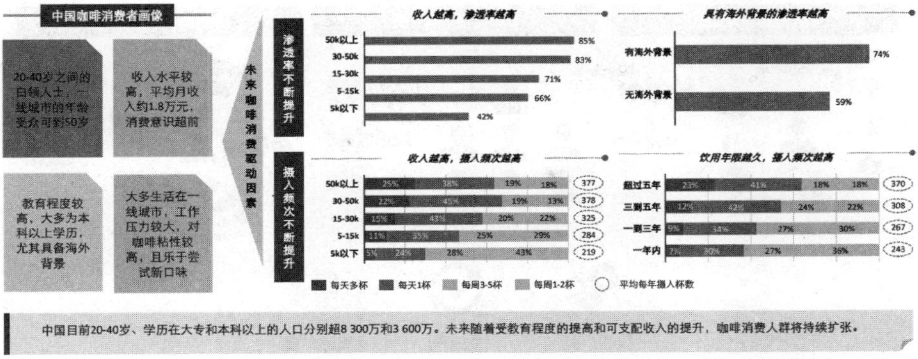

图 6　中国咖啡消费者画像

资料来源：《中国现磨咖啡行业白皮书（2021）》

（三）咖啡行业过热的赛道与激烈的竞争

中国现磨咖啡市场行业前景整体向好，但是也必须注意以下几个风险：

1. 现磨咖啡的消费呈现出明显的区域分布差异

一线城市/旅游热门城市以外地区，现磨咖啡并不属于消费者选择饮品时的首选，未来市场的整体增长存在天花板消费分层差异过于明显。在一线城市之下，千城千面；上海凭借遥遥领先的咖啡消费规模、人均消费规模和人均消费频次，成为中国最亮眼的“咖啡之都”。在过去 5 年，上海诞生了中国现磨咖啡领域 second tier 头部品牌：Manner、Seesaw、Tims 中国。这三家都是从上海起步，且 80% 以上门店都在上海（旗舰城市）（见图 7、图 8）。

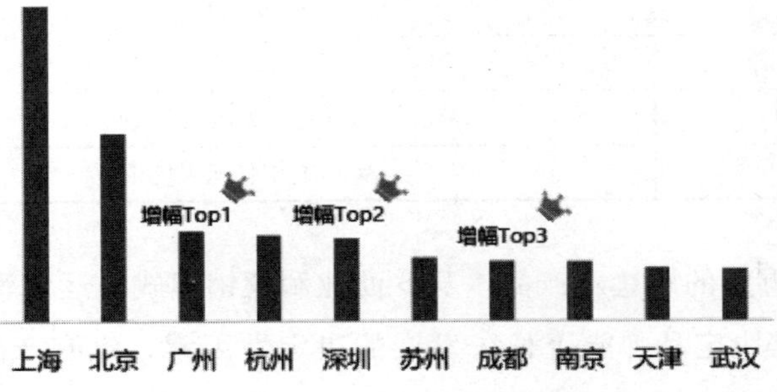

图 7　2021 年线上咖啡高频消费城市 Top 10

资料来源：《2021 青年咖啡生活消费趋势洞察》

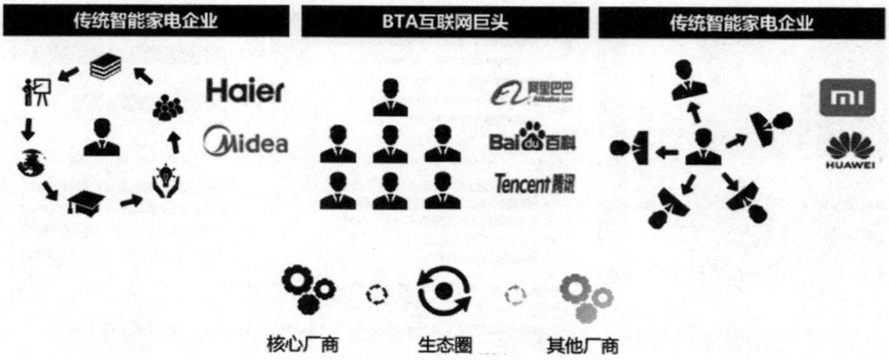

图 8　2021 年线上咖啡 Top 10 城市消费

资料来源：《2021 青年咖啡生活消费趋势洞察》

这些品牌的样本店面均直接以区域/城市为维度来展开，并希望“打透上海”。对比其他零售消费模式，都是先单个样本店面先跑通，再复制到其他地方。从数据上来看，上海市咖啡人均消费已经接成熟市场，但是咖啡消费在上海以外的增长情况我们仍处于未知状态。

2. 资本过热，玩家拥挤，推动单店估值越来越高

无论是 Manner 咖啡的快速多轮融资，还是喜茶投资 Seesaw 咖啡、腾讯投资“代数学家咖啡”，我们都可以看到当前咖啡线下零售领域资本过热，尽管这些咖啡品牌的定位具有一定的差异化，但是在单店估值不断提高的大环境下，未来难免在同属现磨咖啡领域有一番激烈的“厮杀”（见表 3）。

表 3　部分品牌单店估值

品牌	单店估值
Manner	约 8 000 万元人民币
M Stand	1 亿—2 亿元人民币
Seesaw	超 1 亿元人民币

3. 发展重点的尴尬：产品本身 > 商业和营销模式 ≈ 运营管理效率

产品力是决定品牌能否长久发展的决定性因素，没有产品力就没有复购，这对于快速消费品来说至关重要。当下的现磨咖啡品牌，营销仍是进入消费者视角的决定性因素，即咖啡市场实际上还在对用户进行消费行为的教育，如果产品力不够强，则品牌未来发展难以为继。

我们认为，该领域的投资标的选择应该遵循：产品本身 > 商业和营销模式≈运营管理效率。当然有很多品牌主打的并不是咖啡本身，而是消费场景的升级搭配"咖啡饮料"。例如最近刚刚完成 B 轮融资的 M Stand，融资金额超 5 亿元人民币（本轮融资得到了黑蚁资本和启承资本这两家在消费行业经验丰富的机构联合领投，高榕资本跟投，老股东 CMC 资本和挑战者资本持续加注），成为咖啡赛道上最大规模的 B 轮融资。M Stand 主打的是"更好的咖啡和更时尚的社交空间"，从"网红店"打卡深入商务、休闲、社区、交通枢纽等多个场景，将具有潮流 DNA 的品牌认知渗入主流消费人群，有望成为"中国新一代年轻人的星巴克"（见图 9）。

图 9　潮流感成为 M Stand 区别于其他精品咖啡的一大特点

二、Manner 的发展、商业模式和竞品

Manner 是一个咖啡连锁品牌，主要为用户提供咖啡、茶饮、冰沙、果汁以及甜点等美食，同时提供咖啡机、咖啡杯、挂耳包等咖啡相关产品；旗下拥有 Mannerlife 系列品牌产品，包括 Brewista 手冲壶、Ringco 咖啡随行杯等（见图 10）。Manner 通过回归咖啡本身，以高性价比和好喝的咖啡，极度高效精简的门店模式，区域性连锁（上海本土品牌）和新型店探索的模式，来打造自己商业模式的壁垒。

Manner 秉持"让咖啡成为生活的一部分"的理念，始终坚定咖啡应是一种亲民的所有人消费得起的健康饮料。因此，Manner 将出品的高品质咖啡，配合了亲民合理的价格及最好的服务，使得咖啡成为一种的日常饮品。此外，Manner 给每个携带非一次性纸杯来门店享用咖啡的顾客减 5 元的活动，旨在与顾客一起为环保做出自己的贡献。

更纯粹的 Manner 在选址的理念别具一格，极限压缩营业面积，极简装修和高性价比咖啡。

图 10 Manner 产品列表

资料来源：大众点评网

Manner 在选址上并没有选择租金高、客流量大的旺铺，而是选择较为隐蔽，面积只有几平方米的小店。面积小、租金便宜，可以在很大程度上降低咖啡店运作的成本，维持店内产品的低价。此外，店面周边为商业地区，周围的客户多有喝咖啡的需求。

"很多顾客去那些面积很大的咖啡馆，基本上都不是喝咖啡的，更多是为了社交和喜欢店里的环境，所以这些咖啡店里甜点占去了更多的份额，而我只想开一家纯粹的咖啡馆。"所以 Manner 既不提供椅子也不提供外卖，客人唯一能坐的就是门口的一张长凳，除此之外再无其他。价格方面，Manner 比竞品便宜 50% 左右；同时，Manner 用的牛奶是朝日绿源的唯品，水也经过专门的净水机处理，这些优质的原材料共同造就了 Manner 咖啡的高品质。

三、Manner 上海的成功能否复制

上海凭借遥遥领先的咖啡消费规模、人均消费规模和人均消费频次，成为中国最亮眼的"咖啡之都"。Manner 选择从上海起步逐渐扩张，是一

个明智的选择，但是上海以外的增长故事呢？一线城市之下，消费分层差异凸显，呈现出千城千面的市场格局（见图 11、图 12），我们可以看到目前 Manner 门店仍以北上深等一线及新一线城市为主（见表 4）。但一线城市以下，面对数量众多的独立咖啡馆，Manner 能否通过“上海模式”打透市场依然存疑。

表 4　　Manner 的门店数量

城市	数量（家）	占比（%）
上海	122	89. 70
北京	4	2. 94
苏州	2	1. 47
成都	3	2. 21
深圳	5	3. 68

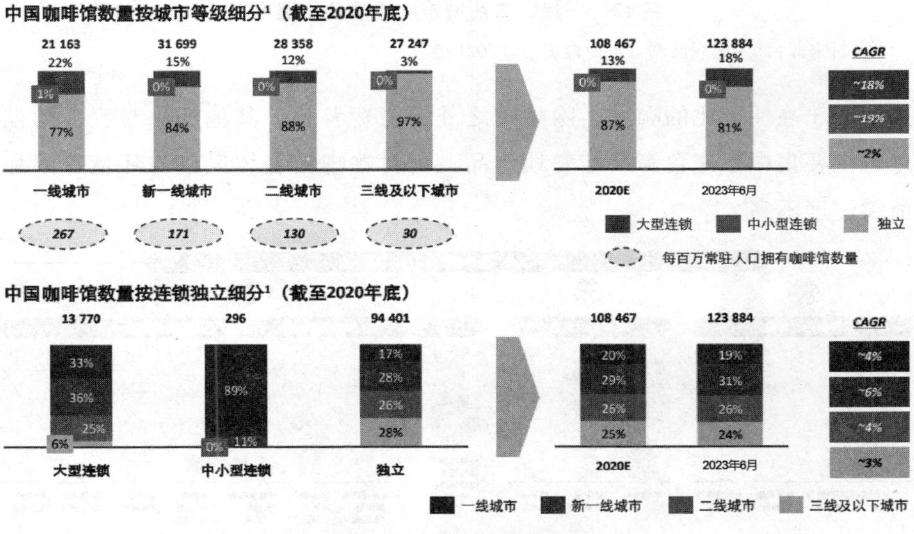

图 11　中国咖啡馆细分

资料来源：中国咖啡馆数量细分说明德勤 + 穆棉资本，《中国现磨咖啡行业白皮书（2021）》

（一）客户群体是否过于聚焦，未来增长的故事是否可持续

“快咖啡”场景下，咖啡更多作为刚性需求，以满足消费者工作日期间的提神醒脑需求（见图 13）。因此，一方面，消费者对即时性和快捷性要求较高，办公楼周边的咖啡店通常是消费者的首选购买场所；另一方面，相对高频的“快咖啡”摄入在一定程度上限制了消费者的支付意愿，使其

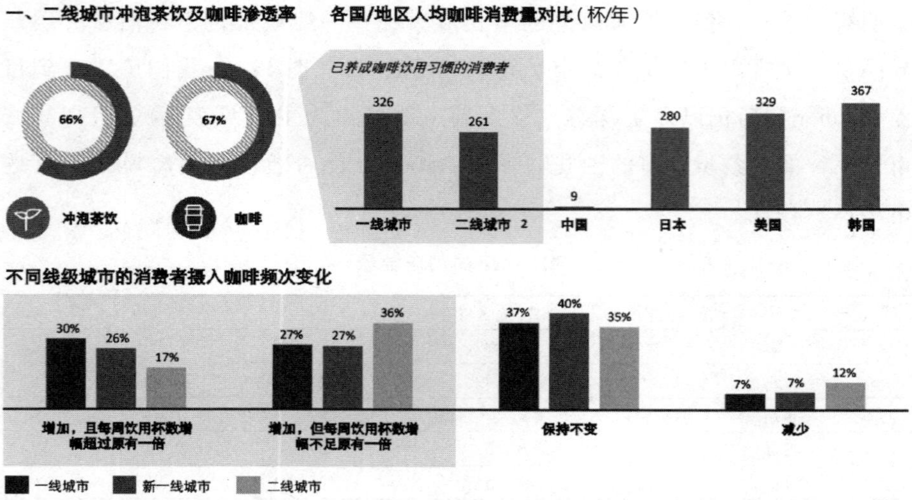

图 12　一线、二线城市咖啡消费渗透率

资料来源：《中国现磨咖啡行业白皮书（2021）》

更倾向于高性价比的咖啡。除咖啡之外，消费者关于其他产品与服务的偏好也主要集中于速食等基础餐饮产品，而对咖啡馆整体风格与环境等附加值关注度不高。

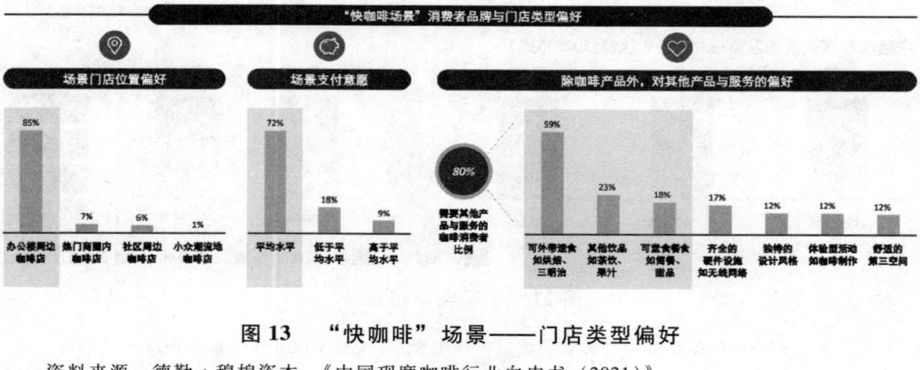

图 13　“快咖啡”场景——门店类型偏好

资料来源：德勤 + 穆棉资本，《中国现磨咖啡行业白皮书（2021）》

Manner 的选址决定了其主要客户以在写字楼工作的白领和在热门商圈购物的人群为主，总结起来是有“可以方便喝杯咖啡的都市白领人群”。随着 Manner 不断拓店，其对该类消费者的覆盖率和渗透率逐步提升（见表 5、表 6）。但是满足该类需求的点位总量是有限的，当 Manner 在上海（及其他热门地区）占领能拓展的点位之后，总服务的人群数量也基本框定了。

在单店已经盈利的模式下，生意可以保持稳健的状态。

表 5　上海居民喜爱的咖啡店位置排名

1	热门商圈
2	办公室附近
3	潮流店聚集地
4	通勤路上
5	小区附近

资料来源：《2021 青年咖啡生活消费趋势洞察》

表 6　上海居民喜爱的咖啡店类型排名

1	大型连锁咖啡店
2	高性价比的连锁咖啡店
3	西式快餐店
4	连锁精品咖啡店
5	便利店
6	独立精品咖啡店
7	时下网红咖啡店

资料来源：《2021 青年咖啡生活消费趋势洞察》

但是必须要意识到，当 Manner 拓店到极致之后呢？其覆盖的总人群基本确定了，门店数量上会浮动，但是快速增长很难实现。对于资本市场来说，数量增长的故事可能更为重要，Manner 在到达这个阶段之后，该如何向市场和投资方讲后续的故事呢？

（二）整个市场与赛道是否过热，真实的现磨咖啡市场是否够大

在资本蜂拥进入咖啡消费赛道后，多个品牌如雨后春笋般涌现出来。从网红的冻干咖啡粉、挂耳咖啡到高性价比现磨咖啡，再到设计精致、秉承“第三空间”理念的精品咖啡店，无数品牌和产品进入了消费者的视角。

可以肯定的是，对于咖啡消费来说，用户的忠诚度不能被高估。一方面，随着市场的教育，越来越多的咖啡爱好者会选择心目中更好的产品，也会有新的品牌偏好；另一方面，中国现磨咖啡消费者数量增长目前还是以一线、新一线城市为主。因此，并不能过于乐观估计某一品牌未来的增长率和渗透率提升空间。

《中国现磨咖啡行业白皮书》（德勤中国、穆棉资本）特别提到了中国消费者现磨咖啡品牌忠诚度问题。随着市场上出现更优质的品牌和自身需

求的改变，消费者会进行咖啡品牌的转换与更迭（见图14）。尤其是一线城市和饮用咖啡年限更久的消费者，会自发寻找高品质现磨咖啡品牌。

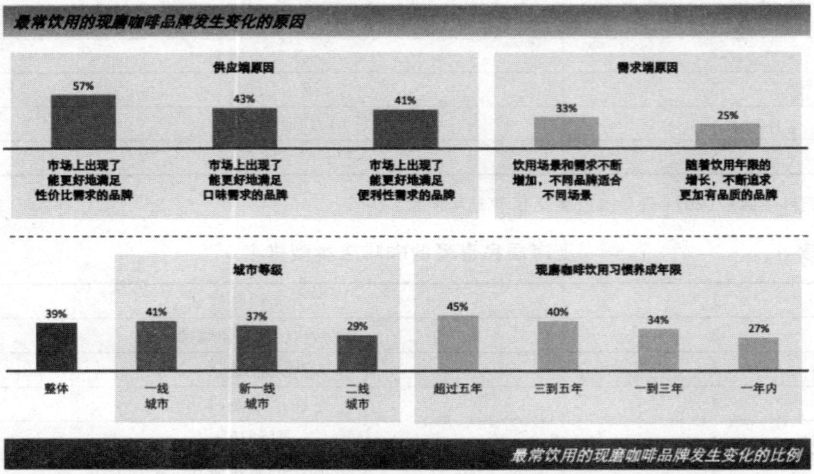

图14　中国消费者现磨咖啡品牌忠诚度调查：最常用的现磨咖啡品牌发生变化的比例

资料来源：《中国现磨咖啡行业白皮书》

四、关于中国咖啡市场的终极形态的设想

中国现磨咖啡头部品牌以综合型产品价值和多场景适用的大型连锁品牌为主，但从一线和新一线城市的竞争格局来看，主打“快咖啡”场景的高性价比咖啡品牌和主打“慢咖啡”场景的精品咖啡品牌正在逐渐抢占市场份额（见图15）。

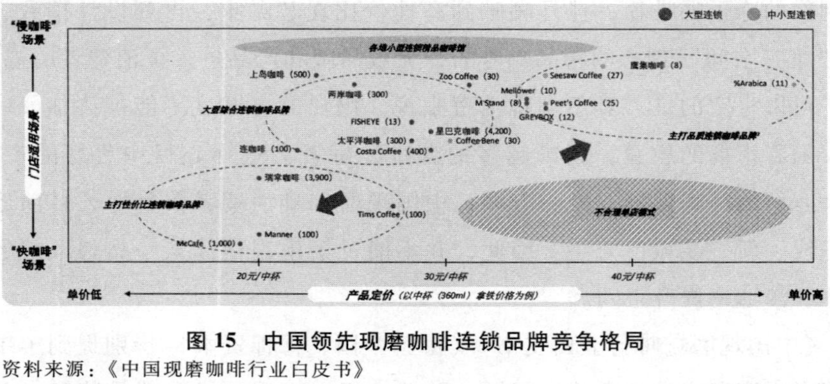

图15　中国领先现磨咖啡连锁品牌竞争格局

资料来源：《中国现磨咖啡行业白皮书》

五、咖啡市场的终局会是怎样

在梳理完中国咖啡市场以及消费者分析之后，我们认为在一个消费分层背景下，现磨咖啡也会在消费需求及场景多样化的情况分成以上三类。我们相信未来仍会有更多的咖啡品牌出现丰富三大类场景之后更细分的消费者需求（见表7）。也许未来一段时间咖啡品牌投资会迎来降温，但是做好产品、满足消费者需求的品牌将有更多机会吸引消费者，提升渗透率。畅想终局，我们认为对于中国市场多样性的消费分层来说，未来的咖啡行业很有可能出现“即饮+现磨咖啡”平分市场。

最后就让我们“喝一杯咖啡，开启新的一天”。

表7　　按需求对咖啡消费进行的分类

需求	消费者目的	竞争格局	特点
纯粹咖啡产品	喝杯咖啡	（1）即饮咖啡 （2）便利店、加油站的现磨 （3）Manner & 瑞幸	（1）相对有限SKU （2）口感要好，性价比要高
场景需求	重视空间与氛围社交及商务场景	（1）老牌咖啡店（星巴克、太平洋、Costa、上岛） （2）Tims （3）M Stand、Seesaw等旗舰精品门店	（1）不同的SKU满足不同人的需求（食物、低咖啡因等）让停留时间长的人选择 （2）装修更舒适
品质需求	重视咖啡产品本身的消费升级和差异化	皮爷 鱼眼 M Stand Seesaw ……	（1）竞争回归本质：产品研发不断迭代，含咖啡的高端饮品（M Stand的椰子、Seesaw的梨香） （2）消费客群：主要在一二线城市，消费能力高（品牌为高客单价，经常有超过50元的单品）；追求不一样；要有话题性（容易出圈和宣传） （3）思路：先依靠出新的旗舰产品来树立标高，再去占领普通市场（参考特斯拉、苹果）

六、附录：咖啡品类拆解——速溶咖啡、现磨咖啡、即饮咖啡

（一）速溶咖啡

• 速溶咖啡是通过将咖啡萃取液中的水分蒸发而获得的干燥的咖啡提取物。速溶咖啡能够很快地溶化在热水中，而且在储运过程中占用的空间和体积更小，更耐储存。速溶咖啡区别于较为繁复的传统咖啡冲泡方式，因此获得了广泛的流行。速溶咖啡营养成分不如新鲜咖啡豆炮制出来的传统咖啡好，生产过程中可能会失去咖啡的精华。

• 品牌：雀巢、Super Coffee 等。

（二）现磨咖啡（北美市场主流）

• 主要体现在两个字“现”和“磨”。“现”即现场制作；“磨”即将咖啡豆磨成咖啡粉。所有现场将咖啡豆磨成咖啡粉，然后通过不同的萃取方式制作出来的咖啡，都可以称为现磨咖啡。无论是便利店、咖啡厅，或者自己动手手冲，只要符合“现”和“磨”这两个条件都可以被称之为现磨咖啡。目前北美市场现磨咖啡占比高且店型多样，包括大型连锁、中连锁及独立咖啡店。

• 品牌：星巴克、太平洋咖啡、上岛咖啡、Manner、Seesaw、瑞幸咖啡。

（三）即饮咖啡（日本市场主流）

• 即饮咖啡以瓶装、罐装为主的咖啡或咖啡饮品，可以做到开盖即可享用，这类产品往往具有方便、快捷、高性价比的特点。其中，日本市场即饮咖啡占比高，主要是因为便利店文化及渠道能力强；工作压力大，上班族时间忙碌，需要可以快速提升且性价比高的咖啡饮品。

• 品牌：雀巢、Costa、星巴克、Never Coffee。

即饮咖啡仍处于早期市场培育阶段，未来可期（见图 16）。

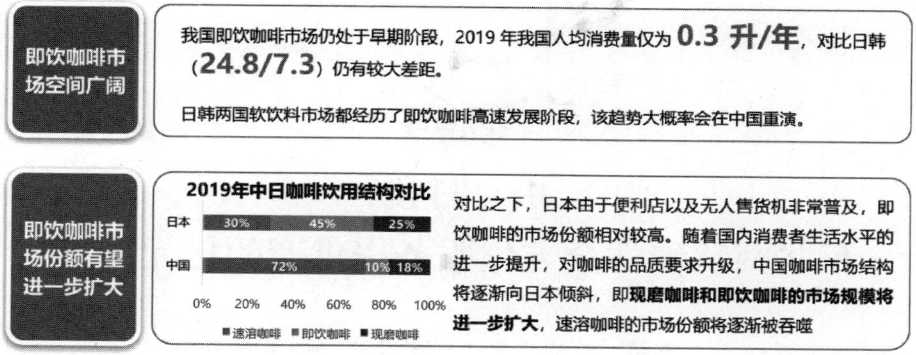

图 16　即饮咖啡的早期市场培育阶段

资料来源：益普索报告

想成为投融资观察报告创作团队的一员吗？微信扫描本书第 352 页二维码，现在就加入我们吧！

No. 4

极豆科技：车联网软硬件全方位服务提供商的亿元融资

主笔：高原骏祺　ESSEC 高等商学院

交易概述：

2021 年初，极豆科技宣布完成近亿元新一轮融资。投资机构包括同创伟业、杭州萧山经济技术开发区产业发展引导基金在内的多家机构，同创伟业领投。本轮融资将主要用于服务运营、市场拓展、产品研发等方面，进一步提升服务能力，为车企提供更多场景化在线车主服务，提升车主用户体验，助力车企数字化转型，持续提升品牌力和运营收入。

一、市场概览：中国车联网市场前景广阔，市场渗透率较低

中国 2019 年车联网市场规模超 1 900 亿元。随着车联网技术的进一步应用，中国车联网市场规模持续扩大，预计 2020 年有望超过 2 050 亿元，2022 年或将近 3 000 亿元（见图 1）。但目前我国车联网的渗透率还较低，未来随着车联网渗透率的不断提升（见图 2），车联网发展潜力巨大，国内相关企业在车联网各细分领域积极布局，除传统车企外，电信运营商和互联网企业也纷纷进军车联网。

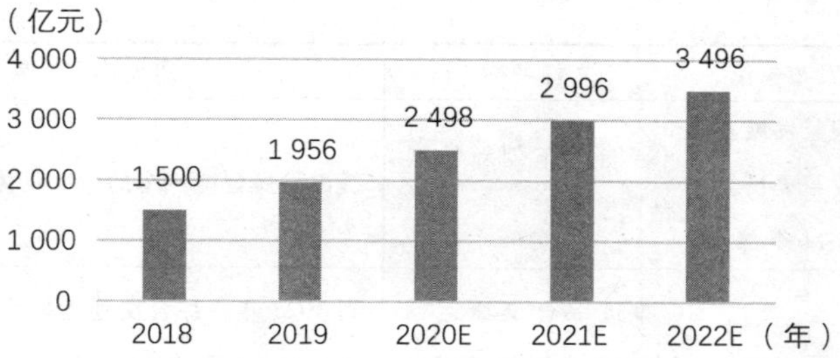

图1　中国车联网市场规模

资料来源：中商产业研究院

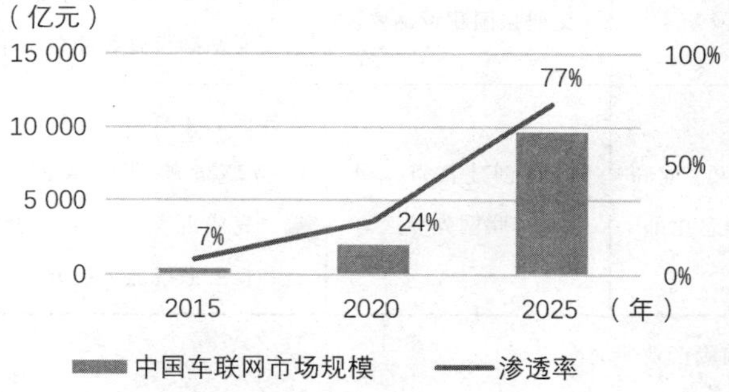

图2　中国车联网市场渗透率

资料来源：锐观咨询整理

二、国家政策大力扶持，5G+车联网协同发展

政策层面的相关措施持续加码（见表1），无疑将增添整个车联网产业生态的新动能，而且5G新基建的东风也将助力车联网产业的发展，在此基础上，车联网极有可能成为5G时代颇具潜力的单一市场并进一步促成5G的商业落地（见图3），反过来5G以其高可靠、低时延的特性，又会给车联网带来新的机遇，助力车联网应用场景的落地。

表1　　2019—2020年车联网相关政策汇总

时间	发布单位	文件名称	重要内容摘要
2020年4月	国家工业和信息化部	《关于推动5G加快发展的通知》	强化5G网络数据安全保护，围绕5G各类典型技术和车联网、IoT等典型应用场景，完善数据安全管理

续表

时间	发布单位	文件名称	重要内容摘要
2020 年 2 月	国家发展和改革委员会等 11 个部委	《智能汽车创新发展战略》	提出发展智能汽车的六大具体任务
2019 年 12 月	交通部	《推进综合交通运输大数据发展行动纲要（2020—2025）》	到 2025 年，综合交通运输大数据标准体系更加完善，基础设施、运载工具等成规模、成体系的大数据集基本建成
2019 年 9 月	国务院	《交通强国建设纲要》	明确提出加强智能网联汽车研发，提升城市交通基础设施智能化水平
2019 年	国家工业和信息化部	《支持创建江苏（无锡）车联网先导区》	先导区的主要任务和目标是实现规模部署 C－V2X路侧单元、装配一定规模的车载终端，完成重点区域交通设备车联网功能改造和核心系统能力提升

资料来源：前瞻产业研究院

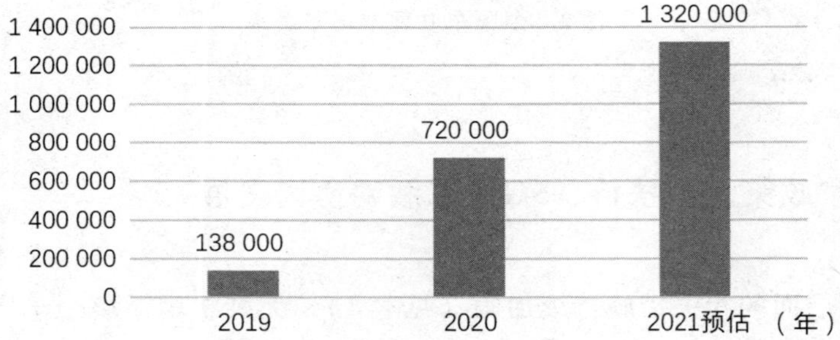

图 3　三大运营商 5G 基站累计建设进度

资料来源：公开数据

三、车联网产业链分布：融合发展是车联网产业链模式的必然趋势

车联网产业链主体分为端、管、云以及大数据四大板块（见图 4）。

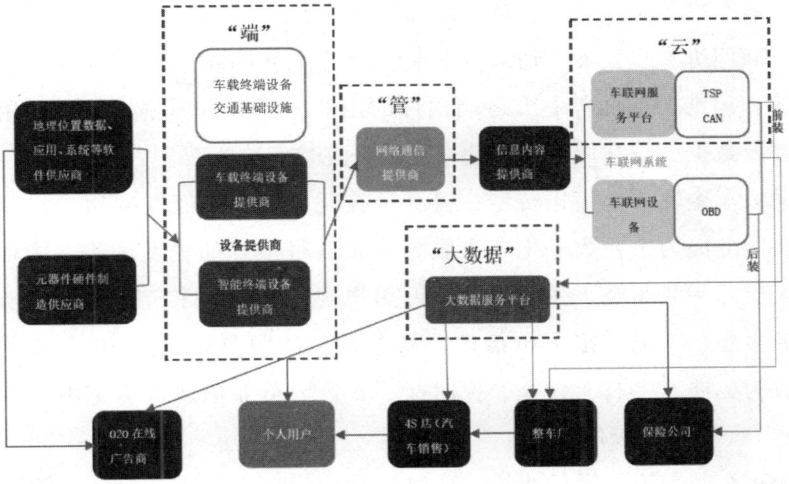

图4　车联网产业链模式

资料来源：艾瑞咨询研究院

从车联网产业链模式的现状可以看出，硬件设备商主导的后装市场弊端较多，难以适应市场需求，预计未来将难以进一步发展。网络运营商虽然主导网络通道，但在车联网产业链上下游都没有太多积累，在如今竞争激烈的市场环境中较难立足。

整车企业、车联网供应商和互联网企业优劣势明显，整车企业在车辆的核心领域优势明显；车联网供应商熟悉车联网系统开发流程和上下游开发衔接；互联网企业在软件开发和用户体验方面积累较多。整车企业和供应商是相互依赖、互相成长的关系，而互联网企业庞大的线下用户群、优秀的软件开发能力和大数据分析开发能力则是未来车联网系统发展不可或缺的基础要素。

基于以上分析，可判断未来国内车联网产业链中，以整车企业为核心，互联网企业、车联网供应商融合发展的模式将是车联网开发的必然趋势。

四、极豆科技——抓住机遇，稳扎稳打

（一）发展历程

车联网发展初期：发展汽车后装市场，面向C端用户推出了智能后视

镜与智能车机等系列产品，从产品和服务入手。

车联网进一步发展：切入汽车前装市场，为 OEM 提供了包括服务中台的构建和运维、车机和手机终端软件的定制、服务资源聚合管理、用户服务运营及数据变现在内的数字化车主服务完整解决方案。

助力车企完成数字化转型：极豆科技凭借专业的互联网用户运营和汽车前装服务能力，在数字化车主服务领域获得很好的先发优势，成功服务了多家国际一线车企，并凭借数千万用户规模，聚合了行业最大的前装车主服务生态，率先推出了包括用车服务和生活服务在内的 30 多项车主服务，成为奥迪、宝马、大众、保时捷、日产、英菲尼迪等多家中高端车企的 Tier 1（即第一级供应商）。

为车企带来第二增长曲线：通过私域流量运营，反复触达品牌车主用户，在提升用户体验的同时，为车企带来第二增长曲线。创造持续运营收入并与车企分成，让车联网成为收入中心，帮助车企从汽车制造商向出行服务商转型（见图 5）。

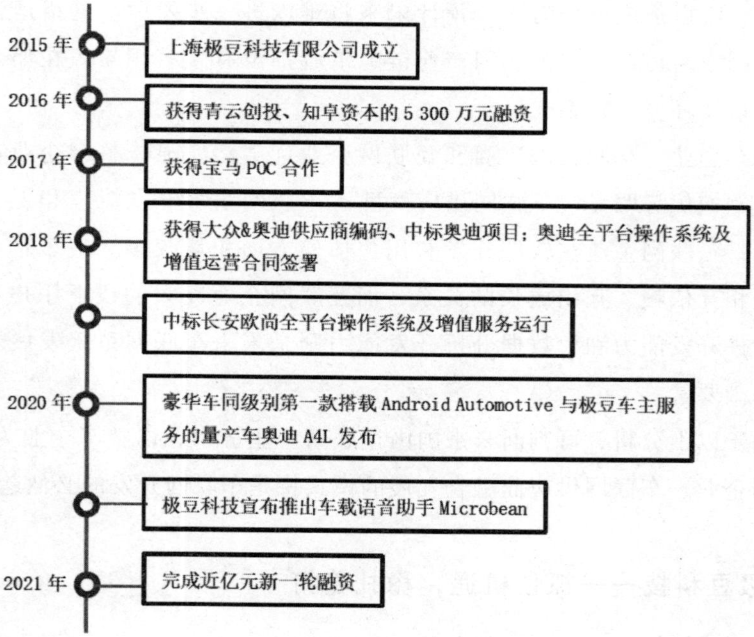

图 5　极豆科技发展历程

资料来源：公司官网、百度百科

(二) 合作方覆盖产业上中下游，团队专注客户运营

较早进入前装服务赛道：极豆科技已率先推出了包括用车服务和生活服务在内的30多项车主服务，例如智慧加油、智慧停车、在线音频等，并成为奥迪、宝马、大众、保时捷、日产、英菲尼迪等多家中高端车企的Tier 1 供应商，签约车近2 000万辆，覆盖全系车型，提供5—10年长期服务。

以往C端运营的成功经验以及用户服务的运营经验：早在2017年，极豆科技就面向C端用户推出了智能后视镜与智能车机等系列产品。最初受限于行业发展，极豆科技从产品和服务入手。经过近3年的发展，车联网生态进一步完善，联网率出现了大幅度的提升，公司迅速切入前装服务运营。公司专注于软件和用户服务运营而放弃了硬件设备，也是客户持续选择极豆科技的原因之一。

高质量团队对标中高端用户市场：团队专注于用户运营、具备核心技术能力、对车企有一定理解，同时还要具备较强的 to B 客户服务能力、落地能力以及C端运营的经验等。

合作方覆盖全产业链：除了与众多中高端车企深度绑定合作外，公司与携程、同程、能链集团、中化集团、滴滴车服、腾讯TME、喜马拉雅、百度、美团等百余家各领域头部内容和服务提供商达成合作，搭建车主服务生态；与微软、华为等公司合作研发智能创新产品及服务。

(三) 同创伟业领投极豆科技，聚焦新兴产业，认可发展趋势

同创伟业以产业链投资为切入点，聚焦于新兴产业，其领投极豆科技，我们猜测是因为看中了极豆科技在车联网及用户服务运营领域的强劲发展势头和巨大潜力，在智能网联汽车快速发展的态势下，极豆科技或将成为车主服务运营领域的领头羊。

(四) 处于技术、政策、产业三重因素“共振”之上的车联网正在迎来它的爆发时刻

5G技术支撑车联网应用普及：随着5G的普及，可以预见的是，未来车联网服务成本将会不断降低，可用性高、质量好的车联网将会为汽车的智能化、电动化和共享化提供基础网联能力，从而大大提升车主的体验，在一定程度上拉升汽车销量，增加用户黏性与忠诚度。

边缘计算市场规模持续扩大：在车联网中，边缘计算专注解决时效性、安全性问题。车联网边缘计算市场规模持续扩大，2019 年全球边缘计算市场规模达 27 亿美元，其中，中国边缘计算市场规模为 77.4 亿元，预计到 2022 年全球边缘技术市场规模有望突破 67 亿美元（见图 6）。

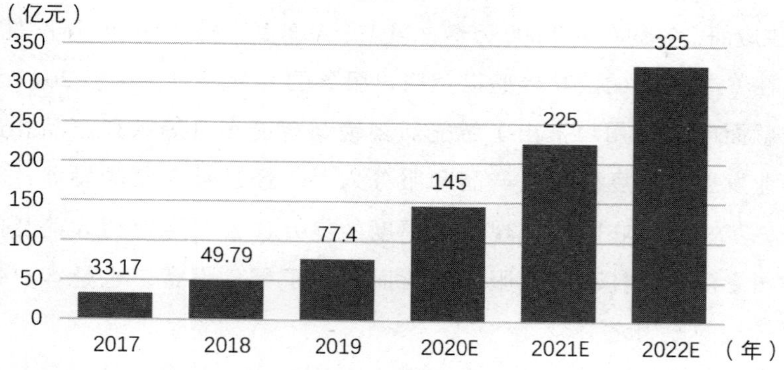

图 6　中国边缘计算行业市场规模

资料来源：ICVTank、前瞻产业研究院整理

五、国内企业积极布局车联网

目前，我国车联网的渗透率还较低，未来随着车联网渗透率的不断提升，车联网发展潜力巨大，国内相关企业在车联网各细分领域积极布局，除传统车企外，电信运营商和互联网企业也纷纷进军车联网，在传统汽车产业中，收入主要依靠卖车和售后维修，而未来在汽车里还将有机会提供增值服务，例如在线音乐、在线电台、有声读物、在线视频等，它们将是新的收入来源，为公司带来增值服务的创新商业收入（见表 2）。

表 2　　国内车联网布局

细分领域	公司名称	产品及进展
通信芯片	大唐、华为等	可提供支持 LTE - V2X 的通信芯片
通信模组	大唐、华为、高通、移远等	已对外提供基于 LTE - V2X 的芯片模组
终端设备	华为、大唐、金溢、万集、东软等	已经可以提供基于 LTE - V2X 的 OBU、RSU 硬件设备，以及相应的软件协议栈

续表

细分领域	公司名称	产品及进展
运营服务	国内三大电信运营商、百度、阿里、腾讯、滴滴等互联网企业	国内三大电信运营商均大力推进 C－V2X 业务验证示范；百度等互联网企业进军车联网，加速 C－V2X 应用落地
测试验证	中国信通院、上机检、中国汽研等科研和检测机构，奇虎科技等信息安全企业，华大电子等安全芯片企业	已开展 C－V2X 通信、应用相关测试验证工作以及 C－V2X 安全研究与应用验证
高精度定位和地图服务	北斗星通、高德、百度等	致力于高精度定位的研究，并为 V2X 行业提供高精度定位的地图服务

资料来源：前瞻研究院

小结：车联网成为国内外新一轮科技创新和产业发展的必争之地，进入产业爆发前的战略机遇期，正在催生大量新技术、新产品、新服务。车联网技术向着智能化、网联化方向演进，车载操作系统、新型汽车电子、车载通信、服务平台、安全等关键技术成为研究热点。

六、风险提示

（一）整体技术成熟度和完备度进展不如预期

车联网涉及的技术依然较为复杂，属于技术密集型企业，且 5G 商用进程不及预期。如果企业不能对行业技术发展方向保持高度关注，并对现有产品及服务保持更新换代，保持领先性，则无法满足客户日益增长的需求。

（二）政策支持力度不及预期导致车联网全面推广进度低于预期

行业发展与国家政策密切相关，而行业内公司未能对政策变更及时调整经营策略，则可能对公司发展带来一定负面影响。近年来，国家出台了一系列政策支持车联网行业的发展。若未来产业政策或扶持政策发生变化，如政府对车联网、智能交通推广度低于预期，或者对车联网相关配套领域投资放缓，可能对公司所处行业产生政策风险。

（三）用户数据安全的隐患

随着汽车智能化、网联化程度的不断提高，信息安全事件频发，车辆在为生活带来更多便利的同时，也面临越来越多的信息安全威胁。更快速高效的数据传输速率意味着数据的传播量级会出现巨大增量，意味着车辆上需要更多的电子元件与传感器对驾乘人员行为数据和行车数据的记录和收集。其他硬件的升级也会随之提上日程。不容忽视的是，当前车联网存在着诸多涉及用户数据安全的隐患（见表 3）。

表 3　　车联网用户安全隐患及影响

漏洞名称	安全影响
不安全的生态接口	SQL 注入导致非法查询数据库资源 XSS 跨站攻击导致后台数据被非法获取 中间件远程命令执行导致服务器被远程入侵
未经授权的访问	访问服务器数据，造成信息泄漏，增大攻击者攻击面：车主未操作汽车的情况下，使汽车开车门、上电、点火等
系统存在的后门	绕过车载系统已有的安全设置，泄露敏感信息和系统程序 导致服务器被远程控制，作为攻击其他主板的跳板
不安全的车载通讯	对车辆 WiFi/蓝牙的通信数据进行监听 车辆位置被欺骗，干扰驾驶安全 钥匙信号被重放攻击，威胁车主财产安全
系统固件可被提取及逆向	造成文件系统和敏感配置信息泄露
存在已知漏洞的组件	第三方组件的潜在后门，是应用程序被远程控制 第三方组件的漏洞导致程序可被利用，危害系统安全
车载网络未做安全隔离	造成应用报文被重放篡改，控制车辆行为，影响驾驶安全
敏感信息泄露	WiFi 密码泄露，攻击者可连接汽车无线 敏感信息泄露，影响用户日常生活，严重可造成经济损失
不安全的加密	被第三方监听窃取 没有对敏感数据进行加密或使用加密算法，敏感数据泄露
不安全的配置	服务器配置被恶意篡改，造成敏感信息泄露 使服务器容易被攻击踢拳，被远程控制 非法获取系统内存数据或系统权限

资料来源：前瞻研究院

七、启示：聚焦产业链中下游，从车机到路侧到云端，市场机遇接连而至

车联网产业链，上游主要是通信芯片和模组提供商；中游则以整车制造厂商和相关的软硬件产品供应商为代表；下游主要以运维服务为主，包括电信运营商、测试验证机构、高精地图服务提供商等。

从投资角度看，上游芯片厂商中，华为、高通处于领先地位。聚焦于产业链中下游，我们认为行业将沿着从车机到路侧，进而拓展到云端服务的方向依次爆发，对应车载操作系统、终端设备、高精地图这三个产业链环节（见图7）。

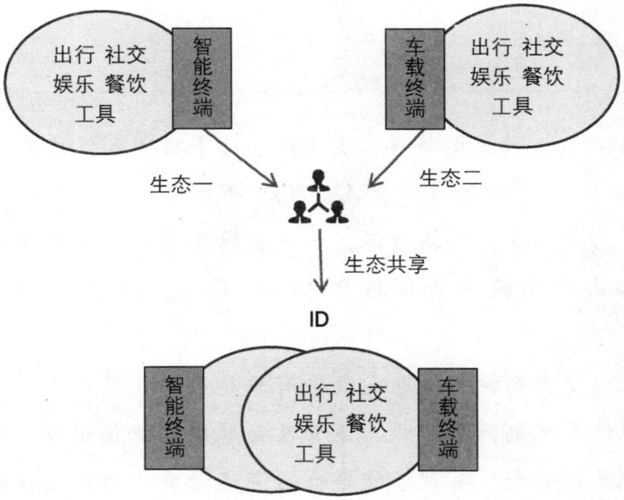

图7　车联网生态圈

资料来源：公开资料整理

想成为投融资观察报告创作团队的一员吗？微信扫描本书第352页二维码，现在就加入我们吧！

No. 5

特来电：估值130亿元，新增战略投资者拓展布局

主笔：韩芝怡　香港大学

交易概述：

2021年初，特来电获得来自GIC、久事集团和铁发基金约3亿元战略投资，估值达到130亿元。2021年6月21日，特来电再次获得来自普洛斯GLP、亿纬锂能、三峡能源和国家电投的3亿元战略投资。本次增发股份的价格为14.60元/股，投后估值约为136亿元。

特来电是青岛特锐德电气股份有限公司的控股子公司，主要从事新能源汽车充电网的建设、运营及互联网的增值服务。资金主要用于补充流动资金，有利于缓解公司营运资金压力，支撑未来业务发展壮大，将更多的资金投入产品研发和布局，并且起到优化资产负债结构、提升财务抗风险能力的重要作用。

引入战投后，特来电将与战略投资者充分利用各自优势实现1+1>2，久事集团在主营的城市交通板块也与企业相契合，以谋求双方协调互补的长期共同战略利益，加大在电力设备以及新能源汽车充电业务等领域的合作，提升上市公司的综合竞争力和影响力。

一、新能源汽车充电桩市场、需求与行业痛点

新能源汽车充电桩主要由硬件和软件构成。硬件主要包括总控单元、显示单元、监控单元等。主要根据充电方式进行划分，可分为交流充电桩（慢充）和直流充电桩（快充）。

从市场需求与痛点来看，随着国内电动汽车数量的增加，客户需要寻找更加方便的充电地点；而随着工作和生活节奏的加快，客户也更青睐充电速度较快的直流充电。

新能源汽车充电桩市场产业链如图1所示。

图1　新能源汽车充电桩市场产业链

资料来源：《2020年中国新能源汽车充电桩行业概览》

• 上游：充电桩设备制造商。中国新能源汽车充电桩行业产业链的上游参与者主要是充电模块、滤波设备、监控计费设备和电池维护设备等充电桩设备制造企业。主要玩家有英可瑞、奥特迅和盛弘股份等。充电设备成本是新能源汽车充电桩的主要成本，其中充电模块是充电设备的核心和主要成本来源。充电设备行业门槛较低，平均毛利率呈下行态势。

• 中游：充电桩运营商。新能源汽车充电桩运营主体可分为专业化运营商、政府和整车企业三大类企业。实行多种充电桩运营模式，其中专业化运营商主导模式为当前主流运营模式。

• 下游：整车企业。新能源整车企业有望通过与中游充电桩运营企业

合作加强市场差异化竞争能力。在政策补贴趋于平稳且汽车成本进一步降低的背景下，个人用户购车意愿有望提升。

二、行业挑战

第一，和欧美相比，中国人均汽车保有量和家庭汽车保有量较少，未来空间较大，但现阶段难以通过广告收入实现单桩收支平衡。目前，充电桩运营企业的主要收入来源为充电服务费，其他盈利方式仍处于创新和探索中。企业收入来源较单一，依赖于用户充电量的需求。此外，由于充电桩前期投资建设成本高、充电桩布局不合理、运营维护成本高等问题，运营商投资成本回报周期长、短期难以盈利。在此背景下，中国新能源汽车充电桩运营市场参与者面临严峻的生存考验，资金实力较差的企业极易被市场淘汰。仅 2018 年就有多个充电桩运营商被解散、收购或退市（见表 1）。

表 1　部分中国新能源汽车充电桩行业“出局”企业

公司	成立时间	运营情况
深圳容一电动	2003 年	2018 年 7 月公司因持续亏损无法持续经营而宣布解散
北京富点绿能	1995 年	2018 年 7 月未能按规定时间披露 2017 年年报被终止新三板市场挂牌交易
深圳聚电网络	2014 年	2018 年 4 月被深圳沃尔核材以 800 万元收购
深圳充电网科技	2014 年	2018 年初因资金链断裂而停止运营

第二，消费者对电池损耗仍存顾虑；充电桩为超级重资产，单桩的利用率很低。因为充电桩带有基础设施性质，具有高投资、回报周期长的特点。在行业盈利模式单一的情况下，除少数头部企业已经完成相对完整和成熟的商业布局外，业内大部分充电桩运营企业在短期内仍难以达到盈利目标，盈利问题成为行业发展的主要瓶颈之一。

第三，新能源汽车的发展基本可以确定是一个非指数增长的行业，作为配套的充电设施会在未来较长的时间内处在一个亏损阶段。排除纯设备销售型企业，单看运营公司，几乎所有商业模式都是把充电桩作为最基础的一环进行市场构建。主要通过充电桩积累客户形成黏性较强的客户基础，在此基础上进行电商平台、租售车、金融、卖电等上层商业结构建设。

三、行业驱动因素

（一）政策驱动

未来5—10年，根据汽车产业中长期发展规划和行业共识，汽车电动化将加速发展，市场占有量会快速提升。预计到2025年，新能源汽车保有量将超过2 500万辆（见图2）。

图2　中国充电设施主要鼓励层面及内容

资料来源：《2020年中国新能源汽车充电桩行业概览》，www.leadleo.com

（二）行业高效运转的需求

除去政策面利好和相关补贴，充电桩这个生意目前看来可能本身并不是一个单独存在的长期盈利的好生意。但它自带的占位属性以及相关联的电动车周边服务的上升市场，让充电桩可以作为更高一级的大型集团产业链布局的重要一环，达到POS、收集车辆数据、高频接触用户获得反馈、广告宣传等诸多效果。特来电母公司是上游设备材料的直接供应商，很多地产公司可能会考虑把充电桩作为标准化设施来提升物业档次，做动力电池、换电、电池回收和梯次利用业务，设立研发充电技术公司，达到充电桩业务在商业方面有明显的协同效应。

（三）行业技术不断发展：充电技术体系多元化

伴随新能源汽车的大规模商业化，除汽车续航里程外，充电效率和耗时也是汽车车主和潜在消费者关注的重点。目前，除交流充电和直流充电外，为配合各类应用场景，新能源汽车充电桩行业积极探索多元化的充电模式，如换电充电、无线充电等模式。为提高充电效率，大功率充电技术也获得逐步推广。

四、行业竞争格局

集中化程度高，特来电、星星充电、国家电网 CR3 基本占据近 70% 的市场份额，CR10 市占率接近 95%。2019 年，充电桩运营数量超过 1 000 台的企业数量约 20—30 家，公共充电桩运营数量超过 1 万台的企业数量为 8 家（见图 3）。

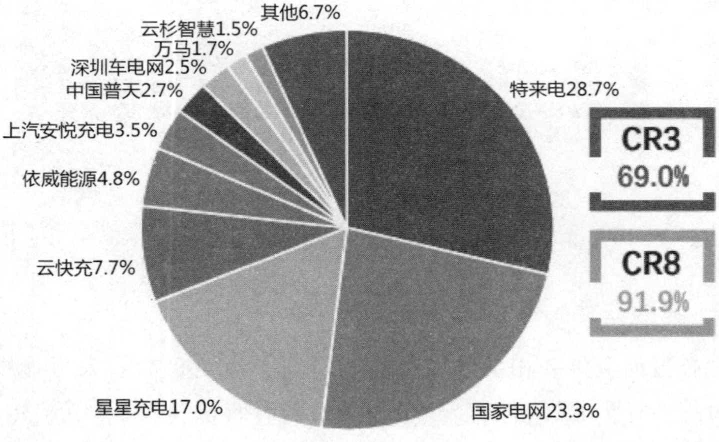

图 3　中国充电设施市场份额情况（2019 年）

资料来源：EVCIPA、国盛证券、东莞证券、《2020 年中国新能源汽车充电桩行业概览》

五、特来电分析

（一）自身定位

特来电采用互联网思维，依靠国际领先的汽车群智能充电技术和系统，创新电动汽车充电商业模式，致力于建设并运营全国最大的汽车充电网，打造充电网、车联网、互联网“三网融合”的新能源互联网（见图 4）。

图 4　特来电产品和服务

资料来源：特来电官网

（二）核心竞争力

1. 运营优势：特来电上线的公共充电桩近 13 万个，市场占有率第一（40%），核心运营的充电桩数量多。

2. 研发优势：建立了电气技术层、智能充电层和云平台层的三层结构，有“无桩充电、无电插头、群管群控、模块结构、主动防护、柔性充电”的技术特点。

3. 人才优势：研发团队带头人均有良好的产业知识背景，具备丰富的充电网系统研发经验。团队汇集了多名细分领域的知名专家，80% 的成员来自微软、浪潮、甲古文等知名 IT 公司。

（三）商业模式

通过六大商业模式：大系统卖电、大平台卖车、大共享租车、大数据修车、大支付金融、大客户电商，做到差异化创新、为用户创造价值、打动用户来实现用户间的传播（见表 2）。

表 2　　特来电商业模式分析

大系统卖电	建设中国最大的汽车充电网，实现电动汽车安全充电、经济充电、高峰充电、高价买点、实现能力的双向流动
大平台卖车	利用充电网优势，车桩并举，实现售车、充电一体化。通过价值链延伸，打造中国最大 O2O 电动汽车销售平台

续表

大数据修车	通过汽车充电网累计的汽车数据，打造汽车工业大数据平台，为车主提供车辆维修、保养、保险等增值服务
大支付金额	充分利用充电产生的现金流及资金，整合移动支付、电商平台等资源，提供增值服务
大合作租车	基于优势互补、合作共赢，与汽车分时租赁公司、网约车公司等专业合作伙伴携手提供多样性汽车租赁服务
大客户电商	利用充电网带来的客户黏性，建立电商平台生态，实现价值链延伸，从电动汽车生态 O2O 发展到电商生态 O2O

资料来源：特来电官网

（四）竞争者分析

1. 星星充电。和传统加油站模式类似的加盟模式，但核心运营的充电桩数量其实不多。星星充电提供充电设备产品和充电解决方案。充电设备产品包括交流充电桩、直流充电桩、交直流一体充电桩、超大功率充电桩和便携式充电桩。充电解决方案为向公交车、出租车、私家车、企事业单位、住宅小区、物流车提供一站式充电桩建设运营方案（见图 5）。

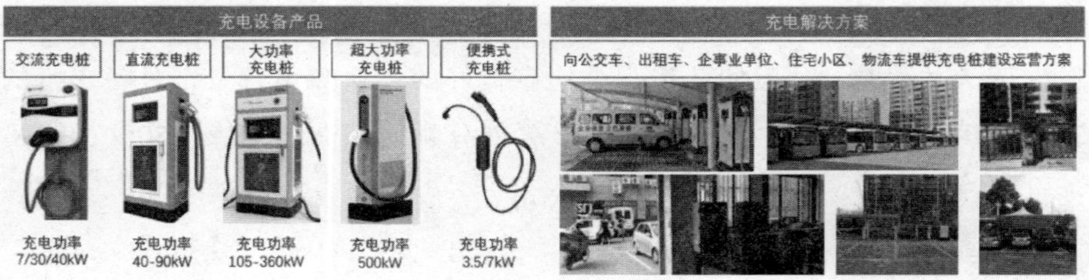

图 5　星星充电产品和服务

资料来源：星星充电官网

星星充电主要由充电桩设备的销售、众筹建桩及运营、星星充电 APP 与智能充电运营平台运营维护服务三大业务。

2. 云快充。除提供基础充电平台运营管理服务和充电桩上游中游企业的赋能服务等基础业务服务外，云快充还拥有其针对不同客户定制的特色服务，如针对充电设备客户的实时健康监测、智能维保、电桩业绩版图等特色服务；针对充电桩运营商提供的立体用户画像、精准充电桩画像、智能巡检助手、第三方资金监管等服务；针对充电用户提供的一号多充功能、母子账户管理等特色服务（见图 6）。

图 6　云快充商业模式

资料来源：云快充官网

3. 国家电网。它是强有力的竞争对手，在选点方面优势突出。近年来，积极服务新能源汽车发展，一手抓充电基础设施建设，一手抓并网供电服务，累计投资 251 亿元，打造了全球最大的智慧车联网平台，累计接入充电桩 45.7 万个，覆盖全国 85% 以上公共充电桩，建成了“十纵十横两环”高速公路快充网络。

六、展望未来

随着新能源汽车行业的发展，整个产业链更加高效整合运转。充电技术体系更加多元化，大功率充电技术成为发展趋势，充电桩互联互通化，充电桩盈利模式多元化。特来电独立运行可获得更合理的估值，就美股充电桩运营上市公司 Blink Charging 来看，在北美市占率仅有 5%，在无营业利润的情况下，近几个月股价涨幅达到 20 余倍，市值超过 7 亿美元。

No. 6

英雄体育：从幕后走来，半年实现“2融资+2并购”

主笔：吴依柔　中山大学

交易概述：

2021年6月2日，英雄体育VSPN宣布完成数千万美元的B2轮融资，投资方为摩根士丹利亚洲私募基金管理的投资基金。VSPN表示，这笔资金将被用于拓展全球业务，推广海外电竞赛事，并围绕VSPN+发展电竞内容矩阵。其中重点是“海外+内容”两大板块。此前，VSPN先后通过收购“香蕉游戏”“伐木累”实现在两大战略重心上的协同。

2021年的上半年，电竞运营商英雄体育VSPN作为资本的宠儿“四次出圈”，先后实现两轮融资（见表1），并完成了对香蕉计划和伐木累的并购。跟随此文，让我们一起来看已在国内电竞赛事制播执行方面占据头号交椅的英雄体育，如何深耕全生态，构建电竞的全产业链。

表1　融资历程梳理

轮次	时间	金额	投资方
B2	2021年6月1日	数千万美元	摩根士丹利
B+	2021年1月22日	6 000万美元	PAC、国泰君安、南丰资本
B	2020年10月26日	1亿美元	腾讯领投、天图资本、SIG、快手跟投
A+	2017年3月1日	未披露	真格基金、延安英雄互联网文娱产业投资
A	2016年7月28日	6.4亿元人民币	分众传媒、永桐投资、中信国安、光大印纪传媒、健盛体育专项基金
Pre-A	2016年6月1日	未披露	英雄互娱、红杉资本中国、爱晚投资

资料来源：公开资料整理

一、行业发展

根据2021年Newzoo发布的报告，电子竞技有望在2021年底实现强劲的收入增长。相比2020年的9.471亿美元，2021年的预期年收入将增至10.8亿美元（年同比增长14.5%）（见图1）。中国市场对全球电子竞技收入的贡献将超过1/3（见图2）。Newzoo预测，到2024年，全球电竞市场总收入将超过16亿美元，复合年增长率为11.1%。在成熟和新兴市场中，收入增长均有强劲表现。

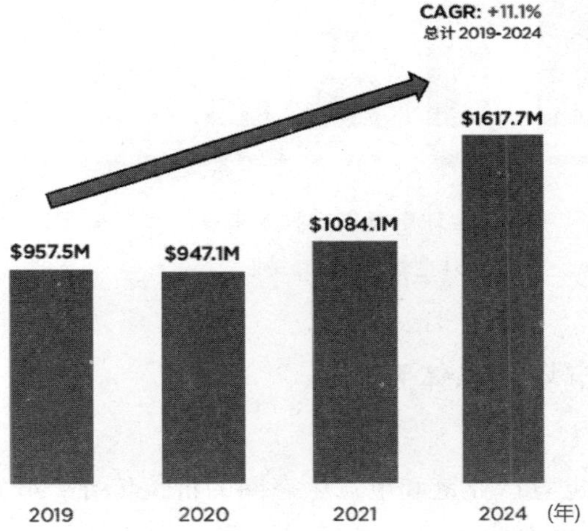

图1　全球电竞市场收入增长（百万美元）

资料来源：Newzoo，《2021全球电竞与游戏直播报告报告》

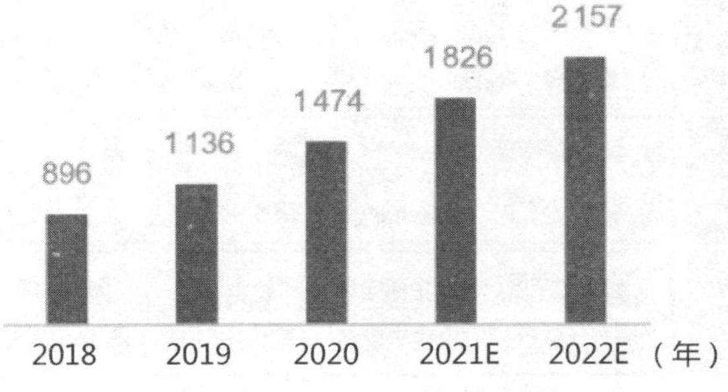

图2　中国电竞市场规模（亿元）

资料来源：艾瑞咨询，《2021年中国电竞行业研究报告》

从收入构成来看，赞助收入一直是电竞市场玩家最大的收入来源。2021 年预计将有 6.410 亿美元的收入来自赞助，占整个电竞市场收入的 59%。受疫情影响，线下赛事处于停滞状态，因此 2021 年门票和周边商品的销售仍处于低迷状态，预计会产生 6 660 万美元的收入（见图 3）。这种颓势可能会持续到 2022 年才得以恢复。出于同样的原因，依靠直播和虚拟商品的收入来源在上年得到了大幅增长。

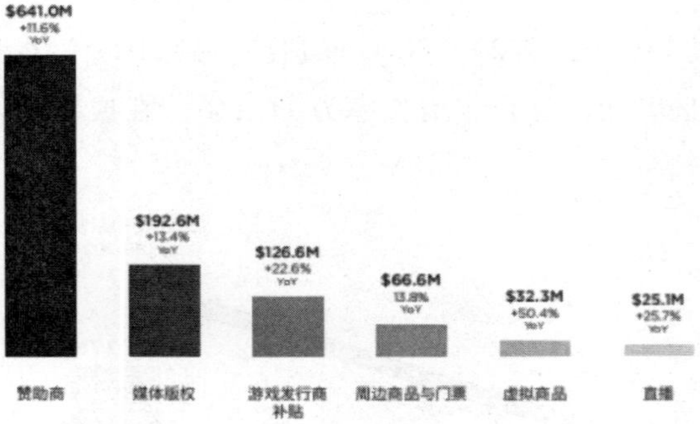

图 3　全球电竞市场收入来源（百万美元）

资料来源：Newzoo，《2021 全球电竞与游戏直播报告报告》

二、中国电竞市场生态体系

2021 年中国电竞产业链和电竞生态圈的价值传导，分别见图 4 和图 5。

图 4　2021 年中国电竞产业链图谱

资料来源：艾瑞咨询研究院自主研究

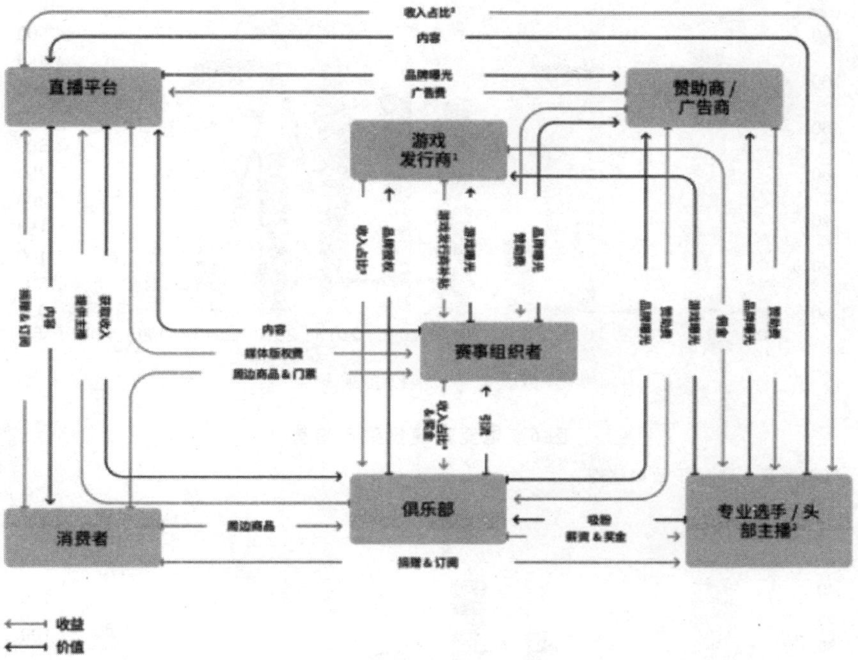

图 5　电竞生态圈的价值传导过程

资料来源：Newzoo，《2021 全球电竞与游戏直播报告报告》

三、中国电竞市场的资本趋势

资本市场近年来一直在给电竞铺路，直播、游戏公司上市伴随着“电竞概念股”屡见不鲜。2017 年是中国电竞的大热年，融资金额超过 450 亿元人民币，之后市场进入冷静阶段，融资金额和数量都急剧下降。2020 年之后，市场逐步回暖。2021 年增速显著，目前共计融资事件 16 起，总金融达 134.81 亿元人民币（见图 6）。

细分赛道来看（见图 7），2021 年市场的主要投资集中在赛事运营与电竞经纪这一块，融资金融达 118 亿元人民币，占比约 87%。其他融资则分布在电竞俱乐部、电竞经纪、电竞商业化、电竞数据服务等细分赛道，如星竞威武、Andbox、火星电竞。

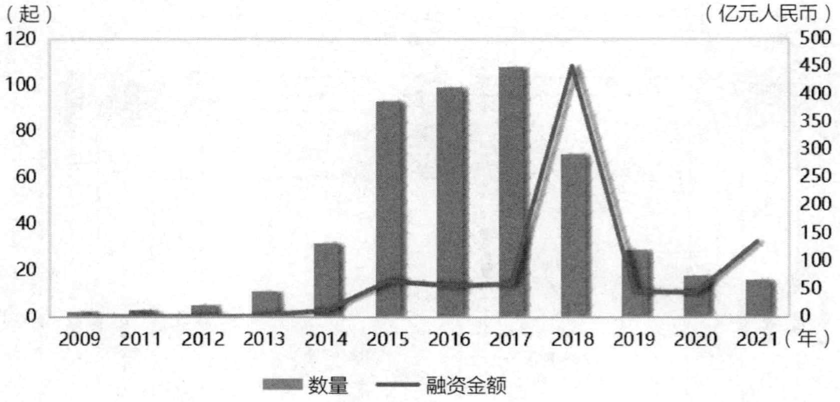

图 6　电竞赛道投融资趋势

资料来源：IT 桔子数据整理

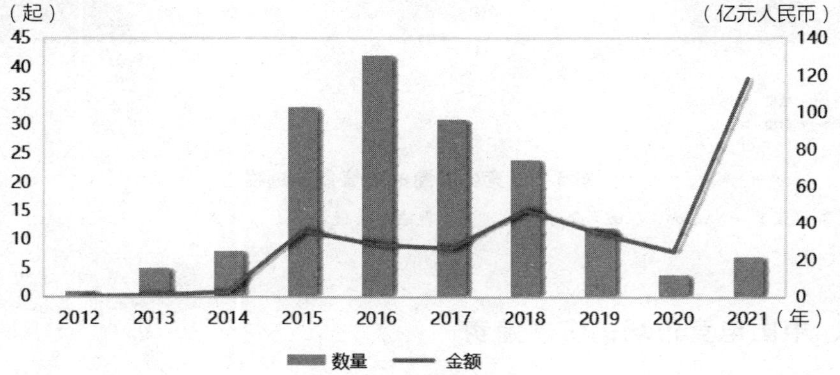

图 7　细分赛道：赛事运营与经纪投融资趋势

资料来源：IT 桔子数据整理

四、关于 VSPN

英雄体育 VSPN 于 2016 年正式成立，2018 年开始赛事出海，开拓海外版图，2020 年以来 VSPN 开始成为资本“宠儿”，先后获得三次融资，实现两次并购，并希望打造成为电竞生态圈的商业帝国（见图 8）。

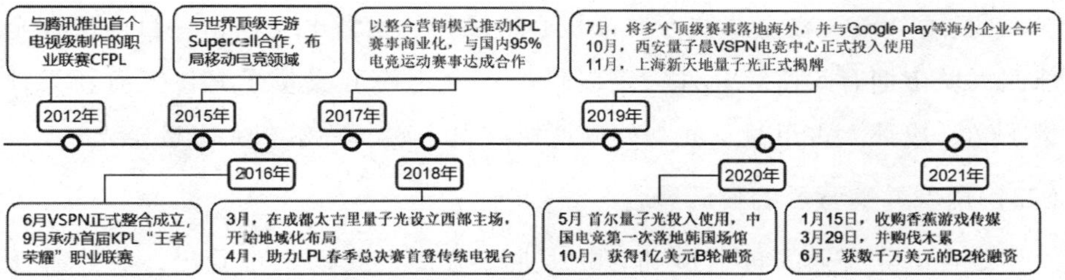

图 8　VSPN 发展历程

资料来源：公司官网资料整理

（一）VSPN 业务布局

作为全球电竞领跑者，英雄体育 VSPN 共有五大业务，以赛事运营和内容制作为核心，提供电竞商业化、电竞经纪、电竞综合体等综合服务，致力于构建全球电竞生态圈，提供全新电竞文化体验和生活方式。

赛事运营制作业务覆盖面广（见图 9）、合作伙伴多，其业务覆盖亚洲、欧洲、美洲，制作播出共计 13 000 场顶级赛事，与全球众多电竞运动赛事深度合作，成功举办了包括 KPL、PEL、PCL 等一系列顶级职业赛事。电竞商业化提供一站式营销服务，以全案营销策略整合头部电竞项目资源，为品牌方有效触达 5.5 亿电竞人群。电竞经纪业务则通过并购整合艺人资源，拥有自建 MCN 运营中心和直播运营中心，并与国内外游戏方合作，制作非赛事类内容，曾策划上线“Lying Man”“谁是国服第一”等优秀游戏综艺节目。

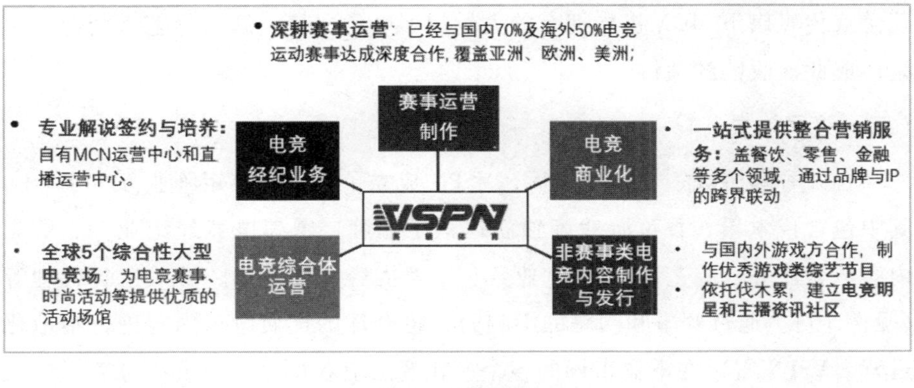

图 9　业务拆解

资料来源：公司官网资料整理

此外，VSPN 在全球核心城市核心地段投建运营电竞场馆，目前已在全球四大城市拥有 5 座综合性大型电竞场馆（上海静安量子光、上海新天地量子光、成都太古里量子光、西安西影路量子晨、首尔东大门量子光）。

（二）两次并购背后的资源整合

结合电竞行业的价值链和 VSPN 业务版图，我们不难看出，收购香蕉游戏和伐木累让 VSPN 在赛事运营和电竞经纪两端都增加了竞争力。香蕉游戏在海外赛事运营商的经验，可以作为 VSPN 全球化的纵向补充；伐木累在电竞内容制作、运营上的实力则可以作为 VSPN 在业务上横向的补充。

1. 收购伐木累——电竞内容制作和运营

伐木累于 2014 年由 WE 创始人之一周豪创办，主要业务为电竞经纪和电竞社区。VSPN 和伐木累属于垂直于电竞赛道上的两家公司，分别承担了赛中和赛前赛后两大服务体系。VSPN 垂直于提供赛事运营服务，伐木累则提供电竞内容营销服务。一点相似的是，电竞赛道的赛事运营和内容营销，考验的都是团队的能力，对团队的经验要求很高，这一点在市场上很难被取代。在此基础之上，双方达成资本运作互相助力。

2. 收购香蕉游戏——电竞经纪

香蕉游戏和 VSPN 在电竞赛事运营以及泛娱乐内容制作领域的业务上是直接的竞争关系。2021 年 1 月，VSPN 收购由王思聪创立的香蕉游戏传媒，而王思聪出任英雄体育 VSPN 战略委员会副主席。

除了在赛事制作运营等核心领域的互补和海外赛事运营的经验外，香蕉游戏传媒旗下 MCN 机构拥有的大量知名电竞主持、解说等艺人资源，也是促成此次收购的关键。

（三）组局效果

合并香蕉游戏、伐木累之后，VSPN 成立了新的内容矩阵业务 VSPN +，其中包含伐木累、香蕉游戏等独立运营子品牌，覆盖电竞经纪业务、电竞内容运营业务、综艺影视剧 IP 业务、电竞内容营销业务、游戏广告代理等（见图 10）。通过赛事和明星的影响力，将全球的优质电竞内容进行本地化运营，VSPN 得以在电竞市场的各个产业赛道上获得更大的市场份额。

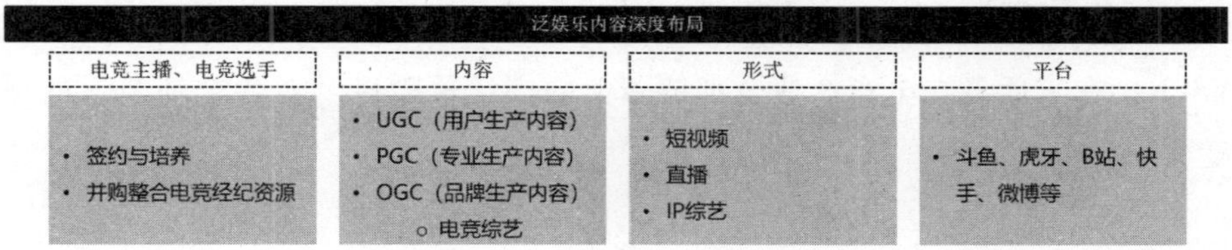

图 10　以电竞为核心的青年人文化厂牌——VSPN +

资料来源：公司官网资料整理

通过并购，可以实现赛事运营与电竞经纪两大业务的相互赋能。VSPN 形成了更强大的艺人矩阵；被收购者则获得了一个可以为其不断输入新人，并通过赛事为艺人带来更多曝光的“血泵”。二者协同效应使 VSPN 得以打造自身的业务发展闭环，进一步形成“滚雪球”效应。

伐木累擅长在电竞资源上做内容运营和商业化操作，它代理了国内许多主播、战队的直播约或商务约，并帮助他们完成内容变现。合并后，VSPN +可以做很多新尝试，如联合 KOL 举办中韩、欧美对抗赛、娱乐赛。这些内容的群众呼声很高，但国内没有一家公司能够单独做。VSPN 将结合已有赛事资源和伐木累的制作能力，在更多平台上呈现新的电竞内容。

并购完成后，三家公司在业务的协同性和客户资源上的互补性也很高，对于伐木累而言，70% 的客户来自游戏，30% 的客户来自品牌，而 VSPN 的客户更多以品牌为主。

五、投资逻辑

VSPN 的赛事制播与运营、电竞经纪和电竞内容营销几个业务单独拆开来看或许在未来无法规模化增长，但整合与抱团创造出了新的可能。所以抱团取暖扩大业务覆盖面，打通电竞垂直产业链是其获得投资的主要逻辑。

能做和想做电竞垂直产业链的不只 VSPN 一家，腾讯与拳头组成的腾竞就不仅有制播团队，也曾经有经纪业务。完美世界作为 Dota2 的国内代理和赛事协助方，也做了新加坡赛区的赛事承办方。Bilibili 电竞也借着 S 赛版权，布局战队 + 电竞经纪 + 赛事运营。

与之相比，VSPN 具备资源和服务端的先发优势。某种程度上，VSPN

做大蛋糕打法，绑定了电竞整个行业的未来增速。资本方看好英雄体育 VSPN，在于后者在电竞产业全部链条上的广泛覆盖以及在各个环节上的深度参与。

六、VSPN 的海外市场布局

从 VSPN 的并购道路上不难看出，全球化也是 VSPN 在拿下赛事运营业务之后的重点发力对象。香蕉游戏在海外十余个城市成功举办过电竞赛事，有较强的运营境外赛事能力；而新加入的伐木累则拥有不少海外电竞俱乐部品牌，同样有助于 VSPN 品牌的出海。VSPN 通过对外的品牌输出，增强其品牌力。

英雄体育 VSPN 深度参与了电竞产业的发展。作为头部赛事联盟如 KPL、PEL 运营的主要合作伙伴，它积累了大量经验并总结出了系统方法论；同时，技术上的领先也为其奠定了对外扩张的基础。

2018 年是其“出海”关键的时间点。这一年，英雄体育 VSPN 的海外扩张正式起航。先是在电竞产业链条发展极其完备的韩国设立分部（见图 11），后又承办作为雅加达亚运会表演项目的电竞相关赛事，并成功制作首届 PUBG Mobile 全球明星挑战赛等一系列国际顶级电竞赛事，落地赛事遍布美国、东南亚、中东等多个国家及地区。

图 11　VSPN 在韩国的电竞场馆（位于首尔核心商圈东大门）

资料来源：公开资料整理

英雄体育 VSPN 出海打的第一张牌便是赛事制作。面对国内外迥然不同的环境，VSPN 选择在当地打造自己专属团队。韩国分部成立后，团队可以为 VSPN 提供可借鉴的本地化赛事经验，助力其在韩国举办多个国际性赛事，打响品牌。

如果说在韩国以吸收为主，那么在东南亚等地区的布局则主要在于输出。未来英雄体育 VSPN 计划与东南亚等地区的本地团队联手打造当地的电竞明星选手，与当地电竞粉丝建立情感连接，凭借偶像的力量推动本土电竞产业的发展。

2020 年，VSPN 旗下 V. SPACE 电竞中心在韩国首尔正式投入使用。未来，VSPN 计划在印尼、沙特以及美国洛杉矶等地设立新分部，不断拓展。

七、全球化与海外市场

（一）全球竞争格局

根据 Mordor Intelligence 的数据，全球电竞市场的行业集中度处于中上水平，较为集中（见图 12）。从国家分布来看，中、美、韩三强争霸格局初步形成（见图 13）。随着国内对电竞的认可度变高，中国电竞形成了自有的一套以体育竞技化为核心的商业模式（见图 14），市场营收占比位居全球第二。

图 12　全球市场行业集中度

资料来源：Mordor Intelligence、Mob 研究院根据自有模型估算

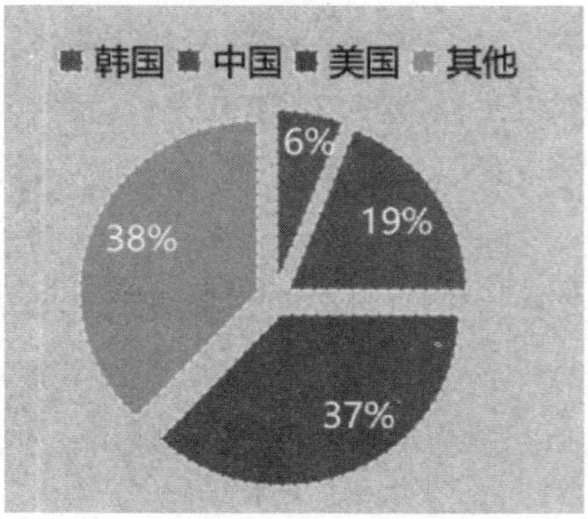

图 13　2019 年全球电竞市场营收排名

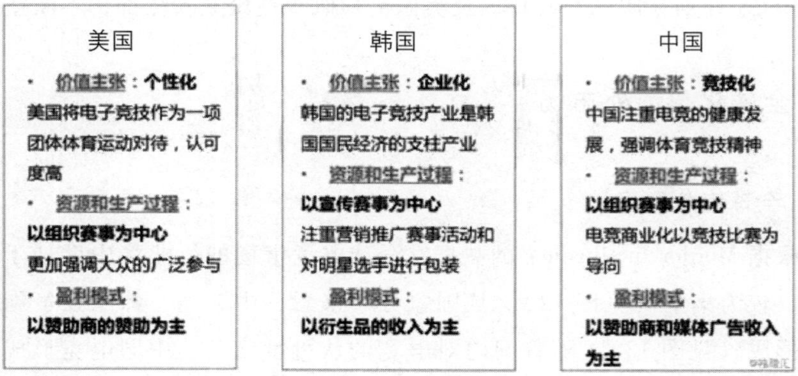

图 14　中、美、韩电竞模式对比

资料来源：Mob 研究院

（二）主要竞争公司

与 VSPN 一样，海外的电竞公司也在进行全球化的布局。以欧洲著名电子竞技组织 ESL 为例，具旗下有电子竞技爱好者所熟知的顶级赛事——包括 ESL Pro Tour CS：GO、星际争霸 2、魔兽争霸 3、DOTA2 以及 ESL 刚刚宣布的 ESL Mobile 手游赛事。

即便是十几年来一直以欧洲作为主战场的 ESL，也在 2019 年正式开始走向全球化。2019 年，ESL 的线下赛事陆续登陆印度、巴西、中国，并且 ESL 还与多个媒体伙伴达成合作，通过多种语言的直/转播给全球各地的粉丝送上了自己的赛事。

在中国，ESL 早在 2019 年就与虎牙和火猫达成直/转播的合作协议。

2020 年，ESL 分别与虎牙以及斗鱼延长了一年的直/转播合约。ESL 在 2021 年再次与斗鱼达成合作——斗鱼将会买下 ESL 旗下所有游戏项目（包含 CS：GO、DOTA2、星际争霸Ⅱ、魔兽争霸Ⅲ）赛事的中文语言独家直/转播权，并且斗鱼被允许将直/转播权分销给虎牙和哔哩哔哩。与中国直播平台在直/转播权的合作，进一步扩大了 ESL 旗下游戏项目在中国的市场。

在全球范围内，ESL Pro Tour CS：GO 赛事有 18 个媒体合作伙伴通过总共 15 种语言进行转播；DOTA2 赛事有 13 个媒体合作伙伴通过总共 13 种语言进行转播。和 VSPN 一样，ESL 也致力于把内容以适合本土化的方式推送给更广大的观众。

（三）未来电竞行业趋势展望——全球化

电竞作为发展迅猛的新兴体育形态，和所有体育运动一样，全球化是其未来的大趋势。近年来其全球化的扩张脚步进一步加快，使得全球体育格局及秩序产生了新的变化，而这种新变化不仅会在电竞赛事版权、赞助等维度衍生更多商业机会，还会对全球文化交流产生意义深远的影响。

（四）VSPN 的未来

此次 B + 轮融资之后，VSPN 将持续在出海方面发力，助力电竞全球化。VSPN 创始人兼 CEO 应书岭在接受《娱乐资本论》采访时说：“目前 VSPN 营收最好的部分来自于赛事及内容制作和电竞商业化，未来可预期的收入方式还有电竞衍生产品研发、电竞全板块业务深化以及海外业务扩张。”如今被资本拥戴的 VSPN 从幕后站到了台前，是因为始终锚定的是电竞的未来。

想成为投融资观察报告创作团队的一员吗？微信扫描本书第 352 页二维码，现在就加入我们吧！

No. 7

谁是共享经济的最后玩家

主笔：蔡天乐　香港理工大学；施承懿　伦敦政治经济学院；
付恒宇　中山大学

交易概述：

2021 年 4 月 1 日，怪兽充电正式在纳斯达克挂牌上市，股票代码为“EM”。怪兽充电共发行 1 765 万股 ADS，发行价定为 8.5 美元/ADS，总发行规模为 1.50 亿美元。截至 2021 年 7 月 13 日，怪兽充电股价为 5.31 美元，低于发行价（见图 1）。

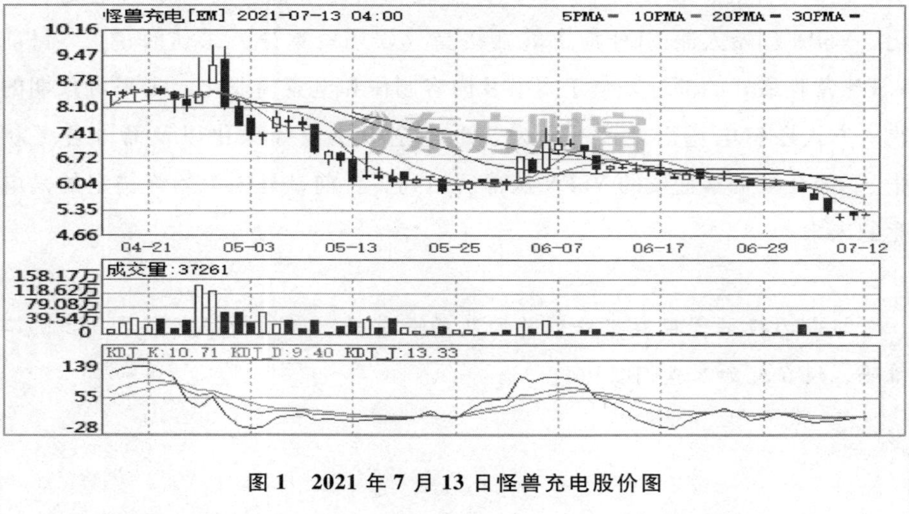

图 1　2021 年 7 月 13 日怪兽充电股价图

根据招股书披露，怪兽充电的机构股东阵容豪华。除拥有超级投票权的管理团队外，阿里持股 16.5%，是怪兽充电第一大机构股东。此外，高瓴资本持股 11.7%，顺为资本持股 8.8%，软银亚洲持股 7.7%，小米和新天域资本均持股 7.5%，云九资本和 CMC 资本分别持股 5.8% 和 5.4%。同时，其机构股东还包括清流资本、蓝驰创投等（见图 2）。

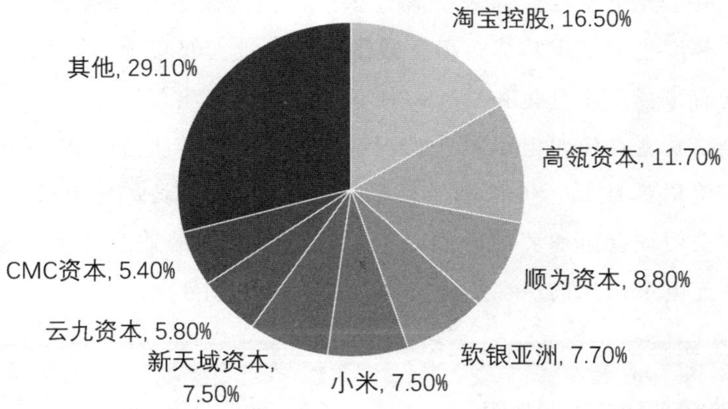

图 2　怪兽充电股权结构

一、共享充电宝的发展历程——真伪需求的验证

共享充电宝行业于 2016 年进入大众关注的视野，2017 年初吸引大批资本进入后多家企业获得融资，并在此期间完成了近 30 笔融资交易，整个行业在短期内快速兴起（见图 3）。

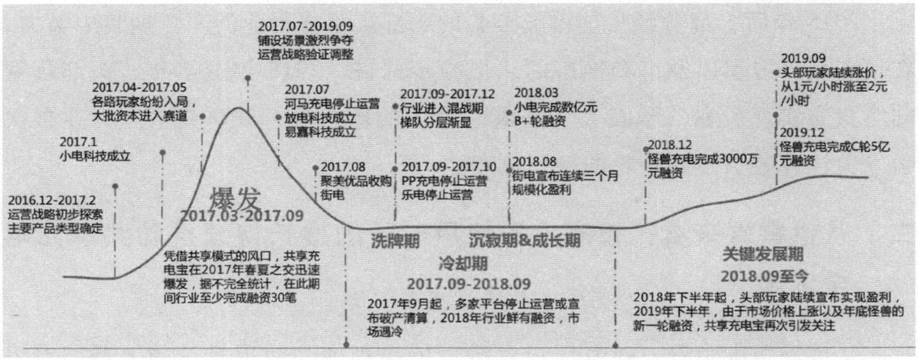

图 3　中国共享充电宝发展历程与典型事件

共享充电宝解决人们应急充电需求的使用场景曾被看衰者视为一种伪需求，因为相对于其他共享经济的商业模式，购买充电宝显然便宜得多，没必要租赁，而未来随着手机电池的进步，在室外出现电量危机的情况会越来越少。

2017 年下半年，由于对该产业商业模式的质疑及个别产品安全方面存在漏洞，共享充电宝行业迎来洗牌，多家厂商陆续宣布业务停运或破产清算，资本热度也呈消退趋势，融资数量较上半年大幅减少。

但随着市场逐步分化和验证，共享充电宝表现出了巨大潜能。一方面，充电宝是消费者在应对电量紧张情况时的刚需产品，应急充电这样低频次需求具有价格弹性低、价格敏感性低的特点，在商家大范围布点机柜后，人们的消费习惯会迅速养成。同时，随着移动电话的普及和手机使用时长的增长，充电宝市场的潜在用户进一步扩大（见图 4）。

图 4　共享充电宝的潜在市场

资料来源：工信部，艾瑞咨询研究院自主研究及绘制。

2018 年后，部分经受住市场考验的头部玩家在行业的寒冬期暗中蓄力，在培养用户习惯以及市场推广的路上稳步前进。2018 年下半年，头部玩家陆续宣布实现盈利，形成了“三电一兽”的新格局，共享充电宝行业再次引发关注并吸引了新一轮的融资热潮。

二、从供需端来看：智能设备使用时长的增长持续推动共享充电宝发展

从供需角度来看，随着用户对手机依赖程度和使用时长的上升，对手机电量的需求也在同步增加。从 2017 年第四季度到 2019 年第四季度，中

国移动互联网用户的人均单机有效使用时长已从 73.8 小时上升至 87.3 小时。在手机使用时长不断增长的同时，手机的续航能力受限于手机电池技术的发展，难以取得质的飞跃。在对 52 款主流机型进行测评后显示，各机型在经过 5 小时重度使用后平均剩余的电量仅有 33%，电量从 0 充到 100% 的平均时长高达 82.7 分钟（见图 5）。

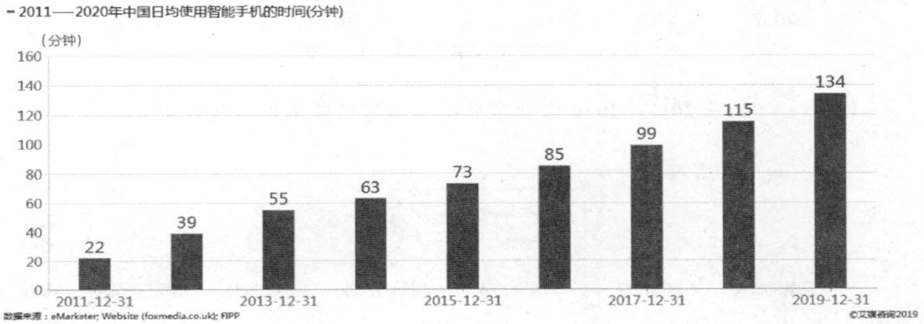

图 5　2011—2019 年中国人民日均使用智能手机的时间

三、共享充电宝的盈利模式

共享充电宝行业在经历了过去几年的混战之后，业内的两大巨头小电科技和怪兽充电分别于 2020 年实现了 19.11 亿元和 28.9 亿元的营业收入，而这主要归功于它稳健的盈利模式和现金流。一方面，用户对充电宝的需求不会因为价格波动而产生很大变化。因此，即使近年来共享充电宝的收费逐年上升，消费者也不会放弃使用，保障了现金流入。弗若斯特沙利文的资料显示，共享充电宝服务平均每笔订单的价格自 2017 年至 2020 年逐年上升，分别为 1.3 元、2.3 元、4.1 元、5.3 元，并预计于 2025 年达 8.0 元（见图 6）。

与此同时，共享充电宝的用户规模也呈现递增状态，由 2017 年的 0.8 亿上升到了 2020 年的 2.9 亿。另外，共享充电宝的产品成本在整个共享经济行业中也是最低的。我们可以看到影响运营成本的各因素，包括设备成本，人力花费，或是损耗与折旧都相对较低。由此可见，稳定现金流和较低的产品成本保障了共享充电宝行业的盈利（见图 7）。

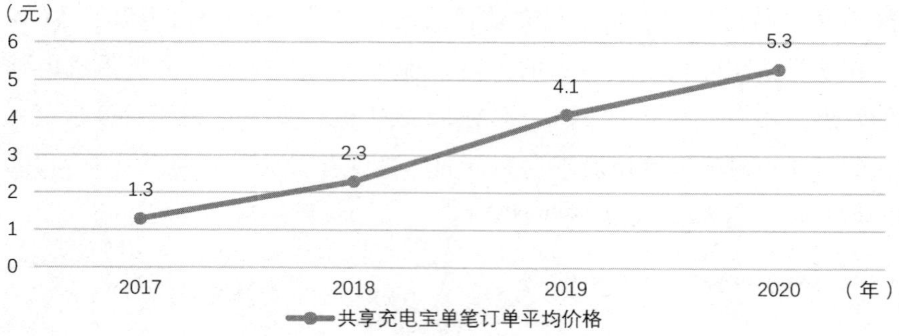

图 6　2017—2020 年共享充电宝单笔订单平均价格变化

	现金流入		现金流出				
	日租赁收入	可替代性	软硬件成本	营销与投放	维护所需人力	损耗与折旧	调度运输
共享充电宝	1.5—2.5元/天	极弱	150—300元	250—500元/年	2 000—4 000个/人	损耗率1%—3%，10—20元/年	极少
共享单车	6—8元/天	中等	300—1 000元	场地费不常见	1 000辆/人	损耗率10% 合计300—800元/年	
共享按摩椅	30—50元/天	极强	3 000—8 000元	5 000—8 000元/年	未知	1 500—2 500元/年	较少

图 7　共享经济各行业经济性对比分析——单位设备收入与成本比较

四、行业供应链——高品质的产品决定了竞争初期的优势

在充电宝行业的供应链里，上游供应商采购零件并加工生产出充电宝，提供给运营商后，再由运营商布点至各个商户，再通过商户接触到租借充电宝的用户。其中，充电宝产品的品质以及技术创新依赖于上游供应商，而在共享充电宝的产业链中，上游供应商的选择虽多但质量参差不齐，若运营商选择与质量不佳的上游端合作，额外的运营成本将转嫁给相应的运营商，该运营商则会被市场淘汰（见图 8）。因此，在行业发展的初期，质量一定程度上决定了品牌在市场上的去留。

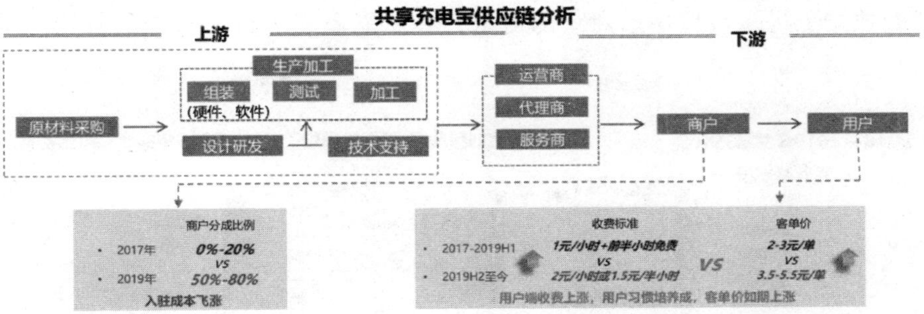

图 8　共享充电宝产业链

五、商户——共享充电宝与商户的触达关键

共享充电宝主要通过布点到各类商户从而实现用户触达。行业线下整体渗透率为 20%—30%，其中餐饮业的渗透率高达 50%。同时，整个产业在三四线城市还有很大的开发潜力。运营商需要通过提高点位的铺设密度来增加市场份额。长期竞争导致铺设量逐步突破临界点，使得放置在各个商铺点位的使用频次开始降低，导致各品牌会越发倾向于排他性合作，进一步促使下游的点位竞争日趋激烈。

对运营商而言，下游商户变成产业链中最薄弱的环节，商户议价权升高，有意提高入场费，压低运营商的盈利空间。目前商户对布点的收费标准已从 2017 年的 1 元/小时上升至 2 元/小时或 1.5 元/半小时。这样低效的铺设竞争引起了各家运营商的重视，促使整个行业去规避并寻找新的盈利点。

一方面，运营商通过大数据分析用户行为及用户群体，帮助地推人员实现精准定位、明确投放策略，从而实现普及更多商户、方便用户租借的原目标。另一方面，运营商为了培养用户对品牌的黏性而开启创意营销，包括与明星、IP、品牌商以及商户的跨界合作，试图通过场景来刺激用户对自家共享充电宝的需求黏性。

此外，业内各运营商试图利用现有渠道复利来获得新的增长点，比如与商家合作在机柜以及小程序的租赁页面投放广告实现双方共赢。行业的广告业务规模在 2019 年达到了千万元级别。商家同时也通过租赁时累积的消费数据更进一步地挖掘商户的需求，并赋能商家进行更精准的营销（见图 9）。

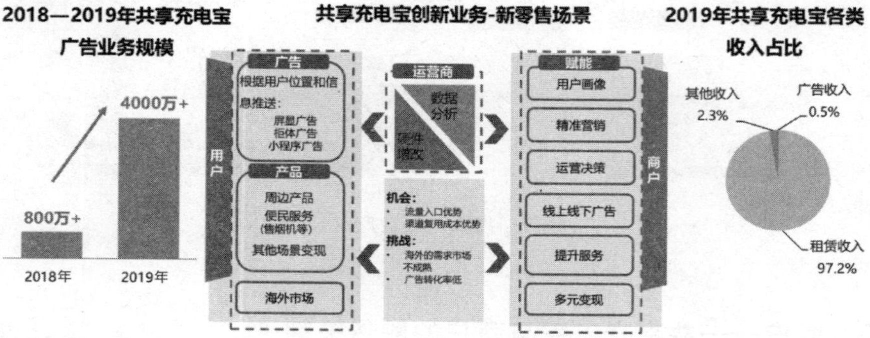

图 9　共享充电宝新业务模式

六、怪兽充电

怪兽充电（NASDAQ：EM）于 2017 年 5 月在上海正式成立，公司收入来源于移动设备充电服务、充电宝销售服务以及其他收入。移动设备充电服务即为充电宝租赁服务，公司将机柜和充电宝布置在各个 POI（点位），用户可通过小程序了解附近机柜位置、状态等信息，并通过扫描机柜上的二维码租用充电宝。用户使用充电宝前需要支付押金，在充电宝归还后退还。若在一定时间后未归还充电宝，怪兽充电将扣留押金。若用户在微信支付、支付宝等数字钱包服务提供商处具有合格信用评分，则可免交押金（见图 10）。

招股书显示，截至 2020 年 12 月 31 日，怪兽充电已经构建了包含超过 66. 4 万 POI 的共享充电网络，累计注册用户超过 2. 19 亿，系统实时监测并处理超过 500 万共享充电宝的数据（见图 11）。

根据艾瑞咨询的行业报告显示，从 2020 年已实现的收入总额来看，怪兽充电以 34. 4% 的市场份额位列共享充电行业第一。从行业后来者到跻身"三电一兽"，再到摘得"共享充电第一股"，怪兽充电改写共享充电行业格局仅用了 4 年（见图 12）。

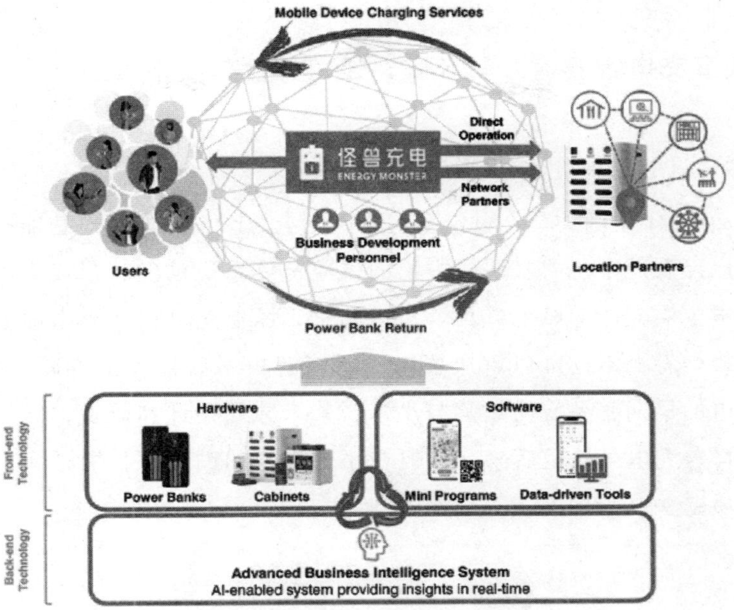

图 10　怪兽充电商业模型

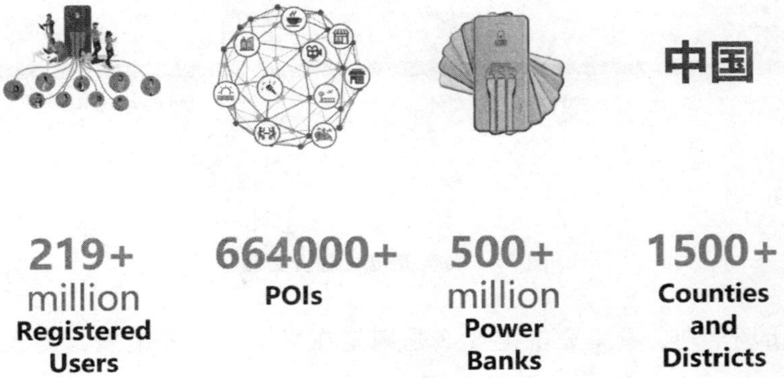

图 11　怪兽充电运营亮点

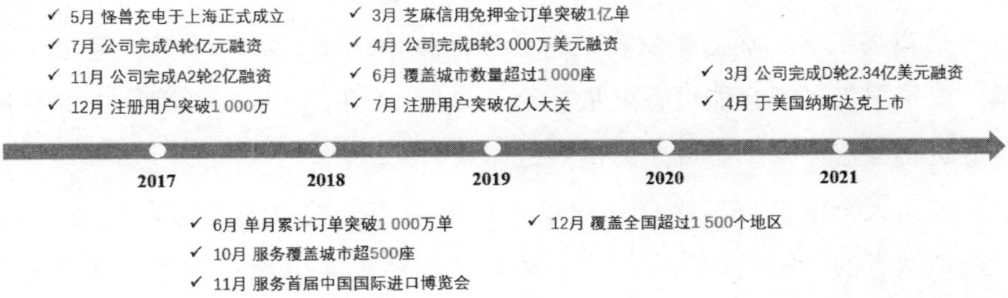

图 12　怪兽充电发展轨迹

七、共享充电宝赛道万马奔腾，怪兽凭什么后来居上？

（一）背靠小米紫米，造就硬核产品

在 2017 年中国共享充电宝赛道热火朝天之时，虽然针对智能手机的移动电源已经有近十年的发展，中国的供应链体系也已经相当成熟，而高品质的充电宝供应链却凤毛麟角。幸运的是，怪兽充电拥有小米和紫米这样的战略投资者，不仅可以解决资金，还能解决一些供应链难题。据透露，怪兽充电的早期产品，均是其与小米、紫米共同设计和研发，然后由工厂代工。怪兽充电虽然是后来者，但在小米生态的助力下，短时间里就构筑起了品质壁垒（见图 13）。

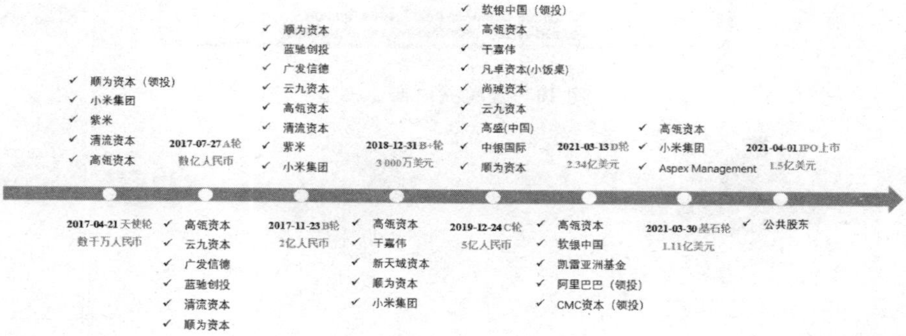

图 13　怪兽充电投融资历程

在市场早期，共享充电宝要么是固定在桌子上的充电线，要么是一个充电宝只有一根线。怪兽充电创始人蔡光渊和团队敏锐地捕捉到弹出式充电柜和三线合一（一个充电宝三条线，同时满足安卓、苹果和 Type－C 充电）的市场机遇，马上研发产品，并迅速推向市场，实现手机、笔记本电脑、电子书等各类智能设备电量补给（见图 14 和图 15）。怪兽充电的快速反应也得益于小米生态成熟的供应链体系。

弹出式充电柜与三线合一的设计也成为当今共享充电宝赛道的主流，广受消费者的青睐。正是在小米系的加持和怪兽充电硬件团队的共同努力下，高品质的充电宝迭代而生，消费者的使用体验得到保障，客户黏性及

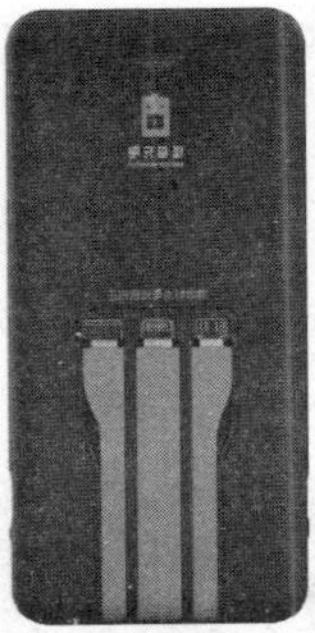

图 14　怪兽充电三线设计随身充电宝

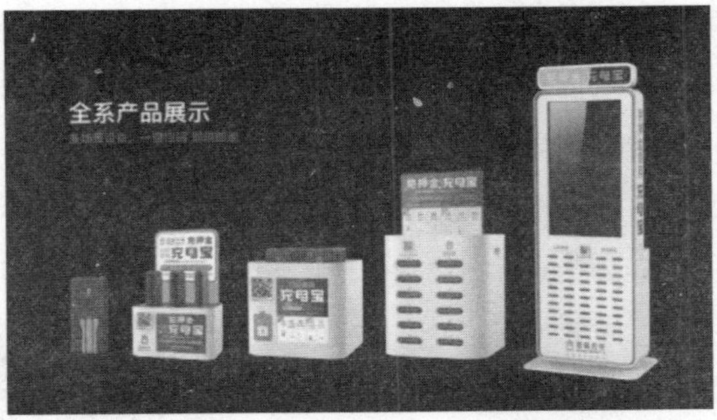

图 15　怪兽全系产品展示

品牌好感度与日俱增，奠定了今日怪兽充电的龙头地位。

（二）精细运营与场景拓展营销——怪兽充电后来居上的关键

随着共享充电宝赛道竞争的加剧和商家的进场费与分成费诉求提高，运营商对商家的约束力与话语权开始变弱，盈利空间受到限制，这促使企业运营模式由粗放式向精细化转变。怪兽充电之所以能后来居上，在短时间内抢占市场份额，与其数据驱动的精细化运营和有效的发展策略密不可分。

怪兽充电重用系统和数据做精细化运营，也用它来管理和考核分散在全国的数千名运营人员。每一个商务拓展（BD），早上一睁开眼睛，系统就已经推送了今天要完成的若干任务（BD 的薪酬由底薪与绩效组成，绩效由 GMV、单宝收益、离线宝数等多个指标综合评估决定）。同时，怪兽充电自主设计研发的这一套管理系统，在市场环境的打磨下不断迭代，成为运营人员打胜仗的“利器”。

疫情时代怪兽充电的沉着应对可以作为其精细运营模式的一个缩影。2020 年，疫情来袭，冲击了共享充电宝的生意。得益于精细化运营，怪兽充电运营人员可以直接关注每个门店数据，定位到每个充电宝的状态，从而对症下药，要么补上柜机，要么撤走，在第一时间就把一些关闭门店或者效率极低门店的设备，挪到效率更高的门店。几个月时间，怪兽一线运营员工便腾挪了数万个商户的设备。抢救行动的及时进行，帮助怪兽充电渡过了疫情的难关。到了 2020 年 6 月，疫情复苏，业务数据已经超越历史最高水平，实现疫情重压下的逆势翻盘。根据 Quest Mobile（2020 年 9 月）发布的微信小程序 MAU 榜单，怪兽充电位列共享充电行业第一。

怪兽充电还把场景拓展做到了极致，除了传统的餐饮、零售类场景以外，怪兽充电着力攻破交通枢纽、医院、景区、酒店、主题乐园等人流量大且消费热点集中的高质量场景。2020 年 11 月，怪兽充电与上海迪士尼度假区共同宣布两家公司达成为期数年的战略联盟协议，怪兽充电将成为上海迪士尼度假区首家且独家共享充电服务官方合作伙伴。按照协议，怪兽充电可以在上海迪士尼乐园和度假区主题酒店，设置十余处共享充电服务点。进入上海迪士尼度假区的柜机和充电宝，也均是根据所在场景设计定制（见图 16）。

图 16　怪兽充电联手迪士尼推出“神奇满电”的营销活动

在品牌营销方面，怪兽充电也同样深耕与发掘，不仅与鹿晗、吴青峰、王嘉尔、黄子韬等明星展开合作，探索粉丝经济新增长点，还瞄准青年圈层，与漫威、LINEFRIENDS、“火影忍者”手游等开启多场 IP 梦幻联动，更主动尝试直播带货、联合潮流平台发布产品等形式。目前，怪兽充电已与全国逾 60 万商户建立合作，拥有超过 2 亿用户。通过与 IP 合作、跨界联合等创新营销模式，怪兽充电在增加用户情感链接的同时也获得了更多曝光量和关注度，提升了品牌的辨识度。

八、激烈的竞争格局，怪兽面临的主要对手

共享充电宝的市场上形成了以“三电一兽”为核心的竞争格局，不管是用户规模、铺设密度还是用户知名度上都遥遥领先其他品牌。2020 年，行业 CR4 达到 83.1%，头部的竞争分外激烈。从成立时间来看，主要玩家的入局时间都在 2017 年之前，其中来电入局最早。从融资规模来看，怪兽超 20 亿元的累计融资独占鳌头，充沛的现金流量是怪兽发力的基础。供应链合作来看，各家的选择不尽相同，如小电携手传统电池厂商富士康、比

亚迪，怪兽选择与紫米这样的科技品牌合作。从市场覆盖情况来看，目前4家公司覆盖的广度很接近，街电、来电都实现了超过90%城市的覆盖率。用户数量上，四大厂商都拥有超2亿客户；市占率上，根据弗若斯特沙利文的报告，2020年全年的行业营收占比中，怪兽、小电、街电、来电分别为33.3%、22%、15%、10%（见表1）。

表1　竞品对比

比较	小电	怪兽	街电	来电
成立时间	2016年12月	2017年5月	2015年11月	2013年12月
融资进度	股权融资（2020年）	D轮（2021年）	股权融资（2021年）	股权融资（2020年）
融资机构	苏宁金融、苏宁易购、金沙江、王刚（天使投资人）、腾讯、元璟资本、红杉资本（中国基金）、高榕资本、鼎晖、盈动资本等	阿里巴巴、CMC资本、软银亚洲风险投资公司、高瓴资本、顺为资本、清流资本、小米科技等	聚美优品、赣锋锂业、天际线创投、IDG资本、欣旺达、杨锦方、联新资本	富浙基金、九合创投、红点创投、海纳亚洲等
累计融资金额	数亿元（共计5轮）	20亿元+（共计6轮）	数亿元（共计6轮）	2 000万美元+
覆盖城市	1 600座县级以上城市	1 500+	95%城市	90%城市
产品认证	CE、CCC、CB、KC、RoHS、UN38.3、NBTC、SRAC、GB35590等权威认证	—	欧盟（CE）、国际（CB）、韩国（KC）、中国（CCC）等	119专利授权、9项海外专利
供应链合作	富士康、比亚迪	紫米科技	比亚迪、欣旺达	飞毛腿、微鹅科枝
运营推广	85%直营	75%直营	60%直营	70%直营
用户数	2亿+	2亿+	近3亿	2亿+
终端设备数		536万		

资料来源：各公司官网，天眼查，安信证券研究中心

产品形式上，各家仍然具有高度的相似性。常见的产品品类有盒子机、小柜机、桩机、导航机、大柜机几类，分别策应不同场景的需求。由于电

池技术的壁垒，各家充电宝的表现也十分接近，电池容量均为 5 000mAh，重量有略微差异，对实际体验不产生影响。在产品覆盖率与产品体验不构成差异的情况下，各家积极 IP 营销寻求破局之道。如来电的星空造型充电宝、小电的王者荣耀联名充电宝等。另外，寻求独家合作也成为另一种排他性竞争手段，比如小电科技独家入驻凑凑火锅。

产品收费上，随着行业格局的逐步稳定和用户习惯的养成，各大公司开始统一缓慢提高价格。共享充电宝需求弹性低，客户不会过度关注价格，同时用户忠诚度低，依靠低价的战略抢夺市场也不具有合理性，因此适度提价可以保证利润率，促进营收，是各大品牌都主动选择的好策略。

九、巨头美团入场，怪兽何以招架？

2020 年，美团启动共享充电宝业务并在全国范围内大范围推广。由于发展时间短，美团充电在短期内仍难以撼动头部企业，处于赛道的第二梯度。与其他想进入共享充电宝企业不同的是，美团充电在众多线下餐饮、生活场景具有海量的合作商家，比较优势十分明显。同时，美团 APP 扫码免押金，无须新的 APP，与其他产品的联动得以实现，线上流量与线下流量端口结合，有助于美团各个业务的全景布局。然而，美团若过度利用流量优势发展共享充电宝业务，例如将商家排名于充电宝业务挂钩，可能会涉及一定的法律风险，尤其当下中国反垄断法的执行愈发严格。

现在美图正依托其大量合作餐饮商家的优势，快速布局充电网络。布点模式上美团主要采取桌面式布局，这样的布局好处是更快速，缺点是忽视掉了很多使用场景，灵活性和多样性相较其他品牌较差。收费模式上，美团给予共享充电宝的商家分成比例为“（订单收益 - 经营费用）× 60%”，略高于行业水平。而对于共享充电宝使用者，美团的价格基本与行业持平：前 5 分钟免费，1.5 元/30 分钟，每 24 小时封顶 20 元。由于处于起步阶段，美团的市场份额并不算大。但是具有竞争潜力（见图 17）。

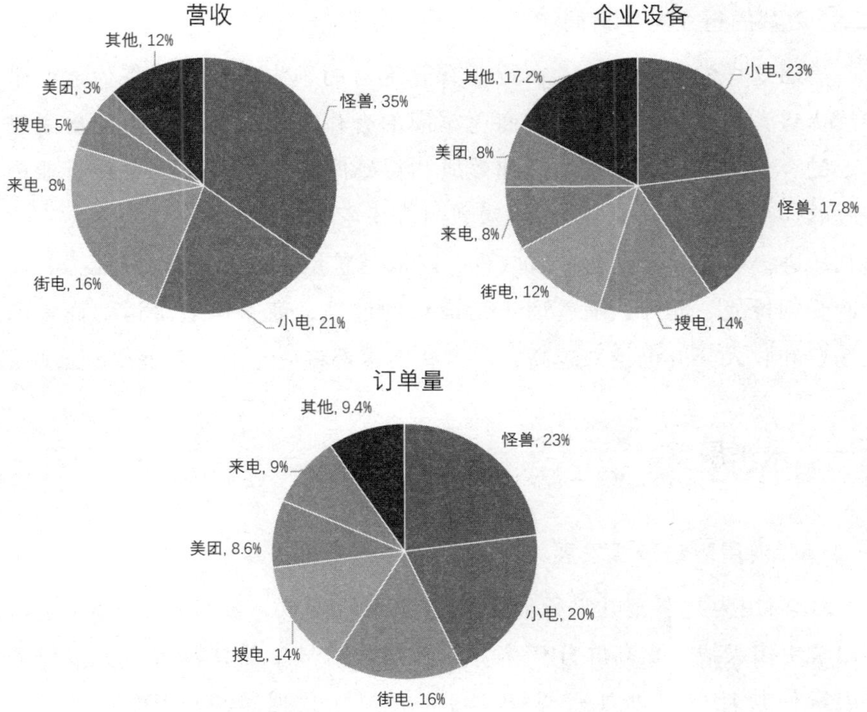

图 17　2020 年中国共享冲电宝行业市场份额

资料来源：前瞻产业研究院整理

怪兽充电最大的优势便在于其领先的市场地位，更多的 POIs 意味着更能塑造和强化消费者的租赁行为及对怪兽的品牌印象，使其增加对怪兽充电宝的使用次数。依靠自身的竞争优势，面对美团竞争的怪兽充电依然站得稳脚跟。2021 年第 1 季度，怪兽充电发展持续向好，营收同比增长162. 5%。

十、风险提示

（一）电池技术的更新迭代

未来电池技术的突破会提升电池的容量、充电速度等，这很可能会引起低消费者使用共享充电宝的频率下降及使用时长或涨价幅度不及预期。换言之，大众对共享充电宝的需求下降，怪兽充电及其他共享充电宝企业的利润增长难以得到保障。

（二）激烈的行业竞争格局

美团这样的潜在竞争者在行业有着绝对的领先定位，这将为他们带来持续优势：与庞大数量的供应商更牢固的合作关系、与当地商铺更紧密更广泛的合作关系、更强大的品牌效应和更雄厚的资本背景（可在行业内进行收购，更有效地扩张 POIs）。激烈的市场竞争让怪兽在共享充电宝定价上面临压力，可能导致企业营收减少，降低其扩增 POIs 的速度和能力，市场份额受到挑战。此外，随着商家话语权的增强，商家向上游运营商索取的入场费和收入分成也越来越高，而这些因素都将使企业净利润受到影响。

十一、未来展望

（一）5G 商用驱动行业发展

5G 商用为共享充电宝行业带来了庞大的需求。资料显示，5G 手机因其内置更多天线、更高屏分辨率、频繁搜索信号、外挂基带、更多任务量等因素使得耗电量增加（见图 18）。据国际数据资讯（IDC）预计，到 2023 年，5G 手机将占全球各类智能手机出货总量的 26%（见图 19）。在未来 2 年，行业增长十分乐观。

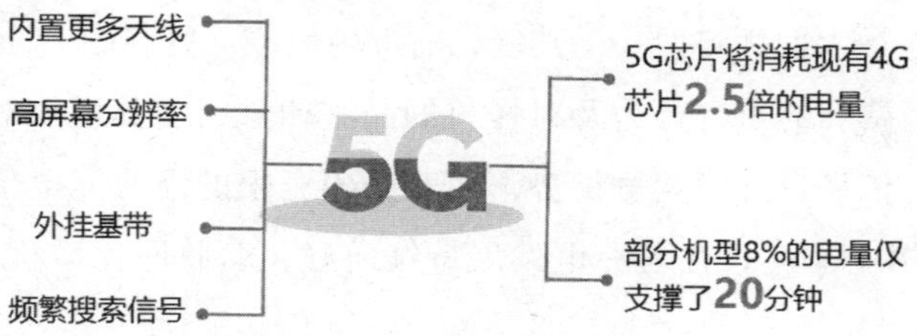

图 18　5G 手机耗电量分析

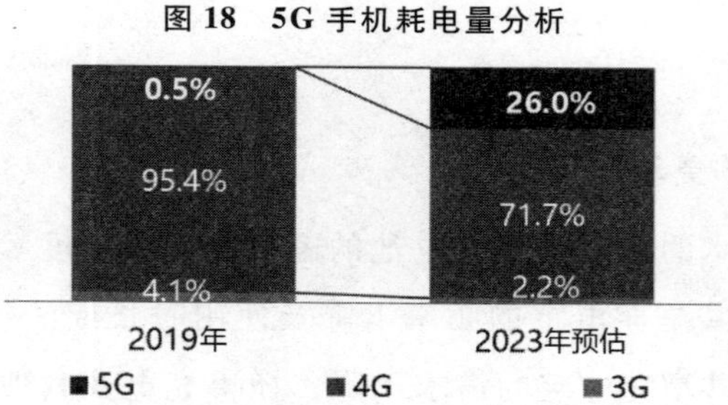

图 19　2019 年、2023 年全球各类智能手机出货量比例

(二) 电池技术暂未有显著性突破，充电需求仍大量存在

能对共享充电宝产生威胁的技术有两个：超强的电池续航能力和快充技术。但就目前而言，手机电池的续航能力尚未有明显增长；快充的速度仍不够快，需要消费者自带充电设备且会对电池产生伤害减少其寿命。因此，共享充电宝还有相对较长的红利期。现状见表 2。

表 2　　电池技术发展现状

比较	提高锂电池续航能力	石墨烯电池	无线充电	快充技术
技术解析	提高锂电池的能量密度、改善电解液和隔膜	石墨烯做电极，相比锂电池，可以在相同体积下实现翻倍的容量和更快的充电效率	手机后盖内部放置一层线圈，用来感应无线充电器磁场中的电流。手机放在无线充电面板上充电，无需充电器	手机快速充电主要分为三大类：VOOC 闪充快速充电技术、高通 Quick Charge 2.0 快速充电技术、联发科 Pump Express Plus 快速充电技术
对共享充电宝的替代性	较高	高	低	较低
最新进展	正常 4 000mAh 左右的手机续航时间为 24 小时左右根据知名博主小白测评的数据，2019 年 50 余款旗舰机型在经历 5 小时重度使用后剩余电量 33%	• 三星计划 2021 年推出石墨烯手机：石墨烯导电剂达到了实用化，克服了能量密度的问题 • 但石墨烯球 GB 需要锂化解决首次效率问题，成本很高	目前多为 15—20W 无线充电器，1.5—3 小时可充满	• 目前可预约或购买的新品多为 40—65W，充满需 0.5—1 小时 • 正常为 18—30W，充满需 1—2 小时。头部品牌的充电速度在 20—50mAh/min 间
成本优势	成本较低	成本高 （搭载石墨烯电池的手机售价数万元）	成本适中 （iPhone 无线充电设备官网价格 300—1 000 元不等）	成本较低 （充电设备几十元至数百元不等）

续表

比较	提高锂电池续航能力	石墨烯电池	无线充电	快充技术
商用程度	面市的手机容量普遍为 4 000—5 500mAh	尚未商用	小范围商用	小范围商用
主要瓶颈	电池体积与安全隐患；电池技术的进步缓慢，落后于芯片技术的进步	提取和应用技术还未取得革命性突破，不稳定，因此无法量产，即使可以量产，定价也非常高	安全隐患与较高成本、距离限制违背了用户使用习惯	电池串联充电方案可能导致电池寿命缩短；充电伊始电压较小，影响充电速度
预计普及/重大突破时间	5—10 年	10—20 年	5—8 年	5—8 年
综合威胁程度	较低	低	低	中等偏低

市场的表现证明共享充电宝是一个充满机会的好行业。电池技术突破带来的威胁数年内仍将处于较低水平，由于共享充电宝具有更便利、更时尚的特性，这一刚性需求在短期不会改变。较低的价格弹性也给行业留下了充分的利润空间，是少见的可以快速实现盈利的共享经济模式。

另一方面，怪兽充电是行业内的优秀玩家。数年内实现“三级跳”，怪兽充电的表现令人称赞，这得益于它精准的战略眼光和精细化的运营管理。随着行业的成熟，增量市场逐步转变为存量市场，怪兽充电以其领先的市场覆盖率与市场份额必然使其保有一定的竞争优势，在未来仍然备具发展的潜力。

但行业的竞争和威胁仍然不可以掉以轻心，虽然共享充电宝需求价格弹性低，但是过度的涨价仍然会冲击消费者的情绪，持续的盈利需要找到新的增长点，比如充分发掘广告业务的潜力；与此同时，同质化的格局下，差异化竞争是关键，打造独特的产品优势或许成为产品未来发展的新方向。

想成为投融资观察报告创作团队的一员吗？微信扫描本书第 352 页二维码，现在就加入我们吧！

No. 8

奈雪の茶："新式茶饮第一股"

主笔：徐慧淦　中山大学；沈源　苏州大学；高君洁　苏州大学；
吴依柔　中山大学

交易概述：

2021 年 6 月 30 日，奈雪的茶挂牌上市，成为"新式茶饮第一股"。2021 年以来，一级市场餐饮消费类投资热情高涨，数家公司获得融资。本文介绍了新式茶饮行业赛道的发展现状，探寻公司发展的核心竞争力以及其能获得资本青睐的原因。

一、新式茶饮第一股——奈雪的茶港股上市

2021 年 1 月和 6 月，奈雪的茶分别宣布完成 1 亿美元及 1.55 亿美元的 C 轮和基石轮融资，投资方包括 PAG 太盟投资集团和云锋基金、UBS 瑞银、汇添富、建银国际、广发基金、南方基金等。

6 月 30 日，奈雪的茶正式在香港挂牌上市，成为"新式茶饮第一股"。上市首日，奈雪的茶以每股 18.86 港元开盘，较发行价下跌 4.7%。截至 2021 年 7 月 22 日，奈雪的茶股价为 13.60 元/股，总市值约为 232.2 亿元（见图 1）。虽然奈雪的茶上市以来股价表现不佳，但近期其国内一级市场餐饮及消费赛道成为投资热门。

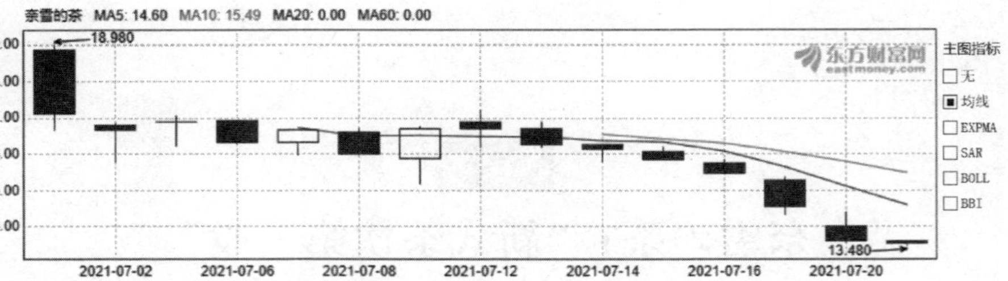

图 1　奈雪的茶（02150. HK）日 K 均线（2021 年 7 月 22 日）

资料来源：东方财富

二、行业现状：现制茶饮——快速扩张的千亿元级黄金赛道

现制茶饮是基于传统茶饮的融合创新，由茶汤加入奶制品/水果/木薯球等配料现场制作，前身为 20 世纪 80 年代在中国香港和台湾地区发源的奶茶。现制茶饮的发展经历了三个阶段：从最初的茶饮粉末到连锁茶饮再到现今的新茶饮时代，品质不断提高，产品价格也逐渐上升（见图 2）。

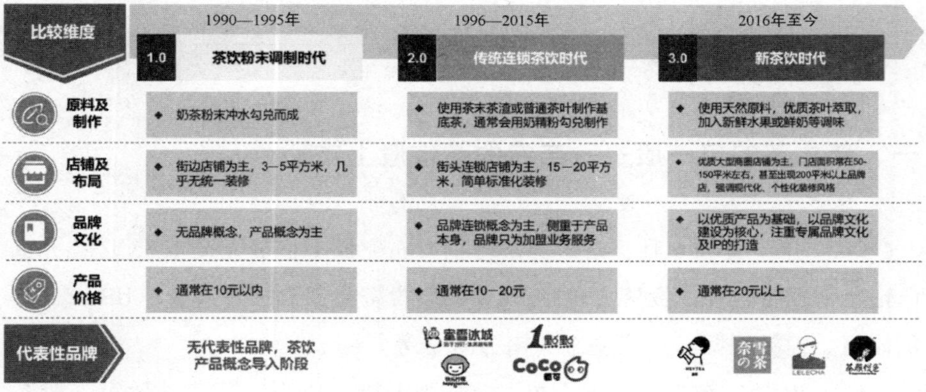

图 2　茶饮行业发展历程

资料来源：沙利文研究、东北证券

高端现制茶增速最快，龙头企业集中度高。现制茶饮行业 2020 年行业市场规模为 1 136 亿元，2015—2020 年的 CAGR 为 21.9%，为中国茶产品市场中成长最快的子赛道，增速远高于茶叶/茶包/茶粉和即饮茶同期的 8.1% 及 4.9%。随着现制茶饮的市场规模扩张，其在茶饮行业的市场占比

不断提高，由 2015 年的 16.4% 增长至 2020 年的 27.7%（见图 3）。

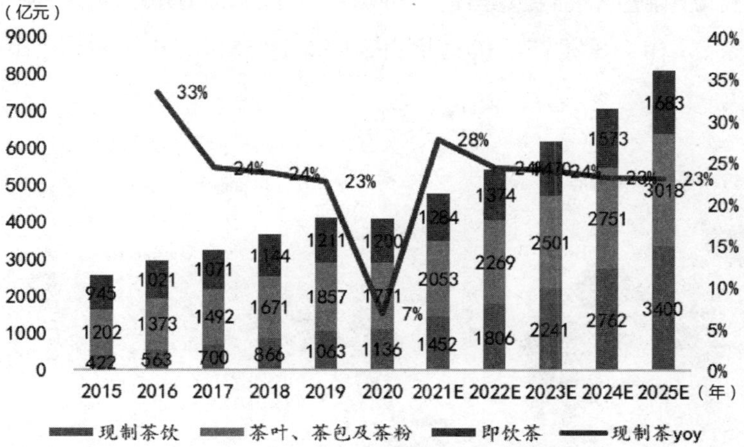

图 3　茶饮行业细分市场规模及增速

资料来源：奈雪的茶招股书、东北证券

现制茶饮根据价格区分为三个价格档次，区分出低端、中端、高端三个市场。中端市场最大，但高端现制茶市场增速最快（见图 4）。奈雪的茶属于高端现制茶饮市场。高端现制茶采用鲜奶/鲜果/优质茶叶为原料，售价在 20 元以上。场景上，高端现制茶需用面积更大，设有社交休闲空间的门店，打造独特品牌文化。

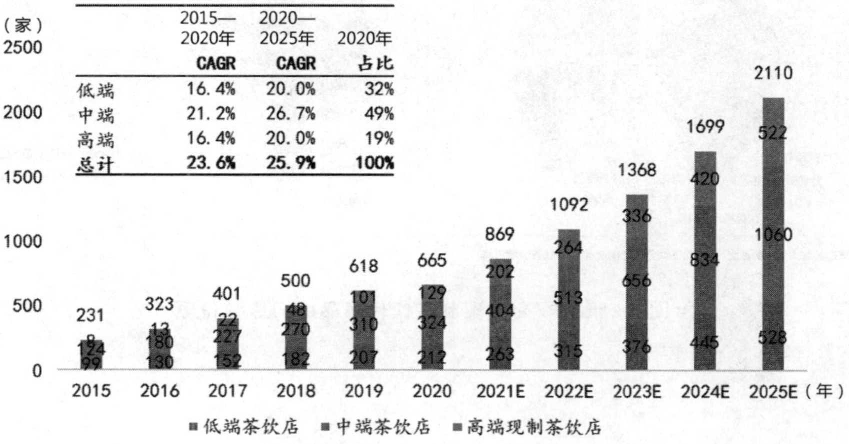

	2015—2020年 CAGR	2020—2025年 CAGR	2020年占比
低端	16.4%	20.0%	32%
中端	21.2%	26.7%	49%
高端	16.4%	20.0%	19%
总计	**23.6%**	**25.9%**	**100%**

图 4　现制茶饮不同价格段位占比及增速

资料来源：东北证券、奈雪的茶招股书

在门店数量和品牌上，高端现制茶饮市场在国内约有 3 400 间店；100 个连锁高端现制茶饮品牌。当前，市场份额最高的 TOP5 品牌分别为喜茶、奈雪的茶、KOI、乐乐茶、伏见桃山，CR5 达 55%。相关资料见图 5、见图 6。

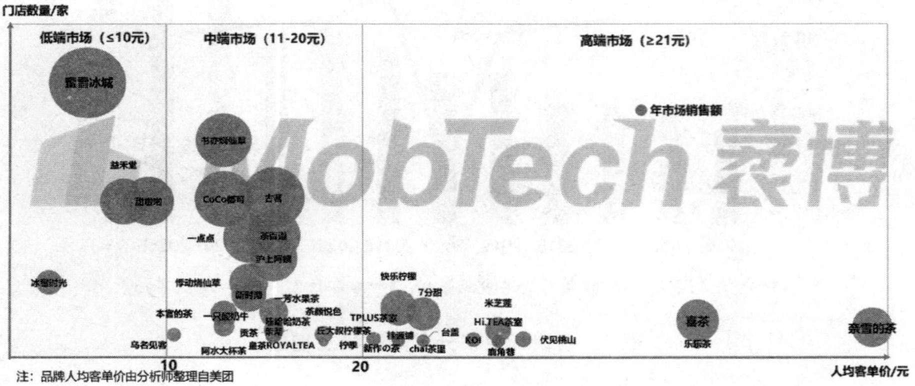

注：品牌人均客单价由分析师整理自美团

图 5　中国现制茶饮市场格局（2021－06－18）

资料来源：窄门餐眼

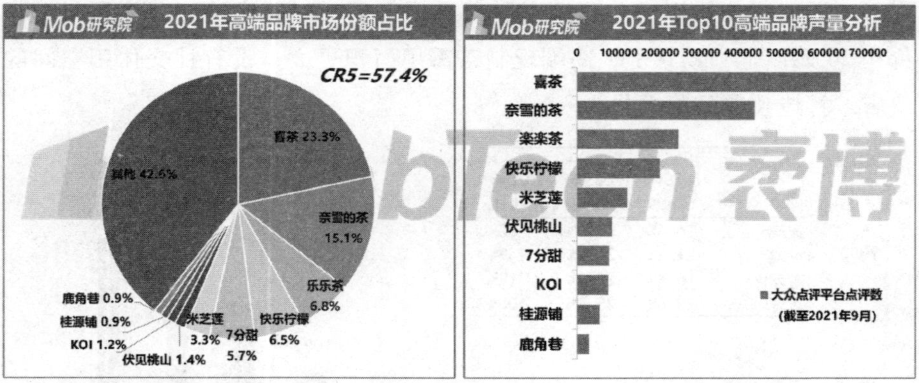

注：高端品牌市场份额占比=某高端茶饮品牌零售额/整体高端茶饮零售额

图 6　低/中/高端现制茶饮代表品牌门店数份额

资料来源：窄门餐眼

三、前端核心竞争力“产品＋空间＋营销”构建的品牌护城河

（一）“双品类模式”打造核心竞争力

奈雪的茶（Nayuki）创立于2015年，总部位于广东深圳，隶属品道餐饮管理有限公司。产品特色上开创了“茶饮＋软欧包”的双品类模式，以“一杯好茶，一口软欧包，在奈雪遇见两种美好”的烘焙与茶饮组合打开市场（见图7）。

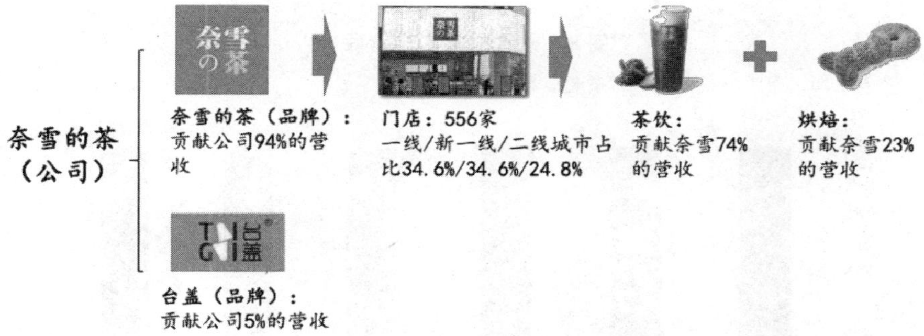

图7　奈雪的茶业务概览

资料来源：奈雪的茶2020年财务报告、东北证券

在经营模式上，奈雪的茶主打一线、二线城市，所有门店均为直营门店，目前拥有497家直营店，员工数量达1.4万。此外，奈雪坚持大店模式，较大的休息区＋“小吃＋欧包＋茶饮＋咖啡”产品组合，对标星巴克的“第三空间”。

财务表现上，奈雪的茶长势强劲。即使受到疫情的影响，公司在2020年营收仍达30.57亿元，同比增速为＋22%（见图8）。公司营收增长主要驱动为奈雪的茶茶饮品牌门店扩张，2019年、2020年门店同比净增分别为172家、164家，门店增速分别为＋111%、＋50%。从产品结构看，2020年奈雪的茶品牌营收中，现制茶饮和烘焙两类产品的比重约为7∶3，烘焙产品销售占比有所下滑（见图9）。

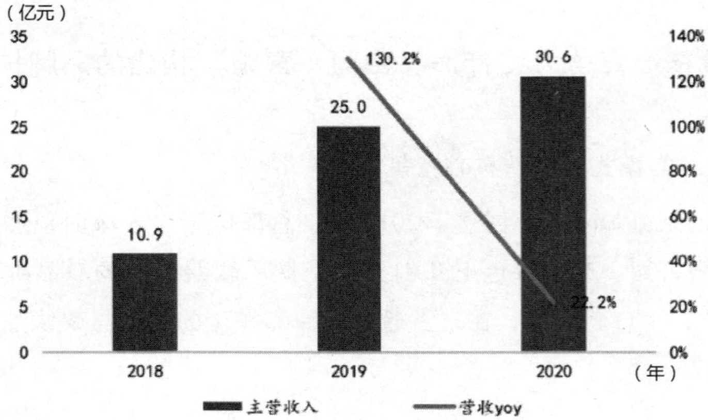

图 8　奈雪的茶门店营收额

资料来源：奈雪的茶招股书、东北证券

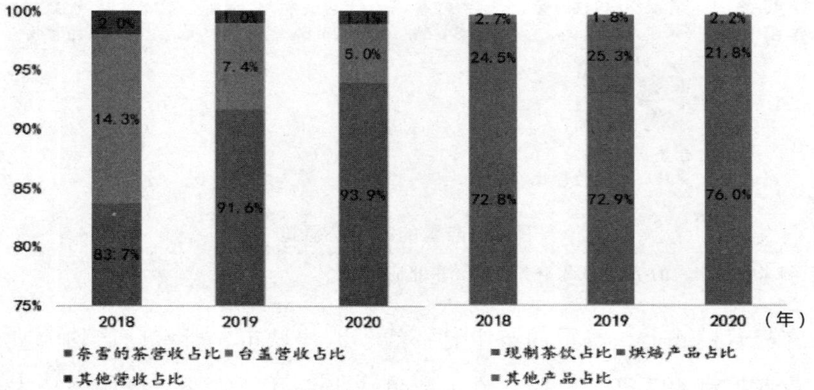

图 9　2018—2020 年奈雪的茶营收的产品结构

资料来源：奈雪的茶招股书、东北证券

奈雪的茶在产品端首推的是“茶饮 + 烘焙”双产品线，公司通常具备 25—30 款烘焙 SKU。得益于双产品线的优势，客单价居于中国高端现制茶饮连锁店中排名第一。截至 2020 年底，奈雪的茶每单平均销售价值达到人民币 43.0 元，高于行业均值（见图 10）。

新式茶饮行业最大的弊端就是产品同质化严重，所以谁能更早、更快地推出新品，就能占据消费者对产品的第一印象，获得竞争优势。2020 年奈雪的茶共推出新品 100 多个，研发快，种类多（包括烘焙、零售产品）。

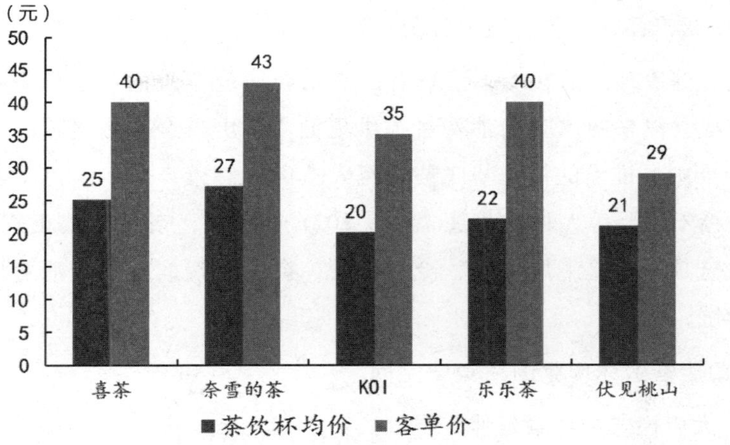

图 10　高端现制茶饮品牌客单价对比

资料来源：东北证券，奈雪的茶招股书

奈雪的茶核心菜单包括 25 款以上的常售茶饮 SKU，主要分为果茶、奶茶、纯茶三大品类。果茶是奈雪最为标志性的品类，奈雪三大经典茶饮单品均为果茶产品，霸气芝士草莓、霸气橙子、霸气芝士葡萄 2020 年共售出 2180 万杯，贡献出现制茶饮销售额的 27.6%。此外，奈雪的茶通常还有 5 款左右季节性产品，包括应季果茶以及节庆及时令主题的限量产品，在销售额中占据重要比重（见图 11）。

常售产品示例		季节性产品示例	
类别	奈雪的茶	类别	奈雪的茶
果茶	霸气芝士草莓	时令水果茶	霸气芝士杨梅
奶茶/奶类	金色山脉宝藏茶	时令水果茶	霸气油柑王
纯茶/奶盖茶	芝芝绿妍	节庆/季节限量	春日樱花宝藏茶

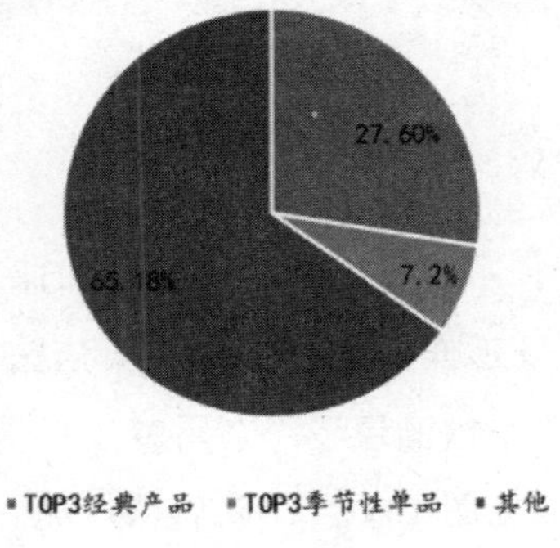

图 11　奈雪的茶品类及其占比

资料来源：奈雪的茶招股书、小程序、东北证券

（二）积极产品迭代扩大竞争优势

随着健康理念的转变，消费者的需求转向健康价值和个性表达。奈雪的茶自成立以来便以“为消费者提供更健康、更安全、更美味的茶饮和欧包”为准则，推出的植物基底茶饮及人造肉等健康产品，满足了素食主义者、乳糖不耐受等人群的健康需求。2021 年 3 月，奈雪的茶正式推出“0 卡糖”选项，这是继燃爆菌、冷泡茶后，奈雪的茶推行健康消费理念的又一次尝试。

（三）门店营造休闲氛围“第三空间”

1. 大店模式，场景延伸

奈雪的茶门店以愉快、温暖的基调为主，所以主色调往往选用明亮的色系（见图 12），消费者在购买后，常常会选择在店内度过一段轻松、休闲的时光。

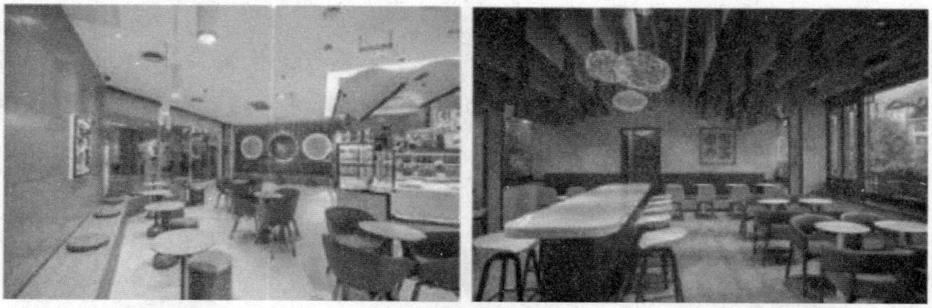

图 12　奈雪的茶标准店

资料来源：公开资料整理

比起同类竞争喜茶加速下沉“开小店”，奈雪选择向上探索。通过把场景延伸到底，坚持开大店来拓展用户。2020 年底，奈雪继“奈雪的礼物”“奈雪酒屋”“奈雪梦工厂”之后，又开出了第五种店型“奈雪的茶 PRO”（见图 13）。PRO 店从产品、空间、科技三方面完成进化，满足相同客群对不同场景的需求。PRO 店填充奈雪覆盖客群的空白区，并分担现有常规门店高峰期时间段的压力。

图 13　奈雪的茶 PRO 店

资料来源：公开资料整理

从奈雪酒屋切入夜晚都市小酌场景，到借奈雪梦工厂丰富零售属性，再借奈雪的茶 PRO 进一步丰富商务场景，奈雪的茶成为“全天候的都市候客厅”。从“奈雪酒屋 BlaBlaBar”到“奈雪的茶 PRO”，都是在不断发掘用户需求的过程中产生的相匹配的服务工具（见图 14）。

图 14　奈雪的茶概念店一览

资料来源：公开资料整理

奈雪创始人表示，空间上奈雪依然会保持社交感，用舒适店面结合“茶 + 欧包”模式提高顾客的驻店时间，打造出一个能够让人们愿意坐下放松的地方，所以即便是更多针对个人消费场景，奈雪也不会做成小店，奈雪同样将空间视作自己的产品。

2. 门店坪效

根据国盛证券研究所调研数据，目前奈雪的茶标准门店月收入能够达到 80 万元左右，坪效每年达到 3.9 万元/平方米，门店经营利润率约为 19%。PRO 店型由于取消现制烘焙区域、缩小门店面积，在员工费用上有明显节省，在很大程度上降低了其被投资者一直诟病的居高不下的经营成本。根据调研，奈雪的茶 PRO 商场店能够达到标准店八成或九成营业额，利润率能够达到约 25%（见表 1）。

表 1　　　　奈雪的茶门店坪效对比

比较	标准店	PRO 店（商场店）
平均店面面积（m^2）	250	150
初始投资（万元）	185	125
日均单量	620	550
年营收（万元）	973	863.2
年均坪效（万元/m^2）	3.9	4.3
门店经营利润率（%）	19.1	24.3

资料来源：奈雪的茶招股书，国盛证券研究所的调研报告

（四）场景延伸助力 IP 打造

2019—2020 年，奈雪的茶与《人民日报》、王者荣耀等 IP 进行持续跨界营销与合作，累计联名 51 次，涉及策展类、食品类和 3C 类等领域，融合双方共性推出了联名茶饮、欧包、周边及线下快闪店和主题门店。

除了不断推出联名产品外，奈雪的茶也在延伸品牌周边产品，摸索新零售渠道。2020 年 5 月，推出了“奈雪好食馆”，上架了多款独立包装的日常零食产品，如冻干水果、蛋塔曲奇等，并在节假日针对节日场景打造应节零售产品，如在端午节推出的“六味心礼”等粽子礼盒。此外，奈雪“心选礼物铺”出售与艺术家合作的文创周边、茶叶礼盒等产品（见图 15）。据推测，未来在奈雪女孩 IP 形象稳定后，奈雪将进入盲盒赛道。联名的背后，奈雪在不断讲好自身故事，强化 IP 形象，建立一个代表“美好、纯粹”生活方式品牌。

图 15　2020 年茶礼盒、气泡水、零食和月饼礼盒

图片来源：公司官网

前不久网络上爆火的话题“秋天第一杯奶茶”让奈雪直接爆了单，乘着网络热梗，奈雪顺势将 9 月 23 日定为“奈雪奶茶节”，有效吸引了用户参与。茶饮行业造节，奈雪是第一家。奈雪的茶自“出道”以来就高调宣传，仿佛全世界年轻人都在消费这款产品。明明品牌没有固定的代言人，但是小红书、微博、朋友圈却仍有着奈雪的宣传，年轻女孩都喜欢手握奈雪合照，然后发布到网络平台上，这些“奈雪女孩”就是“野生”代言人。创始人透露，未来奈雪的茶也不会有代言人，它的发展仍将围绕着产品、门店、营销方式展开，打造一个年轻的品牌形象，继续前进。

四、后端核心竞争力——“供应链 + 数字化”提高运营效率

（一）供应链

奈雪的茶直接从其原产地采购主要食材，由供应商提供专门的供应链资源，并与其形成了长期稳定的合作关系（见图 16）。依托头部品牌的规模效应，奈雪通过与供应源直接合作、实现集中统一采购，每半月与供应商磋商一次价格，降低采购成本。根据招股书，2020 年奈雪的茶与超过 250 家知名原材料供应商开展合作。

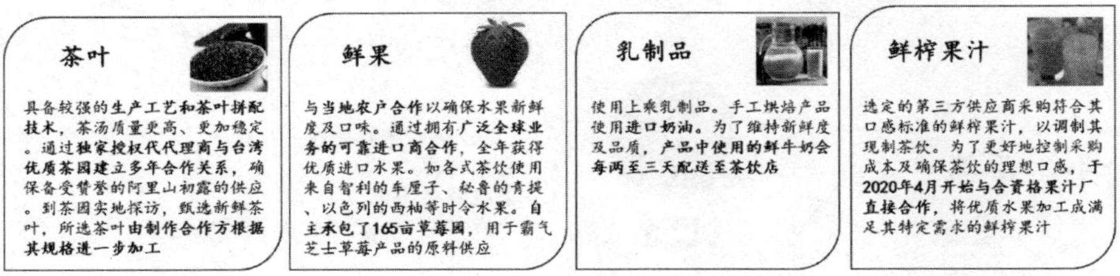

图 16　奈雪的茶供应商

资料来源：奈雪的茶招股书、东北证券

目前公司在深圳建有中央厨房，未来计划在不同城市建立多个“中央厨房”，用于为附近的茶饮店（尤其是未配备店内烘焙坊的奈雪 PRO 门店）储备原材料及供应产品。中央厨房网络使奈雪能够以更经济的方式为茶饮店供货，提升经营效率。

物流仓储方面，奈雪与 30 多家物流企业合作，合作方具有冷链物流能

力，同时配备有自动热控设备与 GPS 定位设备。同时，奈雪在深圳还拥有一支内部物流团队。仓储方面，奈雪使用中的仓库有 9 个，一个在深圳由公司自主运营，其余外包给独立的第三方，高质量物流和仓储为奈雪的茶物料交付提供了保障。

（二）全流程数字化系统的支撑

数字化是茶饮品牌提高经营效率的重要支撑。它依赖后端团队的研发和推动，在应用层面贯穿了现制茶饮经营从渠道入口、前端门店运营、后端管理的各个环节。奈雪投资建设的数字化基础设施，打造的全流程数字化系统成为其作为行业龙头的重要竞争优势，而随着数据沉淀，系统不断优化，这一优势亦将持续强化（见图 17）。

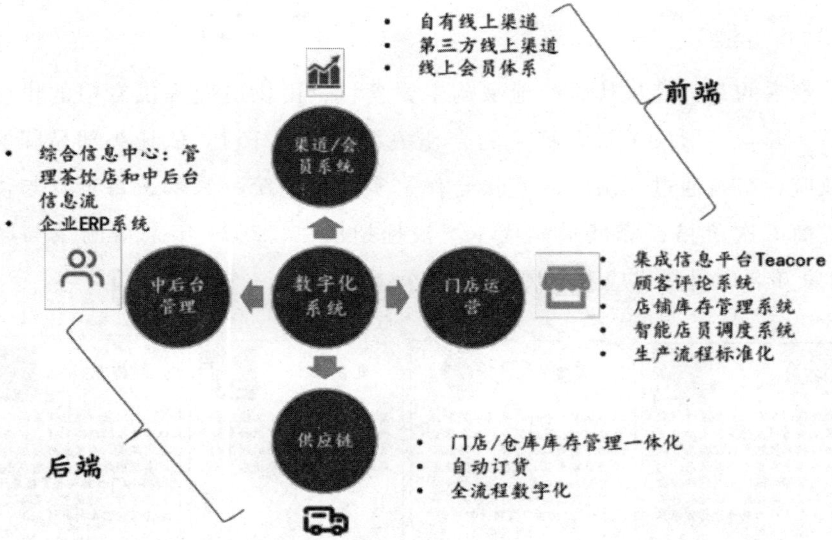

图 17　奈雪的茶数字化体系

资料来源：奈雪的茶招股书、东北证券

五、竞品分析

通过上述分析可知，高端现制茶饮市场的主要玩家有：喜茶、奈雪的茶、KOI、乐乐茶、伏见桃山等。高端品牌通过构建品牌护城河，形成品牌溢价。目前，喜茶和奈雪的茶在品牌知名度和门店覆盖范围上已与其他高端品牌拉开差距，同时开始依托品牌势能推动业态多元化。表 2 通过比较展示奈雪的茶与喜茶之间的差异点。

表 2　　竞品对比

品牌名称	奈雪的茶	喜茶
Logo		
估值	130 亿元人民币	160 亿元人民币
门店数量	422 家	695 家
客单价	饮品：13—38 元/杯	饮品：13—32 元/杯
	面包、甜品：10—28 元/个	面包、甜品：9—25 元/个
	零售：16.8—28 元/包	零售：5.5—45 元/包
主打产品	鲜萃茶 + 欧包	芝士茶
用户画像	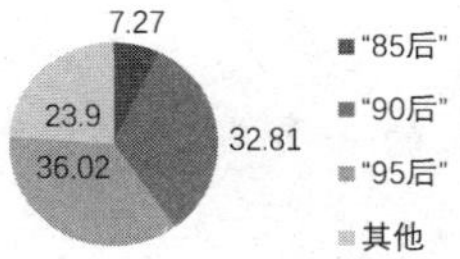	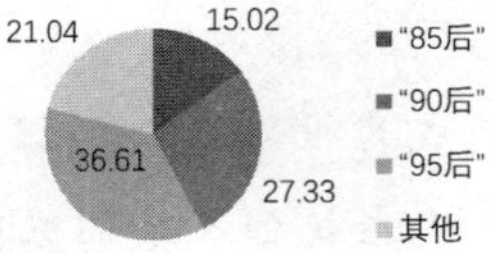
话题度	高	较低
营销方式	讲故事	玩饥饿、造话题
未来发展方向	零售、奈雪酒屋、奈雪的茶 PRO 寻找新的增长点	零售、喜小茶 攻占下沉市场
消费者印象	颜值格调、好看、洋气	网红饮品、创新、跨界合作
相同点	产品种类、客户群体、销售渠道	

六、关于奈雪的未来畅想

（一）大店模式融合其他业态

那在未来的商业模式拓展中，奈雪是否可以融合不同的业态模式呢？奈雪的大店模式使它有充分的可能性营造第三办公空间的氛围，让顾客的驻店时间更长，产生更高的门店坪效。星巴克只是营造了办公氛围，奈雪的大店模式或许可以直接搬入风格相似的业态，深挖工作、学习场景。如此，对于顾客来说，奈雪将不仅仅是一个茶饮、娱乐、社交场所，更是完成长期目标、提升自我价值的好去处。

（二）文化艺术场景提高品牌忠诚度

奈雪的大店模式为文化艺术场景的线下延伸提供了足够空间，如今奈雪的线下艺术场景体验的尝试（开书店、美术馆、主题派对等）多数采用单独门店的形式，少有将这些场景直接搬入现有的普通门店中去。如今，越来越多年轻人开始注重精神消费，愿意为独特的艺术理念和产品付费。奈雪的主要门店分布在一二线城市，消费者对于艺术文化的需求更加强烈。如果未来产品同质化趋势不可避免，奈雪可以整合艺术品牌资源，对门店进行定期的差异化打造，提升品牌格调，吸引年轻的消费者反复打卡，或许将拓展出“门店带动产品”的新盈利模式，提高消费者的复购率和品牌忠诚度。

想成为投融资观察报告创作团队的一员吗？微信扫描本书第 352 页二维码，现在就加入我们吧！

No. 9

爸爸糖：餐饮品类细分化+品牌化的趋势下的宠儿

主笔：吴依柔　中山大学

交易概述：

2020年6月15日，手工吐司品牌江苏爸爸糖餐饮管理有限公司（简称“爸爸糖”）宣布已完成上亿元首轮融资，由IDG领投，穆棉资本担任独家财务顾问。本轮投资将主要用于品牌形象升级、营销推广和旗舰店的打造。我们希望通过本文来了解烘焙行业的发展现状，探寻公司发展过程中的核心竞争力及其获得资本青睐的原因。

Daddy, sweety toast!

一、烘焙赛道投资热情高涨的背后——增速高、空间大、集中度低

在烘焙行业，爸爸糖并不是唯一获得资本青睐的品牌。2021年7月16日，鲍师傅估值100亿元，打破当前烘焙赛道的历史估值记录；虎头局渣打饼行、墨茉点心局也被IDG、GGV、红杉资本等知名风投机构纷纷抢投（见表1）。

表 1　近期消费食品领域投融资资讯整理（2021 年 8 月 4 日）

消息时间	品牌	消息内容
2021 年 5 月 11 日	轩妈	完成超亿元 B 轮股权融资
2021 年 6 月 15 日	爸爸糖	完成首轮上亿元人民币
2021 年 6 月 22 日	泽田本家	完成首轮融资，融资超过千万元人民币
2021 年 6 月 25 日	墨茉点心局	投后估值约 50 亿元人民币
2021 年 7 月 6 日	月枫堂	今年已获得来自启承资本的千万美元投资
2021 年 7 月 14 日	虎头局	完成 5 000 万美元 A 轮融资

资料来源：公开资料整理

其中，墨茉点心局在开业不足一年的时间里就已经完成了 4 轮融资，10 个月内估值翻了 500 倍。在投资名单上的烘焙品牌还有泸溪河、轩妈、泽田本家、田园主义等。从中式点心连锁到西式代餐烘焙，再到电商烘焙新秀，烘焙行业受到资本空前关注。那烘焙赛道又有何魅力，导致资本市场如此狂热呢？

（一）行业增速快，市场空间大

在休闲食品与正餐化的双重推动下，烘焙食品的市场规模不断扩大，市场发展前景广阔。根据 Euromonitor 统计，预计 2021 年我国烘焙食品零售额将达 2 657 亿元（见图 1）。

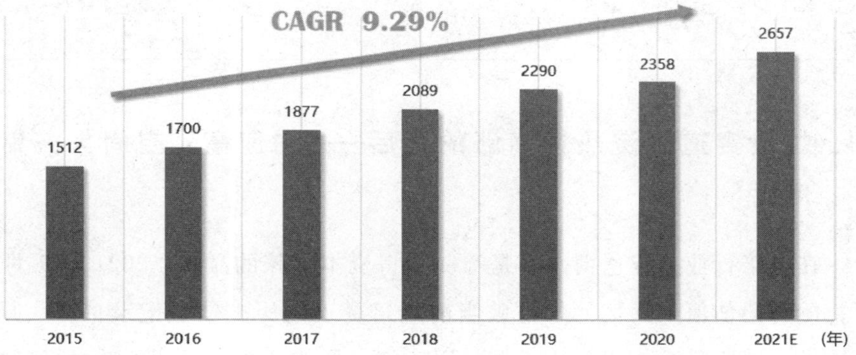

图 1　中国烘焙行业市场规模（亿元）

资料来源：Euromonitor、有赞

其中，烘焙食品的零售额在 2015—2020 年复合年均增长率达到了

9.29%。2019 年我国烘焙食品零售额达到 2 290 亿元，同比增长 7.4%，预计到 2025 年烘焙行业的年复合增长率可达 45%。

（二）集中度低，行业龙头仍未出现

目前，烘焙赛道虽然竞争激烈，但市场集中度并不高。在现制烘焙店中，好利来、面包新语、克莉丝汀等老牌外资烘焙品牌也已登陆中国大陆市场近 20 年，但还没有一个全国连锁烘焙品牌门店数量超过千家，且老牌头部烘焙连锁品牌增速放缓，甚至出现负增长趋势（见图 2、图 3）。

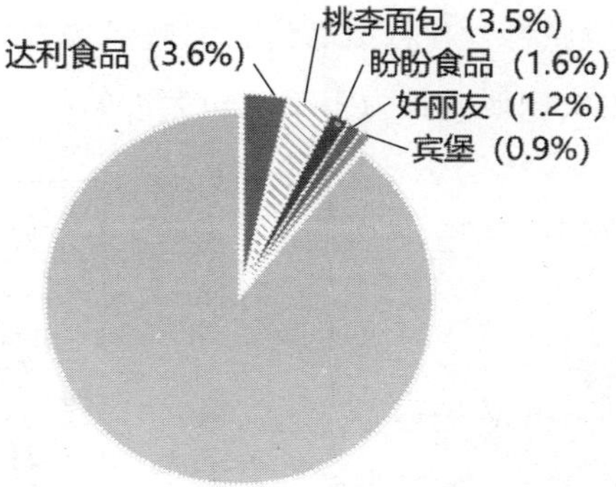

图 2　中国烘焙行 Top5 企业市场份额占比

资料来源：2021 年烘焙行业发展趋势报告（有赞，维益）

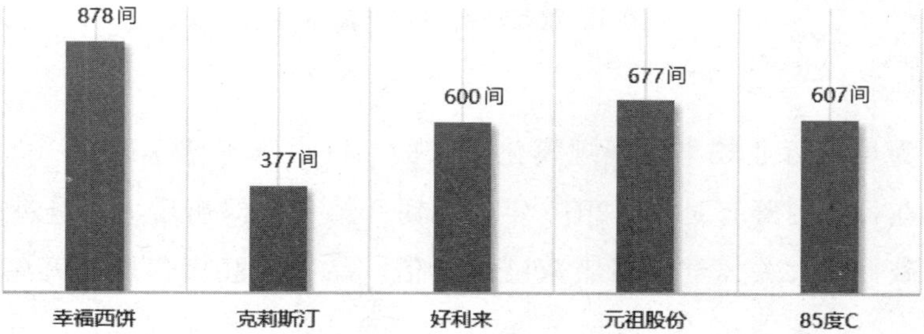

图 3　2020 年底老牌头部品牌门店数量

资料来源：公开资料整理

相比之下，新兴的现制茶饮品牌喜茶已在全国主要城市拥有 800 多家门店。创立仅 6 年的奈雪已拥有 491 间门店，并成为“茶饮第一股”。近期登上热搜的蜜雪冰城，据报道截至 2021 年 6 月门店数量已达到 1.2 万家。

整体而言，整个烘焙行业尚未有真正的龙头出现，仍然以区域性小连锁为主，格局分散，市场存在整合空间。同时，由于烘焙产品同质化严重，投资机构也期待通过投资为优质标的铺路，打造出爆品，开店扩张抢占更多市场份额。那什么样的品牌能冲出重围，获得关注呢？

二、爸爸糖——拥有强大开店能力的“爸爸”

爸爸糖成立于 2015 年，以“手工吐司”切入烘焙赛道，坚持深耕单品类（见图 4），用优质原料、独特产品线、温暖品牌理念，不仅驱动了整个行业模式的创新，也快速地成长为手工吐司品类的品牌代名词。

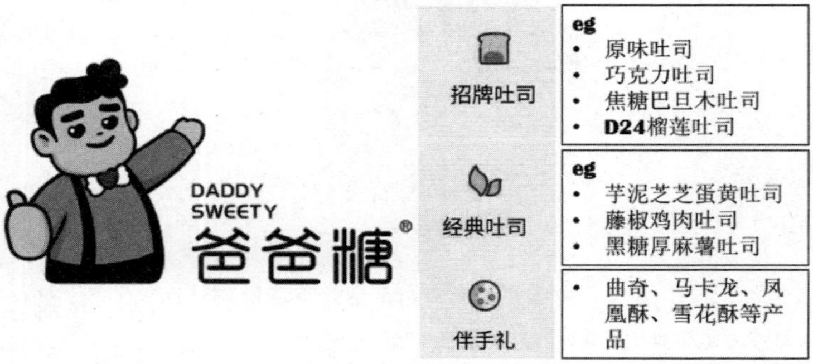

图 4 爸爸糖的主打产品系列

资料来源：公司官网资料整理

作为烘焙行业较早实现规模化扩张的品牌，爸爸糖全国超 300 家的门店规模在行业内鲜有对手。2016 年在无锡开第一家门店后，爸爸糖于 2018 年就突破百店大关，至今门店数已翻 3 倍。品牌入驻大悦城、万象城等大型购物中心，覆盖 92 座城市。相较于墨茉点心局、虎头局等从一开始就依靠资本运作的地方性品牌，全国连锁品牌爸爸糖在融资前就证明了其强大的规模化复制能力，成为资本关注的对象。

是什么造就了爸爸糖的强大的开店能力？首先，我们要明确爸爸糖选择了一个适合迅速扩张的开店模式——加盟模式。相较于直营模式，加盟模式下品牌开店的周期短、启动 Capex、人员储备以及运营管理成本都更低。品牌方主要做的还是品牌营销、管理体系方面的事，增强品牌力和标准化能力，并集中精力做好产品升级和SKU细化，增强产品力。在此模式下，爸爸糖从三个维度发力，实现强大开店能力（见图5）。

图5 “标准化”和“产品”：“聚焦、创新、口感”加深产品护城河

资料来源：公司官网资料整理

1. “Daddy，why toast?”聚焦单品，提高原材料通用效率及扩张能力

从产品优势的角度来看，吐司的基础产品属性是大优势，决定了其很强的延展性。在单品基础上做排列组合式的馅料搭配，推新的试错成本低，且目前的新品成功率可观。

同时，吐司在二次加工的方法、料理的应用和口味的结合上，都蕴藏更多可能性；在保存方面，成品吐司对环境温度的需求相对随和；烹饪方面，吐司可以实现多种操作，它可以即食、简单烹饪、复杂烹饪，满足“餐饮小白”和厨师等不同群体的需求。

聚焦吐司品类使爸爸糖能够迅速打造出爆品。爸爸糖舍弃了传统烘焙门店上百个SKU的方式，将产品聚焦在手工吐司细分品类上。门店销售20个SKU左右，以爆款产品快速在市场打响品牌知名度，同时产品品类的聚焦也使得原材料更具通用性。

（1）强创新力快速推新，针对特殊人群提供针对性的产品。首先爸爸糖从原料端突破，通过产品创新不断为消费者提供新鲜感。针对不同季节，爸爸糖结合食材特点研发出“藤椒鸡肉”“雪顶生乳”“黑糖厚麻薯”等创新吐司产品（见图6）。

图 6　创新吐司产品

资料来源：公开资料收集

其次，爸爸糖从需求端出发研发更具“功能性”的健康产品。如针对高血糖人群研发的低 GI 产品，针对健身人群打造的高纤维、全谷物产品，以及更多天然酵母等健康原料的研究应用。为此还与江南大学合作成立“健康食品产业创新发展共同体”，联合高校打造行业标准。目前爸爸糖拥有 20 人左右的专业研发团队，保持每月一款的上新速度。

最后，爸爸糖很多新材料的研发都是与合作供应商（包括益海嘉里、中粮集团、日本制粉等）共同协作，然后签署配方锁定期，取得一段时间的独家使用权。提升产品壁垒的同时，也提供了研发新品、拓展市场的窗口期，进一步巩固城墙。

（2）“新鲜、好吃和温度”。近年来，用户对于新鲜、好吃的要求越来越高，烘焙行业也从长保产品到短保产品，再到现场烘焙，不断进化。基于对“新鲜”消费趋势的精准判断，爸爸糖放弃了被市场普遍看好的冷冻面团和半成品现烤的制作模式（开店成本低、易标准化），采用“前店后厂”的模式（指烘焙店在门店内部直接制作烘焙产品），手工吐司现做现卖，从配方、工艺流程等各个方面来进行管理和控制，将产品的新鲜口感保留到了极致，也让消费者感受到了独特品牌温度（见图 7）。

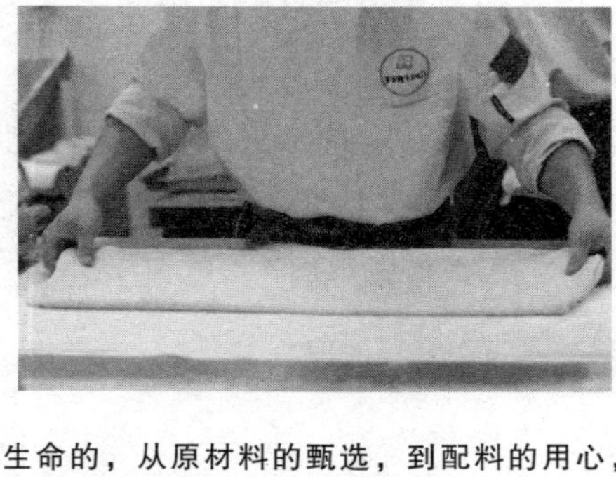

图 7　“烘焙是有生命的，从原材料的甄选，到配料的用心，再到火候的考究，以及最后呈现的视觉体验，只有严格把握每一道关卡，才能让产品有实实在在的温度。”

2. 人才培养保障标准化

“前店后厂”的模式之所以能够复刻到全国门店，是因为人才的标准化促进了产品出品的标准化（见图8）。爸爸糖制定了一套完整的烘焙师培养体系：将烘焙所需技能进行拆解，逐项培养新人，再通过轮岗制完善烘焙师的全部技能，成长为熟悉每一生产环节的主厨。

图8　爸爸糖门店

资料来源：公开资料收集

其背后逻辑是：通过拆解烘焙过程，使烘焙师的各环节技能相对标准化、专业化，使其既能适配团队的分工协作，又可在各门店中进行人才调配，从而使爸爸糖在全国范围内快速扩张成为可能。

3. 品牌及营销“IP故事 & 营销”打造差异化，通过品牌及IP形象引起共鸣

爸爸糖创始人为品牌勾勒了温暖的感情线，通过手工吐司传达爸爸对孩子的爱，将品牌故事和消费场景关联，迅速打开家庭市场（见图9）。

图9　早餐是爸爸参与度最高的场景，也是吐司应用最多的场景

资料来源：公开资料收集

围绕品牌故事，爸爸糖打造了糖爸爸、糖妈妈和小糖果品牌IP矩阵，让消费者有更多的记忆点。在产品包装和门店形象上，通过IP的视觉传达，让“温馨”“陪伴”“亲子”成为爸爸糖独有的品牌标签。至此，爸爸糖成功向消费者传递了重视家庭亲子关系的品牌愿景，打造了独特的人格化品牌形象。

此外，爸爸糖还进行了多次品牌联名营销。例如与美图秀秀、哈根达斯、耐威克等品牌联名打造快闪产品。2020 年 8 月，爸爸糖邀请 500 位父亲成功挑战吉尼斯世界纪录，号召更多父亲重视家庭互动、亲子陪伴（见图 10）。

图 10　爸爸糖 2020 年父亲节活动

资料来源：公开资料收集

“产品 or 营销”，这几乎是所有零售连锁业态都会面临的常见困境。

通过上面的分析我们发现，由于选品优势，爸爸糖目前做到了双管齐下：一边把新品研发抓在手上；一边通过灵活的营销手段，包括跨界、联名、营造品牌背景故事等，去打造网红品牌。在产品和品牌营销的双重攻势下，目前爸爸糖在全网已有超 1 000 万名粉丝。

在“产品力、品牌营销和人才培养”的优势下，爸爸糖充分利用窗口期进行快速扩张，并计划未来 3 年开设 1 500 家门店。在单品零售业态蓬勃发展的背后，其实有两条逻辑线：一是认为此单品零售店会在未来成长为一个巨大的连锁体系；二是在市场需求和扩大 SKU 的产品开发出现天花板时，它可以演变为其他更强势、更刚需、更高频的连锁体系的副牌或者附属。现在已经可以看到很多平等的跨界合作，在资本的牵头撮合下，也不排除零售 F&B 进一步发生整合。如果我们大胆猜想，或许 Seesaw 会成为喜茶在咖啡端的实际操盘手，未来或许爸爸糖会变成 Starbucks 的烘焙副牌，M stand 变成元气森林旗下的零售店……

三、竞争格局

从整个烘焙赛道来看，爸爸糖的竞争对手有 4 类——老牌/国潮中式烘焙店 & 综合/单一品类西式烘焙店。为了更有针对性的分析，我们单独选取了爸爸糖所在分类“单一品类西式烘焙店”中的吐司品类创新品牌进行对比（见表 2）。

表 2　　竞品对比

品牌	爸爸糖	三个叔叔手工吐司	猪拉虎
Logo			
主要产品	手工吐司+饮品（门店有 50% 以上的产品是吐司）	手工吐司+饮品蛋糕、鲜肉月饼等	“吐司汉堡” +饮品（类似汉堡、肉夹馍、三明治的吐司）
客单价	吐司 26—37 元/份	吐司 22—30 元/份	吐司 20—30 元/份
	饮品 18—22 元/杯	饮品 13—23 元/杯	饮品 13—22 元/杯
特色	芋泥芝蛋黄吐司等爆款	多元产品线	台湾手工吐司“汉堡”
	“新鲜、纯手工、无添加”		
上新	每月上新，产品研发创新能力强	近期无上新信息	
话题度	高	较低	较低
营销方式	以卡通人物打造品牌 IP，讲故事		
开店模式	加盟	加盟	加盟
融资	A 轮	无	无

资料来源：公司官网资料整理，公开资料整理

可见，爸爸糖的特点在更聚焦于吐司，产品价格相对更高，产品颜值和受欢迎度也高些。当然除上述三者外，吐司来了、吐司马、九亩花田等也是聚焦吐司单品的创新玩家。门店模型基本都是吐司产品+饮品，但规模均远不及爸爸糖。客观来说，吐司的崛起是单品牌的崛起，而非整个吐司品类规模化的崛起。

四、未来风险

（一）加盟体系的标准化风险

品牌一次性输出产品门店概念、管理系统和人员培训内容之后，如何做好长期品控 & 提供增值服务，仍将是一道难题。这直接关系到加盟店的

利润水平和与品牌方分成模式的健康程度。

（二）行业准入门槛很低、竞争者众

零售门店会受到区域因素制约，无论口味、本地口碑、地方关系、人员培训，还是品牌推广本身，都无法避免本地传统品牌甚至新品牌后来居上，迅速做出区域小龙头（如 Manner、茶颜），形成后发优势。因此，爸爸糖要持续增加品牌知名度并加深护城河。

（三）零售连锁的模式的探索

目前单品类可能可以跑出一些不算是 Scalable business 的精品店，而大型连锁可能通过强大的供应链和运营体系打造多 SKU 跨品类的门店，如 Starbucks、Tims 对于烘焙产品、轻食等都有探索。爸爸糖在这个变化的趋势中怎么自我定位，是个未决的话题。

（四）吐司单品的未来是否清晰

在电商平台，百草味、三只松鼠等零售吐司产品的销量早已达到了百万级，吐司产品的零售属性非常明显。这意味着，吐司品牌餐饮化的竞争属性异常惨烈，它也许会跟单品小龙虾门店一样，空有需求但几乎无任何护城河。因此，作为吐司餐饮门店的爸爸糖如果不能实现餐饮属性，仅仅是作为电商零售产品的线下场景，未来风险较大。

想成为投融资观察报告创作团队的一员吗？微信扫描本书第 352 页二维码，现在就加入我们吧！

No. 10

PIDAN："全品类宠物生活方式品牌"的进军之路

主笔：付恒宇　中山大学

交易概述：

2021 年 7 月 5 日，PIDAN 彼诞完成了 5 000 万元的 B + 轮融资，投资方为兴旺投资。此前的 B 轮融资中，PIDAN 获得了由成为资本领投的 6 000 万元投资，成为资本也由此成为 PIDAN 的第二大股东。自 2016 年成立以来，PIDAN 在 5 年的时间里获得了共 5 轮融资，可谓是宠物经济赛道里的黑马选手。

一、引言

近年来，宠物经济悄然崛起，逐渐发展成一条千亿元规模的庞大赛道，孕育出许多新商机与投资机会。PIDAN 就是赛道内一个优秀的玩家。2021 年"6 · 18"期间，PIDAN 旗舰店销售额在天猫宠物行业全品类品牌中进入 Top10，综合毛利达 50%，已实现正向盈利。本文将从宠物经济的产业链入手，分析宠物经济这条赛道中蕴含着的巨大可能性，探寻 PIDAN 向全品类宠物生活方式品牌发展的进军之路。

二、养宠人数持续增长助推宠物行业规模持续扩大

随着独身群体和小型家庭的比例持续上升，孤独感成为许多人的消极情绪体验，越来越多的人通过养宠物来满足陪伴需求和精神需求，宠物也成为人们生活中越来越重要的一部分。一方面，2020 年中国 65 岁及以上的老年人占比达到了 13.5%。很多退休后的老人缺少子女陪伴，宠物成为他们的精神寄托，甚至被视为自己的孩子。另一方面，社会中独身群体、双人家庭的比例不断上升。根据《中国宠物业白皮书》相关数据，中国的小型家庭（单身与双人家庭）的占比从 2009 年的 35% 上升到 2018 年的 45%（见图 1）。单身、小型家庭常常使他们面临孤独的侵扰，越来越多的人选择养宠物来满足精神陪伴的需要，缓解孤独。

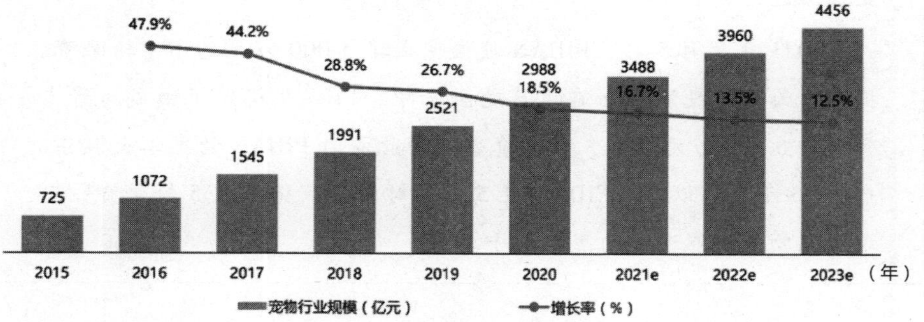

图 1　2015—2023 年中国宠物行业规模与预测

同时，善待宠物观念的普及和经济实力的增长，宠物经济表现出消费升级的趋势，人们更愿意在宠物身上花费更多的金钱。因此，宠物市场的规模近年来快速增长，全国城镇的宠物猫狗数目持递增趋势（见图 2、图 3）。

普华永道预测，未来 5 年宠物市场仍将保持强劲增长的势头。原因有两个：一是中国的宠物饲养率和宠物支出占家庭支出的比例都低于发达国家，市场还有充分的增长空间。英、美等发达国家的宠物饲养率都在 50% 左右，而我国在 2019 年仅为 17%，我国独身经济的情况在短期内不会发生改变，养宠仍然持续存在大量需求，这部分市场必然会持续扩张（见图 4、图 5）。

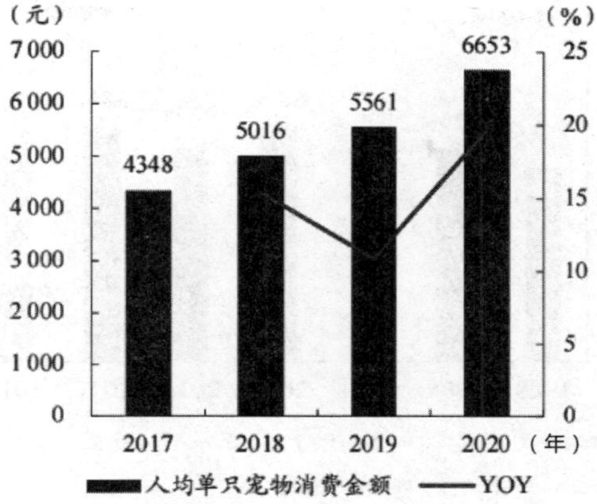

图 2　人均单只宠物消费金额

资料来源：宠物行业白皮书，兴业证券经济与金融研究院整理

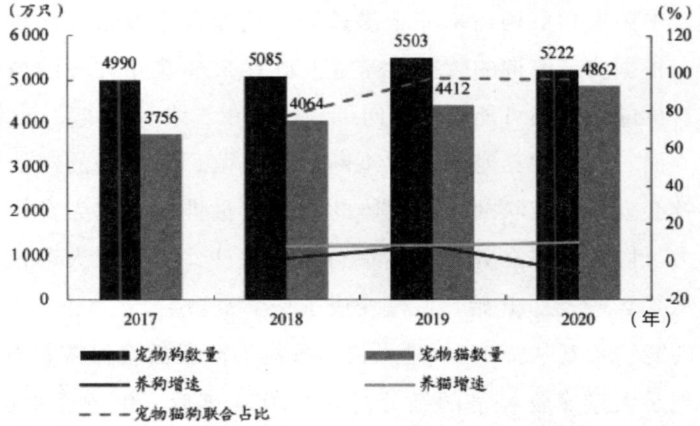

图 3　2017—2020 年中国城镇宠物猫狗数量

资料来源：2020 年中国宠物行业白皮书，兴业证券经济与金融研究院整理

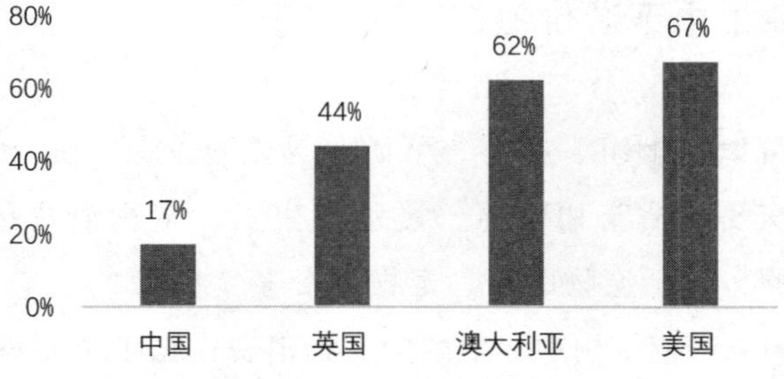

图 4　各国宠物饲养率对比

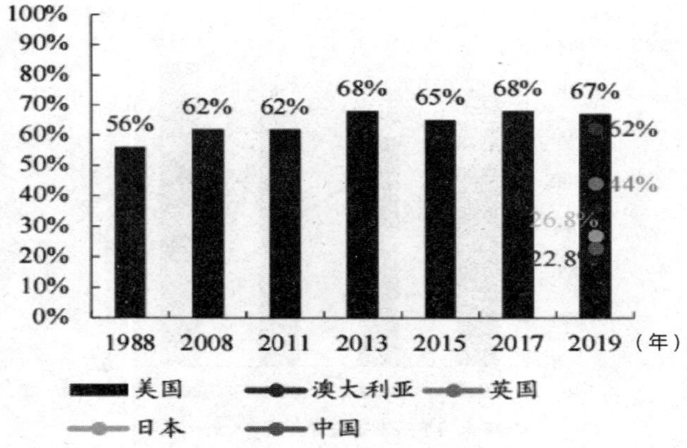

图 5　世界各国宠物渗透率

资料来源：美国宠物用品协会（APPA），Euromonitor，普华永道，兴业证券经济与金融研究院整理

其次，中国宠物市场还未完全渗透到二线及以下城市，存在着较大的增长空间。根据艾瑞咨询的数据，养宠人群有 55% 集中在一线城市与新一线城市，这样的潜力很可能进一步向下渗透，在二线、三线城市增长。

政策方面，国家对养宠的政策不断严格规范，对市场的规范释放了积极信号。社会方面，互联网社交媒体的公域流量推广也成为宠物行业的增长的新动力。萌宠话题在各大媒体平台备受关注，成为一大营销热点，很多年轻人从“云吸宠”开始，慢慢变成了一个宠物主。

我国的宠物市场从 2010 年进入快速发展的阶段后就保持着不断扩张的态势，涌现了大量宠物经济的细分行业。2020 年后，市场逐步稳定成熟，宠物全生命周期的产业链基本形成，行业加速整合，市场稳定增长。

三、宠物行业上中下游价值链

宠物行业可以从上游、中游、下游分为宠物交易、宠物消费、宠物服务三类。宠物交易包括宠物饲养、繁殖与售卖，宠物消费包括宠物食品、用品等，宠物服务包括宠物医疗、宠物摄影等（见图 6）。

目前行业内的产业结构中，中游的宠物消费占据了主要份额，其中宠物食品又是最大的细分市场，在市场中占据最大的赛道，拥有近 40% 的市场份额。而宠物用品的格局则相对分散，产品同化，品牌对购买决策的影响能

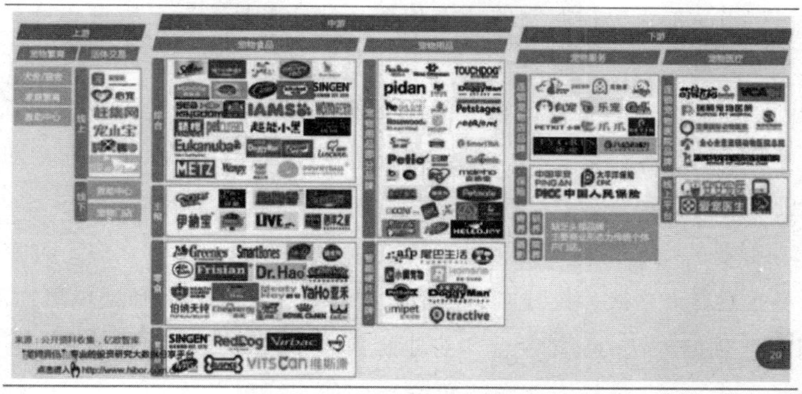

图 6　中国宠物行业产业链

资料来源：亿欧智库、慧博资讯

力弱，市场份额较小且竞争激烈，占据10%的市场份额。下游的宠物医疗较为新兴，解决宠物体检诊疗等痛点需求，占据20%的市场份额，蓄势待发。

四、宠物用品市场现状——缺乏进入壁垒

作为产业链中游一大代表性产业宠物用品，市场格局却呈现出分散的形态，在投资市场的表现并不亮眼，市场增速不断降低（见图7）。

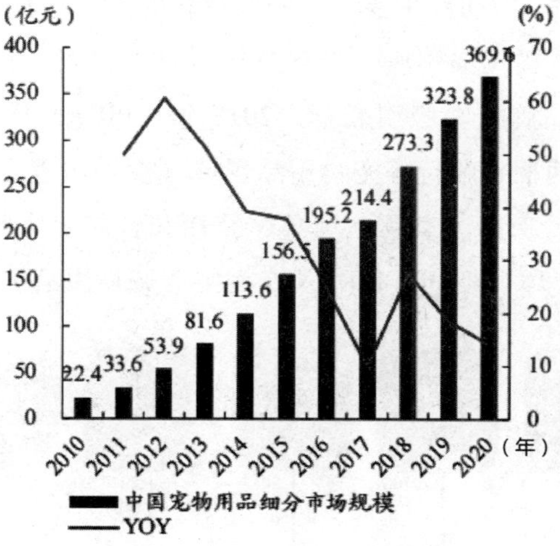

图 7　中国宠物用品市场规模及增速

资料来源：IT桔子，兴业证券经济与金融研究院整理

宠物用品主要包括宠物的清洁护理、食具水具、玩具服饰等产品，相比与其他赛道，宠物用品赛道存在几个问题，影响着投资市场的态度：

1. 行业进入壁垒低。以经典的产品猫砂为例，生产线设备费用低，生产过程及原料配方公开透明，不存在技术壁垒，模仿成本非常低。即使是存在设计能力比如猫砂盆，小厂来仿制并压低价格也很容易。

2. 行业的竞争格局十分分散，行业内的大小企业数目众多，许多中小型的企业在打价格战，拉低产品价格，这使得做设计的品牌处境更加不利。如 PIDAN 创始人认为，消费品本身是销售，工厂的产品比你便宜一半，如果没有渠道，产品就没有竞争力可言。即使在成熟的市场，这样的情况也很突出。在美国，龙头企业中央花园和宠物旗下 19 个不同品牌所占市场份额仅为 9%。

因此，在宠物用品市场，品牌方更需要看重差异化产品打造，在品牌建设和消费者意识上多加投入。而 PIDAN 瞄准宠物用品这条赛道并取得一定成效，那么 PIDAN 又是如何突出重围的，未来 PIDAN 又将布局何方呢？

五、PIDAN：差异化极致产品设计，聚焦用户思维实现品牌突围

PIDAN 于 2014 年在巴黎成立，专注为猫咪设计产品。PIDAN 的设计理念是“以动物为本”，初期主要设计和营销猫的中高端日常用品，包括膨润土猫砂、逗猫棒、雪屋猫厕所、猫窝及玩具球等品类，配合内容和亚文化周边产品，建立品牌壁垒吸引粉丝。2018 年，PIDAN 横向扩充产品品类，涉足狗、水族、两栖、爬行等宠物用品领域（发展历程见图 8）。2019 年在销产品囊括用品、工具、家具、玩具、消耗和食品六大类目，创收 1.5 亿元，2021 年“6 · 18”期间，PIDAN 在淘宝商城猫用品销售排名第一。

图 8　PIDAN 发展历程

宠物用品中猫砂品类的竞争异常激烈，而 PIDAN 能够实现数年电商平台销量第一的成绩，得益于品牌极致的产品设计。创始人马文飞说："我们主要的能力是设计，因为设计，我们的一个产品溢价可以很高，但我们不能说我们设计很强，我们是一个创造性的公司，整个流程走下来需要 65 天，我们在做的是差异化，依靠的是小公司的效率。"比如 PIDAN 的第一款爆款产品猫砂盆"雪屋"，来源于对市面上 100 多款猫砂盆缺陷的总结，来源于团队两年时间筹划、14 个月设计研究、86 次草图绘制，以及 9 个月不间断修改打磨。最终，雪屋斩获国际大奖，市场表现也十分喜人（见图 9）。

图 9　PIDAN 雪屋猫砂盆

PIDAN 的第二个核心竞争力就是完备的供应链体系。PIDAN 使用精细化仓储管理模式，自主开模定制的标准操作装配流程（SOP）以保证生产效率。PIDAN 的流程实现以物料清单分拆管原材料供应控价，较好地控制了材料成本，同时依靠至少 3 家公司的协同生产，以此进一步提高产品生产效率。然而，PIDAN 在设计与质量上的优势在不断经受挑战，小佩、尾巴生活、未卡等品牌入局，也使得宠用用品这条赛道上玩家众多，竞争也异常激烈。

六、资本涌入，赛道内竞争日趋激烈

在宠物消费的赛道内有一系列与 PIDAN 展开激烈竞争的玩家，典型的企业有猫猫狗狗、小佩宠物等（见表 1）。猫猫狗狗于 2018 年成立，专注宠物智能硬件领域，与小米合作的米家智能宠物饮水机和米家智能喂食器产品在 2021 年 6 月实现量产。猫猫狗狗的优势来自于与小米生态的合作，拥有小米的渠道，并且有进一步开拓市场的野心。小佩宠物成立于 2013 年，目前已获得五轮融资，2020 年 9 月的 C + 轮融资额数千万美元，小佩宠物主打宠物智能硬件研发，目前已有智能用品 SKU20 余个。在完成 C + 轮融资后，公司更是开始布局"吃、喝、住、行、清洁、玩"的六大产品线。小佩宠物目前已在全国开设有 300 余家门店，尝试“线上 + 线下”的一站使解决方案，是 PIDAN 的强力竞争对手。

表 1　　竞品分析

公司	成立时间（年）	主营业务	融资情况	优势分析	劣势分析
pidan	2014	从猫砂盆切入猫用品市场，随后新增各类猫用品。后期开拓狗、水族、两栖、爬行等宠物用品品类	2016-2021年共获5轮融资，融资数额上亿	自建设计团队，产品的功能及外观独特出众	供应链的成本供货能力平衡难；曾在宠物照看服务行业内留有污点，品牌形象受损
KITTEN & PUPPY	2018	“做母婴级智能宠物用品”，与小米合作，专注宠物智能硬件领域	2018-2020年获6轮融资，2020年底获得A+轮融资	具有宠物智能家居研发优势；易借助小米成熟的线上销售渠道迅速打开市场	团队中研发人员数量超过一半，产品研发压力大
	2016	以材料技术为驱动的宠物护理品牌	2017年天使轮中金资本领投；2020年A轮融资数千万人民币	自建生产线生产原木猫砂（优势产品）	产品单价较高
PETKIT	2015	提供 “线上+线下” 一站式养宠疑难解决方案	2014-2020年获5轮融资，2020年9月C+轮融资数千万美元	智能SaaS系统为加盟商提供数字化管理服务；独创以医疗金为基础的会员体系	加盟门店服务质量控制难度上升
宠幸 CHOWSING	2004	专注为宠物研发健康护理产品	2018-2021年吸纳5轮投资超8亿人民币；B+轮由腾讯投资和凯辉基金联合领投	早期切入宠物营养品赛道，品牌口碑积累强	主营产品较为单一，且是高端产品，市场需求弹性大
依依	1990	从事一次性卫生护理用品生产，产品使用群体偏向于宠物	2021年5月，在深交所主板上市	起步早，固定资产雄厚	产品的附加价值低，毛利率受原材料价格影响大
	2000	宠物用品生产商，产品主要面向出口；设立华元宠物开拓国内电商市场	2021年2月深交所创业板过会	固定资产雄厚，单位产品生产成本低	无自主品牌，国内市场占有率低；国外市场环境稳定性差；利润来源单一且不稳定

与猫猫狗狗、小壳、小佩等企业相比，PIDAN 具有的最大竞争优势是团队设计能力领先，产品功能性及外观独特出众，用户心智较强。但是劣势很明显，猫猫狗狗、小佩等企业在宠物用品智能化上的布局更早，而且拥有更高的技术壁垒。小佩也在品类上的布局较 PIDAN 也更为丰富，线下的门店已经初具规模。

此外，互联网巨头也在跃跃欲试入局宠物市场。2021 年 5 月，腾讯通过投资“宠幸宠物”入局宠物用品市场。5 月 20 日，京东宣布自有宠物新品牌“京萌”上线切入宠物市场。截至目前店铺上线有猫零食、猫砂、保健品、食具水具、箱包、狗玩具、美容用具等多个品类 30 多个 SKU。再加上老牌巨头玛氏、健合、中宠等品牌的布局，PIDAN 的面对的竞争无疑更加激烈。

七、全品类布局，找到未来新方向

宠物用品赛道内的激烈竞争和进入壁垒低的天然劣势，使得 PIDAN 不断思考下一步的路在哪里。获得了 B + 轮的融资后，PIDAN 明确了未来的方向，即打造全品类宠物生活方式品牌。

全品类赛道可以取胜的关键在于以下几个方面：第一，单一品类线延伸不够长，常常陷入几家公司缠斗的境地，拓宽品类线可以寻找到新的增长机会。第二，单一品类赛道规模不够大，过于细分，难有更深的突破。第三，全品类可以为企业带来更大的销售额，提升企业规模，进一步抬升毛利率水平。

在赛道选择上，PIDAN 下一步盯准了宠物食品品类。宠物食品行业增长强劲，是整个宠物经济贡献最大的板块，蕴藏着巨大的机会（见图 10）。一方面，宠物食品具有刚需和高复购率属性，市场需求大，保持高度活跃。而且宠物食品市场高度分散，未形成垄断，近年来国内新兴企业不断涌现，冲击着市场，表现亮眼。《2020 中国宠物行业白皮书》显示，平均每个养宠家庭会试用 5—6 个品牌，新品牌拥有获得认可的机会，行业内存在追赶与突破的契机。另一方面，宠物食品行业在消费升级上的表现很突出，宠物主越来越愿意花高价为宠物使用更好更健康的食品。华安证券数据显示，宠物食品近十年年复合增长率达 21.5%。

总体来讲，PIDAN 将聚焦宠物主粮类目，工艺方向包含高温膨化、低温烘焙、冻干、湿粮多个方面。宠物主粮对于工厂端生产环节要求高，终端产品容易出现问题很容易导致小动物的身体出现不良反应。因此，PIDAN 将自建产线，基于宠物生命科学研发、生产主粮产品，保证产品的品质。

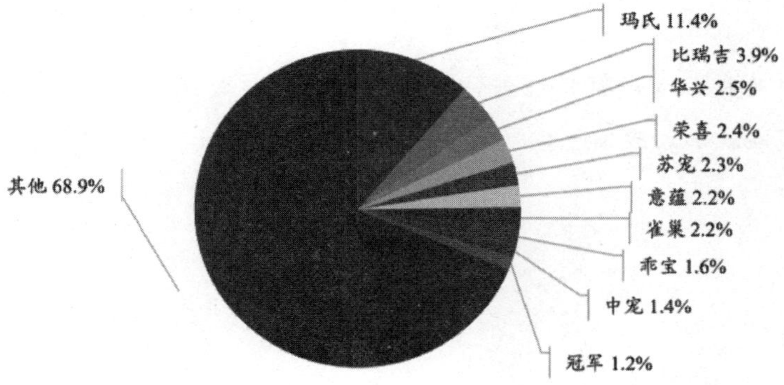

图 10　中国宠物食品品牌市场占有率分布

资料来源：2020 宠物行业蓝皮书，华安证券研究所

八、未来展望

（一）宠物用品智能化发展，构筑品牌护城河

宠物用品向智能化方向发展逐步成为一种趋势，比如自动喂食盆、宠物智能穿戴设备等。白领人群是宠物经济的主要消费者，他们购买水平较强且对新事物的接受能力强，对宠物智能用品的需求大。比如小佩的热销产品智能饮水机，在实现自动循环供水的同时还兼具了家庭空气净化器的功能，得到消费者的喜爱。像猫砂盆等传统产品如果融入一些智能化设计，会产生许多有趣的玩法，比如自动控温，自动铲屎、猫猫健康监测等。宠物智能物品与传统的宠物用品不同，其技术壁垒较高，且如果和小米、鸿蒙等物联网生态合作，品牌的协同效应也会很突出，是宠物用品行业的一个新的增长极。

（二）营销促进与品牌建设

营销对于一个消费品牌来说的推广与促进作用是巨大的，“渠道为王”在中国是现实存在的。过去PIDAN凭借”雪屋“爆款营销切入市场，逐步打下了猫砂盆这一块版图，未来，PIDAN仍然需要积极探索爆款营销的方式，进一步拓展品牌知名度。另外，全渠道模式也是引流的合理路线，线下培育品牌形象，为线上引流，线上收获流量，依靠快速触达消费者的优势，将流量转化为销量。

想成为投融资观察报告创作团队的一员吗？微信扫描本书第352页二维码，现在就加入我们吧！

No. 11

职问：未来教育培训行业转型风口，敢问路在何方

主笔：殷奕珉　上海交通大学

交易概述：

2021 年 7 月 12 日，新职业教育平台“职问”宣布完成共 2 000 万元人民币的 A3 轮融资。本次融资由智联招聘领投，网易、汉能及创始人等跟投，资金将主要用于其自主研发的全职业周期素养规划平台的搭建和 EIU 生态系统的打造。本文旨在通过了解教育培训行业市场现状，深入探寻职问在教育培训行业的发力点；并基于国内外的行业情况对比，重点分析未来教育行业转型的生态模式建设和发展可能性。

一、关于职问

职问成立于 2015 年，作为新型职业教育平台，主要为应届生和职场新人提供职业规划、求职辅导、技能培训等求职类服务，减少求职就业的摩擦性。自 2019 年以来，职问的核心业务由单一的职前教育逐步向全职业周期的服务平台拓展，面向大学生群体、1—3 年职场新人以及 3 年以上成熟职场人群提供对应的服务。目前业务主要分为求职服务、职业技能课堂、职业新媒体和企业服务，覆盖金融、法律、四大和咨询四大职业领域（见图 1）。

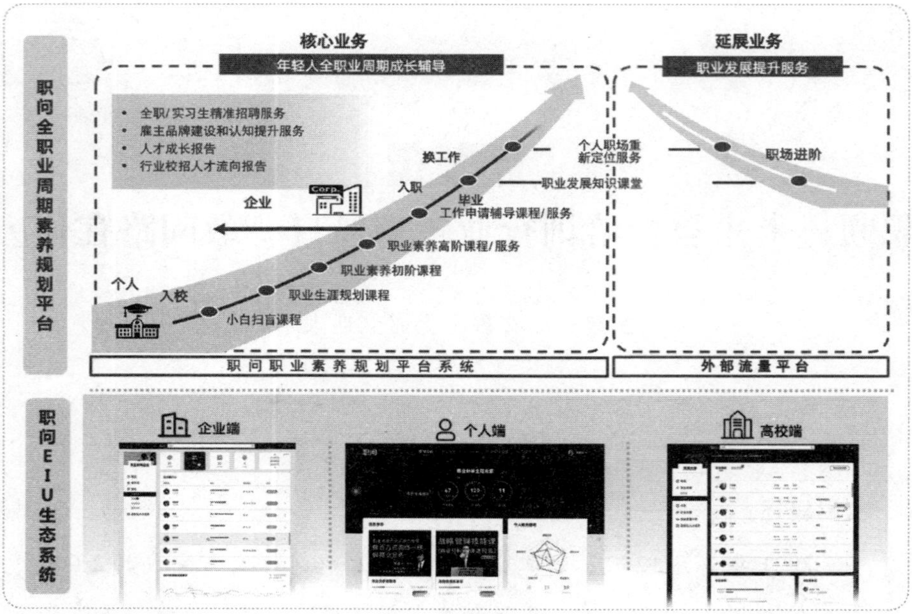

图 1　职问全职业周期素养规划平台和 EIU 生态系统模型

资料来源：36kr

针对在校大学生和 0—3 年的职场新人，职问主要通过搭建全职业周期素质培养平台对接企业端与高校端，实现资源互通和信息传递的扁平化、即时性。该平台由职问大中台联合技术研发中心筹措组建，共同推进产品族谱、课程模式、受众扩充、资源合作、数据使用、智能化系统建立、技术支持等诸多事项，创新职业教育理念，以目标群体的需求为考量，提供优质的平台化、一体化服务。同时，该平台接入外部合作平台，延展服务形态和承接大流量用户，搭建自有新媒体矩阵和 KOL 直播渠道，扩大信息传播路径，优化资源配置。

就发展前景而言，职前教育是面向实践和就业的教育。作为职前教育品牌，职问在获得智联招聘投资之后，相较于其他竞品（见表 1）拥有更好的后端行业资源，也拥有搭建全职业周期素质培养平台的基础，拥有较高的客户留存量，但仍然面临着缺乏特色服务的问题，致使品牌辨识度稍显不足。

表 1　　职前教育竞品分析

组织	职优你（上海）教育科技有限公司（Unicareer）	北京致贤教育科技有限公司（Careerexpress）	中财就业	职问
产品服务	• 免费产品：公开实习信息、初步职业咨询、公开求职技巧、求职群组 • 付费产品：Vip 私人定制、超级毕业生养成计划（一站式求职服务）、职业提升课程、职业讲座	付费产品：一对一面试辅导（线上/线下）	免费产品：职业咨询服务、实习信息（非公开/公开均有）	• 免费产品：公开实习信息、初步职业咨询、公开求职技巧、求职群组 • 付费产品：起航计划（一站式求职服务）、职业提升课程
品牌认知	• 付费内推行业的先行者，最早利用互联网宣传其业务 • 广泛的产品线导致在大众圈层认知度高	仅局限于管理咨询求职圈层	认知度程度低（仅限校园内）	辨识度中等，主要的问题是缺乏特色服务导致的辨识度很难提升
产品优势	• 产品线丰富，从互联网到咨询行业的求职全覆盖，从一站式求职服务到单一求职课程全覆盖 • 求职提升与付费内推行业的先行者，圈层知名度高 • 相比于其他竞品，Unicareer 融资进度位于行业前列，已完成 C 轮融资 • 丰富的人脉资源和行业资源	• 专注于管理咨询的求职领域 • 由管理咨询公司相关人士创立，专业性强	• 推送的实习信息，部分是虚假的、一手的，质量高 • 非营利性组织，不用付费	• 产品线丰富，从互联网到咨询行业的求职全覆盖，从一站式求职服务到单一求职课程全覆盖 • 丰富的人脉资源、行业资源

续表

组织	职优你（上海）教育科技有限公司（Unicareer）	北京致贤教育科技有限公司（Careerexpress）	中财就业	职问
投资方信息	已完成 C 轮，猎聘与东方富海联合领投，新东方、昆仲资本持续跟投	创始人独资，未进行融资	N/A	已完成 A3 轮，领投机头为智联招聘，跟头机构为网易资本、汉能创投

资料来源：公开资料整理

此外，由于所在行业和提供产品服务的特殊性，职问在未来扩张阶段，还可能会面临规模效应较弱的情况，即扩大规模带来的边际效益可能会减弱。以职问这类企业为例，其本质上推出的产品服务是预期对职场新人起到背景提升的作用。这种提升不仅仅是对于学员的履历包装，同时要通过培训进行对职业的整体扫盲和技能培训加成，由于吸纳人群受限，往往采取很高的客单价才能达成理想的利润。这就需要在求职领域将服务做精，才能真正满足客户的需求，因此准入门槛也是相对比较高的。

然而，一旦追求产品服务的精细化，受众就必然是偏小规模的。比如职问一开始专精法律方面的职业培训，其受众可能只能囊括对这一职业领域感兴趣的人。而受众的规模小和做精服务的门槛高，往往会使得企业在发展过程中受到限制。对于一般的企业而言，尽快进行融资以扩大规模，完成标准化建设，扩大生产力，便能够充分体现其规模优势，达成良好的经济效益。

对比之下，对于需要提供精细化服务的职问而言，一旦扩大受众规模，就需要提供不同职业领域的服务和吸引更多对于行业有丰富经验的职业发展规划导师，在广度和深度上面不可避免地会产生矛盾。

二、国内高校职业培训的需求

当前就业市场一大特征在于不同行业人才分布极度不均，高校学生对不同职业具体的发展要求知之甚少，却面临着热门行业内卷严重、部分冷门行业缺乏人才的窘境。对于职业教育培训而言，对新一代职业新人的培养要与企业对人才的现实需求相适配。近年来，随着“产教融合”理念的推出，高校、用人单位和教培企业也在这条路上不断探索。

目前典型的校企合作办法有：订单式培养、校企联办式和产学研模式，其优势和劣势具体如表 2 所示。

表 2　　校企合作模式

校企合作模式	内容	优势	劣势
订单式培养	学生入校即签订用工协议，教学内容与学校统统筹划	• 招生与招工同步 • 充分的专业技能培训 • 丰富的企业实习机会	• 企业在办学中占比较高 • 学生自由度较低
校企联办式	• 企业提供实习基地，参与学校教学 • 高校老师定期访问企业，攻克技术难题	• 有机会参与到企业实习项目中 • 校企互动性高 • 教学实践充分融合	对接的企业较少，选择自由度低
产学研模式	充分发挥高校的研究资源优势和专业优势，解决与企业发展和变革相关的重点科技难题	解决与企业发展和变革相关的重点科技难题，有利于培养创新人才	• 学校在办学中占比较高 • 研究项目难度较大，学生参与度低

资料来源：公开资料整理

然而，经过多年探索和尝试，校企合作仍然存在诸多问题。有别于技术类院校，国内高校学生，尤其是本科生，在校企衔接方面的参与度低，缺乏了解企业的相关资源和渠道，难以参与产教融合的项目推进中，在供需匹配中存在巨大的缺口。

相较国内而言，国外对职业规划发展的研究起步较早。其中，以较有代表性的美国为例，早在 20 世纪初就开始了对职业规划的相关研究，并进行了大量实证探索。其指导实践，经历了五个发展阶段，如图 2 所示。

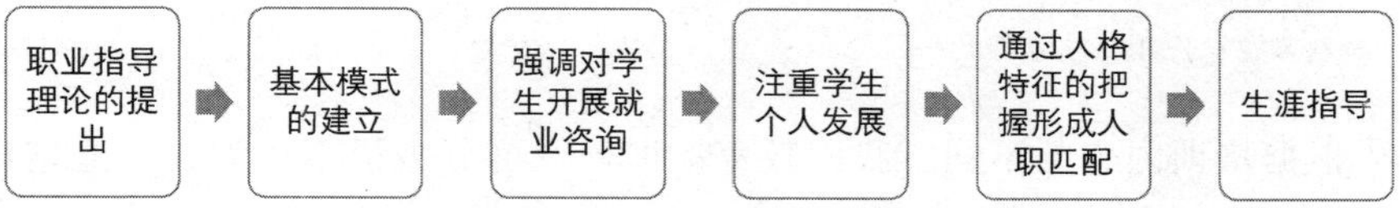

图 2　美国职业规划研究的五个发展阶段

资料来源：公开资料整理

就实际而言，学校教育中提供“职业设计辅导”课程，在高中阶段会请专家为学生进行职业兴趣分析，并通过职业实践活动进行有效引导，逐步确定未来的就业规划。这也是值得我国职业培训和生涯规划借鉴的。

国内职前教育玩家大多数成长于中国学科教育培训行业蓬勃发展、而职业培训行业面临巨大空白的背景之下，大多从专业度和关注度都较高的法律/金融/公考等行业开始，联结企业和职场新人，对学员提供“一对一”的职业发展辅导和自主开发的相关培训课程，整合资源提供职业交流的机会，促进就业市场的供需匹配。

三、国内教育培训行业发展

职业培训行业仅仅只是我国教育培训行业的一个细小的分支。放大到整个教育培训行业的视角来看，在发展历史上，中国教育培训行业共经历四个发展阶段：萌芽期、发展期、开放期、转型发展期（见表 3），逐步形成了从单一技能教学转向综合化培训教育集团发展的格局。

表 3　　中国教育培训行业的发展

萌芽期 1978—1992 年	发展期 1992—1998 年	开放期 1998—2004 年	转型发展期 2004 年至今
高考人数不断增加，社会兴起学历教育培训浪潮，同时随着留学政策开放，外语培训班逐渐兴起	政府逐渐退出教育市场干预。成人高等学历教育大受欢迎，职业技能培训开始起步，民间教育培训机构快速发展	教培市场引入市场竞争淘汰机制，短训班、技能班登场。海外大批以培训为主要任务的公司和国际教育培训服务业巨头如华尔街、英孚等机构进驻中国	形成了新东方、好未来、昂立、北大青鸟等知名企业，并在市场细分上逐步形成语言、IT、企业、少儿、公务员、研究生等培训服务市场，从单一节能教学向综合化培训教育集团企业发展

资料来源：公开资料整理

根据培训内容的不同，我国教育培训行业可分为语言培训、企业培训、IT 培训、职业资格培训、少儿培训、课外辅导培训、公务员考试培训等，而随着社会、经济的发展，新的培训需求和领域还在不断涌现，在近些年尤以 K12 教育为主，取得高额利润（见表 4）。

表 4　新东方在线业务板块

学前教育	K12 教育	大学教育	其他
• 多纳学英语 APP • 多纳出版物 • 数学图书馆 • 幼儿园教材	• 校外辅导课程（涵盖小学标准课程） 截至 2020 年 11 月 30 日，付费人次达 183.8 万人次	• 大学学业教育 • 海外备考 • 英语学习 截至 2020 年 11 月 30 日，大学教育付费人数达到 29.9 万人次	• 大学 • 公共图书馆 • 电信运营商 • 在线视频提供商

资料来源：公司公告、德邦研究所

四、“双减”后的教培行业现状

2021 年 7 月 24 日，中共中央办公厅、国务院办公厅印发《关于进一步减轻义务教育阶段学生作业负担和校外培训负担的意见》（简称“双减”政策），明确校外培训机构不得占用国家法定节假日、休息日及寒暑假期组织学科类培训。在政策背景下，K12 校外学科培训受到压制，中国教育培训行业受到了巨大震荡，精锐教育、流利说、瑞思教育皆面临退市警告（见图 3）。

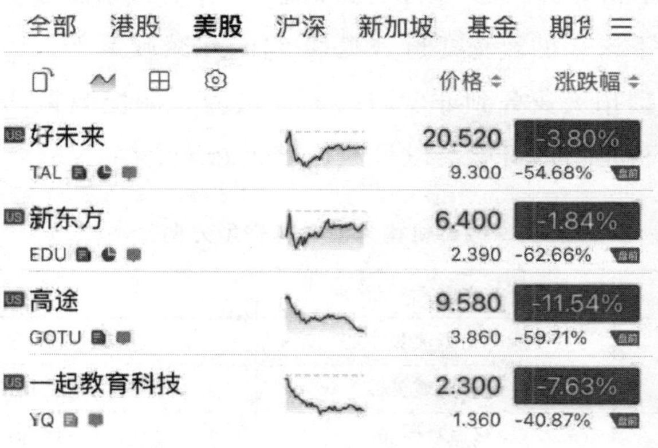

图 3　教育公司股全体大跌（2021 年 7 月 23 日美股开盘前）

资料来源：东方财富网

据统计，中国教育行业上市公司多达 20 余家，市值居首的几乎都是中小学课外培训机构，因此原本集中发力于 K12 教培行业并以 K12 学科业务为主要收入来源的头部企业亟待转型。以新东方为例，在政策影响下市值蒸发 2 000 亿元（见图 4）。2021 年 9 月内部召开高管会议，决定裁员 4 万人；新东方旗下东方优播关停 K12 阶段学科类培训业务；俞敏洪宣布回归早年的大学业务，开始转型自救，将目光更多投向素质教育和大学教育。

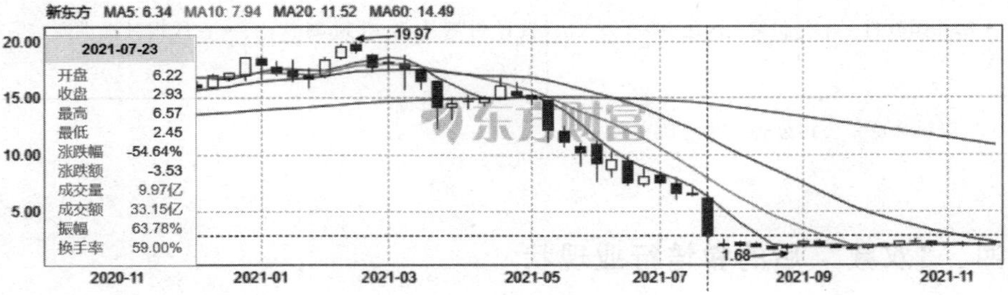

图 4　新东方在双减政策出台后遭遇近来最大跌幅

资料来源：东方财富网

相比之下，以课外教育辅导起家并长期探索在线教育模式的“好未来”更显艰难，旗下“学而思”因高额房租关停线下校区，管理层出现重大人事变动，股价跌幅高达 95%。市场震荡下，好未来于 2021 年 9 月正式推出素质教育品牌“学而思素养中心”，全速转型素质教育，辐射发展新业务。同时，新东方、好未来等教育行业头部企业也都在筹备智能硬件项目，探索政策大背景下未来的教育赛道（见表 5）。双减政策下，一方面教培行业会从学科类培训拓展业务到非学科类素质教育，响应政策的号召；另一方面，现存的学科类培训可能会以另一种形式继续生存。

表 5　　教育机构素质教育转型方向

教育机构	素质教育项目	主攻方向
好未来	励步儿童成长中心	英文戏剧、艺术、益智、棋道等
新东方	投资万域芳非	花样滑冰及其他冰上运动
瑞思	然点科学馆	科学研究
	瑞思海芽成长方向	社会化素质教育
	瑞思研学	研学旅行

续表

教育机构	素质教育项目	主攻方向
猿辅导	斑马教育	艺术、写字、少儿编程
豆神教育	豆神美育	艺术

资料来源：公开资料整理

（一）从学科类培训转向非学科类素质教育

从 2015 年到 2019 年，我国素质教育市场规模从 2 642 亿元增长到 5 286亿元，年均复合增长率为 19%。此外，国家相关部门多次分阶段发布政策支持素质教育。尤其在力度最大、时效性很高的双减政策推动下，多地即刻采取行动，围绕治理校外培训和提升校内教学质量等，推进“双减”政策。在此政策背景基础上，另一条教育细分赛道冉冉升起，如职业生涯规划、综合评价培训、美育等，以素质教育进一步带动学科教育。根据最新数据，素质教育 2025 年可以达到约 8 000 亿元的市场规模（见图 5），与 K12 科目课外辅导近万亿市场规模相近，成为学校教育的“绿色补充”。

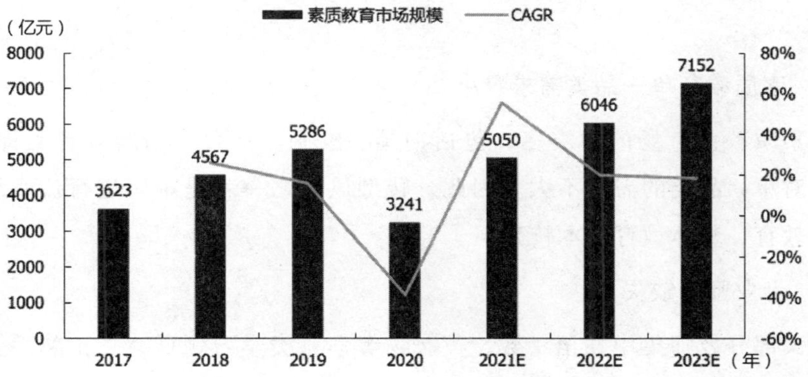

图 5　我国素质教育市场规模及同比增速

资料来源：艾瑞咨询，国盛证券研究所

（二）现有学科类培训的转型

在教育领域过度竞争的情况下，学校方可能会应对政策，在正常课时之外，提供更多的课时外学科辅导，进一步完善课程大纲设置，通过课外补充提升教学效率。传统的学科补课机构预计会开拓自身业务，转型非学科素质教育，以素质教育带动提升学生整体素质和思辨能力，进一步带动课内学科教育。有消息称，开展对家长进行相关培训的业务，通过推动学校教育 + 家庭教育，实现教育模式优化，让教育回归家庭。除此之外，补课机构可能会调整原本的学生补课课程安排，挪移时间到工作日或采用线上授课的模式，以此适应减负政策。

值得一提的是，家教平台由于监管力度的不足和监控的困难，可能会作为传统补课机构线下学科培训的替代品，提供教师或大学生的“一对一”或小班家教服务，作为课内学习的有效补充。目前，“双减”政策确实正在全国各地试运行，但是能否真正实现传统教育的变革，提升教育质量和整体效率仍然是一个未知数。在内卷情况越来越严重的时代，K12 学科培训很难在短时间内发生质的改变。传统的 K12 学科培训将可能以一种新的业态模式继续生存（比如小班家教），难以实现学生真正的减负和素质教育转型。

五、转型风险

（一）素质教育单一品类需求量小

素质教育市场的种类多，包括钢琴、绘画、体育、创新等各类课程，但是对单一品类的需求不大。因此，转型风险之一就是难以进行流水线式大班教育，整体教育成本较高。

（二）专业师资缺失

大部分教师集中在语、数、英、物等学科类学习领域，真正熟悉素质教育（如钢琴、体育、研究性课题、综合评价招生、职业技术）的教师供给相对较少，尤其是生涯规划、创新训练和职前能力培训相关的师资缺乏，且没有合格的师资证明材料和行业标准，缺乏规范管理。对比学科教师，兴趣类素质教育领域的专职教师产能偏低（见表 6、图 6），行业吸引力和认可度偏低。

表 6　　钢琴教师与学科教师单月产能对比

比较	钢琴一对一培训	学科培训（参考学而思上海市场小班制）
单价	240—300 元/课时	220 元/讲
周满班排课量	21 课时	13 讲
班额	1 对 1	1 对 20
周产能	5 040—6 300 元	57 200 元
月产能	2.016 万—2.52 万元	22.88 万元

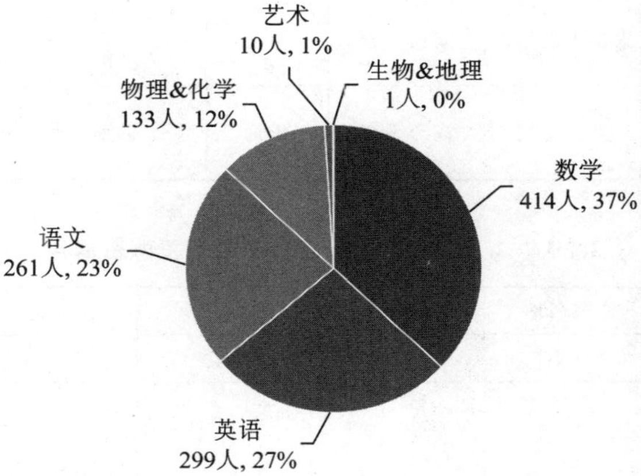

图 6　各学科全职教师人数及占比

资料来源：乐思考教育招股说明书，国盛证券研究所

（三）转型发展存在转化期

转型发展有较长的转化期和平台期，需要口碑的积累。尤其是对于教育培训行业来说，与学生的发展周期息息相关，因此培训周期和效果周期都相对较长，很难在转化初期直接占据高位，建立品牌特色和品牌优势。

（四）投资机构对教育培训行业发展的考量

当前教育培训行业各项政策陆续颁布，近年来教育行业的局势变化迅猛。从 2019 年的新高考，到之后的“公民同招”，综合评价体系逐步推向全国和下沉中小学，再到如今的“双减”政策，频频出台的教育新政，让当下的教育格局产生剧烈变化。正如上文所言，教育转型有较长的时间周期，虽然教育培训行业未来必定具有广阔前景和市场，但是就具体如何细分发展和潜力效益最大化，投资界会出现更多考量（见表 7、表 8、图 7）。

表 7　　2021 年 10 月下旬教育行业一级市场投融资事件

时间	公司名称	子行业	融资轮次	融资金额	投资方
2021 年 10 月 29 日	禾田星锐	职业培训	战略投资	未透露	盛大游戏—盛趣游戏
2021 年 10 月 29 日	Udemy	教育综合服务	IPO 上市	4 亿美元	
2021 年 10 月 27 日	Sayge	职业培训	种子轮	170 万美元	Right Side Capital Management（领投）；Comeback Capital；EVPI
2021 年 10 月 27 日	火星人俱乐部	素质教育	B 轮	数千亿元人民币	新东方
2021 年 10 月 25 日	好专业网	高等教育	B 轮	未透露	嘉铭浩春（领投）；顺为资本；学大教育

表 8　　2020 年 2 月下旬教育行业一级市场投融资事件

时间	公司名称	子行业	融资轮次	融资金额	投资方
2020 年 2 月 17 日	51CTO	职业培训	C 轮	2 000 万美元	高成资本
2020 年 2 月 17 日	果肉网校	教育信息化	A 轮	数千万元人民币	头头是道投资基金、清流资本、真格基金、元启资本（财务顾问）
2020 年 2 月 18 日	果肉网校	教育信息化	A + 轮	1 亿元人民币	微光创投、元启资本（财务顾问）
2020 年 2 月 18 日	Easy Group 易维教育	出国留学	A 轮	1 000 万美元	经纬中国
2020 年 2 月 18 日	鲸鱼外教培优	K12 培训	B 轮	1 亿元人民币	远洋资本（领投）、山行资本、清新资本 fresh capital、泰和资本（财务顾问）

续表

时间	公司名称	子行业	融资轮次	融资金额	投资方
2020 年 2 月 21 日	家辉培优	K12 培训	A 轮	数千万美元	有成资本、多鲸资本（财务顾问）
2020 年 2 月 26 日	小鸟上学	K12 培训	Pre－A 轮	1 000 万元人民币	不惑创投
2020 年 2 月 26 日	凯叔讲故事	早幼教	C＋轮	6 000 万美元	挚信资本（领投）、Temasek 淡马锡、正心谷创新资本、泰和资本（财务顾问）
2020 年 2 月 27 日	叮咚课堂	K12 培训	B 轮	数千万美元	凯辉基金（领投）、险峰长青、襄禾资本、创世伙伴资本、荒和资本（财务顾问）
2020 年 2 月 28 日	Hahow 好学校	教育信息化	A 轮	330 万美元	益鼎创投、群益创投、沉上谦
2020 年 2 月 28 日	新励成	素质教育	B 轮	数千万元人民币	明德传承（领投）、广东文投创工厂、多鲸资本（财务顾问）
2020 年 2 月 29 日	精锐教育	K12 培训	战略投资	2 500 万美元	Yiheng Capital
2020 年 2 月 29 日	卡乐园	教育信息化	天使轮	1 000 万元人民币	吴烨峰

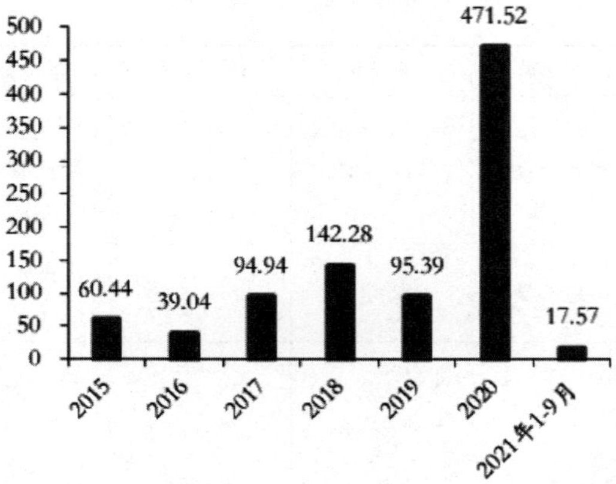

图 7　2015 年至今 K12 教育行业一级市场投资金额

资料来源：IT 桔子，财通证券研究所

六、国外课外培训市场

实际上，课外补习潮早已席卷全球各地，在国外被称为“影子教育”。相比西方国家，东亚国家（包括中国、韩国、日本、新加坡）在学术性课程上的辅导占比更高。日本、韩国与我国台湾地区的家教市场相当繁荣，日本的课外补习机构甚至一度被称之为“第二学校制度”。日本的一项调查显示，大约 70% 的学生在即将中学毕业时接受过辅导。接下来，将对韩国、日本和新加坡的影子教育及其教育改革进行简单介绍。

韩国：韩国的升学压力与经济体模式直接相关。韩国的经济命脉被前 30 家企业垄断，为了得到更好的工作机会，韩国学生被迫陷入教育内卷。多数韩国考生和家长认为，单纯依靠高中课堂学习很难顺利通过高考进入理想院校，额外的课后强化补习是非常必要的，这直接刺激了韩国课外补习的发展。根据媒体统计，韩国高中生每天耗费 16 小时在学习活动上。而在 20 世纪 80 年代，韩国一度取缔校外培训机构，补习班转入地下经济，出现了大量“别墅补习班”和 1 对 1 家教。“一刀切”不仅没有缓解课外辅导的内卷氛围，反而促成了新的培训需求，且费用更高。因此，2000 年韩国政府重新放开校外培训，使得影子教育合法化，人均补习费用刷新历史纪录（见图 8）。

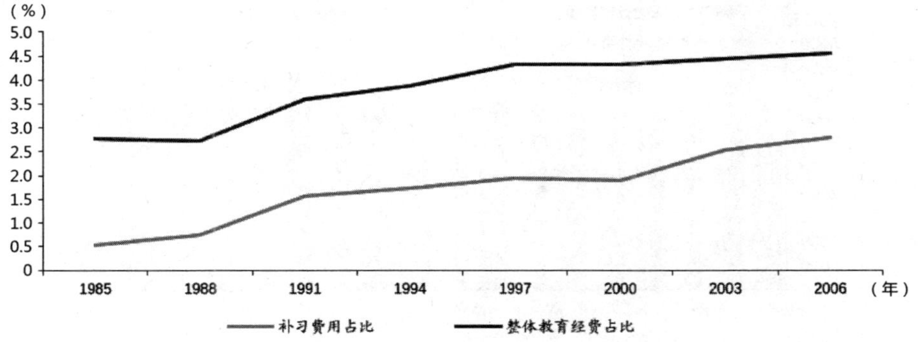

图 8　韩国教育经费占比和补习费用占比情况

资料来源：Jin H. Jung，Kyung H. LEE（2010），The Determinants of Private Tutoring Participation and Attendant

日本：20 世纪 80 年代，日本开始推行宽松教育，大量年轻人面临社会的失业情况陷入颓废，学生层次趋于两极化，公立和私立的竞争力存在巨大差距。1995 年，日本推广“中高一贯制教育”，为了进入好大学，日本孩子要从小升初就开始强化教育。而公立小学的家长也没有放弃教育投资，转向“私塾”。私塾与中国的培训机构类似，差异主要在于日本的私塾为了提高重点学校升学率会设置招生考试，通过考试才能进入私塾进行补习。此外，私塾的老师仅仅负责传授知识，孩子对于知识的巩固需要家长的辅导支持，加重了社会阶级分层。为了缓解这种现象，2008 年开始，日本进行新教改，增加学校授课时间，形成了评价尺度的多元化；同时，通过一系列法规规范“私塾”的经营，总体机构数据趋于平稳（见图 9 和图 10）。

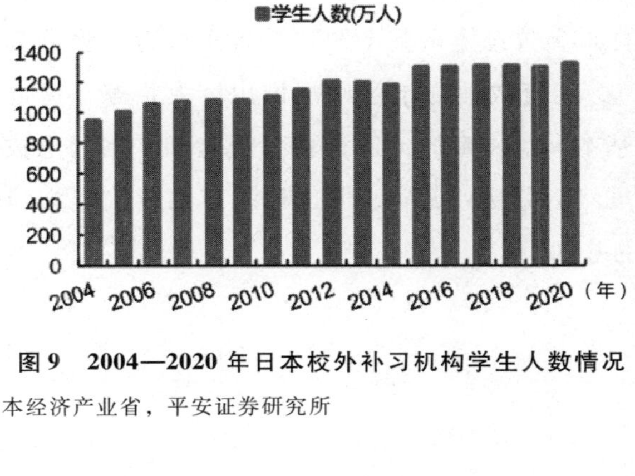

图 9　2004—2020 年日本校外补习机构学生人数情况

资料来源：日本经济产业省，平安证券研究所

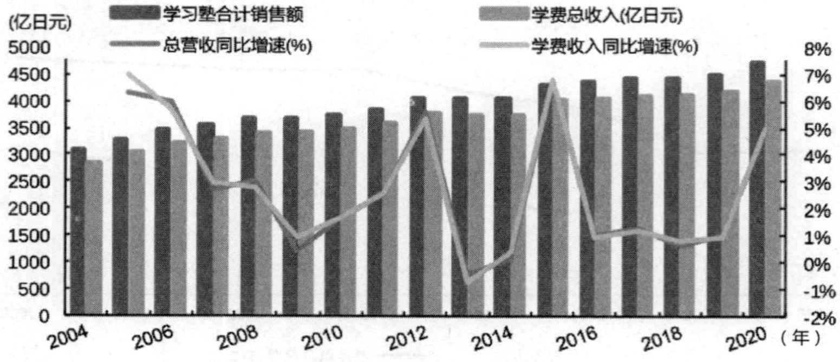

图 10　日本 2004—2020 年校外补习班销售额及学费收入变动

资料来源：日本经济产业省、平安证券研究所

新加坡：根据数据显示，超过九成的新加坡孩子参与课后补习，总支出约合人民币 55 亿新加坡元；有三成居民认为，孩子应从幼小衔接阶段参与补习，一户家庭平均每月在一名孩子上补习费花费为 360 新加坡币。面临家教中心和补习中心的市场规模之大和管理尺度的缺乏，新加坡教育监管部门曾在新闻发布会明确表示政府无意禁止补习，但教育部针对性开发了免费或低收费的网络学习平台，提供更多选择。

七、未来应试教育生态

“双减政策“的出台使得未来的应试教育极有可能对标“德国模式”，借以解决内卷问题。德国的教育水平居于世界顶尖，素质教育和职业教育极为突出。而在德国的《基本法》中也明确规定禁止设立先修学校。

中国当前的 K12 教育体系基本源自普鲁士教育，强调分工、纪律和标准化（见图 11），能有效地为国家经济做出巨大贡献，这也是针对我国从 20 世纪以来的基本国情决定的，这种教育经验和严格的选拔制度沿用成为“应试教育”。虽然不免受到诟病，但这种教育制度确实为当前的经济发展打下了非常好的基础。

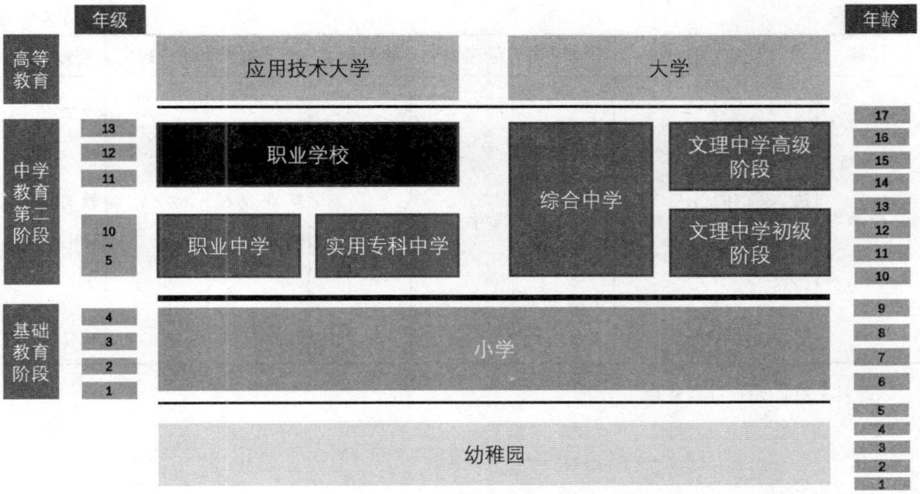

图 11　德国教育体系简览

资料来源：德国学习网，兴业证券经济与金融研究院

然而，当前社会已经从重视数量的发展转变为重视质量的发展。教育的本质是自我驱动力，单纯的应试教育很难培养出创新的灵魂。随着人口老龄化不断加剧，国际形势不断变化，国家对不同行业、不同领域科技创新发展和高质量发展的需求也倒逼着应试教育生态的转变。

在教育生态方面，以德国为例，德国从小学开始对学生进行分流，一部分向大学迈进；另一部分向职业教育发展（见表 9）。这种分流没有所谓的高低，德国的职业教育体系相当成熟，受到政府的强烈支持，不亚于对高等教育的重视。因此，对于德国学生而言，只是选择了没有所谓高低之分的两种路径，高等教育和职业教育是两条平行而平等的路线。减少课外补习，减少填鸭式教育，让教育回归教育，重视国民整体素质水平和职业能力的提升，“德国模式”极有可能成为我国未来应试教育的借鉴范式。

表 9　　德国“双元制”职业教育特点

比较	法律基础	学习地点	学习内容	学生身份	教师类型	考核方式	经费投入	监管机构
企业学习	联邦职业教育法、手工业条例	企业，每周 3—4 天	基于工作导向的职业实践学习	准学徒	企业教师（企业雇员）	全国统一的行业协会考试	企业占总投入 2/3	行业协会

续表

比较	法律基础	学习地点	学习内容	学生身份	教师类型	考核方式	经费投入	监管机构
学校学习	各州学校法、联邦政府相关协议	职业学校，每周1—2天	2/3 为基于工作的专业知识、1/3 为普通文化的知识学习	学生	学校专业教师（国家雇员）	职业学校考试	国家和州政府占总投入 1/3	教育督导（州政府）

资料来源：公开资料整理

八、对未来教育领域的展望

经过上述的分析，我们从职问在职业教育行业的发展切入，对国内外职业教育行业进行了深入探索；并从职业教育细分领域跳出，纵观整体的教育培训行业，通过国内外教育生态对比解读，对双减政策背景下的未来教培行业发展有了清晰的认识。最后，我们就 AI 新技术的发展和教育公平的理念思考教育领域的更多可能性。

（一）通过 AI + 教育实现信息化改革

人工智能是引领现代教育革命的重要驱动力，“AI + 教育”将成为教育行业未来发展趋势之一。通过科技变革，传统教育模式进行转型，学生的主体性将得到充分发挥，从传统的单向知识传授转变为学生自我学习和探索。比如，通过图像识别等技术，教师可以避免繁重重复性的批改阅卷工作；通过人机交互，教师能够为学生在线答疑；通过大数据，学生能够设计个性化方案和即时反馈；通过人工智能技术，智能机器人能够充当教学助手等，发挥育人作用。利用人工智能、大数据、互联网等技术优势，帮助学生设计个性化学习方案，使得教育兼具个性化、情境化、数据驱动等特征，根据个性化设置精准找到学生弱项，提升教学效率。

（二）对于教育公平的影响

真正的教育，不在于校外培训机构，而是学校教育与家庭教育的双结合。如今的“双减”政策，是为了促进平等和公正，在学校教育和课外补习机构两方面实现改革，减少内卷现状，以鼓励学生兴趣为主，一方面提升课内教学效率；另一方面疏导课外的补习培训，减少教育对于不同阶级学生的不对称性，让教育回归教育。但是，不可避免地是，家庭教育变得愈发重要，家长的背景和起点一旦决定了学生的起跑线和教育质量，极有可能拉开阶层导致的教育差异，使得阶层固化，进一步加重教育公平问题。

想成为投融资观察报告创作团队的一员吗？微信扫描本书第 352 页二维码，现在就加入我们吧！

No. 12

乐华娱乐：现实赋能虚拟，探索娱乐公司新发展趋势

主笔：陆悦宁　上海交通大学

交易概述：

2021 年 7 月，北京乐华圆娱文化传播有限公司（以下简称“乐华娱乐”）发生工商变更，新增浙江东阳阿里巴巴影业有限公司、字节跳动关联公司北京量子跃动科技有限公司为股东，持股比例分别为 15% 和 4.99%。字节此番投资显示出其在虚拟偶像赛道的规划和布局，而投资乐华，同样能够为阿里的虚拟偶像布局提供更多可能性。

2018 年播出的《创造 101》拉开了练习生 + 选秀出道的大幕，各类选秀节目纷纷涌现，但偶像产业经历了火爆之后开始出现下滑，《青春有你》的“倒奶事件”成了投票类节目，尤其是选秀节目全面禁止的“导火索”。随着传统练习生红利枯竭，娱乐公司亟待寻找新兴资源。未来，虚拟偶像或将成为新的增长点。本文从艺人行业现状切入，探讨乐华娱乐的商业版图和虚拟偶像布局，探索和分析虚拟偶像与艺人经纪的未来发展。

一、行业现状：“新鲜血液”缺失，虚拟偶像问世

中国艺人经纪的市场规模巨大，截至 2020 年，中国艺人经纪市场规模达到千亿元级别，未来 5 年年均增长率达到 30%。随着人均可支配收入的提升和“Z 世代”消费群体的崛起，外加短视频、直播等文娱新业态的兴

起，中国艺人市场规模将进一步扩大，迎来千亿元市场规模。而中国网络视听节目服务协会发布的《2021 中国网络视听发展研究报告》显示（见图1、图2），截至2020年12月，我国网络视听用户规模达9.44亿户，2020年泛网络视听产业规模破6 000亿元。其中，短视频领域市场规模最大，为2 051.3亿元，其次是综合视频、网络直播领域，和网络音频领域。

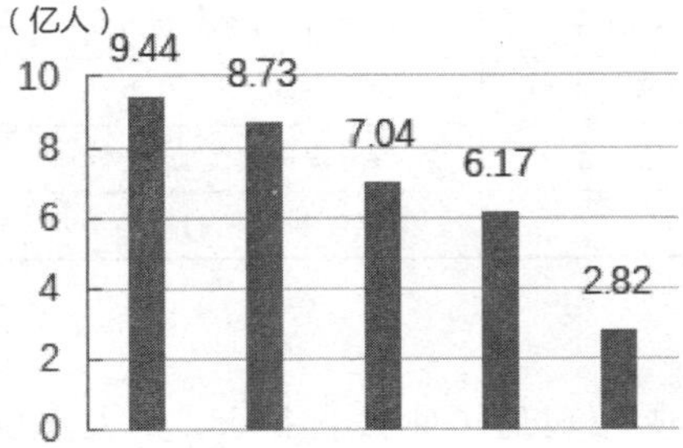

图1　中国网络视听用户规模

资料来源：《2021 中国网络视听发展研究报告》

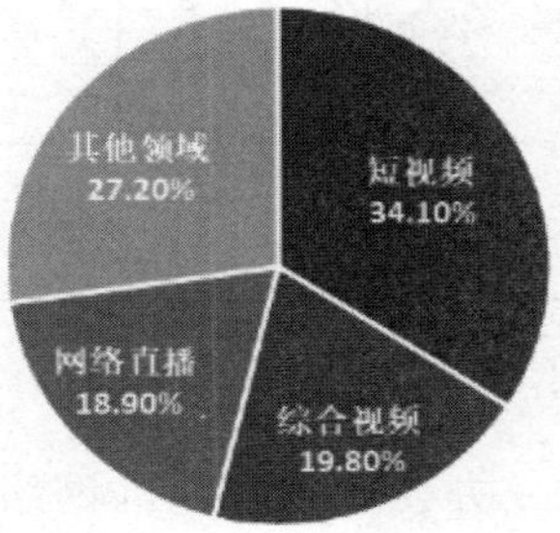

图2　泛网络视听领域下各细分领域市场规模占比

资料来源：《2021 中国网络视听发展研究报告》

（一）艺人出道方式趋于多样化

和以往艺人一般从北电等专业院校选拔出道的方式不同，移动社交媒体时代，艺人出道更趋于多元化，除了张继科、傅园慧等体育明星跨界演艺圈，Papi 酱、辣目洋子等典型的网络红人都获得了大量的曝光及流量，逐步往电影综艺及 MCN 方向发展，同时偶像养成、MCN 孵化及虚拟偶像也成为新的艺人成长及出道方式。

偶像养成类综艺：由于具备“陪伴”“养成”等特点而受到热捧，这类综艺大多关注平凡人或者艺人经过努力获得成长，通过培养和历练最终登上舞台上绽放光彩。由于他们容易成为年轻群体的心理投射的对象，因此偶像养成类综艺不仅成为视频平台收获流量与关注的方式，也成为素人出道新渠道（见表1）。

MCN 机构输出：短视频及直播等网络视听新业态的兴起，带来了一批 MCN 机构的发展壮大，不少 MCN 机构采取“内部孵化＋人才招聘”的方式实现“造星”，并收获粉丝的关注，不少短视频 MCN 机构已有成功案例，比如洋葱视频是一家以短视频为主要载体的新型 MCN 公司，最早通过脑洞

表 1　　2020 年中国主流视频平台偶像养成类综艺

平台	节目名称	题材类型
腾讯视频	《创造营 2020》	选秀类节目
	《炙热的我们》	竞演真人秀
	《明日之子》第四季	音乐类节目
爱奇艺	《青春有你 2》第二季	青年励志综艺
	《乐队的夏天》第二季	音乐类节目
	《演员的品格》第二季	演员品训真人秀
优酷视频	《这就是街舞》第三季	街舞选拔类真人秀
	《少年之名》	青春逐梦成长同行类节目

资料来源：公开资料整理

大开的@办公室小野走红网络，之后又成功塑造了@代古拉 k、@七舅脑爷、@爷爷等一下、@李一檬、@苏豪同学、@同学不单身等短视频红人 IP。

面对持续上涨的艺人经纪市场，艺人的出道环境却迎来恶化。2020 年 2 月 21 日，在广电总局网络司的指导下，中国网络视听节目服务协会联合爱奇艺、优酷、央视网、快手等头部视频网站，发布了《网络综艺节目内容审核标准细则》。其中明确规定，不准在节目中设置“花钱买投票”环节，这意味着持续多年的选秀综艺商业模式将从根本上被动摇，偶像“新鲜血液”即将迎来缺失。

除了以上提到的艺人之外，随着二次元用户数量的增长和技术推动，虚拟偶像逐步破圈，如洛天依、A－soul 一类的虚拟偶像相继崛起，在年轻群体中获得了大量的关注，二次元虚拟偶像的发展正在加快。

（二）二次元逐渐出圈，虚拟偶像逐步破圈

长期以来，二次元都是一种小众亚文化，而伴随着 B 站的出圈和上市，一些主流媒体也开始尝试二次元的表达方式，如在主流综艺节目开始允许弹幕评论。同时，得益于国内外优质动漫作品，尤其是国产原创动画的涌现，《明日方舟》《原神》等优质二次元手游的集中上线，国内的泛二次元用户也在上升迅速，二次元开始被更多人群关注和接受，二次元属性的表现形式（如鬼畜、弹幕等）也被越来越多人使用和接受。2017 年，中国二次元用户约为 3 亿人，到了 2020 年已达约 4 亿人（见图 3），而虚拟偶像又

作为二次元内容的重要构成部分，随着二次元用户数量持续增加，虚拟偶像的受众将随之增加。

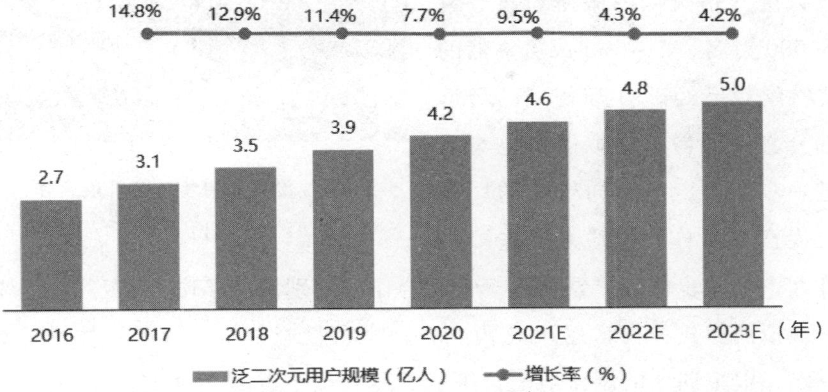

图 3　2016—2023 年中国泛二次元用户规模及增长率

资料来源：艾瑞咨询

市场规模方面，受二次元用户增加及相关技术进步等因素驱动，虚拟偶像的整体市场规模持续扩大。2017 年至 2020 年间，中国虚拟偶像市场规模（按收入）从 8.1 亿元增长至 34.6 亿元。预计未来 3 年，中国虚拟偶像核心市场市场规模仍将保持较高的增速增长，并于 2023 年增长至 205.2 亿元（见图 4）。

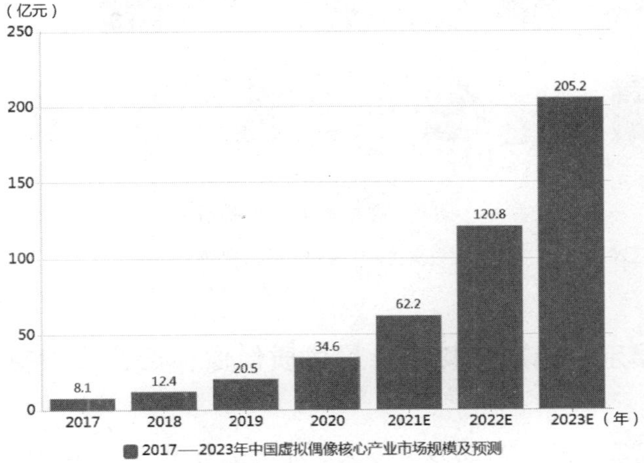

图 4　2017—2023 年中国虚拟偶像核心产业市场规模及预测

资料来源：iiMedia Research

同时，虚拟偶像的粉丝群体的数量也在持续增加，头部虚拟偶像粉丝数量（洛天依的微博粉丝数量已超 500 万名，A－soul 成员嘉然的 B 站粉丝量已经破百万名）已经远超部分真人偶像。虚拟偶像也与现实进一步融合，与不同行业的厂商进行代言与合作。B 站人气虚拟主播泠鸢，和特步体育、领克汽车开展合作，分别推出了广告 PV（见图 5）。

图 5　泠鸢和特步体育开展合作

资料来源：特步官网

虚拟偶像相关技术逐步成熟：随着全息投影、AR、VR 等技术持续发展成熟，虚拟偶像的制作与运营等成本将持续下降（见图 6）；同时，这些技术也有助于提升虚拟偶像带给用户的体验，预计未来虚拟偶像的渗透率将逐渐提升（当前不足 20%）。

图 6　虚拟人的发展历程

资料来源：《2020 年虚拟数字人白皮书》，国盛证券研究所

二、乐华娱乐：标准化打造批量优质偶像，运营困境待突围

“乐华娱乐”成立于 2009 年 6 月，主要业务包括乐华音乐、乐华经纪、乐华影视和乐华综艺四大板块。乐华娱乐不仅是一家大型娱乐公司，更是一家与海外多家顶级娱乐、影视公司合作的跨国型娱乐公司。乐华基于韩

式工业化、流水线练习生偶像打造模式，通过标准化制作、策划、宣传等流程高效生产和迭代偶像。

图 7　乐华娱乐 12 周年演唱会宣传海报

资料来源：乐华娱乐官方微博

公司旗下艺人有韩庚、王一博、李汶翰、孟美岐、吴宣仪、程潇、朱正廷、范丞丞等。虽然旗下偶像艺人众多（见图 7），但随着选秀节目被禁止，造星产业链配套尚待完善，乐华娱乐面临着新鲜血液不足，已有艺人“批量式”出道后运营难度较大，面临资源分布不均、艺人潜能挖掘不到位等难题。

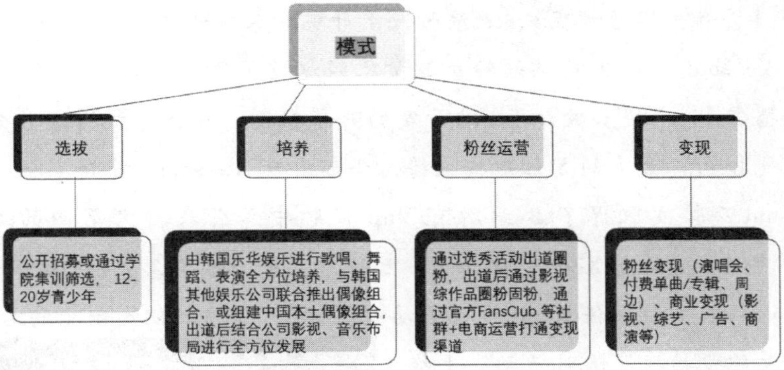

图 8　乐华娱乐运营模式

资料来源：乐华娱乐官方，个人整理

如今，练习生制度红利即将被吃尽，“新鲜血液”短缺，乐华一方面通过打造泛娱乐 IP 整合营销大平台模式，通过泛娱乐平台挖掘新人，借助优势 IP，开发网大、网剧等，通过强势渠道保障丰厚资源的出口，长远布局，将偶像培养模式从根据观众需求选偶像，转变为做好人员储备后再结合市场进行专业化、全方位的培养偶像（见图 8）。另一方面，乐华也尝试推出虚拟偶像，但考虑到当前虚拟偶像仍有受众面较窄、盈利能力不确定等情况，乐华娱乐也需要思考如何能够获得新鲜的现实偶像资源。

案例：

A－soul：首个虚拟偶像女团

A－soul 是字节跳动旗下、乐华娱乐年度最新企划中打造的虚拟偶像女团，成员由向晚（Ava）、贝拉（Bella）、珈乐（Carol）、嘉然（Diana）、乃琳（Eileen）五人组成，于 2020 年 11 月以“乐华娱乐首个虚拟偶像团体”名义出道（见图 9）。2020 年 12 月 2 日，发行团体第一张单曲《Quiet》；12 月 11 日，进行了团体第一场线上直播。2021 年 4 月 30 日，发布第二张单曲《超级敏感》，正式开启第二张单曲的宣传活动。2021 年 10 月 15 日，参加《抖音美好奇妙夜》，表演时段累计观看人数超过了2 000万。

图 9　乐华首个虚拟偶像企划

资料来源：乐华娱乐官方微博

A－soul 单单在 B 站的粉丝数量已经超过了 350 万名，在 B 站的虚拟主播当中，“舰长数”（B 站开发的月票机制，主播可获得道具分成，与人气挂钩）最多的 5 位虚拟主播，全部出自 A－soul。出道第五个月，A－soul 厂牌便取得了 B 站所有 Vup 厂牌中总营收排名第四的成绩。2022 年 A－soul 与 Keep、肯德基、欧莱雅男士、饿了么、小龙坎等均有合作。队长贝拉担任 Keep 的“运动星推官”，为粉丝们定制了联名课程和 7 天跑步挑战赛限时活动，上线后吸引超 30 万人跟练；成为欧莱雅男士首位跨次元推荐官后，联动新歌、直播、互动，带来护肤教学，推动其登上“双十一”TOP 榜单；与肯德基电竞主题店联动，覆盖全国 37 家门店，引发打卡热潮，流量大涨加持 S11（见图 10）。

图 10　A－soul 与肯德基开展合作

资料来源：微博

三、虚拟偶像的商业模式

虚拟偶像运行的全流程主要包括前期人设形象的构思与制作，IP 运营与打造，人气积累，以及后期变现（见图 11）。全流程成本达数百万元，其中前期制作成本可以占到全流程成本的 60%。后期变现主要包括演唱会、专辑售卖、广告代言、直播、周边衍生产品等。其中直播包括电商带货、虚拟礼物打赏等。2020 年 B 站 Top3 虚拟主播收入分别为 462.3 万元（绯赤艾莉欧）、294.7 万元（神楽めあ）、227.3 万元（NoWorld），直播已经成为虚拟偶像的重要变现方式与人气积累途径。

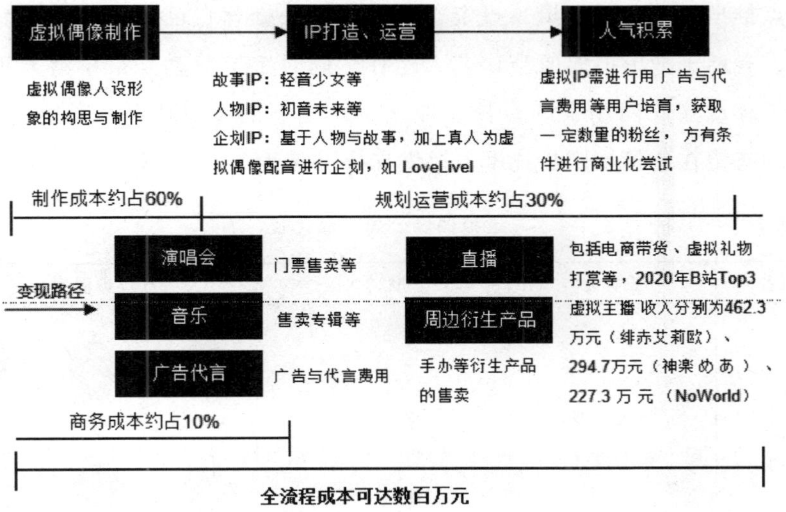

图 11 虚拟偶像制作流程

资料来源：微博

四、虚拟偶像的优势与风险：低风险和长投入的博弈

相比传统偶像，虚拟偶像由于没有现实载体，因此产生负面信息，甚至“塌房”的概率大幅度降低；同时，虚拟偶像的寿命更长，可以随着技术迭代进一步完善自己的形象，其周边产业多，变现场景更加多元化也是虚拟偶像的优势之一。

风险：受众有待扩大，核心二次元用户是主要的付费用户，但该部分用户仅占泛二次元用户的 25% 左右。另外，当前此类用户在虚拟偶像方面的付费意愿度较低，虚拟偶像的投入产出比和传统偶像仍有差距。最后，虚拟偶像的运营成本高，短期内商业变现仍然面临挑战。

五、竞品比较

乐华于 2020 年 11 月便推出了首个虚拟偶像团体 A - soul，同年 12 月发行了第一张专辑《Quiet》，在行业内属于率先尝试虚拟偶像。相比于一些技术类竞品公司推出的虚拟偶像，乐华的娱乐圈资源更丰富，可以根据艺人特点推出相关音乐专辑，投资影视作品，并推荐自己公司的艺人参演影视剧，有助于把虚拟偶像当作艺人运作。同时字节跳动是最早将人工智能应用于移动互联网场景的科技企业之一，旗下的今日头条、抖音等产品，未来均有望在流量推广与技术上提供支持（见表 2）。

表 2　　　　虚拟偶像公司竞品比较

公司名称	投资方	优势	虚拟偶像
天矢禾念	哔哩哔哩 启明投资	技术领先 运营经验丰富等优势	
中科深智	MYEG Capital 盛景嘉成 金沙江创投	技术领先 客户范围广	

续表

公司名称	投资方	优势	虚拟偶像
魔珐科技	红杉资本中国 五源资本 头头是道投资基金 东方富海	有技术领先 人才资源丰富	 魔珐科技制作超写实虚拟数字人Ada  魔珐科技与次世文化联合打造虚拟偶像翎Ling
乐华娱乐	阿里巴巴 字节跳动	娱乐圈资源丰富	 Asoul

资料来源：公开资料整理

六、未来发展：虚拟偶像的未来，真实交互体验的提升

虚拟偶像目前有两种发展路线：一种是专注于二次元，需要的技术水平也比较低；另一种虚拟偶像是元宇宙的一部分，将现实与虚拟交互，对渲染引擎等技术要求高，但现阶段的技术尚未能达到近似真人的渲染技术。第二种路线中，虚拟偶像可以拓宽美妆、直播带货等方面的发展，与观众进行实时互动等。行业增长空间巨大，预计未来 5 年内都将保持较高增速。

相比现实偶像的先天优势：虚拟偶像相对于真实偶像，其可操作性较强，背后是由一个团队运营，团队整体进行设计与决策可以有效避免因真实偶像自身问题引发的一系列危机；同时，由于当前现实偶像同质化较严重，易造成观众审美疲劳，尤其是练习生模式下的偶像，存在人气变化快、变现能力不稳定等缺陷。而虚拟偶像作为一个新兴概念，可能会让观众眼前一亮，从而能够更好地开拓用户市场。

解决现实偶像资源供应不足的问题：虚拟偶像相对来说对个人能力的

要求降低，而培养模式也与现实偶像不同，可以作为解决现实偶像资源短缺的一种方式，未来随着虚拟偶像进一步作为艺人的角色出现，与 IP 合作也可能增强，进一步拓宽虚拟偶像的受众群体（如英雄联盟女团、王者荣耀男团、原神），技术方面采用 6dof 技术，通过 3D 重建、压缩和渲染技术，提供可交互式观看的自由视角体验，让观众能够移动视角，看到主播的侧身、后背，甚至是头顶。可以提升目前普通线上直播无法交互和 2d 空间的瓶颈。元宇宙概念的兴起，虚拟偶像和真实世界的交互也有望进一步提升。如抖音上虚拟数字人的代表形象是“会捉妖的虚拟美妆达人柳夜熙”，视频发布不到 30 个小时，就在抖音涨粉 130 万，播放量更是超过 6 000多万。“柳叶熙”在视频中的形象与真人“相差无几”，妆容精致，神态自然，打破了虚拟与现实的边界。

七、艺人经纪将在监管下发展，关键在于合理地增大流量

随着当前娱乐方式的多样化，短视频、直播等平台的引流，娱乐行业必将引来一个较大的发展空间，但是考虑到国家政策对娱乐行业的监管加强，对“偶像经济”的限制将逐步增大；同时，未来短视频与直播平台也可能受到更为严格的监管。所以，行业存在较大发展空间，但是只有能够坚守行业底线，不断在现有行业规则内进行创新的公司才能够获得更好的发展。

当前的娱乐行业仍然是“流量为王”的时代，但是随着监管的加强，依靠“粉丝效应”引流恐怕将成为过去式。乐华娱乐与字节跳动的合作不仅限于虚拟偶像方面，未来可能还会借助短视频渠道进行引流。公司能够在日渐激烈的行业竞争中得到发展的关键，是能够在监管体系之下推出更能够被用户接受并传播的方式获取流量。娱乐公司的未来仍有较大的发展空间，但与之相伴的是更大的风险，需要运营团队思考如何合理增大流量。

受疫情影响，本文刊发之前，ASOUL 宣布成员珈乐终止直播、进入“直播休眠”状态，受此事件影响，五位成员与 ASOUL 官方账号均不同程度出现了大量脱粉现象，显然这次的事件让不少的粉丝都受到了创伤。有

消息人士指出，虽然珈乐名义上没有退团，但作为核心的中之人事实上的离开，也让少了一位的ASOUL处于一个危险的变革期。(来源：网易新闻)

想成为投融资观察报告创作团队的一员吗？微信扫描本书第352页二维码，现在就加入我们吧！

No. 13

LifeSmart：智能家居与B端前装的合作探索

主笔：詹妍　上海交通大学

交易概述：

2021年5月和7月，LifeSmart云起（以下简称“云起”）先后宣布完成C1和C2两轮融资，分别由电源芯片龙头企业矽力杰旗下的矽芯股权基金和香港地产开发商新世界集团领投，其他产业投资人跟投（见表1）。3月，云起公布了与新世界中国地产有限公司的战略合作，云起成为新世界中国地产在国内智能家居项目的唯一合作伙伴，为其国内发展项目提供全国性智能家居的供应及安装服务。LifeSmart云起（杭州行至云起科技有限公司）成立于2013年，是最早进入智能家居领域的品牌之一，也是业内少有进行全球化布局的国内智能家居品牌。

表1　LifeSmart融资历史

轮次	时间	投资方	金额	投资方介绍
天使轮	2014年6月	天使湾创投	1 000万元人民币	行业领先的互联网早期投资基金
A轮	2015年9月	海尔赛富基金	未披露	全球知名投资基金，58同城的早期投资者
B轮	2017年7月	道和资本、华登国际	8 000万元人民币	关注于成长期的科技投资基金，投资委员会包括多名中国、美国科学院、工程院院士以及ACM FELLOW和IEEE FELLOW

续表

轮次	时间	投资方	金额	投资方介绍
C 轮	2021 年 5 月	新世界集团	未披露	香港最大的地产发展商之一，致力于发展大型综合商业地标、写字楼、商场、高端住宅社区及酒店等，包括 K11、瑰丽酒店、周大福金融中心等众多城市综合体项目
C + 轮	2021 年 7 月	矽芯股权基金	未披露	电源芯片龙头企业矽力杰旗下的矽芯股权基金

资料来源：公开资料整理

新世界集团作为最早进入中国内地的港资企业之一，旗下拥有包括 K11、北京新世界酒店等众多一二线城市的大型综合商业地标、写字楼、商场、住宅社区及酒店等。在战略合作及投资的推动下，双方有望进一步整合云起在智能家居产品和生态方面的优势，与新世界集团的相关产业共同推进产品的研发、设计、生产、营销的全链路，探索在物业发展、酒店及住宅领域的创新。

一、智能家居行业：单品需求得到验证，全屋智能仍在探索

随着物联网被上升为国家发展战略，智能家居作为重点应用频繁出现在各地政策当中，自 2017 年始，国家相继发布了多项有关智能家居的利好政策（见表 2），支持上游产业链发展，促进行业与网络通信、物联网、人工智能等协同发展。

表 2　　物联网及智能家居相关国家政策一览

《国家新一代人工智能创新创新发展试验区建设工作导引》	2019 年 9 月	科技部	推进人工智能基础设施建设，强化人工智能创新发展的条件支撑。加强网络基础设施大数据基础设施，计算基础设施建设，提升传统基础设施的智能化水平，形成支撑新一代人工智能广泛应用的基础设施体系

续表

《2019 年国家标准立项指南》	2019 年 3 月	国家标准化管理委员会	推动信息化和工业化深度融合，加强工业互联网、机器人、智能制造、两话融合管理等标准体系建设和应用，完善人工智能、集成电路、物联网、大数据、网络安全、智慧城市、网联汽车等新一代信息技术标准体系
《关于完善促进消费体制机制，进一步激发居民消费潜力的若干意见》	2018 年 9 月	国务院	加强核心技术研发，加快推动产品创新和产业化升级，提升产品质量和核心竞争力，鼓励和引导居民扩大相关产品消费。重点发展适应消费升级的中智慧家庭产品等新型信息产品，以及虚拟现实、服务机器人等前沿信息消费产品
《促进新一代人工智能产业发展三年行动计划》	2017 年 2 月	国家工业和信息化	发展智能控制产品、加快突破关键技术，研发并应用一批具备复杂环境感知、智能人机交互等特征的智能化设备，提升设备处理复杂、突发、极端情况的能力。培育智能理解产品，加快模式识别、智能语义理解等核心技术研发和产业化，支持设计一批智能化水平和可靠性较高的智能理解产品或模块。推动智能硬件普及，深化人工智能技术在智能家居等领域的应用，丰富终端产品的智能化功能，推动信息消费升级

资料来源：公开资料整理

智能家居相较于传统家居具有以下四个特点：便捷、舒适、安全和节能。传统家居受到物理空间、操控方式等因素的限制，操作相对烦琐，而智能家居允许多种方式控制，减少了传统家居所需要的人工手动调节和控制，因此智能家居得以具备更多人性化的联动功能和自动反馈的联动控制。

在安全和节能方面，传统家居多采用物理安防，智能家居不仅能够远程实施监控，可以基于生物特征的身份识别提高家庭安全级别；传统家居的节能依靠人的自觉，智能家居用传感器将家电、门窗、水气统筹起来，依据环境自动做出合理安排。但从行业整体上来看，目前我国智能家居行业仍处于发展初期，除了扫地机器人、智能门锁等产品被大众接受以外，其他智能家居产品的使用率和普及率仍然较低。

（一）智能家居的行业发展

根据 Statista 数据，2020 年全球智能家居渗透率将突破两位数，2025 年智能家居渗透率突破 20%（见图 1）。物联网 PaaS 的发展立足于连接数的增长和连接价值的挖掘。随着渗透率不断提高，据 CIC 预计，2024 年全球智能家居及智慧商业相关设备出货量将达到 24.95 亿台，2019—2025 年 CAGR 约 26.7%（见图 2）。

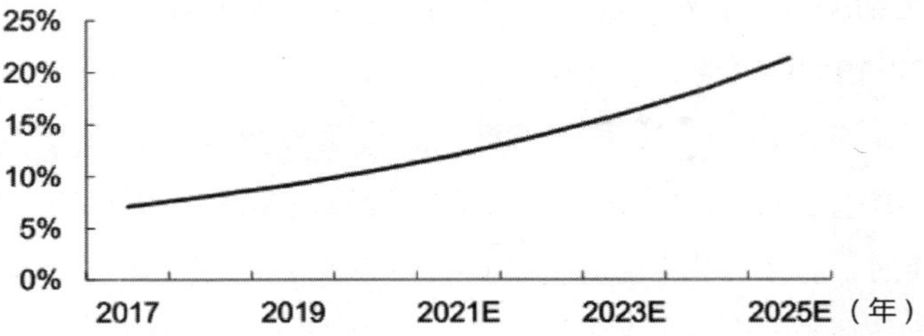

图 1　智能家居渗透率

资料来源：Statista、国信证券经济研究所

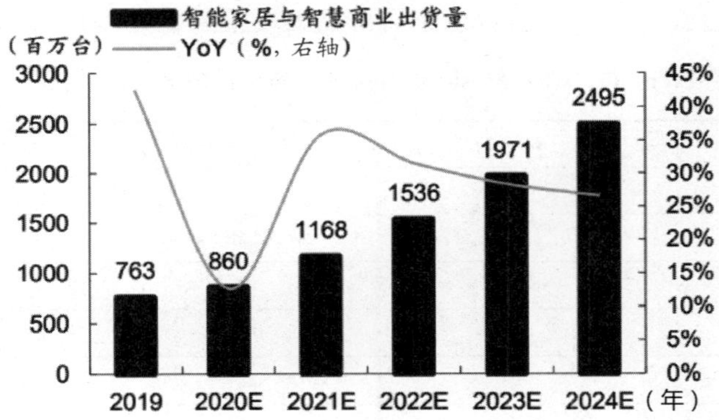

图 2　智能家居与智慧商业相关设备出货量

资料来源：CIC、国信证券经济研究所

从产品端看，AIOT 等软硬件的增强升级及成本下降使智能家居真正实现互联互通，智能家居设备已逐步从单品智能转向系统化发展；从需求端看，中产阶级城市人群快速增长，居民消费水平提高，家务劳动时间压缩及“一老一小”问题凸显等多重因素共振下，家居智能化等高端需求逐步释放；从成本端看，智能化升级带来家电产品价格的一次性提升，万物互

联下，低频的家电消费有望与高频周边消费结合，打造产业链协同，降低边际成本。

由于智能家居产品及服务较为多元化，智能家居中小企业仍可从智能家居细分赛道挖掘价值，形成差异化竞争优势。

（二）智能家居的通信协议——互联互通问题仍有待解决

智能家居主要连接方式包括总线技术与无线技术应用两种。当前无线协议与总线协议之间仍无法实现互联互通。总线技术主要包括 KNX、RS485、TCP/IP、CAN－BUS、LonWorks、PLC 等，是最早应用在智能家居控制中的有线连接技术。从用户侧看，总线集成多用于高端别墅与大平层用户，但具有前置安装、系统复杂度高、置换成本较高等特点。

在无线通信技术中，Zigbee、Wi－Fi 及蓝牙在智能家居行业中应用最为广泛，此外还有包括 Z－Wave、Thread、Weave 等多种其他短距离无线通信技术。由于不同的智能家居无线通信技术在传输速度、通讯距离、功耗程度及模组成本等维度各异（见表 3），智能家居通信技术及其通信协议所在应用领域存在差异。目前智能家居单品无线接入仍是多种模式共存。

表 3　Wi－Fi、BLE Mesh 和 Zigbee 连接协议产品性能对比

比较	Wi－Fi	BLE Mesh	Zigbee
成本	高	低	中
速度	快（54Mb/s）	中（1Mb/s）	慢（250Kb/s）
消耗功耗	高	中	低
穿墙性能	高	中	低
延迟	中	高	低
抗干扰性	中	低	高
安全性	低	高	中

资料来源：华西证券研究所

目前已有部分企业正在进行标准制定实践。2021 年 5 月 11 日，统一的智能家居标准 Matter 协议发布。Matter 是 CSA 连接标准联盟（原 Zigbee 联盟）新推出的一个应用层协议，是一种新的、基于 IP 的连接标准，它仅仅依赖传输层中的 IPv6 协议，从而兼容不同的物理介质和数据链路标准。Matter 前身是 CHIP（Connected Home over IP）项目，由亚马逊、苹果、谷歌和 Zigbee 联盟于 2019 年 12 月共同发起。随之发布的还有计划首批推出的 Matter 认证产品类型以及智能家居品牌，包括灯具和控制器、空调和恒温器、门锁、安防、窗帘、网关等在内的首批 Matter 产品预计将在 2021 年年末上市。

智能家居的产业链：智能家居产业链分为上游技术层，中游应用层和下游销售层（见图 3）。在上游技术层，在中国的无线通信芯片市场中，海外厂商 WIFI、Zigbee 及蓝牙芯片分别占中国市场的 80%、90%、60%。由于中国传感器厂商缺乏核心技术，同时传感器封装成本较高（占总成本的 30%—70%），因此在中国传感器市场中 70% 的传感器由海外厂商占据。

图 3　智能家居产业链图谱

资料来源：亿欧智库、天风证券研究所

中游环节中，智能家居设备为智能家居行业基础，传统智能家电企业、BAT 互联网巨头及 3C 行业巨头占据智能家居设备市场主要份额。在下游销售环节中，目前智能家居 C 端的线上渠道集中面向中青年群体，而线下智能家居则主要面向老年客户。

（三）智能家居发展历史——让生活变得更方便

目前智能家居行业已完成 1.0 智能单品阶段，处于 2.0 互联互通阶段，还未达到 3.0 全面智能阶段（见表 4）。在 1.0 智能单品阶段，智能家居实现了智能化控制，减少了用户工作量，但同时操作复杂，控制入口分散，场景模式碎片化，设备兼容性较差。

表 4　　智能家居发展阶段

1.0 智能单品阶段	2.0 互联互通阶段	3.0 全面智能阶段
智能家居产品通过传感技术接收信息并发出相应指令	智能家居互联互通，通过网络通信、物联网等技术将智能控制、数据信息交互等功能整合为系统	智能家居产品及系统洞察用户需求，人工智能自我学习迭代技术升级，从而提供更智能化的服务
智能单品及其子系统接收该指令并做出反应判断	搭建多元化场景及智能空间	将所有的智能单品联系在一起，提供个性化服务
优点：实现智能化控制，减少用户工作量	优点：保持家居设备与住宅环境的协调一致	优点：提供准时化、个性化、智慧化、人性化的服务
缺点：操作复杂，控制入口分散，场景模式碎片化，设备兼容性较差	缺点：统一通信协议标准、交互入口难以实现	缺点：需要统一人工智能中枢，需要深度学习、交互语言和图像理解等多领域技术的集成，对稳定性和兼容性具有较高的要求

资料来源：公开资料整理

在 2.0 互联互通阶段，智能家居能保持家居设备与住宅环境的协调一致，然而在现实中，统一通信协议标准和交互入口难以实现。近些年，新装修的酒店及精装房已处于 2.0 互联互通阶段，能做到语音控制智能窗帘的开关等简单的共通行为。

在 3.0 全面智能阶段，智能家居将提供准时化、个性化、智慧化、人性化的服务。但智能家居需要统一人工智能中枢，需要深度学习、交互语言和图像理解等多领域技术的集成，对稳定性和兼容性具有较高的要求。

在目前技术水平下，如果消费者想将自己家中的智能单品连接在一起，由于产品来自于不同公司，其操作方式和协议等均不同，使得它们往往难以靠消费者自身的装修达到连接和互通。在未来 3.0 全面智能阶段，云起这样的智能家居厂商有望进一步与新世界集团这类的 B 端展开合作，在建筑设计建造过程中整体前装（见图 4）。

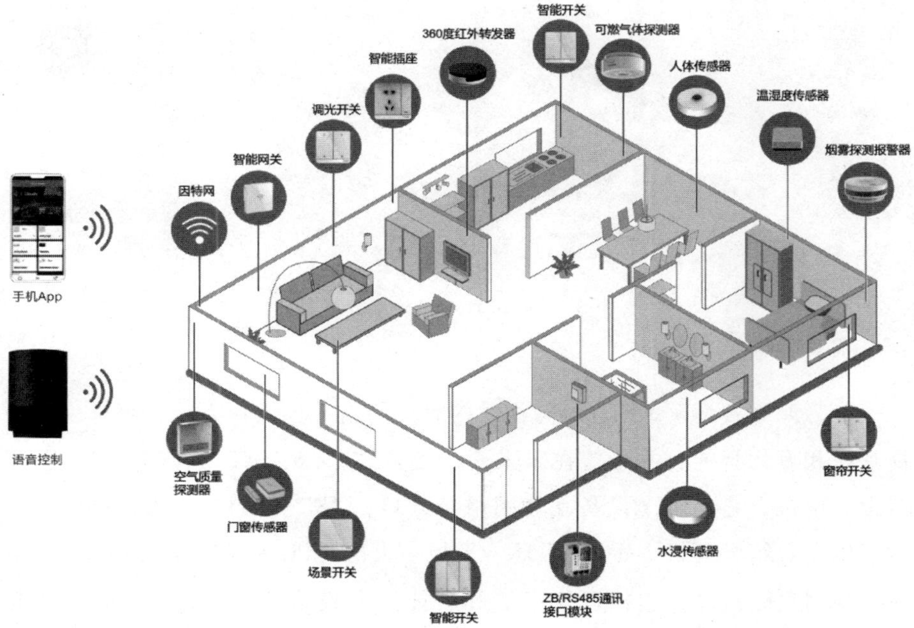

图 4　全屋智能、互联互通的概念图

资料来源：施耐德电气、招商银行研究院

(四) 智能家居三足鼎立的竞争格局

智能家居行业现在呈现三足鼎立状态，由苹果、华为和小米组成。部分新兴的初创公司也在智能家居行业初绽锋芒。本部分将着重分析苹果、华为、小米三家公司对于智能家居的不同发展方向。

苹果 Homekit：苹果的智能家居在欧美国家历史悠久（见图 5），其于 2014 年推出了 Homekit 智慧家居系统，然而其并未向不同开发者开放。在 2018 年，苹果推出 Homepod 作为智能家居的管家，用户可以通过 Siri 语音控制全屋智能家居，满足消费者的个性化需求。2020 年，苹果终于决定开源 Homekit。Homekit 对于接入设备有较高要求。第一，Homekit 认证烦琐，需要寄到美国做测试，产品开发周期会加长至少 2 个月，无形增加成本。第二，Homekit 要求产品必须通过 WiFi 联盟认证、蓝牙联盟认证和美国 UL 认证。

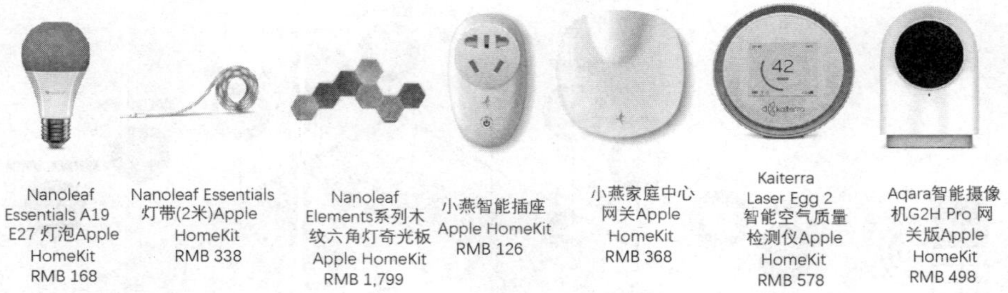

图 5　Apple Homekit 部分产品

资料来源：Apple 官网

华为鸿蒙：鸿蒙 OS 是面向物联网时代的新一代操作系统，目标实现万物互联和万物智能，并希望在未来逐步覆盖“1 + 8 + N”全场景。“1”是指智能手机，它是整个设备互联网络接入口；“8”指的是八大终端，分别是车机、音箱、耳机、手表/手环、平板、大屏、PC 和 AR/VR；“N”是其他物联网生态产品，包括智能家居和智能运动设备，如打印机、耳机、投影机、扫地机等。

不仅仅是上市公司层面，各类企业全面支持鸿蒙已经是大势所趋。大量 AIOT 创业公司已全面进入鸿蒙生态，基于鸿蒙开发产品也成为业内风潮（见图 6）。从战略定位上来看，自华为宣布把鸿蒙作为开源项目运作后，竞争对手方面的策略正在转变，后续开源生态的推进也会超预期。鸿蒙转化用户超 4 000 万户，用户量短期爆发力极强，未来可覆盖的用户数量巨大。

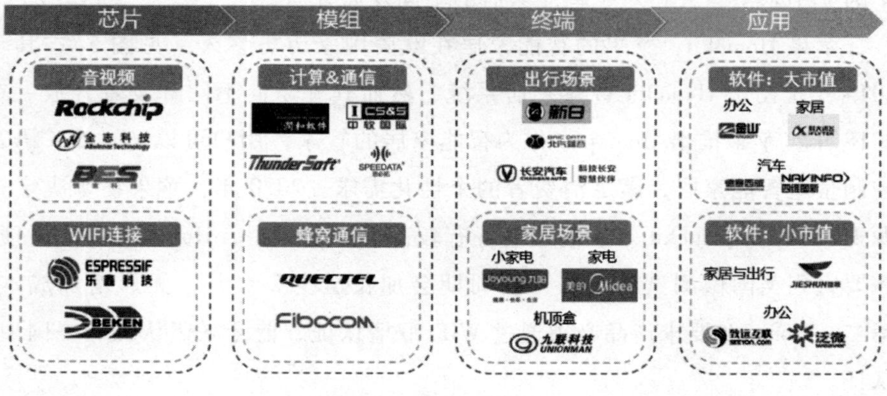

图 6　鸿蒙产业链全景图

资料来源：天风证券研究所

小米：作为国内率先打出智能家居生态链概念的科技公司，小米推行的是“1 + 4 + X”战略来打造 IoT。其中“1”为最重要的核心，即小米手机；“4”指四个入口型产品，即智能电视、智能音箱、智能路由器、笔记本电脑。随后，公司通过设计和研发“1 + 4”部分的核心产品，并投资和管理生态链企业与第三方合作方式共建 X 产品矩阵，从而达到丰富 IoT 产品线，打造完整物联网生态圈的目的。

目前，小米的产品已经覆盖用户居家生活的方方面面，成为推动全屋智能化发展的重要一环（见图 7）。小米旗下的智能家居控制中枢米家 APP 积累了强大的用户基础。根据小米 Q3 财报显示，米家 APP 的月活量达到 5 990万，同比增长 39%。

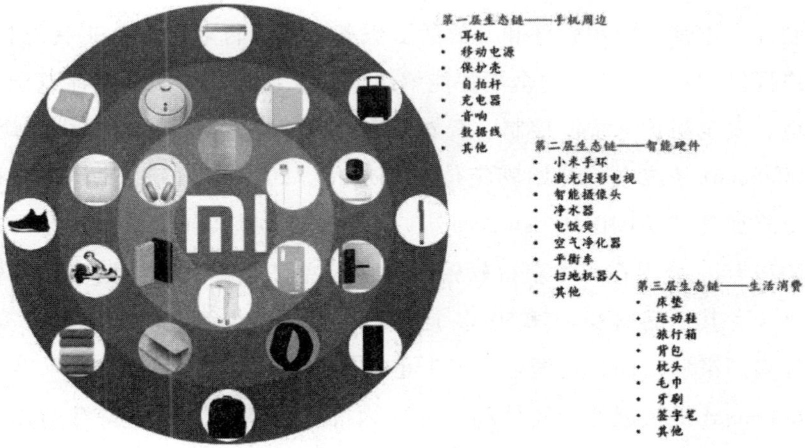

图 7　小米智能家居生态模式

资料来源：小米官网、华泰证券研究所

三者发展模式比较：

目前的 HomeKit 认证标准较以前降低许多，其并不干涉产品的软件设计和硬件实现，而是对工厂采取备案制。拥有自主生产线的大公司可以为自己的工厂申请资质，通过审查后就获得了生产 HomeKit 认证设备的资格。苹果的 Homekit 对接入产品的标准逐步开放，将吸引更多的厂商加入 Homekit。

华为注重技术赋能。华为的发展模式是通过自主研发，打造完整的分布式物联网操作系统，集成其在通讯能力领域的优势，打造 HiLink 智能家居开发者平台，更多地利用第三方的力量，欢迎智能家居领域的所有玩家加入华为系统，共建生态，在华为生态链里不仅包括了新兴企业，还包括传统厂商如美的、长虹、格兰仕、欧普等。

小米注重渠道赋能，小米的发展模式是通过参股投资智能家居细分品类的优秀新兴公司，打造小米生态链，通过单品序列的不断完善，最终完成全屋智能的打造。其生态链虽然对第三方公司开放，但其主要参与者都是小米系企业，小米对生态链整体的控制力更强。

二、LifeSmart——全屋智能，让人居空间更美好

LifeSmart 云起是全球化的 AIoT 解决方案提供商。云起提供自主研发的智能硬件、丰富的应用软件和开放的云服务，整合行业领先人工智能技术，为用户提供“1+2+6”的全屋智能解决方案，在智能照明、智能遮阳、暖通环境、安全防护、智能控制、智能影音等领域打造全场景智能化体验。

LifeSmart 从成立一开始就定位于全球化。2015 年，新款 FRAME 摄像头获得芝加哥“GOOD Design Award”设计大奖。获得了北欧能源公司的订单。2019 年，公司在日本获得软银集团的订单，在德国和英国实现规模交付。至今，其产品遍及全球 50 多个国家和地区，获得中国、德国、英国、日本等多国市场认同，在国际市场上也有望取得出海的先发优势。

LifeSmart 提供软件、硬件和服务在内的完整解决方案，持续为用户提供价值（见图 8）。LifeSmart 的全屋智能产品体系为“1+2+6”。“1”为智慧中心；“2”为智慧交互，包含了 Nature 智能面板和 LifeSmart App；“6”为智能照明、安全防护、智能遮阳、暖通环境、智能控制和智能影音。LifeSmart 研发了一系列硬件，包括家庭安防、舒适生活、智能灯光、节能环保等全场景的产品系列，全面覆盖用户的多样化需求。同时，LifeSmart 提供了 APP、Widget、微信小程序、TV APP 在内的丰富软件方案，用户可获得全新的交互体验。

LifeSmart 具有自主研发的 CoSS 协议，具有广覆盖、大容量、低功耗和高安全性的特点，并且 LifeSmart 支持 WiFi、BLE、Zigbee、Z-Wave 协议。在日本其获得 Z-Wave Security S2 级别的认证，是唯一获得该项认证的中

国公司。

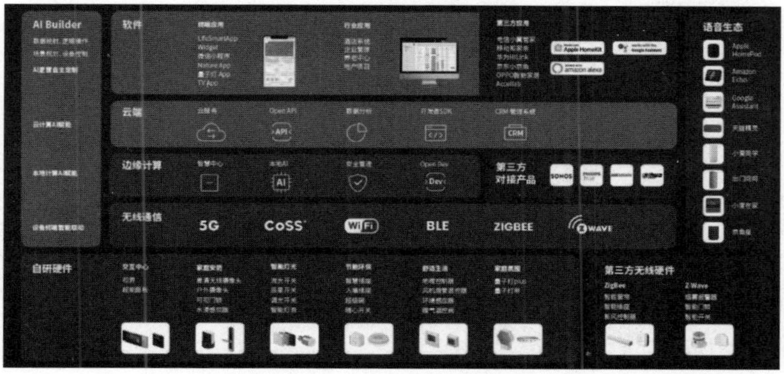

图 8 LifeSmart 主营业务

资料来源：公司官网

同时，云起开放平台可实现第三方设备无缝接入，为客户提供完整的智能体验（见图 9）。LifeSmart Open API 面向所有行业用户提供丰富的全屋智能产品能力接口，通过开放的 API 架构，行业用户可以实时调用 LifeSmart API 接口，实现 IoT 能力的赋能。此外，LifeSmart 以开放的心态对待合作伙伴，客户可根据需求开发基于 OpenAPI 的专属智能应用。

图 9 LifeSmart 的开放生态

资料来源：公司官网

但不可否认的是，在中国目前的智能家居行业市场中，华为、小米作为行业领头人，在民用领域已经取得了先发优势。小米 Q3 财报显示，米家 APP 的月活量达到 5 990 万，同比增长 39%。华为 2020 年报显示，华为智慧生活 APP 活跃用户超过 5 400 万户，每日请求数超过 10.8 亿次。随着鸿蒙系统在未来不断完善与普及，其用户数量增加空间具有潜力。LifeSmart 与华为、小米等进行了一定的合作，但合作较为浅层，为了寻求更深入地合作，LifeSmart 需要开发出自己的独特之处。由于通信协议对技术的要求高，LifeSmart 研发团队相较于华为、小米等规模较小。其对于底层技术能否有深入的研发还存在一定疑问。

LifeSmart 在获得新世界集团投资后，能够获得更多与房地产公司建立紧密合作的机会，方便其产品进入市场。且未来全屋智能的需求将越来越多，LifeSmart 通过精装房等措施普及品牌后，将更容易与其他品牌合作。

（一）智能家居的前装和后装市场

智能家居分为前装和后装两个市场。前装市场模式指消费者委托房地产商装修，在装修过程中，房地产商将智能家居全部嵌入。在房产预装渠道方面，前装市场模式影响力大、销售规模较大、利润可观，但投资大、工期长、资金回流速度慢；在家装方面，企业可以更快地落地产品，资金回流速度较快，但需要配合装修进度。后装模式指消费者在装修完成后，亲自到实体店或者在线上购买智能单品等，后装市场模式投入成本及技术门槛低；在线下体验门店方面，品牌传播力度较大，客户体验感较好，但门店资金投入相对较大。

以公寓酒店这类典型的前装智能家居的场景下，一体化的 SaaS 系统非常重要，因为该场景需要对所有门锁统一调度、灵活分配；同时，SaaS 的更换成本高，用户黏性强。而智能家居生态链和互联网厂商的软件能力则具备明显的优势，能提供一套完整 SaaS 系统。在居民家庭场景下，普通消费者更重视的是品牌力以及锁具生产制造能力，因此生态链企业和专业锁具厂更具优势。生态链企业由于智能家居产品齐全，品牌效应最为强大。典型的如小米，在品牌力和高性价比的双重加持下，出货量占据了智能家居市场的 62.7%（见图 10）。

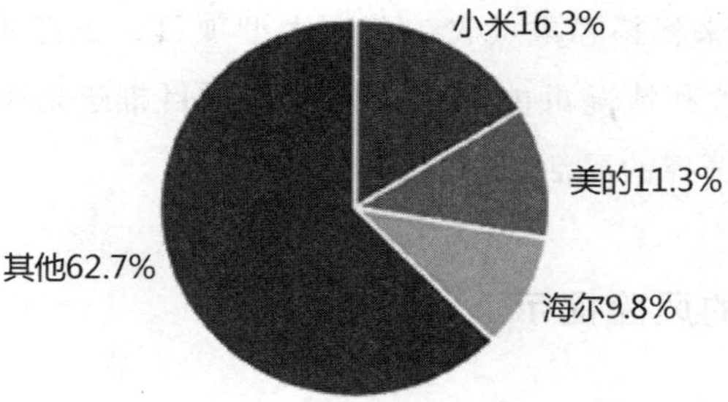

图 10　2020 年第三季度中国智能家居市场 Top 3 厂商出货量份额

资料来源：IDC 中国

（二）LifeSmart 与 to B 市场合作的原因

LifeSmart 作为主打全屋智能的公司，相比于单独售卖的模式，与 to B 市场合作更有利于其产品快速落地，达到全屋智能的效果。LifeSmart 作为 2022 年冬奥会的指定家居供货商，正体现了其产品相较于其他全屋智能的竞争力，也说明了 LifeSmart 在 to B 市场的竞争力远超过其他家居品牌。LifeSmart 获得新世界集团的投资，更有助于其进入 to B 市场，在居民住宅和商业办公两块领域发展，拓宽业务种类。

由于政府严格调控房价，开发商的利润被挤压，智能家居则是开发商获取利润的另一个机会。开发商的大量订单必能让智能家居企业给予开发商一定的优惠价格，在满足优质的装修要求下，开发商也能获取一定的利润。因此，开发商也十分愿意去和智能家居企业合作。

（三）B 端合作模式的潜在依赖风险

近些年，中国坚持“房住不炒”的政策。银行对于个人房贷的发放有着严格的要求，房产税也即将在试点城市实行。同时，政府严格管控房地产公司，规划了房地产公司的三条红线：（1）剔除预收款后的资产负债率大于 70%；（2）净负债率大于 100%；（3）现金短债比小于 1 倍。踩中红线的房企，不允许增加任何有息负债，主要包括短期付款、一年内到期的长期负债、长期借款、应付债券、应付票据这几类。恒大地产在 2021 年便出现资金链断裂问题，未交付的房产能否交付仍存疑。总体而言，房地产市场在现行政策下并不景气。

LifeSmart 的 C 端客户经销商网络不如传统电器行业经销商网络成熟。

如果 LifeSmart 未来将拓客重点放在 B 端大型项目，虽然单个项目营收高于 C 端项目，但其盈利情况可能受到合作伙伴项目推进进度等的影响，从而限制企业的战略选择的灵活性。

三、智能家居的风险提示

智能家电产品目前还处于初期阶段，尚未实现万物互联，未来人工智能发展情况仍有待观察，因此，智能家电产品发展低于预期。同时，物联网推进不及预期。物联网和人工智能作为智能家电的技术支撑，尚未出现产业升级的明显技术拐点，如果发展情况不及预期，可能带来智能家电应用落地困难。

家电产品的原材料占总成本比重较高，如果原材料成本大幅波动，可能会影响家电产品总成本进而传导至终端价格，导致智能家居的原材料成本起伏大。智能家居的高昂价格及终端消费者对于隐私安全的考虑会让智能家居的消费不及预期。

No. 14

吉利增资曹操：网约车市场的鏖战

主笔：李蕤桢　西交利物浦大学

交易概述：

2021 年 8 月，浙江吉利控股集团有限公司成为曹操出行关联公司杭州优行科技有限公司新增股东，同时注册资本由原来的约 3.66 亿元增加至约 4.33 亿元。至此，杭州优行科技有限公司由吉利科技集团有限公司、浙江吉利控股集团有限公司共同持股。曹操出行表示，此次入股行为，表示出吉利集团对出行市场长期发展的看好。未来曹操出行还将协同吉利集团内部车辆研发、新能源等方面的资源，促进曹操出行的快速发展。

一、中国网约车市场：多重驱动下走向成熟，政策监管推动行业合规发展

中国网约车市场在十余年内历经了探索期（2010—2015 年）、启动期（2015—2016 年）以及成熟期（2016 年至今）三个阶段。2010 年 5 月易到用车成立，中国网约车市场正式开局。2016 年颁布《网络预约出租汽车经营服务管理暂行办法》，“网约车合法化”终被认可。如今，网约车合规进程稳健推进，行业正由“一家独大”向着“一超多强”逐步转变（见图 1）。

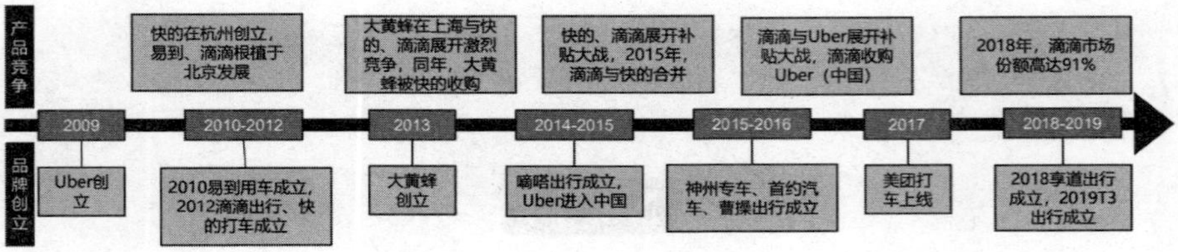

图 1　中国网约车市场发展历程

资料来源：公开资料整理

近年来，网约车市场快速增长，服务供给端不断壮大，用户规模、市场规模不断扩大。其中，受 2020 年新冠疫情影响，用户使用率略有下滑，但随着疫情态势整体向好发展，截至 2021 年 6 月，我国网约车用户规模回升至 3.97 亿，网约车使用率达 39.2%（见图 2）。

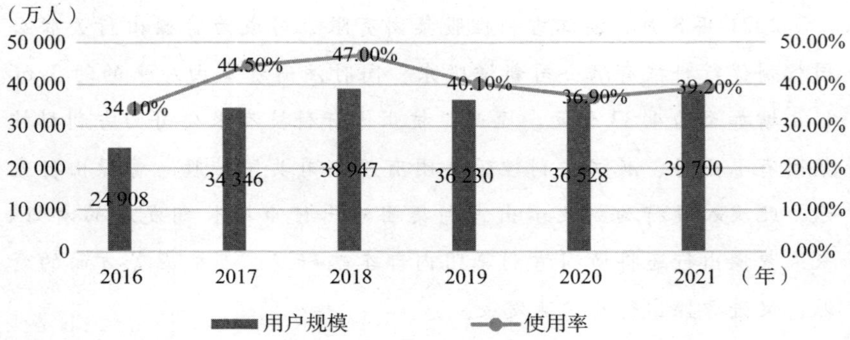

图 2　2016—2021 年中国网约车用户规模及使用率

资料来源：CNNIC、前瞻产业研究院整理

政策和产业链方面，我国网约车行业经历了“政策放任”“严格控制”“谨慎规则”“规范发展”四个发展阶段（见图 3）。随着国家相关政策的不断出台，市场逐步向监管加强和网约车运营规范迈进（见图 4）。根据全国网约车监管信息交互平台统计，截至 2021 年 3 月 31 日，全国共有 227 家网约车平台公司取得网约车平台经营许可，各地共发放网约车驾驶员证 336.4 万本、车辆运输证 125.5 万本。服务供给端不断壮大。

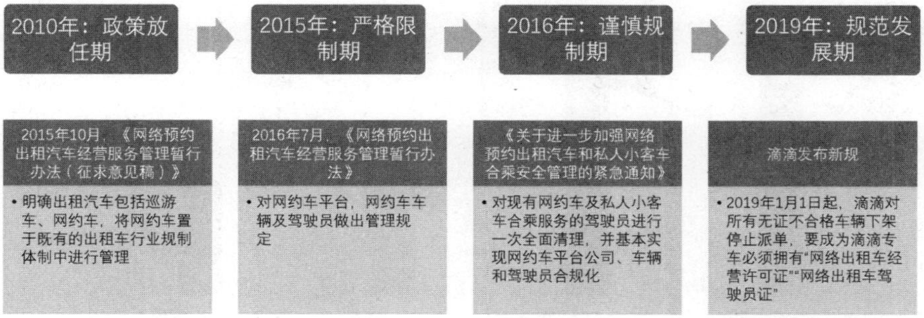

图 3　网约车行业政策发展历程

资料来源：前瞻经济学人 APP

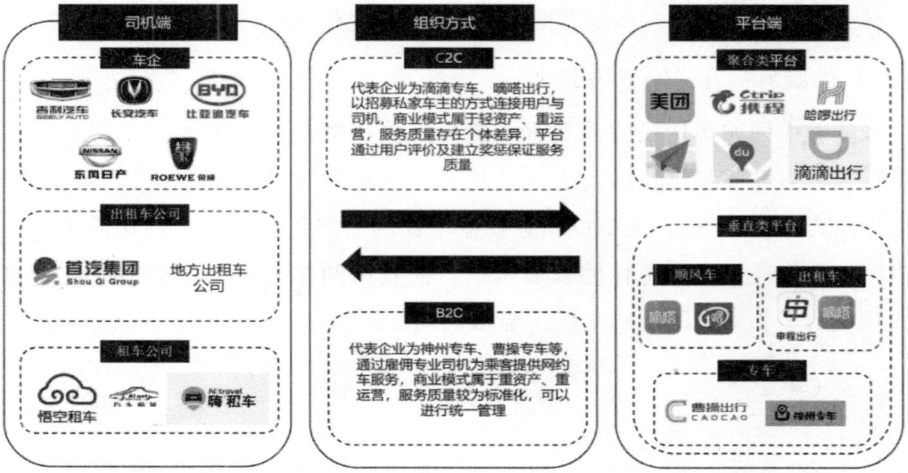

图 4　中国网约车服务行业产业链

资料来源：前瞻经济学人 APP

二、行业驱动

（一）城镇化加剧城市出行系统运营压力

我国城镇人口从 2014 年的 7.4 亿人增长至 2019 年的 8.5 亿人，年复合增长率超 50%，城镇人口的激增为公共交通体系带来了极大的挑战（见图 5）。网约车、企业快车、专车等业务，有效缓解了因城镇化速度过快引起的公共运力供给不足的困境。

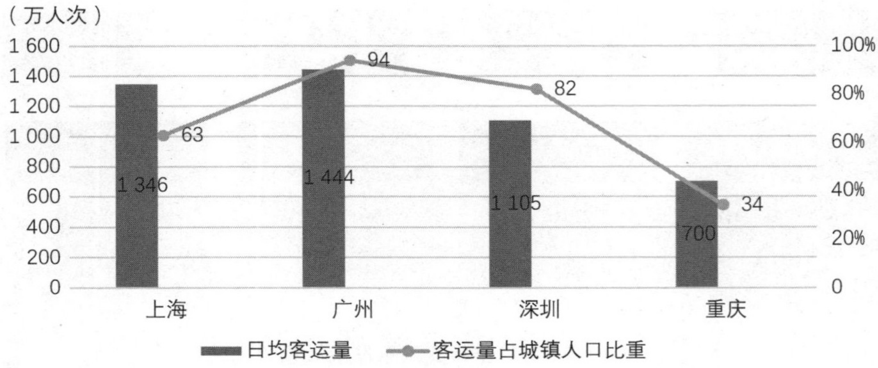

图 5　2020 年中国主要城市公共交通日客运量占比情况

资料来源：前瞻经济学人 APP

（二）优质出行方式的市场空缺

随着中国城镇居民的消费水平随着经济不断向好发展的逐步提升，在出行领域对高质量出行的需求日益增长。各地限行政策增加了租车行业的运行压力（见图 6），也难以填补日益增长的需求量及百姓个性化需求，这为网约车行业提供了绝佳的发展机遇，而且网约车行业的蓬勃向上发展也成功缓解了私家车及网约车供不应求的局面。

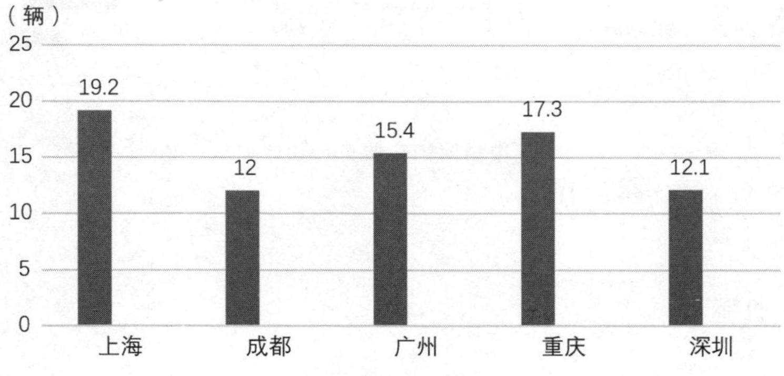

图 6　中国主要城市出租车每万人拥有量

资料来源：前瞻经济学人 APP

（三）资本介入驱动行业发展

网约车企业在市场开拓期，较多通过高额补贴方式吸引司机和用户的进驻，以抢占市场份额。然而高额补贴大幅增加了企业的运营成本，缺少充足资本支持的企业往往难以为继，资本的适时介入恰当地支撑网约车企业的运营，推动网约车行业规模的扩张。

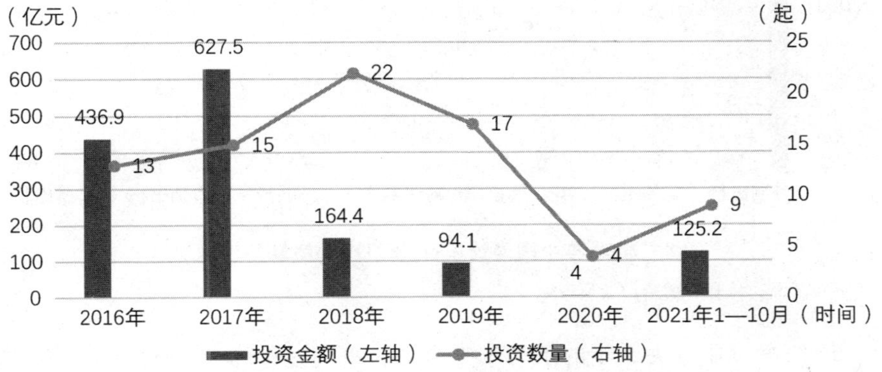

图 7　2016—2021 年网约车行业投资情况

资料来源：前瞻经济学人 APP

三、发展趋势

（一）提升用户黏性成为行业驱动因素

目前中国网约车行业市场集中度较高，以滴滴出行为代表的前四大网约车平台占据了网约车市场超过 95% 的份额，而其中滴滴出行占据超过 90%（见图 8）。同时，滴滴出行已成为用户心中网约车平台首选，凭借多年的用户黏性成为网约车市场的龙头，在行业内具有垄断地位大量的客户端需求；滴滴出行司机端用户平均每天接单量远超其他出行平台，庞大的用户体量带来的需求端优势是其他平台无法抗衡的。因此，滴滴出行建立了较为稳定的司机端用户并形成了一定的商业壁垒，短时间内难以打破，滴滴出行依旧占据绝对市场份额。

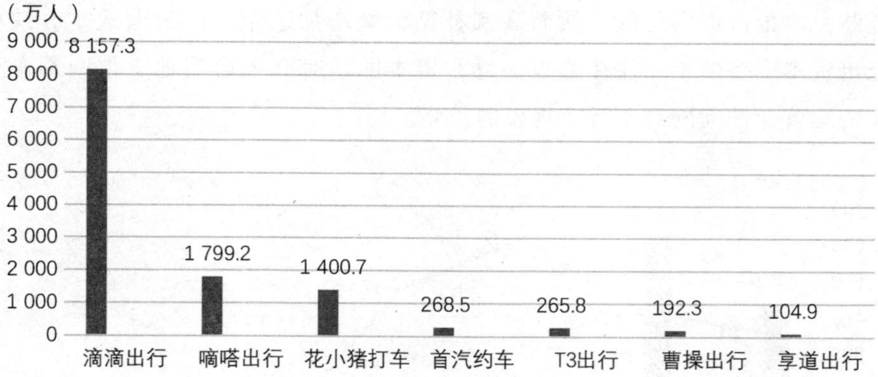

图 8　2020 年中国网约车行业 TOP 6 活跃用户情况

资料来源：易观、前瞻产业研究院

网约车行业过去 5 年的平均年复合增长率超过 16%，预计 2025 年总市场规模将达到 8 600 亿元，增长稳定（见图 9）。根据最新发布的中国共享经济产业告（2021）显示，目前共享出行 APP 用户总数已与我国非农业劳动人口基本相当，且从 2017 年开始用户数增长已基本停滞。可以认为，共享出行类 APP 用户覆盖度已经很高，未来共享出行领域的增长驱动来源于存量用户对于共享出行软件使用频次的提升，提升用户黏性。

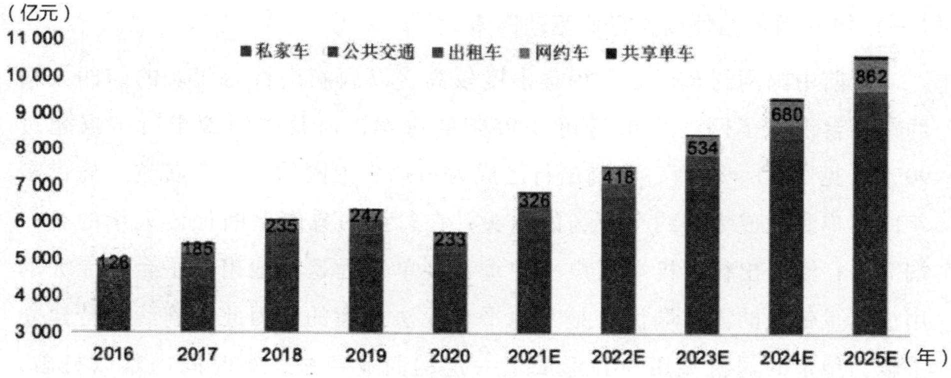

图 9　网约车细分市场交易规模

资料来源：CIC、滴滴出行招股书、东兴证券研究所

（二）头部企业腰斩为行业变局带来可能

2021 年 7 月，滴滴出行接受网络安全审查并下架，其股票市值接近腰

斩，市场腾出了一定的空间留给其他各家去争夺。在过去的6个月中，第二梯队企业加快布局，通过加大补贴等一系列手段，吸引客户，抢占市场份额（见表1）。

表1　2021年网约车平台布局情况

时间	网约车平台	布局情况
2021年3月	至达乾行	2021年3月完成6 000万美元A轮融资
2021年4月	哈啰出行	2021年4月，哈啰出行首次提交IPO申请，计划在纳斯达克挂牌上市。但于2021年7月取消上市计划
2021年7月	美团打车	2021年7月，曾于2019年下架的美团打车卷土重来，在北京等城市上线打车服务
2021年7月	快狗打车	2021年7月完成1亿美元C轮融资
2021年9月	曹操出行	2021年9月宣布完成了38亿元的B轮融资
2021年10月	T3出行	2021年10月宣布完成了77亿元的A轮融资
2021年11月	大众出行	大众出行拟增资扩股引入投资人阿里巴巴，阿里巴巴将分两期共计向大众出行投资4 000万元，持股10%

资料来源：前瞻产业研究院整理

尽管如此，出行市场的竞争格局短时间内难以改变。虽然目前禁止新用户的进入，滴滴出行的高渗透率和高用户黏性使其牢牢把握着近八成的网约车市场，此局面朝夕之间难以再改变。据相关数据显示，2021年滴滴出行中国出行业务的总交易额从第二季度的646亿元下降9.6%至第三季度的584亿元。中国单量规模从第二季度的25.7亿单下降8.3%至第三季度的23.56亿单。滴滴在遭遇下架的情况下，营收和订单量环比虽均呈现了下滑的情况，但总体浮动并不大，一定程度上能看出其运营依旧保持稳定。同时，截至2021年第三季度末，滴滴账面资金（现金及现金等价物、短期投资）累计612.03亿元，现金流依然充裕。

（三）监管成为发展关键

与此同时，整个网约车行业的合规治理也在不断深入与细化。平台抽成高、监管不严、大数据杀熟和无序竞争等一系列突出问题仍将成为制约网约车行业健康良好发展的顽疾。2021年11月30日，交通运输部、中共中央宣传部、中共中央网络安全和信息化委员会办公室等八部门联合印发

《关于加强交通运输新业态从业人员权益保障工作的意见》，为网约车企业的进一步发展做出了明确的要求（见表 2），同时在联动机制、各方责任和宣传引导三方面提出了保障措施。

表 2　　中国网约车行业监管要求

完善平台和从业人员利益分配机制	支持从业人员参加社会保险
保障从业人员合理劳动报酬	保障从业人员获得合理休息
改善从业环境和工作条件	加强对从业人员的人文关怀
促进网约车平台企业合规发展	维护公平竞争市场秩序
畅通投诉举报渠道	强化工会组织保障作用

资料来源：《关于加强交通运输新业态从业人员权益保障工作的意见》

（四）运力壁垒亟待打破

网约车领域提升用户黏性，关键是车辆多、约的到，即运力，这也是不同平台的竞争差异所在。运力提升有两条路径：一是多样化产品补充峰值运力；二是做重做深：拉长供应链长度并增加复杂度，深度参与产业链上游，在用户、司机都难控的情况下，通过控车来提升运力控制。目前，网约车行业头部玩家如滴滴、T3、曹操出行等已基本摆脱了单一纯平台或纯运力模式，而是采用平台 + 运力的混合模式，以摆脱单一条件下对运力缺乏管控、资产重组所带来的局限。以滴滴为例。滴滴先于市场察觉到城市中司机和车辆的有限，从而发展了 CP（Car Partner）和 DP（Driver Partner）公司，把握了核心资源，以致后来入局的企业即使依靠自身运力或通过补贴吸引司机，也难以达到滴滴的规模。

（五）新能源汽车成为未来市场主流

近年来，厦门、福建等多地加强对“绿色出行的要求”，并发布政府意见，明确规定“网约车全部采用纯电动车型”。其中，在“电动福建”建设三年行动计划（2020—2022 年）中更是要求，“全省新增和更新的城市巡游出租车、网约出租车原则上全部采用新能源汽车”。截至 2021 年 11 月，深圳、成都、昆明、西安、宁波、惠州、沈阳、广州、佛山、濮阳、南昌、太原、大同、长治、吕梁、晋城、朔州、运城、忻州、晋中、阳泉、临汾、郑州、洛阳等城市，均已明确燃油网约车退市时间，或要求新增网约车须全部采用新能源车，进而会进一步拉动新能源汽车的销量。在2021年12月召开的第二届中国国际换电模式产业大会，中国城市公共交通协会网约车分会会长顾大松指出："换电模式是改变网约车行业结构，使得行业能够良性健康发展的很好契机。"

有关专家表示，网约车也将是新能源汽车最为重要的场景，未来新能源汽车在网约车市场中的占比还会进一步扩大。首先，新能源汽车的成本更低，网约车司机的感受最为明显，使用油车每天需要150元左右的油费，新能源汽车只需要40—50元（见图10）。

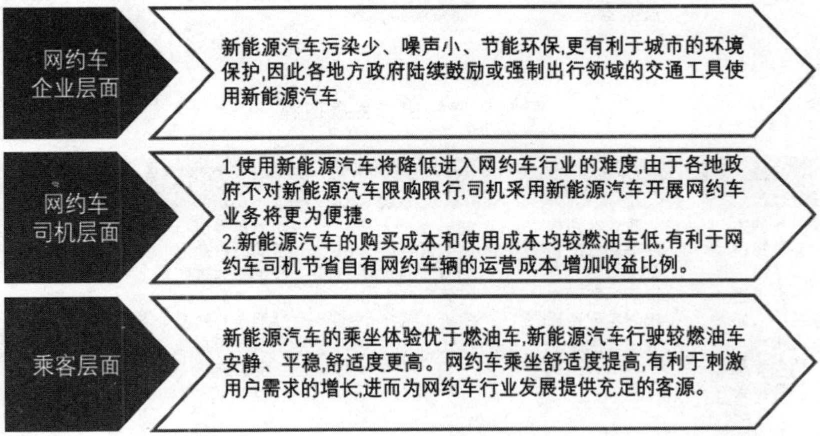

图10　新能源汽车三方优势

资料来源：公开资料整理

四、曹操出行：B2C模式下网约车服务平台

曹操出行作为国内首个车企进军出行领域的网约车平台，是吉利控股集团布局下的"新能源汽车共享生态"的战略性投资业务，坚持采用B2C运营模式，定位为采用吉利新能源汽车的专车平台。经过5年差异化运营及对出行细分领域的探索布局，曹操出行已经在开始的单一专车业务产品线之上，构建起了大出行闭环生态群，先后上线专车、顺风车、绿色公务、曹操帮忙、曹操包车游等多项业务。目前，曹操出行已经开通宁波、上海、

厦门、北京、青岛等57座城市，司机数量超过4万人，用户规模高达3 100万户以上（见图11、图12）。

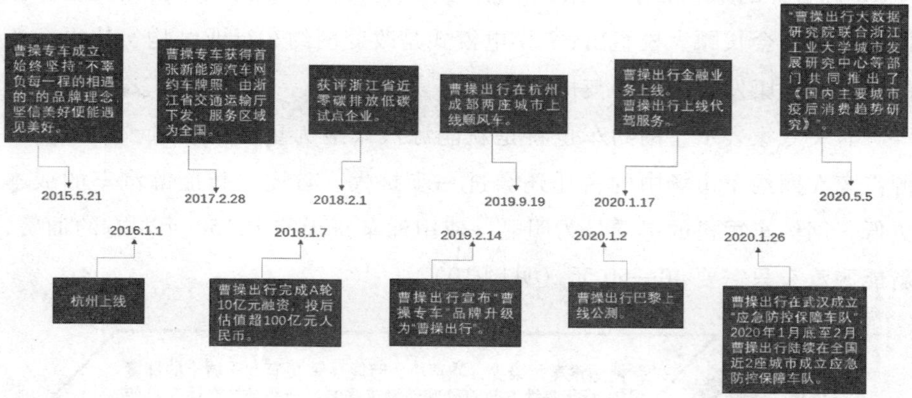

图 11　曹操出行发展历程

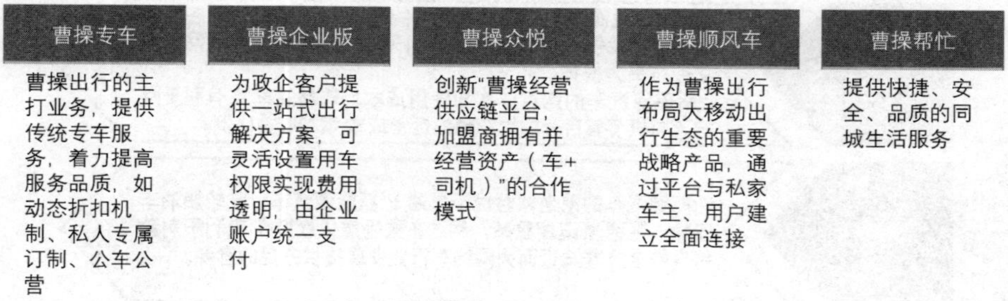

图 12　曹操出行主要服务

资料来源：公开资料整理

（一）B2C和C2C，哪种将会成为未来市场的主要模式

滴滴和曹操出行分别是C2C和B2C的典型代表。曹操出行等基于主机厂战略下打造的B2C网约车企业，其最大的优势：一是车型能快速满足新政策下对车辆的要求，保障用户的体验一致性；二是全职司机统一培训，车辆统一购置，在人员和车辆安全上更有保障；三是人员审核直接全面，符合当下收紧的监管举措。然而相较于C2C模式，其对于资本的吸引力相对没有互联网出行公司高，战略思维上相对不够灵活。同时，相较其他网约车平台，用户承担不公的情况更多，可用自营车辆和加盟车辆少于其他

平台。同时在重资产下，平台将面临较大风险。而轻资产的 C2C 模式显著的好处是扩张边际成本低，可在市场中快速复制，形成规模优势，这也是滴滴为什么可以抢先做到占据庞大的市场份额。同时，由于 C2C 模式平台以私家车加盟为主要运力，其服务品质与安全难以得到有效管控。平台、租赁公司、驾驶员等各个环节都需要进行利润分配，难以降低相关运营成本。在两种模式各有利弊的情况下，预计未来更多的网约车企业将选择“B2C + C2C”混合模式。

（二）竞争者分析：主机厂背景下的竞争局面

经过近些年来的发展，网约车行业 C2C 模式一家独大的场面早已一去不复返了，B2C 企业更是大量涌入，不断发力。目前，我国网约车市场根据企业现状大致可以分为三个梯队（见表 3）。其中，以主机厂背景为主的第二梯队在滴滴信息安全事件爆发后竞争尤为激烈（见表 4）。

表 3 国内网约车企业梯队

梯队等级	企业发展阶段	公司数量	代表公司	特点
第一梯队	行业领头	1 家	滴滴出行	企业监管漏洞是最大隐患
第二梯队	特定领域头部企业	超 3 家	神州专车、曹操出行、首汽约车	细分市场和特定领域的领头羊
第三梯队	起步或试点阶段	超 10 家	享道出行、T3 出行、如祺出行	特定城市存在较大机会

表 4 曹操出行竞品分析

企业名称	创立时间	背景企业	融资情况	优势
首汽约车	2015 年	首汽集团	天使轮：2015 年 1 月，新浪微博基金 A 轮：2015 年 12 月，建投华科，2.2 亿元人民币 A + 轮：2016 年 12 月，嘉实资本 B 轮：2017 年 10 月，北京民祺管理咨询有限公司，6 亿元人民币 B + 轮：2017 年 11 月，百度资本、蔚来资本，7 亿元人民币	1. 联合各地汽车经营企业实现平台的轻资产运营 2. 在没有出现市场大流量入口情况下，围绕出行服务设计产品线 3. 利用企业多年管理车队司机的经验，赢得服务竞争上的优势

续表

企业名称	创立时间	背景企业	融资情况	优势
曹操出行	2015 年	吉利汽车	A 轮：2018 年 1 月，浙商创投，天堂硅谷，隆启投资，三川投资，10 亿元人民币 战略融资：2021 年 8 月，浙江吉利控股集团有限公司，约千万元人民币 B 轮：2021 年 9 月，农银国际，苏州高铁新城国有资产控股（集团）有限公司，东吴创新资本，相城金控，苏州城建投，约 38 亿元人民币	1. “公车公营”“合法合规”的形象深入人心，在网约车市场形成差异化竞争 2. 吉利在新能源汽车领域的拥有相当不错的口碑和用户基础 3. 产品及服务内容全方位多元化
享道出行	2018 年	上汽集团	A 轮：2017 年 4 月，阿里巴巴，宁德时代，3 亿元人民币 种子轮：2018 年 4 月，尚颀资本	定位于中高端，更注重用户体验和安全性，车型选择上也更为丰富
如祺出行	2019 年	广汽传祺	天使轮：2019 年 4 月，腾讯投资	1. 倾向于装备智能网联科技的车型，智能化方面表现出色 2. 与腾讯的密切合作，了解用户习惯及偏好，结合共享出行行业特性，进行包括车辆外观在内的多项内容，开拓创新场景化服务模式 3. 利用出行平台收集数据样本，并将其匹配至更丰富的用车场景中，为后续产品的研发提供数据支持，从而产生良性循环

滴滴信息安全事件时间尚未尘埃落定，各赛道玩家在争分夺秒加紧布局，抢占战略高地的同时需警惕政策的不断收紧和监管加强，在保证用户信息安全的同时开展相关业务。

想成为投融资观察报告创作团队的一员吗？微信扫描本书第 352 页二维码，现在就加入我们吧！

No. 15

锅圈食汇：新一轮融资后，“锅圈”喊你回家吃饭

主笔：黄英凡　上海财经大学

交易概述：

2021 年 8 月，锅圈食汇获得茅台与物美的 D + 轮融资。作为一家火锅烧烤食材供应商，锅圈在近两年里已累计获得 30 余亿元人民币的融资，发展为涵盖多种食材品类的超市便利店连锁系统，以互联网 + 食材的 B2B、B2C 运行模式，通过线上商城和线下门店为餐饮企业和社区家庭提供食材供应，当电商平台热潮来袭，单身经济、懒人经济成为新话题，“锅圈”又如何寻找破局之道？

一、生鲜零售电商增速迅猛，供应链为关键一环

生鲜品类作为刚需消费品，在国内有万亿级的市场体量。据统计，2020 年中国生鲜零售市场规模已超 5 万亿元（见图 1），占中国城镇居民食品消费支出 70% 以上（见图 2）。随着居民收入提高，生鲜零售市场规模还在逐年增长，我国生鲜食品的购买频次约为每周 3 次，高于全球的每周 2.5 次；同时，火锅食材作为生鲜食材的一大组成部分。随着近年来居民对居家火锅的兴趣增大，其市场规模也得到增长。

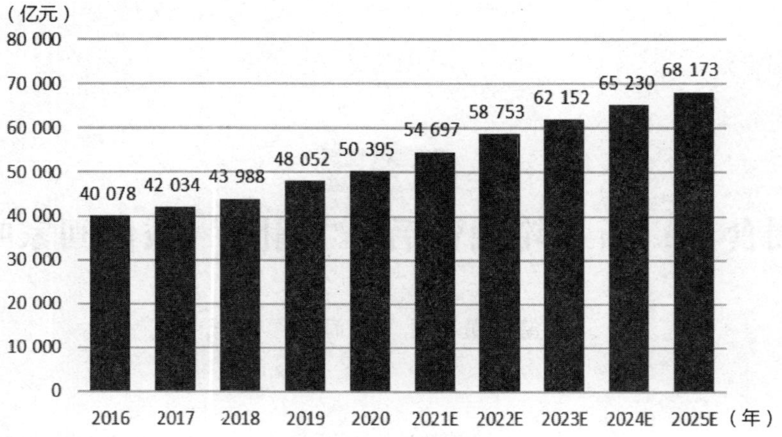

图 1　2016—2025 年中国生鲜零售市场规模

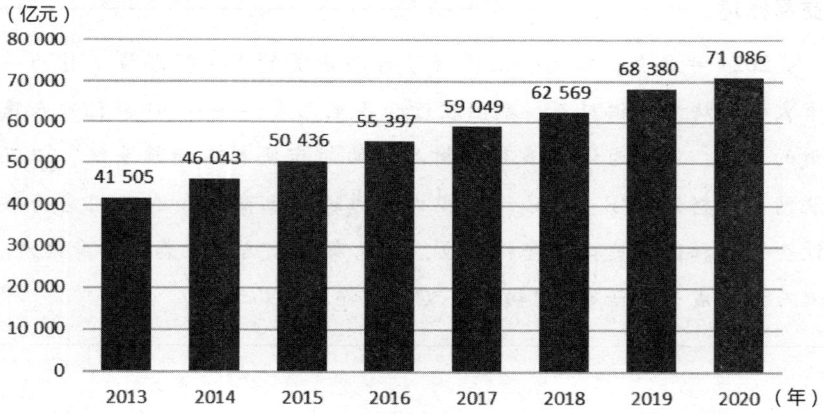

图 2　中国城镇居民食品消费支出

资料来源：艾瑞咨询、Fastdata 极数

然而，当前中国生鲜市场电商渗透率与整个电商行业相比仍然较低，其中生鲜电商交易额在生鲜零售品类中，和居民消费支出中的占比有明显的不匹配（见图 3），这也体现出生鲜电商巨大的增长潜力。

通常我们将生鲜产业按零售渠道划分为三类：农贸市场、商超大卖场和电商。目前在我国的生鲜产业流通渠道中，农贸市场仍占据主流地位，但随着“农改超”等利好政策的推进，电商巨头入局并持续加码供应链物流等基础建设投资，生鲜电商模式和技术将加速成熟，生鲜电商渗透率也有望快速提升。

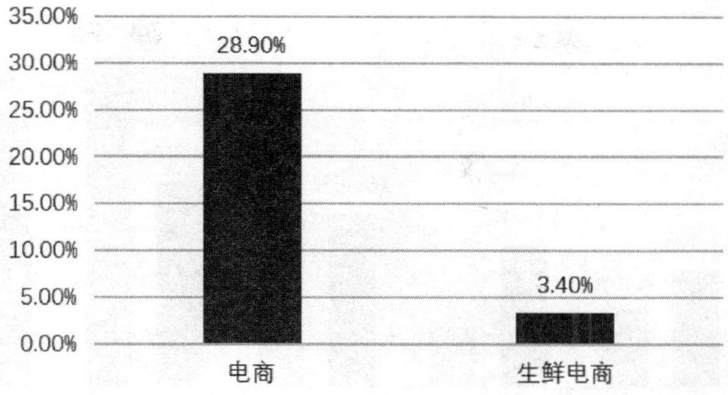

图 3　2021 年前三季度生鲜市场电商渗透情况

资料来源：Fastdata 极数

而在生鲜零售行业中，产品的保鲜程度是决定产品质量的首要因素，尤其是火锅食材、预制菜等产品，冷链的运输效率与安全性以及供应链的管理能力，是该行业中企业的核心竞争力，掌控前端供应链决定了客户手中产品的质量，而掌握后端配送体系则定义了将产品传递给顾客的效率（供应链情况见图 4）。

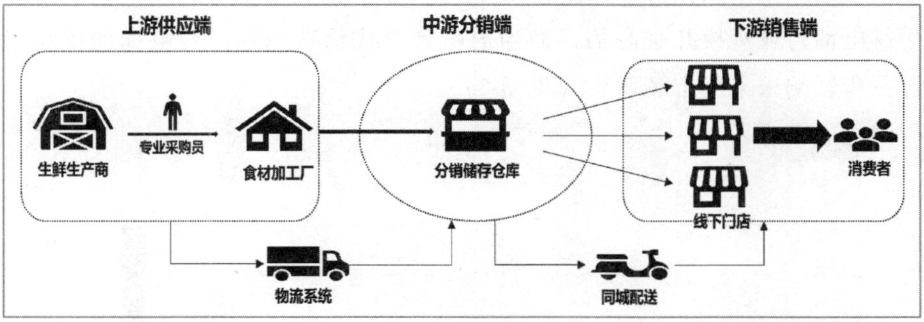

图 4　生鲜电商供应链图解

二、“新概念”经济与电商碰撞，生鲜零售燃出新火花

今天的中国正在经历和日本 20 世纪八九十年代类似的人口结构变迁，单身、家庭结构变小、女性就业率的提升，都导致传统家庭做饭场景的减少。再加上都市快节奏的生活，以及健康、消费升级等新思潮，以一人食、懒宅经济为代表的新消费趋势便应运而生（见图 5）。

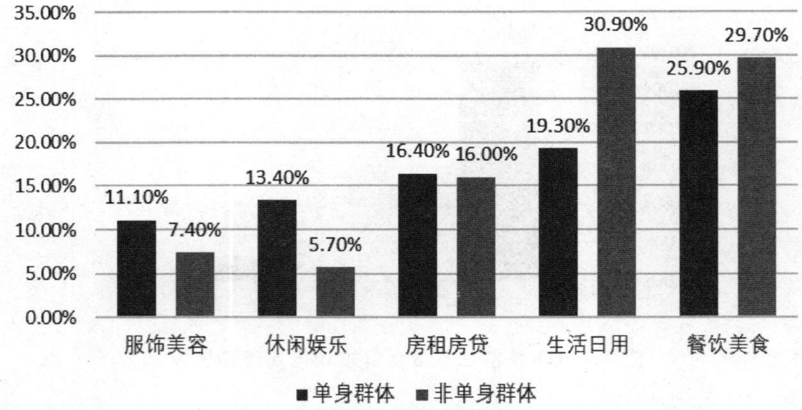

图 5　2021 年中国单身与非单身群体消费情况对比

资料来源：艾媒数据中心

对于没时间、注重健康、又想有点仪式感的“90 后”“95 后”年轻人，自己买菜做饭和直接叫外卖都不是最佳选择。而如何快速便捷、有品质地解决在家吃饭的问题成为当下的重要诉求，这一需求在经历过了疫情之后更加凸显。根据统计数据，在 2020 年这一疫情影响较大的年份，中国生鲜电商行业规模几乎翻倍，而当消费者养成消费习惯，对电商的依赖将进一步影响未来的市场增长（见图 6）。

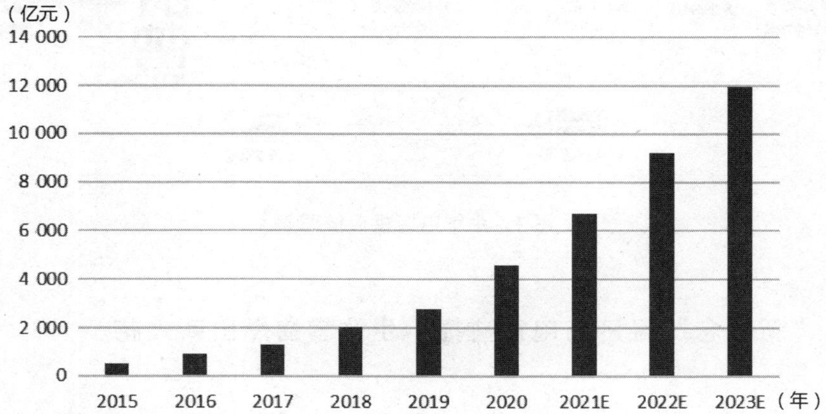

图 6　中国生鲜电商行业规模预测

资料来源：艾瑞咨询

三、锅圈食汇：供应链支撑下的增长

锅圈食汇成立于2017年，是国内知名的食材连锁超市，也是目前中国仅次于海底捞的第二大食材采购商，2021年有望超越海底捞的采购量。自2017年至今，全国已有8 000余家门店；同时，其与上游500余家工厂、31家上市公司合作，通过在全国范围内建造十大仓储中心，保证了从工厂到消费者的中间过程——仓储端的质量和效率。锅圈食汇通过在上游管控了食材加工厂，在下游加速扩张门店，进一步下沉市场，缩短供给端与需求端的距离，在供应链方面获得巨大优势。

除了火锅食材门店以外，锅圈食汇另一个发力点则是预制菜品，近十年来，随着居民消费水平的提高，预制菜的企业数量实现了快速增长（见图7）。预制菜最早起源于美国，是以农、禽、畜等生鲜产品为原材料，配以各种辅料，经过预加工后形成的半成品，消费者可以根据这些半成品自由加工为成品。预制菜的优点在于能够节省消费者采购、配菜等过程的时间，让消费者能够将精力投入在菜品的制作上，同时为顾客提供更多样化的选择。

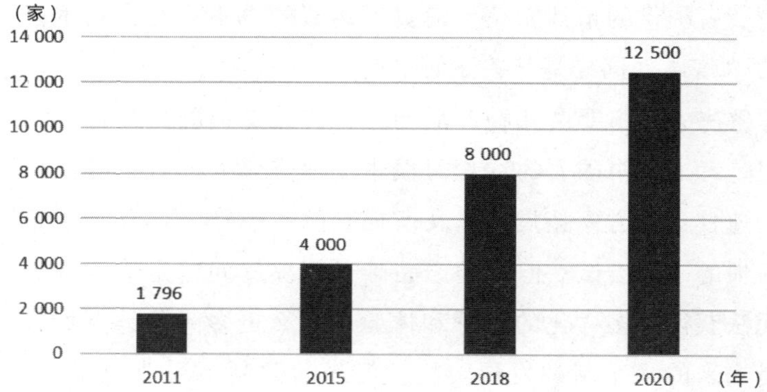

图7　中国预测菜行业规模增长情况

资料来源：企查查

但预制菜的发展也受到原材料质量、冷链运输与保存效率、食品安全问题等的影响，相较于普通生鲜零售，门槛更高，更难实现规模效应。在单身经济中，顾客对“人”的关注度下降，势必引起对“物”的关注度上升，无论是作为原材料的生鲜，还是以料理包形式呈现的方便食品，其产品本身标准化程度高，差异小，因此能否提供给消费者更多的附加价值，能否在产品中融入更多精神元素，将影响产品的受众与销量。中国单身群体的消费主要集中在餐饮美食，该领域市场潜力大，包容性强，产品多样化程度高，进入壁垒低但是成为行业佼佼者难度大。

四、“憨憨”：总有人陪你度过都市中的孤独夜晚

通过抓住供应链这一关键环节，锅圈食汇得以从传统生鲜零售连锁超市向餐饮消费、电商平台转型，提供“在家吃饭”场景下的第三种解决方案，瞄准单身经济、懒人经济的发展趋势，迅速向“一人食”方便食品方向拓张，推出“憨憨”一人食产品（见图 8）。该类产品主要包含两条线：自热产品系列和方便食品系列。“憨憨”不仅是一种产品宣传形象，更是锅圈为消费者提供的精神慰藉，消费者购买的也不只是食物本身，蕴含在产品中的“陪伴”同样是其关注的重点。

图 8　锅圈食汇产品之一——憨憨

资料来源：锅圈食汇官网

这一解决方案主要由几种产品构成：首先是锅圈最初打造的火锅烧烤食材，但是考虑到中国人的饮食习惯中火锅烧烤并非日常餐品，锅圈向自热食品和速食食品方向拓展。上文所提到的“憨憨”品牌，便是贴近消费者消费习惯的一次尝试。但这类产品难以解决的问题是顾客购买到的是产成品，无法获得更多样化的口感和体验，那么更多元化、更加灵活的预制菜或许是未来的一个新的发展契机。但当前预制菜行业内竞争较为激烈，锅圈想要在行业中占据一席之地，仍然面临许多竞争对手，例如味知香、好得睐、鲜到家等发展较为成熟的预制菜企业（竞品分析见表 1）。

表1　锅圈食汇相关竞品分析

公司名称	融资信息	主营业务	优势	劣势
味知香	2021年4月 IPO	将中国传统美食文化与西方快捷理念相结合，专业制造半成菜品	2021年成功上市，品牌知名度较高，口碑较好。在生产产品的同时仍然投入研发，具有可持续发展能力	当前门店1 000余家，但主要集中于江浙沪地区，市场下沉尚未到位
好得睐	未披露	方便菜、半成菜的研制与开发	与江南大学合作开展食品研究，持续产出新产品。同时，其推出的“百祥膳营养汤”在预制菜中属于具有企业特色的产品	当前1 000余家门店，覆盖长三角地区，同样在市场下沉方面不如锅圈食汇彻底
鲜到家	未披露	提供原产地直供，全程冷链配送，美食烹饪教程、美厨娘打造	将原材料选择范围扩展到全球，具备冷链运输能力。并且通过美食教程、美厨娘打造等服务为品牌注入独特的精神内核	当前门店数量低，品牌知名度不足，导致消费者可能会不信任其产品质量与冷链运输能力
锅圈食汇	2019年8月，A轮，4 500万元人民币 2019年10月，A+轮，5 000万元人民币 2020年2月，B轮，5 000万美元 2020年7月，C轮，6 000万美元 2021年3月，D轮，3亿美元 2021年8月，D+轮，未披露	以火锅、烧烤食材为主，涵盖休闲零食、生鲜、净菜、饮食、小吃等商品的超市便利店连锁系统	通过建立完善的全套供应链获得价格优势，结合高效的数字化平台实现扩张，紧跟需求抢占赛道	随着品牌扩张的加速，天花板很快会到来，未来转型发展仍具有不确定性，这种不确定性势必会影响到当前扩张速度

资料来源：企查查、公司官网

五、未来展望：把握下沉机遇，关注精神需求

锅圈食汇得以成功的原因，很大程度上在于其重视下沉市场，关注普罗大众的需求。生鲜零售本就是与民生密切相关的行业，作为生活必需品，消费者在市场份额的决定中拥有很大的话语权。此外，锅圈向预制菜行业发展，未来将更需要关注消费者的独特与个性化需求。在质量不齐时比质量，在质量相近时则比较产品是否“合心意”，那么锅圈想要获得未来的发展，必须从这两个方面入手。“品质为王”时代，掌握供应链才能掌握优质产品的自主权。当前锅圈已然对供应链的上游（即食材采购、加工）和下游（即门店数）取得掌控，那么接下来或许要进一步保障冷链运输能力，全力实现食材的保鲜保质。产品高度同质化的今天，“精神内核”已然不可或缺，如何能够用产品满足顾客的精神需求，从而吸引更多人购买产品，都是锅圈需要思考的问题。

六、总结

锅圈食汇凭借供应链优势和数据平台的支持，从传统生鲜零售连锁超市向互联网 + 食材方向发展，并推出契合懒人经济、单身经济消费习惯的“一人食”产品，实现了快速扩张，而在未来锅圈又将如何运作资金，进一步发挥其优势打造更多新产品，值得关注。

想成为投融资观察报告创作团队的一员吗？微信扫描本书第 352 页二维码，现在就加入我们吧！

No. 16

主机厂加码 T3 出行：细看网约车“国家队”的破局之道

主笔：李子文　中山大学

交易概述：

2021 年 10 月 26 日，T3 出行宣布完成 A 轮融资，金额达 77 亿元人民币。T3 出行业务包括网约车及汽车融资租赁、大数据运营和智能驾驶等领域。本轮融资由中信联合体领投，应通科技、同程旅行、鸿为资本、德载厚资本跟投，老股东中国一汽、东风汽车、长安汽车、阿里巴巴、腾讯投资继续加持。这是自 2018 年以来，网约车企业获得的国内最大额度单笔融资，本轮融资将用于 T3 出行提高市占率，加强智能调度能力以及自动驾驶的生态建设。

一、中国网约车行业市场规模可观，下沉空间有待挖掘

2017—2019 年，中国网约车市场整体交易金额稳固增长。2020 年受疫情影响，全国宏观经济增长放缓、收入低于预期，用户消费变得更谨慎，外加疫情防控抑制了部分出行需求，网约车市场整体交易金额为 2 499.1 亿元，同比下滑了 17.9%。另外，根据头豹研究院数据，2014—2018 年，中国网约车市场规模复合增长率达 128%；2018 年以后网约车行业增速有所下降，据 Frost & Sullivan 数据预测，2022 年市场规模将突破 5 000 亿元（见图 1）。

图 1　网约车市场规模

资料来源：前瞻研究院，头豹研究院，易观

从中国网约车用户规模以及使用率情况来看，中国网约车行业经历了 2016—2018 年相对快速的发展阶段后，目前处于一个发展相对平稳的阶段。截至 2021 年 6 月，我国网约车用户规模达 3. 97 亿人，较 2020 年 12 月增长 3 123 万，占网民整体的 39. 2%（见图 2）。

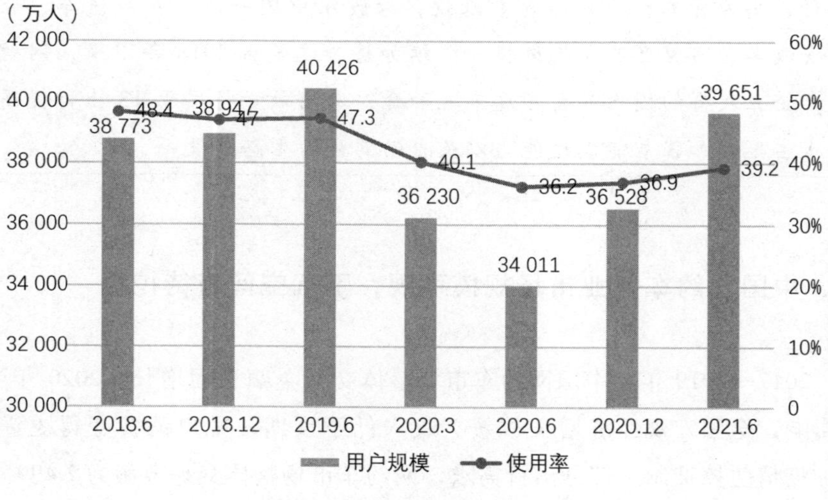

图 2　网约车用户规模及使用率

资料来源：CNNIC

从中国网约车的城市渗透率情况来看，中国网约车在一线城市的渗透率最高，高达 50. 3%；而在二线及以下的城市渗透率相对较低，不足 10%

（见图 3）。预计随着网约车市场的发展，下沉市场的渗透率将进一步提升。

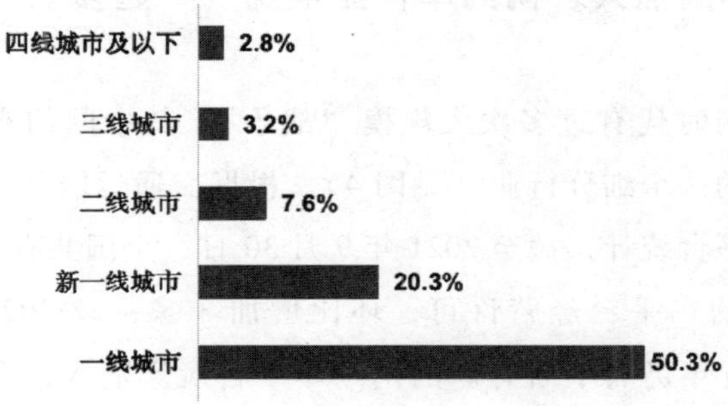

图 3　网约车城市渗透率

资料来源：CNNIC，头豹研究院

整个网约车市场根据运力归属和市场定位的不同，又可以细分为网约出租车、快车、专车、顺风车等四种主要形式（见表 1）。

表 1　网约车分类

比较	顺风车	出租车	网约车		聚合平台
模式	C2C	B2C	S2B2C	B2C	S2B2C
运力归属	私家车主	出租车公司	个人司机或租赁公司	网约车平台	向出行平台分配流量，并不直接提供出行服务
定价	当地出租车价格 0.3—0.5 倍	等同当地出租车价格	经济：当地出租车价格 0.8 倍 优质：当地出租车价格 1.8—2 倍 豪华：当地出租车价格 3.6—4 倍		
服务提供	私家车主	专业司机	主要为专业司机	专业司机	
经营许可证	车辆：无许可证规定 司机：无许可证规定	车辆：道路运输证 司机：巡游出租车驾驶员证	车辆：部分车辆获得网约车运输许可证 司机：网络预约出租车驾驶员证		
网约车平台佣金率	8%—10%	0—6%	20%—30%	100% 交易额为收入	5%—10%
代表平台	嘀嗒出行、滴滴出行		滴滴快车	曹操出行、T3 出行	高德、美团打车

资料来源：嘀嗒出行招股说明书

二、新玩家不断涌入，网约车行业呈现“一超多弱”竞争格局

移动互联网时代有过多次大规模“战争”，其中网约车可以算用时最久、耗资最多的一个细分行业（见图 4）。根据交通运输部下属全国网约车监管信息交互平台统计，截至 2021 年 9 月 30 日，全国共有 248 家网约车平台公司取得网约车平台经营许可，环比增加 3 家，较 2020 年增长 34 家（见图 5）。而近年仍然不断有新的网约车平台玩家涌入，在新玩家中大多以车企为主。

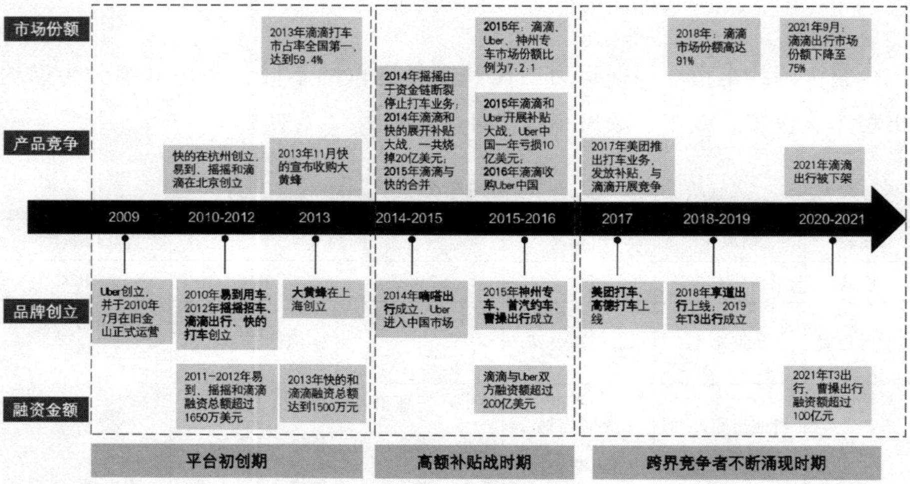

图 4　网约车行业竞争历程

资料来源：网络公开资料整理

截至 2021 年 9 月 30 日，滴滴出行仍以 74.1% 的市占率稳居行业龙头。不禁发问：在已经形成一家独大格局且需要长期巨额资金投入的网约车行业，为何仍有诸多玩家不断涌入？结合不同平台背景，可以将入局原因主要分为以下三类：

第一，自有出租运力公司拓展线上业务模块。第二，主机厂借助出行服务进行车辆数据收集，实现自动驾驶技术的迭代；同时，网约车充当车企车型的城市展厅，促使传统经销模式转向直销方式。第三，互联网公司借助平台流量降低获客成本，并且完善本地生活服务生态（见图 6）。

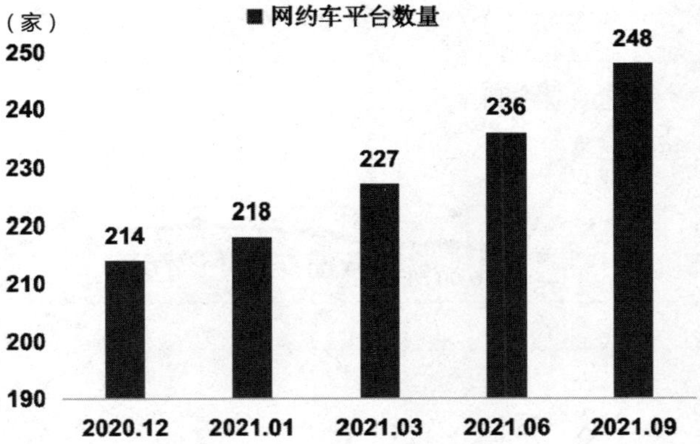

图 5　网约车平台数量

资料来源：交通运输部

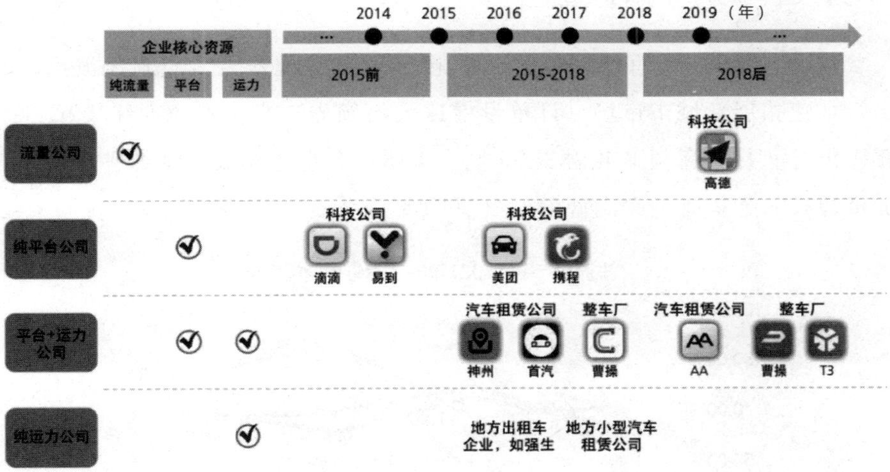

图 6　网约车平台背景

资料来源：L. E. K 咨询，德邦证券研究所

不同背景的平台相继进入行业，使得行业竞争格局呈现“一超多弱”局面。从静态看，滴滴出行一家独大，行业暂无同等重量级玩家。虽然受2021 年 7 月国家网信办对滴滴开展“安全审查”事项的影响，滴滴出行市占率持续下行，但仍以超七成的市占率稳居行业首位（见图 7）。

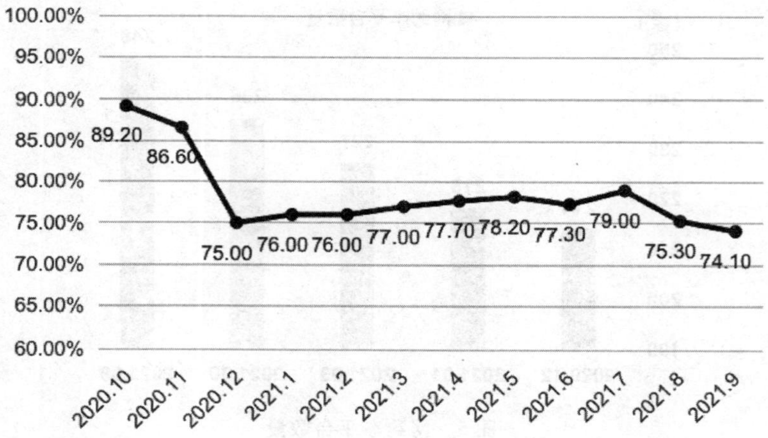

图 7　滴滴出行市占率

资料来源：网约车监管信息交互平台

从动态看，新竞争者不断涌入，腰部平台持续发力。滴滴风波后，T3 出行加速拓展新城市市场，订单量增速大幅领先。直接竞争对手 B2C 平台曹操出行 9 月获高额 B 轮融资 38 亿，美团打车重整旗鼓，腰部平台纷纷增加资源投入，扩张蚕食滴滴份额（见图 8）。

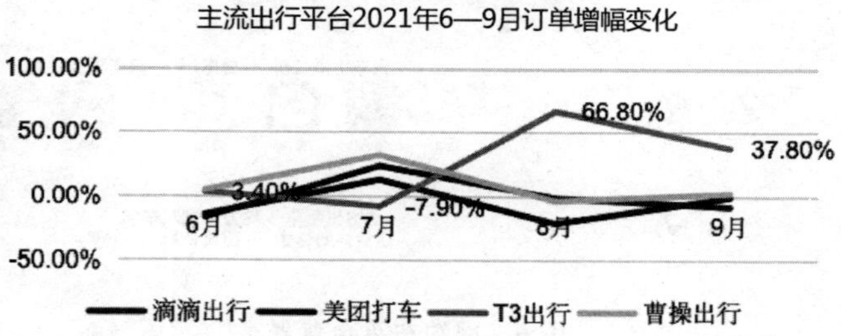

图 8　主流出行平台订单增幅变化

资料来源：网约车监管信息交互平台

三、网约车行业的新玩家：主机厂入围寻求战略转型

无人驾驶技术已成为下一个变革汽车行业的风口，并且受直销模式和用户消费习惯转型影响，主机厂传统的经销模式也亟待解决。因此，如何在智能化赛道中脱颖而出，将成为新一轮竞争中主机厂的护城河。

对主机厂而言，主要有两点核心逻辑：

第一是为共享出行平台提供运力搭建城市展厅，扩大品牌宣传力度，逐步转向直销模式；第二则是为无人驾驶技术提供使用场景和大量运营数据，最终以自动驾驶技术提高汽车产品溢价权（见图 9）。

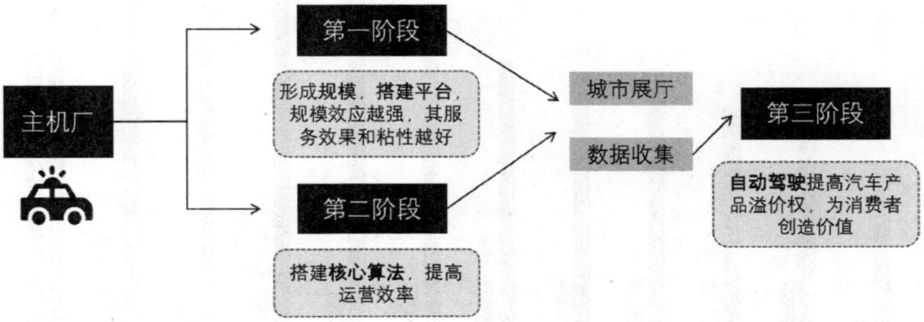

图 9　主机厂布局逻辑

（一）城市展厅：进驻网约车平台引流增效，带动相关车型销量提高

以比亚迪与滴滴的合作为例，2013 年搭载 DM2 代技术的比亚迪秦与滴滴平台合作，加之重点城市汽车牌照限制政策，多地专职滴滴网约车运力以比亚迪秦为主。根据百度搜索指数监测，比亚迪秦的搜索人气指数在 2014 年呈现飙升态势（见图 10）。

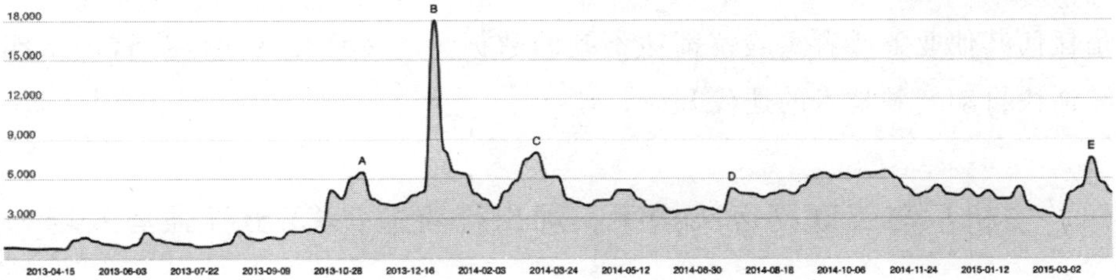

图 10　比亚迪秦搜索人气指数

资料来源：百度搜索指数

比亚迪秦的销量相对更早推出的 E6 款车型，在 2014 年销量暴增（见图 11）。网约车运力具备的城市展厅功能，能够有效扩大车型的宣传力度，提高销量。

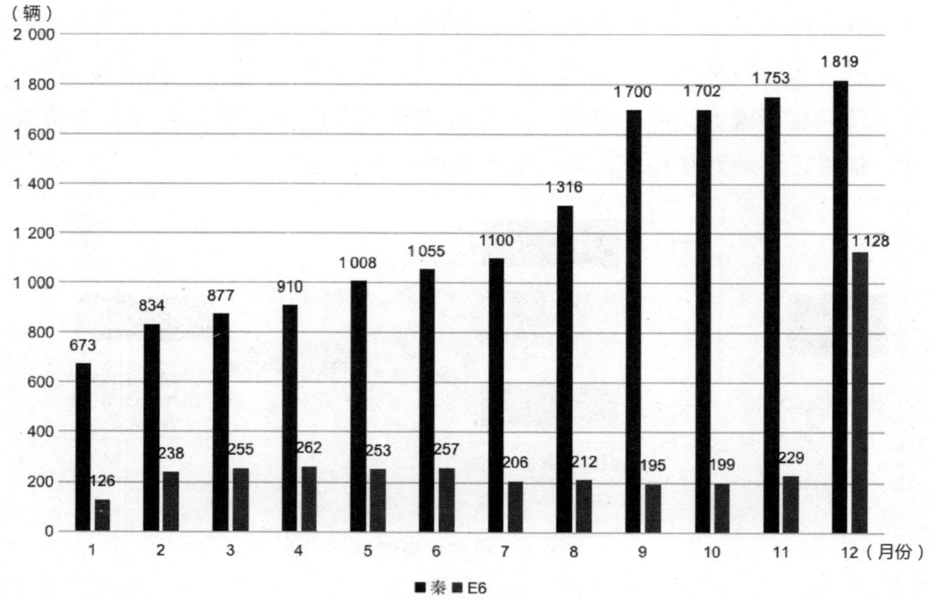

图 11　2014 年比亚迪秦、E6 销售数据对比

资料来源：新浪汽车

（二）数据收集：加快自动驾驶技术迭代升级

初期无人驾驶需要相对封闭的环境，而网约车平台可以率先在夜间或者一些封闭路段的场景商业化无人驾驶，并且每日上千万单数据积累，也是任何其他业务或者实验室都达不到的数据量。多样化的实际出行场景能够加快自动驾驶技术的迭代升级。

四、主机厂与互联网巨头携手布局出行赛道，T3 出行强势入场

T3 出行是由中国一汽、东风汽车和长安汽车三家大型国有车企，联合腾讯、阿里、苏宁等知名互联网巨头于 2019 年 3 月在南京共同成立的网约车智慧出行平台，因此又有着网约车“国家队”的称号。凭借得天独厚的资源，T3 出行网约车自正式上线以来，目前已经相继入驻全国 48 个城市，累计注册用户数超过 5 400 万，日峰订单量超 200 万，发展势头强劲（见图 12）。

图 12　T3 出行战略规划：致力于成为智慧出行的引领者

资料来源：T3 出行官网

（一）商业模式：T3 出行是国内唯一一家基于车联网为主的网约车出行平台

T3 出行由华为提供底层硬件，采用整车厂商提供的新能源汽车（长安逸动 EV460），搭载名为 V. D. R 安全防护系统的车联网。该系统时刻监控车辆行为和司机行为，从而防止司机的错误驾驶行为并时刻保证乘客安全（见图 13）。

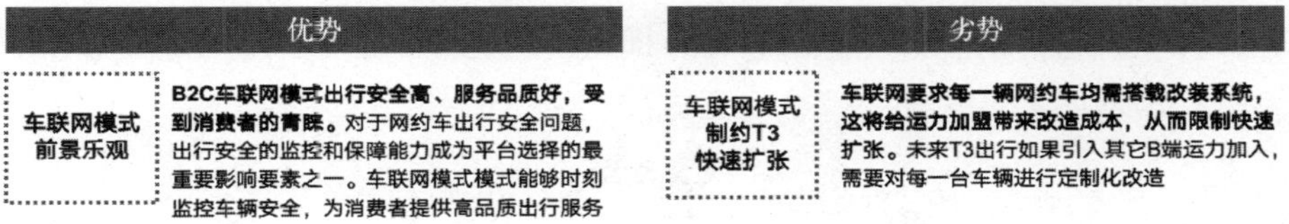

图 13　T3 出行优劣势分析

（二）商业逻辑：主机厂提供运力保证汽车合规可控，平台方收集数据并为主机厂提供城市展厅

在业务模式方面，T3 出行坚持 B2C 重资产模式，由主机厂提供运力，把控服务质量。网约车业务能够给主机厂的无人驾驶技术迭代提供使用场景和大量运营数据，并充当城市展厅功能，扩大车型知名度。

因此主机厂与平台方双向互利，主机厂提供运力保证 T3 汽车合规可控；平台方提供“生态车联网”解决方案、出行服务解决方案和一站式云服务。

五、竞品分析：监管难动摇滴滴龙头地位，聚合类平台发力需谨慎

（一）滴滴：精细化管理提升运营效率，布局无人驾驶以期成为汽车产业链一环

滴滴历经了近十年的发展，在先后吞并快的和 Uber 中国后，目前已成

为一站式出行平台的行业霸主，通过 C2C 轻资产商业模式，直接管辖部分全职注册司机，也对接社会富余运力。利用系统算法匹配提升平台运营效率，快速形成双边网络效应。值得一提的是，其出行业务的独特之处表现在接单模式。滴滴平台的接单模式为系统自动分配订单，司机无法事先查阅并选择订单，这在一定程度上提高了平台的运营效率。

尽管受监管事件影响，滴滴出行市占率有所下降，但在目前的技术水平和竞争格局下，我们认为暂时还不会出现新玩家撼动滴滴龙头地位。

而目前网约车平台仍是双边平台，双边网络对于 B 端和 C 端具有锁定效应，而当前行业的关键变量在于 C 端。因为在当前的行业格局下，B 端供给是无法垄断的，而平台的市场地位来自 C 端用户的行为习惯。短期补贴下用户可能迁移至其他平台，但对于单个司机而言，几乎难以感受到来自其他平台订单的变化，而 B 端供给没有变化，中长期平台无法满足用户即时需求，用户依然会回到滴滴（见图 14）。

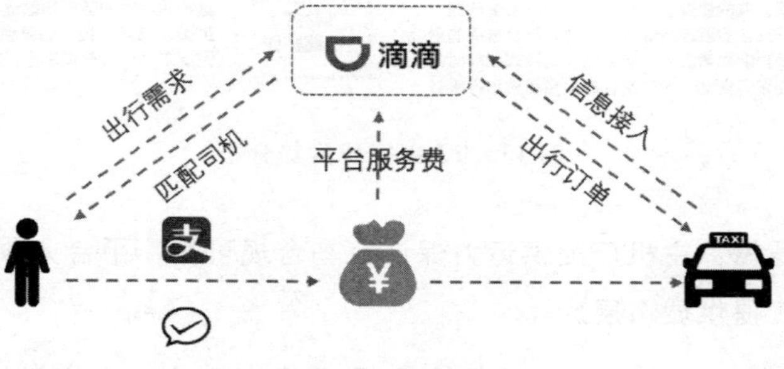

图 14　当前网约车行业的双边网络

（二）聚合类平台：完善本地生活服务生态

出行作为超级流量入口，可以帮助平台降低获客成本，虽然目前用户主要集中于地图导航，但用车服务用户规模仍有希望达到 6 亿人甚至更多，成为超级流量入口之一。美团、高德等互联网巨头提供网约车相关产品，更多是为了丰富自身本地生活业务的广度，通过开展业务去降低自身获客成本。

但聚合类打车平台也存在弊端。用户在聚合类平台中使用服务结束后，难以便捷地索要发票，反馈服务等，因此对于长期有打车需求的用户而言，聚合类平台对其吸引力并不强。

六、展望未来：机遇与挑战并存

（一）合规压力加速行业出清

网约车行业强监管加速落地，安全合规成为大势所趋。合规营运成为市场竞争核心。作为拥有央企背景的出行平台，T3 出行在数据安全、城市运营牌照方面具有明显优势，可以更好地理解政策，实现安全合规运营。

（二）无人驾驶技术重塑行业格局

无人驾驶技术将网约车双边平台降维至单边，司机端资源完全失效，因此将大幅重塑当前行业格局。网约车平台的“国家队”T3 出行资源丰富，有产业链整合的优势，长期有机会发挥整车硬件、自动驾驶、网约车服务的协同效应。但与此同时，其主要竞争对手滴滴也在加紧布局无人驾驶领域，以出行服务为切入口，参与到市场容量更大的汽车产业链，拿到无人驾驶竞赛的入场券（见图 15）。

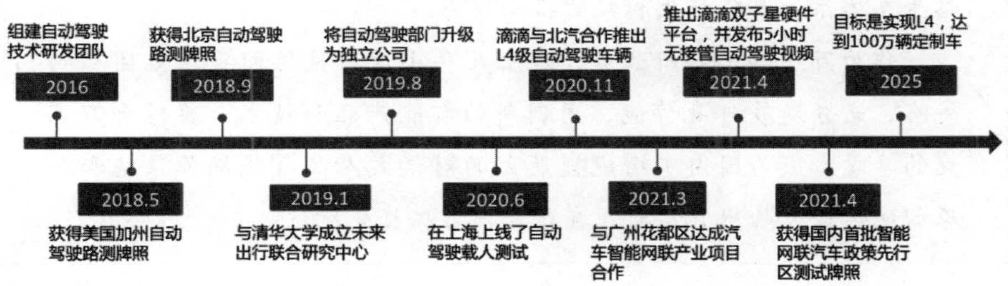

图 15　滴滴无人驾驶领域发展历程

资料来源：滴滴出行官网

总的来看，以 T3 出行为代表的腰部平台虽与滴滴存在较大差距，但行业“一超多弱”或未成定局。拥有主机厂及央企背景的 T3 出行有望突出重围，成为行业 2 号玩家。

想成为投融资观察报告创作团队的一员吗？微信扫描本书第 352 页二维码，现在就加入我们吧！

No. 17

小度科技完成 B 轮融资：构建智能生态圈，占据智能家居全新入口

主笔：张靖雯　戴熙悦　中山大学

交易概述：

2021 年 8 月 24 日，百度宣布旗下智能生活事业群组业务（以下简称“小度科技”）已经完成 B 轮融资，具体投资金额及投资方未披露。小度科技此次融资后，投后估值达 51 亿美元（约合 330 亿元人民币）。新一轮融资对小度科技自身发展、进一步建立更多元的战略生态体系，都将产生积极的推动作用。

作为百度孵化创新业务，过去几年小度科技协同百度集团核心战略，充分发展自身势能，用创新的智能产品和技术，获得千万家庭的喜爱，成为国内市场规模最大的对话式人工智能操作系统和全球智能屏最大的出货厂商，在行业内占据领先地位。

一、智能化时代语音互动体验增强，行业增长潜力大

近年来，中国智能音箱市场整体上呈现增长态势，虽然 2020 年中国受疫情打击，智能音箱市场出货量同比下降 19.6%，但总体而言中国智能音箱市场处于发展上升阶段（见图 1）。根据 IDC《中国智能家居设备市场季度跟踪报告（2021 年第二季度）》显示，2021 年上半年中国智能家居设备市场出货量约 1 亿台，同比增长 13.7%；2021 全年出货量预计 2.3 亿台，

同比增长 14.6%。预计未来 5 年中国智能家居设备市场出货量将以 21.4%的复合增长率持续增长，2025 年市场出货量将接近 5.4 亿台，全屋智能解决方案在消费市场的推广将成为市场增长的重要动力之一。

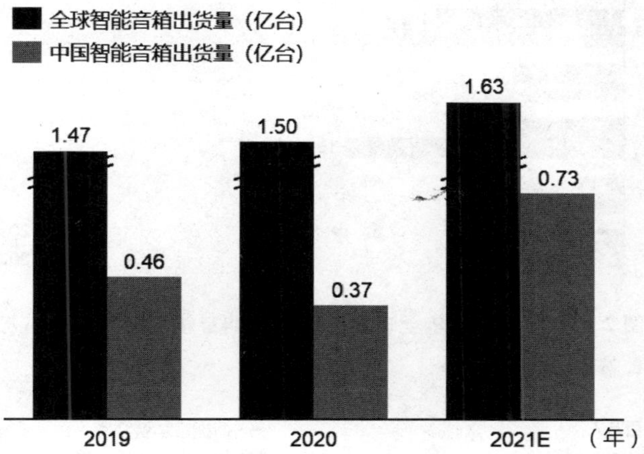

图 1　2019—2021 年全球与中国市场智能音箱出货量情况

资料来源：华安证券、国盛证券

随着科技水平的迅速发展，智能化生活成为大势所趋，消费者对智能联网终端的需求不断提升，同时随着智能语音技术逐渐成熟，进一步支持了智能音箱市场的增长。根据 Gartner 发布的 2018 年 AI 技术成熟度曲线，当前语音识别进入了实质生产高峰期，智能语音技术积累进一步成熟，规模化落地即将开始。智能语音技术在经历了多轮市场筛洗后，技术与商业模式的结合也愈加成熟。同时，智能音箱是重要的物联网入口，将成为各公司进入物联网场景的关键硬件，各科技巨头纷纷加紧在智能音箱领域的布局。

同时可以看到的是，中国智能音箱普及率低于世界主要发达国家。2020 年中国的智能音箱渗透率情况仅有 14%，远低于美国的 40%与英国的 29%，考虑到中国市场庞大的消费者基数与广阔的下沉空间，未来中国智能音箱市场具有强大的增长潜力（见图 2、图 3）。

二、智能家居总体行业的供需双促，推动智能音箱市场的增长动力

供给端方面，随着激励政策出台和技术不断成熟，促进供给端产品质

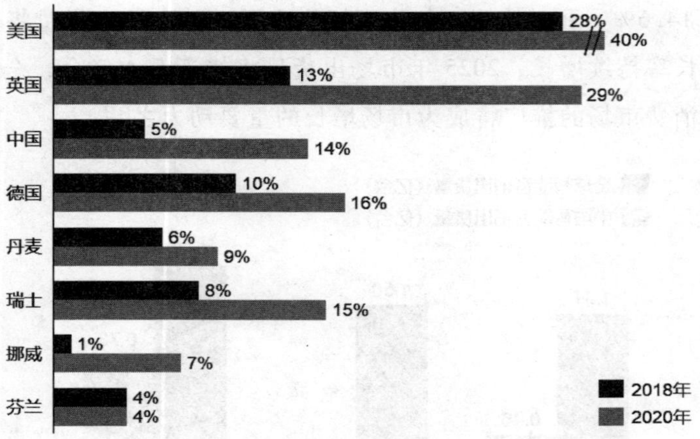

图 2　2018—2020 年全球主要国家智能音箱用户渗透率情况

资料来源：前瞻产业研究院

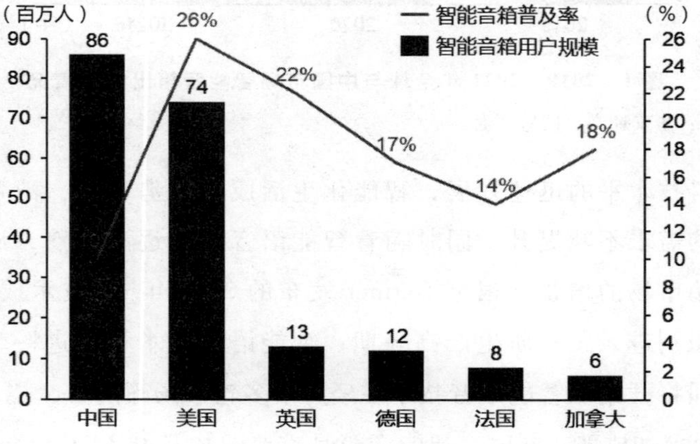

图 3　2019 年全球主要国家智能音箱用户规模及普及率情况

资料来源：天风证券

量不断提高。从物联网产业维度来看，物联网始终是政府最为重视的产业之一，而智能家居作为物联网的重点应用之一，频繁出现于相关政策中。同时，在大家电（刚需类家电）完成普及后，智能化小家电是未来政府刺激居民家电消费潜力的核心方向。中共中央、国务院发布的《关于完善促进消费体制机制，进一步激发居民消费潜力的若干意见》中也指出要重点发展适应消费升级的可穿戴设备、智慧家庭产品等新型信息产品。

同时，随着建设智慧城市的推进，促进消费更加高质是建设智慧城市的一大要求，政府正积极推进线上线下消费融合，直播电商、智能家居等新型消费蓬勃发展。在产品研发创新层面，元器件、云计算技术、语音识别技术和图像识别技术等相关软硬件技术不断成熟，将直接促进智能设备产品研发的质量与用户体验将改善。

需求端方面来看，智能家居能够满足消费者对家电的多层次需求。随着对传统家庭生活场景进行改造和升级，居住者的生活品质将有机会从根本上得到提升。而智能家居的出现刚好满足了消费者多层次的需求，在安全性、便捷性、节能性、时尚性等方面都有体现。未来，随着国民消费水平的不断提高和对生活品质要求的提高，对智能家居的需求也会不断提高。

未来，智能音箱作为智能家居的一大重要细分领域，市场参与者将逐渐增多，竞争将日益激烈，智能音箱品牌商会不断进行内容服务及语音交互技术升级，使得用户体验逐渐提高，购买智能音箱的消费者人数将不断增多，最终推动行业发展。

三、产业链：上游技术基本成熟，中游呈巨头主导格局，下游应用场景不断丰富

智能音箱产业链由上游的元器件、技术、内容供应，中游的终端厂商和下游的产品销售流通组成（见图 4）。就各环节来说，上游中，智能音箱的核心技术——语音识别技术发展已较为成熟，谷歌、亚马逊以及百度、科大讯飞等厂商已具备成熟的语音识别解决方案，元器件等其他供应充足，集中度低；中游的终端厂商通过代工厂商或 ODM/OEM 供应或自行采购组装的方式得到智能音箱成品，并通过线上及线下渠道销售给下游终端主要客户。随着智能音箱应用落地场景的不断丰富，下游终端客户类型将日趋多元。小度科技在产业链中，既是上游技术供应商，也是终端厂商。

因存在语言文化壁垒，国外语音识别技术在国内兼容性不佳，本土企业具备天然优势，而且互联网巨头以“补贴攻城、低价”模式抢占市场份额，国内市场呈巨头主导格局。当前智能音箱产品同质化问题日益严重，其未来发展突破口主要为内容服务、技术创新、应用场景延伸、全产业链布局和生态体系构建。

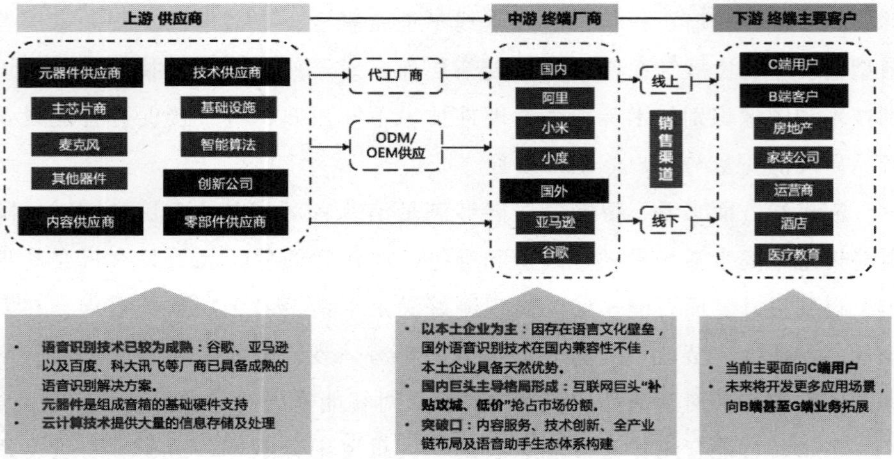

图 4　智能音箱产业链示意图

资料来源：公开资料整理

四、小度科技：百度 AI 三叉戟，从百度 SLG 到独立运营

小度科技成立于 2018 年 3 月，由当时的百度度秘事业部、百度硬件生态渠道部和 Raven Studio 工作室共同组成，后合并为智能生活事业群组（SLG），主要负责百度对话式人工智能操作系统的 DuerOS 产品与技术创新。智能生活事业群曾在 2020 年 9 月完成 A 轮独立融资，投后估值约 200 亿元（见图 5）。

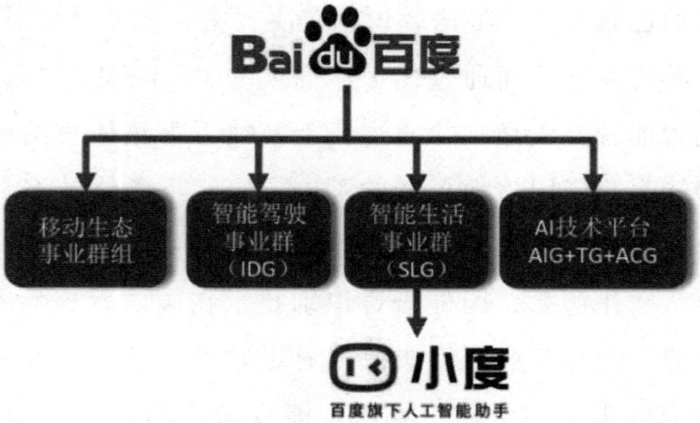

图 5　小度：从百度 SLG 到独立运营

资料来源：公开资料整理

截至目前，百度 AI 新业务主要包括小度科技、百度 Apollo 智能交通和智能云三大业务。而 DuerOS 及智能设备是其 AI 业务线重要组成部分，2021 第一季度实现营业收入 14 亿元，在百度核心非营销业务中占比 33%。小度科技作为百度公司 AI 战略的“三叉戟”之一，不单是百度 AI 创新业务增长的内动力，还是百度 AI 商业化突破的先锋。而小度的独立，意味着其正式脱离百度，逻辑与微软独立小冰相似，为的是提升商业化能力。而百度还需要小度作为公司 AI 商业化进程上的突破口，所以其仍保持小度高度的控股权。

（一）依托 DuerOS，以家居场景进军 AIoT（见图 6）

一方面，DuerOS 为百度智能设备及应用生态或第三方合作伙伴提供自然语言对话操作系统服务，2021 第一季度月度语音请求达到 66 亿次，相比于高基数的 2020 第一季度仍有 2% 的同比增长，其中来自百度生态体系及智能硬件的语音请求达到 39 亿次，占比达 59%。

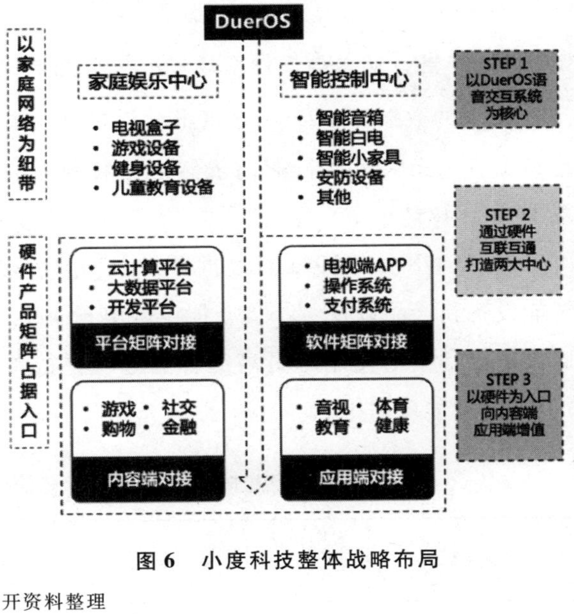

图 6　小度科技整体战略布局

资料来源：公开资料整理

另一方面，公司基于小度系列智能设备，提供长短视频、音乐、本地生活及咨询等内容服务，DuerOS 操作系统目前已经适配数百个第三方手机 APP，2021 第二季度包含广告与会员订阅的内容服务收入占比已达到 DuerOS

及智能设备业务 10%，同比增长超 5 倍，其服务收入正在快速增长。小度科技希望通过技术授权结合硬件制造，以智能设备激活内容服务，以小度助手的语音及多模态交互能力为核心，来构建一体全屋智能 IoT 生态（见图 7）。

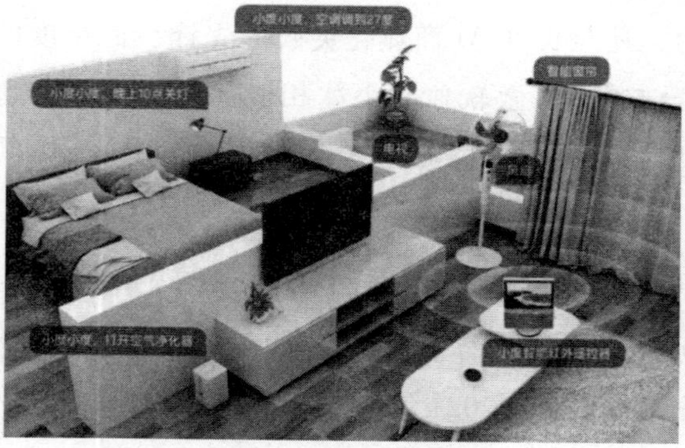

图 7　全屋智能 IoT 生态

资料来源：公开资料整理

（二）产品线持续拓展丰富，切入高使用率场景——智能电视

根据 IDC、Canalys 的数据，2021Q1 小度继续保持全球智能屏出货量第一及中国智能音箱出货量第一，在行业内依然占据着领先的地位。小度智能设备主要有智能屏、智能音箱、智能耳机及其他智能设备四大产品线（见表 1）。公司在 2021 年 8 月“2021 百度世界大会”上发布了智能屏、智能耳机、其他智能设备新产品以及“小度智能巨屏电视 V86”，拓展产品线至智能电视，通过对日常生活使用率更高的智能电视进行渗透，持续丰富并激活基于 DuerOS 的智能家居生态。

表 1　　小度产品矩阵

场景类别	产品名称	官网价格（元）	备注
智能音箱	小度智能音箱	129	
	小度智能音箱 Play	99	
	小度智能音箱随身版	89	轻巧便携
	小度智能音箱乐想版	89	防水吸盘浴室神器

续表

场景类别	产品名称	官网价格（元）	备注
智能音箱	小度智能蓝牙音箱	49	
	小度智能音箱大金刚	199	钢铁外观，红外遥控
	小度智能音箱 1S	159	
	小度智能音箱 2	119/109/299	包括经典版、红外版、红外版（广电定制版）
	小度智能早教机	199	智能早教启蒙 AI 成长陪伴
	小度智能音箱旗舰版	129	
	小度智能音箱 Play 青春版	149	消费为年轻群体
智能家居/智能屏（小度在家）	添添旋转智能屏 T8	1 299	新品，8 英寸，产品定位：科技潮品
	小度智能屏 air	229	产品定位：下饭小电视、看家新神器
	小度智能屏 X6	399	新品
	小智能屏 1S	349	7 英寸，产品定位：陪娃神器、老人陪伴
	小度智能屏 X8	599	8 英寸，产品定位：旗舰大屏、功能强悍
	小度教育智能屏	699	8 英寸 + 智慧眼，产品定位：六机合一专业辅导全科学习
	小度智能屏 1C	499/699	包括普通版和 4G 版
	小度电视伴侣尊享版	799	小度在家电视版
智能耳机	小度真无线智能耳机	239	
	小度主动降噪智能耳机 Pro	399	新品
	小度真无线智能耳机 S1	109/99	
	小度智能耳机 R1	149	
智能家居（IoT 设备）	小度智能灯泡	39	智藏灯具
	小度阳光照明夜灯	39.9/29.9	包括人体感应版和光感版
	小度鸿雁智能插座	39	AI 语音声控，手机掌控
	小度智能温湿度计	49	
	小度智能按钮	24.5	智能开关
	小度液晶小黑板	99	
	小度智能红外遥控器	69	语音控制传统家电

续表

场景类别	产品名称	官网价格（元）	备注
其他智能设备	小度语音车载支架	69/99	包括标准版和无线充电版
	小度智能巨屏电视 V86	8 888	新品
	小度智能学习平板 M10	1 499	
	小度智能学习平板 S12	1 699	
	小度智能学习平板 S16	2 099	
	添添智能健身镜	4 699/4 199	包括旗舰版和先锋版
	小度智能中控屏	2 199	全屋智能
	小度智能词典笔	1 099/659	新品，包括普通版和专业版
软件	小度助手 DuerOS	方案付费	硬件搭载的对话式人工智能操作系统，而这套操作系统最主要的消费级应用就是智能音箱

以自身软件及硬件为构建生态的中心，扩展至与其他品牌及平台的合作。在 IoT 互联互通上，除了不断推出自家的智能硬件产品，小度还在尝试与多品牌合作。据其披露，2021 年 3 月，小度合作品牌及平台就已超过 500 家，涉及 60 个品类，小度助手可以控制的 IoT 智能家居设备超过 2 亿种。

（三）“前端 + 后端”商业模式基本打通，发展态势强劲

商业模式方面，小度已实现“前端 + 后端”全覆盖。在前端小度以小度智能屏、智能耳机等为主的硬件输出，以及为智能家居设备等软件支持，共同支撑起了前端的营收点。在后端小度则有着内容购买服务、会员增值、品牌合作商业化等多元盈利模式（见图 8）。

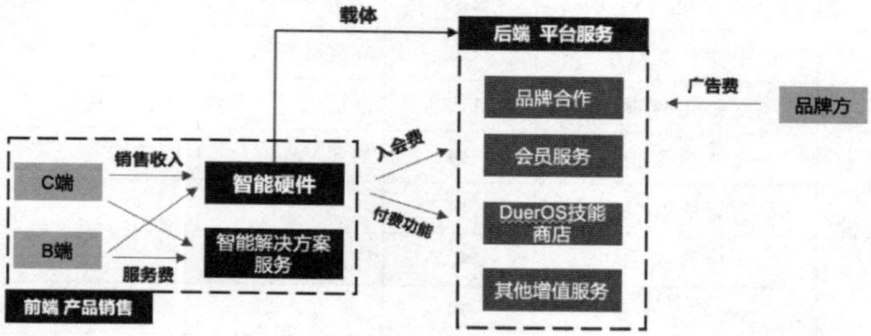

图 8 “前端 + 后端”商业模式

资料来源：公开资料整理

（四）在应用场景拓展和下沉市场方面持续发力

在不断拓展智能设备产品线的同时，小度还在不断着力探索更多智能设备应用场景，从家庭场景向车载、随身、教育、医疗、酒店等场景延伸。小度将酒店行业作为其 2B 业务的尝试方向，产品集中在音箱、小屏、智能 IoT 层面（见表 2）。此外，小度还在下沉市场方面持续发力，通过赞助众多综艺节目的方式让产品在下沉市场持续渗透（见表 3）。业内普遍看好小度科技的战略发展方向和快速成长取得市场领先地位的能力。

表 2　　小度科技 2B 产品及服务

类型	产品名称	价格（元）	介绍
单品	小度智能音箱大金刚	399	提供语音电话、家电控制、设备控制、内容服务、客房需求呼叫等
	小度在家酒店版	1 399	对话式语音交互 + 屏幕展示，实现客房控制、客需服务、信息查询等酒店场景专属能力
	小度智能屏 X8（酒店版）	799	酒店客控客需智能升级/大数据管理平台
物联网设备套装	智能客房全屋套包	1 999	包含最新款小度智能屏 X8、智能网关、插卡取电、开关面板、万能遥控
	有线智能客控全屋套包	1 899	包含模块化 RCU、插卡取电、开关面板、小度大金刚、空调温控
解决方案	小度酒店通话服务功能	100/件	小度设备替换传统电话机，同时支持无线/有线两种接入方式
	酒店客需服务助手	999/年	客人呼叫小度下单后，快速响应指令，提高管理效率

表 3　　小度音箱综艺节目赞助情况（部分）

合作综艺	节目播出时间	合作产品
天天云时间	2020. 2. 7—3. 15	小度在家智能屏 X8
嘿！你在干嘛呢？	2020. 2. 7—3. 8	小度智能屏
向往的生活 4	2020. 5. 8—7. 31	小度智能屏 X8

续表

合作综艺	节目播出时间	合作产品
极限挑战 6	2020.5.10—7.26	小度智能屏
奔跑吧 4	2020.5.22—8.14	小度智能屏

资料来源：艾瑞咨询

（五）智能音箱行业集中度高，形成三足鼎立态势

国内智能音箱市场整体呈现三足鼎立的格局——百度、阿里巴巴、小米三分天下，国内行业集中度 CR3 超过 90%，根据西部证券相关研究，2020 年，百度、阿里、小米三家巨头总销量占全国智能音箱销量的 94%（见图 9）。

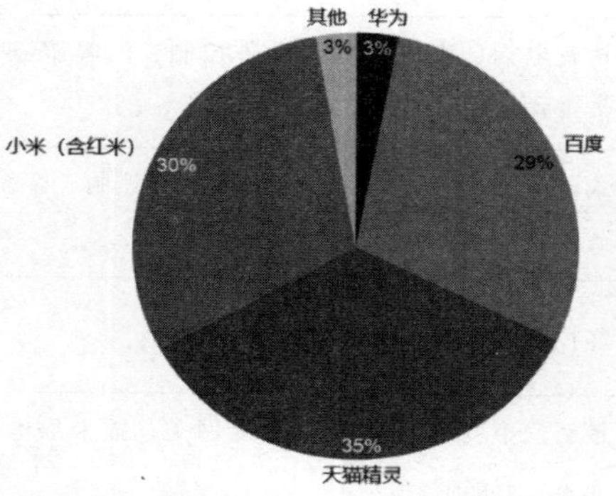

图 9　2020 年中国智能音箱市场品牌格局

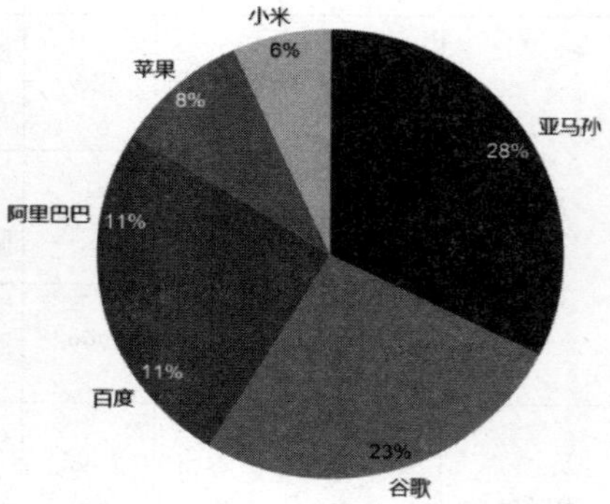

图 10　2020 年全球智能音箱主要品牌出货量

资料来源：西部证券、前瞻经济学人

而放眼全球市场，同样呈现巨头把控格局的情况，全球智能音箱市场 CR5 超 80%，根据前瞻经济学人、Strategy Analytics 相关数据，2020 年全球智能音箱主要品牌出货量排名前五的厂商分别为亚马逊、谷歌、百度、阿里巴巴、苹果，总出货量占全球智能音箱出货量的 81%（见图 10）。总体而言，全球及中国智能音箱市场均呈现寡头集中的竞争格局，并逐渐趋于稳定。

（六）竞品分析

整体而言，国内三大巨头的智能音箱外形（从普通音箱外形到带屏智

能音箱）、功能（包括基础的作为“音箱”的音乐播放功能、语音互动与搜索功能、智能家居控制功能、传统家居红外遥控功能）发展趋同，同质化情况显著。小度智能音箱的突出优势主要在于，硬件上带屏智能音箱发展更为成熟，添添旋转智能屏系列打造了小度智能屏的差异性优势，2020年小度带屏智能音箱销量占中国带屏智能音箱市场总销量的 63.4%（见图11）。另一方面，在软件上，小度打造了丰富的内容服务体系，并创新性地发展了教育智能屏、健康智能屏产品，提供丰富的、更专业的儿童教育、养生健康内容服务；同时，小度依托百度强大的人工智能技术支持，在技术成熟度上具有优势（见表 4）。

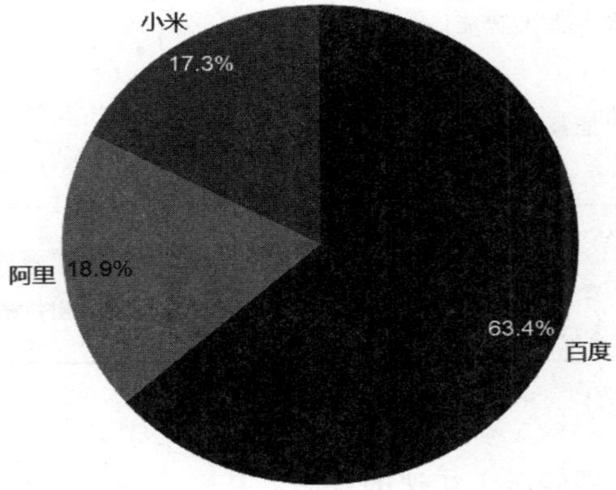

图11　2020 年中国带屏智能音箱市场厂商市场份额（按销量）

资料来源：IDC 中国，2021

表 4　　智能音箱市场主要玩家对比

产品	定位	品类	优势
小度智能音箱	百度旗下人工智能助手 语音交互	小度智能音箱系列 小度智能早教机 小度智能屏系列（包含健康版、旋转屏、教育智能屏）	• 内容体系丰富，深耕教育类、健康类内容服务 • 带屏智能音箱发展成熟度更高 • 依托百度强大人工智能技术支持
小米小爱音箱	听音乐、语音遥控家电的人工智能音箱 硬件生态链体系完善	小爱触屏音箱系列 小米小爱音箱系列 小米 AI 音箱 小米蓝牙音箱系列	• 强渠道优势，有线上自营商场与线下小米门店 • A lot 布局起步较早，智能家居产品矩阵丰富

续表

产品	定位	品类	优势
阿里巴巴天猫精灵	技术+内容 更好的服务体验，普惠大众	天猫精灵 cc 系列（带屏） 天猫精灵方糖系列 天猫精灵 IN 糖系列 天猫精灵 X5	• 背靠阿里巴巴电商平台，强渠道优势
亚马逊智能音箱	基于 Alexa 语音服务体系上的生态营造的硬件体系	硬件产品 Echo 语音服务 Alexa	• 通过基金会、技能插件、语音服务打造了连接消费者、开发者、创业者的生态链 • 开放式 Alexa 生态体系，反推 Alexa 的营造
谷歌智能音箱	谷歌旗下人工智能助手 人工智能技术赋能语音交互	硬件产品 Google Home 语音服务 Google Assistance	• 应用 Google 语音识别与语义分析技术，语音互动准确性与用户体验更佳
苹果智能音箱	基于 IOS 生态优势的智能家居生态打造硬件入口	Homepod 系列智能音箱	• 已有较强的 IOS 系统生态，一定的潜在用户基础

资料来源：各厂商官网、36kr、虎嗅

智能音箱的发展经历了快速的发展，从普通智能音箱到带屏智能音箱，从单一音箱形态不断拓展应用场景，发展为面向多应用场景的多品类产品系列。现阶段智能音箱产品形态逐步趋同，行业也呈现出寡头集中的格局。

总结

前文已提到，小度从 2020 年 9 月的首次独立融资到 2021 年的 B 轮融资，承担了百度 AI 商业化的重任。目前，小度大体上可以将前端的智能硬件销售部分的营收保持在较高水平，但仍处于亏损状态，所以需要在后端寻求新的盈利增长点，从而增加营收、增强用户黏性，并且打造以小度助手为核心的多元生态体系，完成从智能语音交互到平台服务的跃进。正如 CEO 景鲲所言："小度并非传统硬件厂商，而是一个开放式的人工智能平台。小度未来会围绕着小度助手来构建全场景智能生活，进一步建立更多元的战略生态体系。"

综合上述分析，小度此轮融资的首要目的是希望进一步推进 AI 商业化的进程，投入更多资金用于后端平台增值服务的开发与改进，提高自身的盈利能力，构建多元的盈利模式。其次，面对智能设备市场的激烈竞争，小度还会希望利用此轮融资所得资金进行产品的研发与迭代升级，以保持自身竞争力。

（一）未来发展与风险

1. 中国智能音箱市场的竞争格局现在逐渐趋于稳定，未来三巨头也将在智能家居领域拼接技术与硬件优势加紧布局，新玩家难以在其中分一杯羹，当前三足鼎立的局面一定时间内很可能延续。

2. 未来中国智能音箱厂商将会在三个维度展开竞争。

第一，从自身出发，在产品的功能、外观、技术、内容服务等方面进行升级、迭代，以提高用户的智能交互体验。

第二，从智能音箱本身拓展到智能家居生态的布局，未来智能音箱将成为智能家居的流量入口与控制中心，各厂商不断探索拓展 B 端与 C 端应用场景，从家庭场景向教育、医疗、酒店等场景延伸，同时拓展智能音箱对智能家居的连接、控制功能。

第三，从产品销售渠道出发，各厂商加快布局下沉市场。下沉市场是扩大用户基数的重要来源，中国三线以下城市人口占总人口的 68.4%，加上收入增长、消费升级等因素，中国智能音箱下沉市场潜力巨大。当前小度科技在下沉市场布局方面已经做出了一定努力，小度智能音箱旗下 100 余款产品参与了拼多多万人团，拼多多“百亿补贴”也覆盖了多款小度产品。

（二）风险

1. 苹果是个强生态，作为后进入者有破圈潜力。苹果良好的生态体现在：在手机的 iOS、平板的 iPadOS、电脑的 Mac OS 提供良好使用体验的基础上，数据能够在苹果的各个设备中实现同步，并且功能和操作也能实现同步，不同平台之间也在逐渐打通，让用户使用更为方便，进而提高了苹果用户的黏性，“圈粉”无数。苹果 2016 年推出 Home APP，意味着它开始布局智能家居。随着支持苹果智能家居品类的逐渐增多、homeOS 操作系统再现以及与现有生态的链接，未来苹果的智能家居生态将进一步完善，其作为后进者潜力巨大。

2. 小度合作体系建设与关联设备的出货能力存在隐忧。小度音箱看起来对外合作关系很多，但与小爱同学和天猫精灵相比，它并不具备顶层控制能力。若只是粗浅地控制合作关系，合作品牌可以与小度音箱合作，也可以与小爱同学或天猫精灵合作，最终这些品牌更看重谁能帮其出货更多，而天猫和小米在市场销售能力上目前都要强于小度。

3. 未来智能音箱行业的技术壁垒效应将被逐渐削弱。未来，由于各企业开发和掌握的语音助手技术的本质区别逐渐缩小，技术壁垒效应将被逐渐削弱，以技术作为核心壁垒的商业模式将难以为继，这对于小度未来发展来说是一大风险点。

4. 市场拓展的变现能力与效率存疑。小度的核心技术是人工智能，从长期来看，小度不可能只依靠智能音箱这一爆款产品，所以其要么丰富硬件终端体系，要么提升软件及内容服务能力。但目前用户不会因为使用了小度音箱就在手机端依赖小度助手 APP，短期内小度助手的黏性远低于主流 APP 产品。所以只能先着手将小度打造成智慧家庭的控制入口，但第二点也提到小度的合作体系建设与关联设备的出货能力存在隐忧，加上小度的 2B 业务模式仍处于探索期，还未取得良好受益，所以它未来市场拓展的变现能力与效率存在较大不确定性。

我们认为未来智能音箱的竞争将有两个突破口：

一是从自身出发，不断完善、迭代智能音箱本身的功能，通过提升智能语音识别与互动技术，提高人机交互准确度与用户体验，同时持续丰富云端服务技能，丰富智能音箱承载的软件服务与内容体系，如阿里表示，对于天猫精灵后续将全面介入阿里的文娱、健康、购物等内容与服务能力。

二是将智能音箱放在智能家居入口的地位，拓展智能音箱与智能家居的连接功能，并不断解锁更多的应用场景。总而言之，未来智能音箱行业将把握智能音箱自身及与其他智能家居互动的发展，进一步扩大生态圈，行业现有巨头也将凭借其软硬件实力，特别是成熟的技术与丰富的软件服务进一步扩大优势。

No. 18

E签宝：12亿元E轮融资，未来谁主沉浮

主笔：王含颖　上海外国语大学；吴昱融　科罗拉多大学

交易概述：

2021年9月13日，电子签服务厂商e签宝E轮融资12亿元，同时实现了对老牌电子签章软件厂商江西金格的并购，引发行业震动。该轮融资由红杉中国、IDG资本、普洛斯隐山资本领投，国海创新资本、广投资本、温氏资本及老股东达晨财智、远翼投资跟投。

值得一提的是，这是e签宝过去10个月完成的第二笔融资。这也预示着行业或许将在疫情的助推下进入快车道。未来电子签行业将如何发展，成为市场多方关注的焦点。本文将从e签宝的E轮融资入手，探索后疫情时代电子签赛道的发展浪潮。

一、“疫”外受益叠加政策利好，中国电子签市场增长潜力巨大

2016年以来，受企业数字化转型需求刺激及国家政策红利支持，我国电子签行业实现了飞跃式发展。根据艾媒咨询数据，行业规模由2016年的8.5亿元快速增长至2020年的108.2亿元，年均复合增长率高达66.3%（见图1）。而2020年初的疫情更是成为电子签行业发展的直接推动力。未来，随着电子签与各行业更为深入的结合，行业规模有望实现进一步增长。

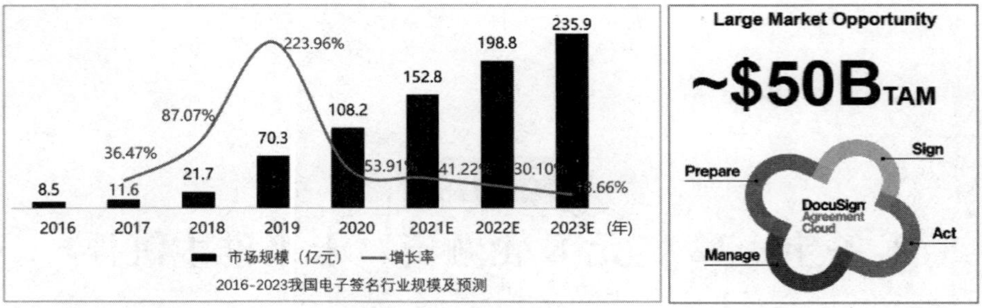

图 1　中国电子签行业规模及全球电子合同市场规模（TAM）测算

资料来源：艾媒咨询、2021 Q3 Docusign report

从电子签签署次数来看，2020 年由于受到疫情及远程线上办公的影响，我国电子签签署次数已突破 500 亿次大关，较上年同期实现了 317.51% 的增长（见图 2）。用户对电子签的使用频次及认可度的提升，将持续为电子签行业的增长注入动力。

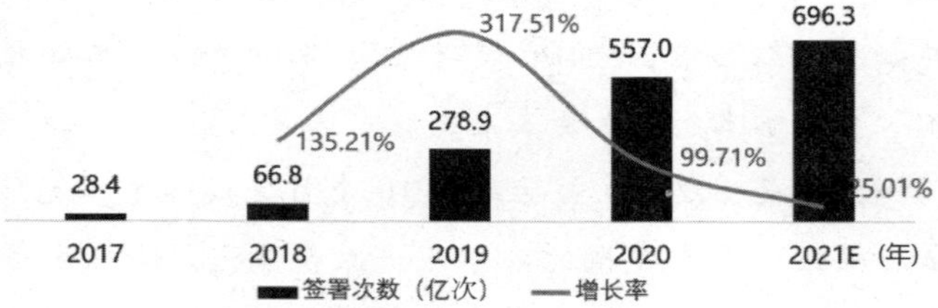

图 2　2017—2021 年中国电子签署次数

资料来源：艾媒咨询

从全球来看，目前 Docusign 以 70% 的电子签市占率位列全球第一，其他知名竞争对手，Adobe 和 HelloSign 仅仅占据市场的一小部分，Docusign 已奠定龙头的地位。后疫情时代 Docusign 无论是总体客户还是企业客户数理都依然维持了增长，其中作为 SaaS 软件公司最重要的成长指标净收入留存率（NDR）依旧保持不错的增长（见图 3），意味着疫情过后，公司不仅继续推进甚至加速数字化的转型，而且电子签得到高度的认可。

目前中国的电子签市场还没有出现绝对垄断地位的公司，许多企业因为疫情的缘故，才慢慢接触认识到电子合同，整体环境仍然处在认识及接受的阶段（见图 4）。当电子签成为大企业业务流程中不可或缺的一部分

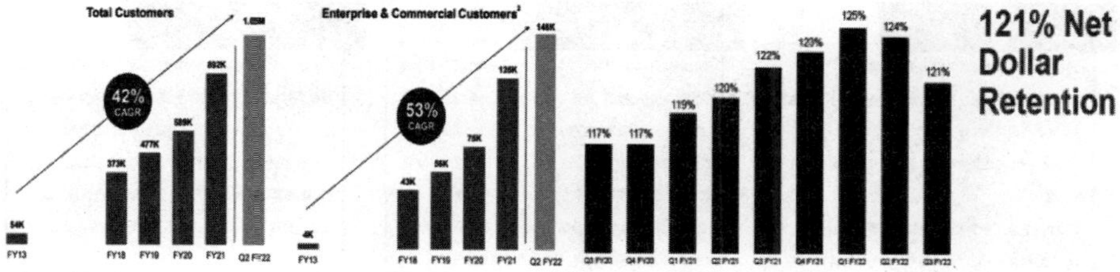

图 3　DOCU 企业客户数持续增加及净收入留存率（2021Q3）

资料来源：2021Q3 Docusign Report

时，将有望带动更多中小企业陆续接受电子合同，中国电子签市场将迎来有别于疫情新的爆发期。

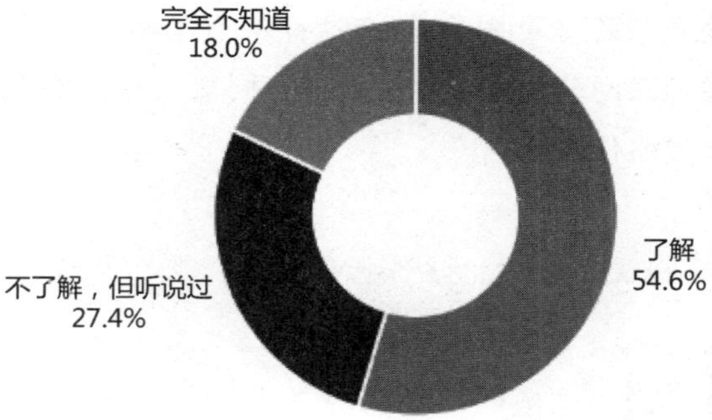

图 4　2021 年中国电子签用户认知度

资料来源：艾媒咨询

二、法律规范完善，电子签行业“链式”渗透融合

自 1996 年联合国推出《电子商务示范法》，并确立电子签概念及法律效力后，各国际组织、国家及地区纷纷颁布电子签相关法律（见图 5）。作为美国的第一梯队，2003 年成立的 Docusign 最早进入美国电子签市场取得技术先发优势，发展后期产生“链式反应”，客户与上下游合作伙伴拉拢不同平台使用者使用相同的平台进而形成龙头地位。除此之外，美国无须 CA 机构认证以及电子签不涉及法律服务，使得电子签更加全面地应用于各行业领域，从房屋租赁切入，拓展到金融服务、保险、制造及医疗保健等不同行业。

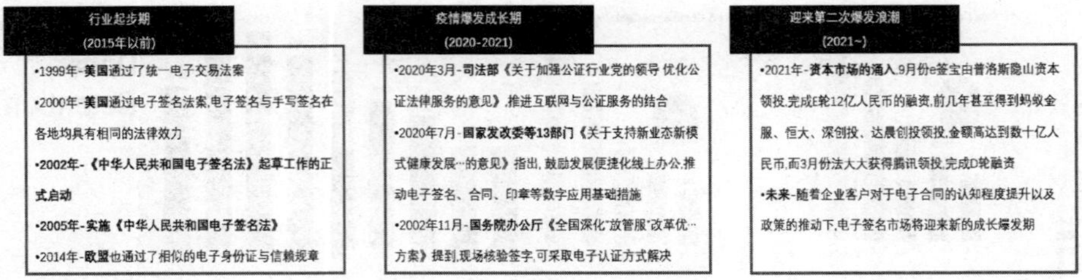

图 5　电子签行业的历史与第二次浪潮

相比之下，由于中国需要 CA 签发认证，以及厂商需要提供司法公证法律服务来保障电子签的法律效力，使第三方服务商平台如“e 签宝”“法大大”和“上上签”难以渗透传统金融行业，传统金融机构大多选择 CA 机构旗下的电子签服务商（见图 6）。在这样的市场格局下，e 签宝核心发展思路为选择大型互联网公司以及签署销售合同次数较多的海康威视、美的、立白及苏宁作为战略伙伴。

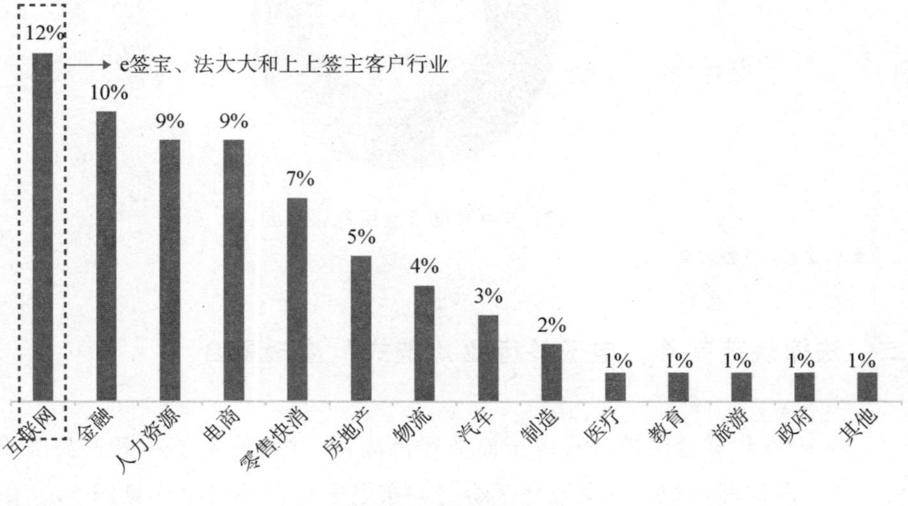

图 6　2019 年电子合同在中国各行业渗透情况

资料来源：亿欧智库

三、行业产业链：纵向分工，垂直深耕，电子签产业链应用场景广阔

电子签的产业链（见图 7）由上游的 CA 机构、时间戳机构及实名认证

机构确保电子签的有效性。中游的服务商分为两种：一种是第三方独立平台，如阿里派系的 e 签宝、腾讯派系的法大大和甲骨文派系的上上签，面对的客户群主要以互联网为主；另一种服务商为 CA 机构产业链垂直打造的平台，因此客户大多以金融为主，中游的玩家众多，竞争较为激烈。

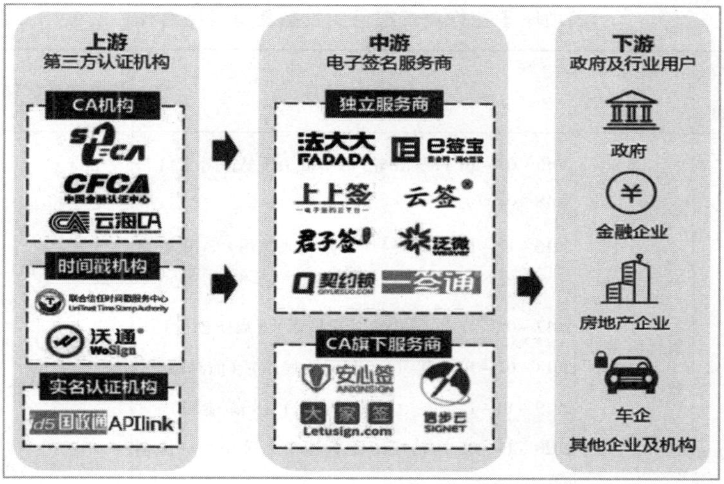

图 7　电子签行业产业链

电子签应用场景目前正在不断开发，随着人们的认知提高、追求高效率低成本的趋势，除了互联网及金融领域以外，如人力资源、房地产、医疗服务及电子商务，这些领域对电子签的需求将逐渐扩大。

四、e 签宝坐拥多项核心竞争力，构筑品牌护城河

e 签宝成立于 2002 年 12 月，是中国互联网电子签名行业领跑者，提供完整的电子合同全生命周期服务，全套产品体系助力用户系统性解决签署难题，降本增效，拥有资质齐全度、数据保护力、多元化产品、大客户信赖、品牌影响力等优势。

2020 年前后，电子签名得到政策大力支持，司法部、发改委及国务院陆陆续续推动数字化转型，认可电子签在各个场景的运用。2021 年疫情高峰过后，腾讯、阿里两大巨头分别支持法大大与 e 签宝，完成数亿元人民

币的融资。政策扶持意味着国家对于电子签的重视与认可，因此资本市场助力赛道的发展。然而，想要在赛道崭露头角，势必在核心技术、实用度与客制化三者拥有较深护城河。目前签署次数最高的 e 签宝便是行业产品的代表（见表 1 和图 8）。

表 1　　　　国内电子签行业三家巨头投融资与战略合作

公司名称	成立时间	签署次数	投资方信息	战略合作伙伴	最新投后估值
e 签宝	2002	累计签署次数 121 亿 +	2015－09－16 Pre－A 轮（1 000 万元人民币）（言和资本） 2016－12－19 A 轮（4 500 万元人民币）（东方富海） 2017－05－17 Pre－B 轮（未披露）（启明创投） 2018－01－10 B 轮（1.5 亿元人民币）（前海梧桐） 2019－10－12 C 轮（近 1 亿美元）（蚂蚁金服） 2020－11－05 D 轮（10 亿元以上人民币）（深创投、达晨财智） 2021－09－13 E 轮（12 亿元人民币）（红杉、IDG 资本、隐山）	阿里云、SAP、用友云、钉钉、明源云、蚂蚁区块链；杭州国立公证处、杭州互联网公证处、国信司法鉴定中心	84 亿元人民币
法大大	2014	累计签署次数 35 亿 +	2015－02－28 天使轮（400 万元人民币）（复励投资） 2015－09－07 A 轮（1 500 万元人民币）（信天创投） 2016－05－04 A＋轮（未披露）（和盟创投） 2016－12－20 B 轮（6 000 万元人民币）（伯藜创投） 2018－06－13 B＋轮（数亿元人民币）（元璟资本） 2019－03－06 C 轮（3.98 亿元人民币）（腾讯、老虎基金） 2021－03－11 D 轮（9 亿元人民币）（腾讯）	腾讯、Microsoft、SAP、Oracle、用友、金蝶、明源、企点、飞书；上海公证处/杭州互联网公证处、上海计算机行业协会司法鉴定中心	45 亿元人民币

续表

公司名称	成立时间	签署次数	投资方信息	战略合作伙伴	最新投后估值
上上签	2014	累计签署次数 72 亿 +	2014－08－01 天使轮（300 万元人民币）（经纬中国） 2015－08－01 Pre－A 轮（700 万元人民币）（经纬中国） 2015－11－30 A 轮（2 930 万元人民币）（DCM 中国） 2016－08－30 A＋轮（2 787 万元人民币）（顺为资本、WPS） 2018－03－05 B 轮（1 亿元人民币）（WPS 金山软件：03888. HK） 2018－08－31 C 轮（3. 58 亿元人民币）（老虎基金领投）	Oracle、北森、金蝶；上海东方公证处，杭州仲裁委	未透露

资料来源：各公司官网、官方公众号

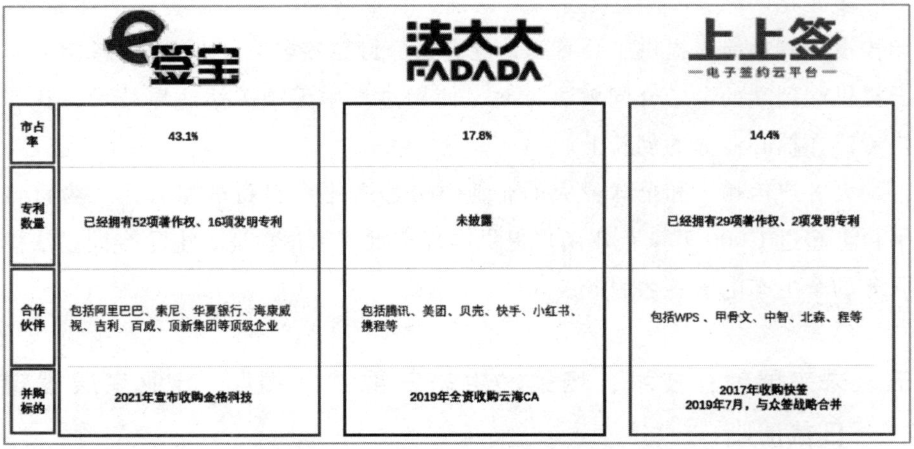

图 8　国内电子签行业三家巨头部署与竞争优势

资质齐全，数据保护力强：e 签宝累计合作 CA 机构超过 20 家，获得国密局、公安部、工信部、法院、仲裁委、公证处等部门颁发的专业资质认可和使用背书。此外，2021 年 e 签宝加入了全国信息安全标准化技术委员会。“天印”是 e 签宝为满足客户企业内部印章管控需求而推出的混合云电子签章软件产品，保证企业对签署隐私性、完整性和公正性的要求（见图9）。

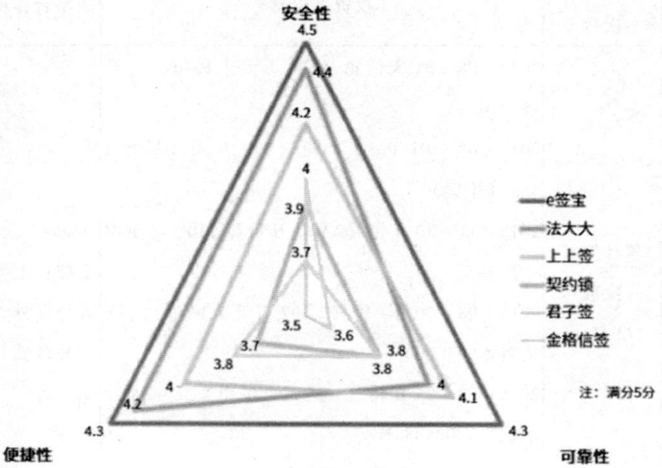

图9　e签宝注重合同数据保护，安全性获高度认可

资料来源：各公司官网、官方公众号

多元化产品：e签宝具备身份认证、智能合同、存证服务、法律服务、印控设备等功能，提供了公有云、混合云、钉钉签名三种形式。e签宝公有云提供端到端的电子合同解决方案，使用过程中无须关注底层技术，让客户专注在核心业务的创新上。

大客户信赖：和全球最大的企业办公服务平台钉钉战略合作，为钉钉平台上超过1 000万家企业用户提供内部审批、数据存证、电子合同、法律服务的全生态电子签名服务。

五、未来展望：技术、场景、生态三重“共振”，行业底层逻辑日益清晰

技术创新提升安全保障，区块链赋能可信数字环境：电子签行业是偏技术密集型产业，日趋成熟的技术助力提供覆盖全生命周期的产品及服务（见图10）。例如，人工智能技术重点作用于合同管理环节，实现电子合同全生命周期的智能管理；区块链具有不可篡改、不可抵赖、多方参与等特点，应用于合同存证出证环节，保证电子合同的数据存储安全与流转可

追溯。

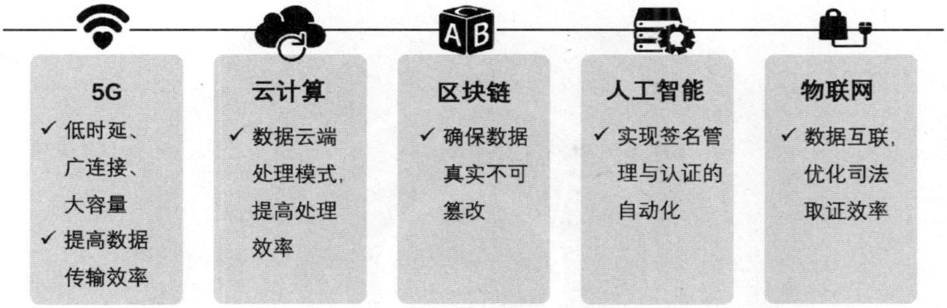

图 10　电子签行业核心技术创新

企业办公系统嵌入，电子签横向普及：从业务融合发展方面看，电子签平台通过与合作方产品集成（见图 11），一方面为企业用户提供便捷、高效的电子签服务，提升企业在合同、签章管理方面的信息化水平及风控能力，赋能企业优化业务管理；另一方面，将拓展电子签覆盖用户，进一步放大电子签的网络效应。

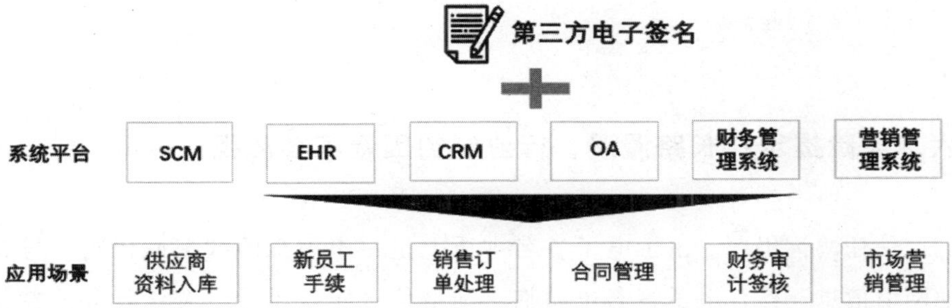

图 11　电子签与管理系统互联互通

深耕构建生态闭环，应用场景纵向拓展：从全产业链方面来看，现阶段头部电子签平台开始围绕电子签、电子合同和电子签章向保全公证、法律服务和司法服务等增值性服务拓展（见图 12）。通过与律师事务所、仲裁机构、公证处、司法鉴定中心等机构合作对接，平台增强签署电子合同的出证能力，提升用户电子签体验，有力地促进平台影响力提升与口碑积累。

图 12　电子签生态闭环

资料来源：艾媒咨询

六、风险提示：长路漫漫，行业制约因素不容忽视

信任鸿沟仍存。由于电子签名本质上是一串虚拟的数据或代码，与其他网络信息一样，电子签名也面临着网络信息安全风险，大众对电子签名及第三方电子签名平台的理解存在偏差等问题，信任鸿沟仍未得到完全消除。

容易过高估值。随着后疫情时代的到来，当企业恢复到正常办公状态，营收增长放缓，可能出现杀估价的情况。如 2021 年第三季度财报分布后，Docusign 股价惨遭腰斩。

政府参与逐鹿。出于国家安全、隐私保护、司法升级的考虑，当主要客户为地方政府和国企的政府 CA 机构有加速进场的趋势，行业的生存空间将受到极大挤压（见表 2）。

表 2　　政府 CA 机构加速电子签生态构建

时间	政府事件
2017 年 6 月	国家电子合同备案平台上线，定位于“通过数字签名 + 时间戳 + 第三方合同托管 + 出证等一系列措施”为互联网金融平台与投资者之间搭建共同信任
2019 年 4 月	上海市电子印章公共服务平台正式上线，将全面实现对各类法人电子印章和个人电子签名的统一制作与管理，并逐步实现签署文档在全市电子政务的互通互认
2021 年 3 月	杭州上线全国首个由政府自建的区块链免费网签电子劳动合同服务平台“杭云签”
2021 年 5 月	上海 CA 认证中心推出电子签章服务及物理印控、防伪打印一体化管理平台“大家签”，并将全面支持 5G 消息

资料来源：各政府 CA 机构公众号

七、总结：芳林新叶催陈叶，电子签行业欣欣向荣

疫情暴发以来，电子签从最初的迫切需要转变成了战略重点，获得了政府、教育等在内的多个行业的关注，电子签也成为许多组织业务流程中不可或缺的一部分，当企业以数字化方式改变协议流程时，它们就不会回头，随着居家办公在疫情常态化环境下的发酵，未来或许会出现更多混合的新形态，而作为国内市占率第一的电子签将获得高增长的潜力空间。

回溯 e 签宝获 E 轮融资事件，并落脚于国内外电子签平台的发展历程、落地实践和未来发展，本文旨在帮助数字化时代的企业及个人对电子签行业有更加清晰的认知，并为 e 签宝等中国电子合同行业及平台的发展提供更多借鉴价值。

想成为投融资观察报告创作团队的一员吗？微信扫描本书第 352 页二维码，现在就加入我们吧！

No. 19

海伦司："资本江湖"，中国小酒馆的第一股

主笔：汤舒涵　中国人民大学　　邢飞雪　郑州大学

交易概述：

2021 年 9 月 10 日，海伦司国际控股有限公司（即海伦司小酒馆）正式以"9869"为股票代码在港交所主板挂牌上市，成为香港股票市场上的"线下酒馆第一股"。此次 IPO，海伦司小酒馆总计发行 1.35 亿股股份，发行价为 19.77 港元，开盘涨 16%，随后市值涨至 300 亿港元。招股书显示，按收入计算，2020 年海伦司在中国酒馆行业中排名第一，占据 1.1% 的市场份额，是目前国内最大的连锁酒馆。在此次上市前，海伦司于 2021 年 2 月完成了一笔 3 300 万美元的融资，由黑蚁资本领投，投资银行中金公司跟投。

一、灯红酒绿，年轻化消费引领市场新格局

近年来，中国酒馆行业整体情况呈现出夜间经济蓬勃发展，行业规模持续增长的行业态势。从供给侧来看，目前我国酒馆行业竞争高度分散，业态多元，主要由大量独立酒馆和少数连锁酒馆网络组成。截至 2020 年末，中国约有 3.5 万家酒馆，其中 95% 以上为独立酒馆，以销售额计的 CR5 仅为 2.2%（见表 1）。其中，第一名的海伦司市占率为 1.1%，因此相比成熟市场，我国酒馆行业集中度仍有较大提升空间。

表 1　　　　行业供给市场份额

排名	酒馆经营者	2020 年收入（亿元）	2020 年市场份额（%）	2020 年底酒馆数量（家）
1	海伦司	8.2	1.1	351
2	公司 B	3.4	0.4	~40
3	公司 C	2.7	0.3	~70
4	公司 D	2.6	0.3	~40
5	公司 E	1.0	0.1	~65
CR5		18	2.2	

资料来源：《2021 中国小酒馆行业发展研究报告》

从需求侧来看，夜间经济蓬勃发展，年轻人夜间消费需求增加，目标群体消费的“社交属性”显著增强。2016 年以来，中国夜间经济规模快速增长，到 2020 年底已突破 30 万亿元，同比增速达到 5.0%，2022 年预计规模将突破 40 万亿元（见图 1）。消费升级的浪潮下，中国居民人均消费支出与消费意愿的提升推动夜间经济进入发展的黄金时期。

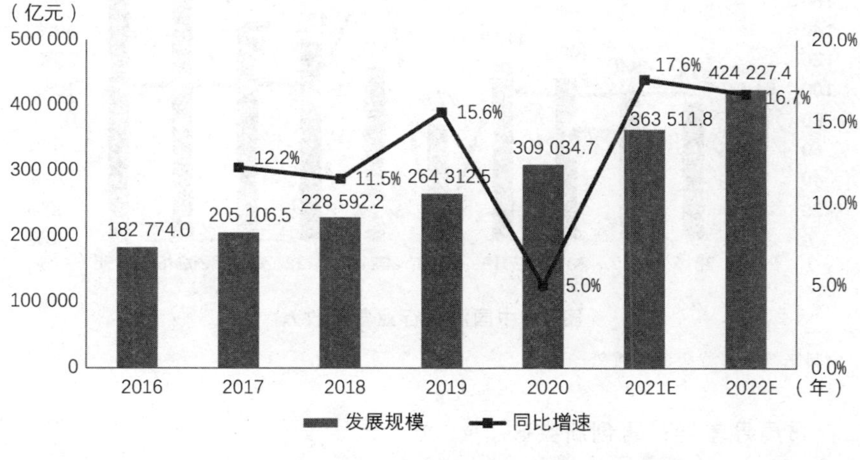

图 1　2016—2022 年中国夜间经济发展规模及预测

资料来源：艾媒数据中心

酒馆目标群体以年轻人为主，相比于酒水品质，更关注酒馆氛围，整体来看酒水性价比高、社交氛围营造好、环境音乐有吸引力的酒馆会更受目标消费群体欢迎。年轻化消费力量的崛起、“社交属性”的消费需求、需求端的新变化赋予了酒馆行业发展的新机遇。在消费分层的社会背景下，下沉市场娱乐化设施缺失及“低成本”社交的需求增加使得小酒馆所营造的高性价比的社交场景受到年轻一代，尤其是小镇青年的大力追捧。同时，年轻一代酒水消费场景的变更，娱乐化消费需求的提升为“好喝”的饮料化酒饮的发展带来了更为广阔的空间，中国小酒馆面临快速扩张的发展机遇期。

（一）回首峥嵘路，展望新征途

2015—2019 年，中国酒馆行业营业收入从 844 亿元增长至 1 179 亿元，实现了 8.7% 的年复合增长率，2020 年上半年受疫情的影响营业收入明显下滑，但在下半年逐渐恢复到疫情暴发前的水平，2020 年全年收入同比下降 34.2%。根据弗若斯特沙利文的预测，2025 年中国酒馆行业总体规模将达到 1 893 亿元，从 2020 年到 2025 年复合增速为 18.8%（见图 2）。

图 2　中国酒馆行业营业收入

资料来源：弗若斯特沙利文

（二）布局寻差异，再创新突破

2015—2019 年，一线、二线、三线及以下城市的年复合增长率分别为 6.3%、8.1%、13.8%。根据弗若斯特沙利文的预测，在疫情暴发后的未来 5 年年复合增长率将分别为 15.4%、17.5%、26.7%（见图 3）。而目前低线城市酒馆的渗透率低，供给较少且供给质量有待提升，随着下沉市场消费潜力不断释放，未来几年低线城市酒馆市场有望快速发展升级。

图 3　各线级城市酒馆行业营业收入

资料来源：广发证券发展研究中心

考虑到中国经济增长及居民可支配收入的不断增长、夜间经济潜力巨大以及二三线城市的城市化发展和消费习惯转变，中长期维度看国内酒馆行业有望迎来快速增长。对比欧美等发达国家以及东亚地区日韩等国家，我国酒水消费增长快，酒馆行业市场成熟度较低，增长潜力更大，渗透率和连锁化率均有较大提升空间。

（三）上下协同，标准化模式提速增效

小酒馆行业产业链表现出的特点是高标准可复制化，在门店数量达到一定规模之后规模效应将进一步体现降本增效，同时规模化的管理平台也将助力门店数字化，赋能门店增长（见图 4）。

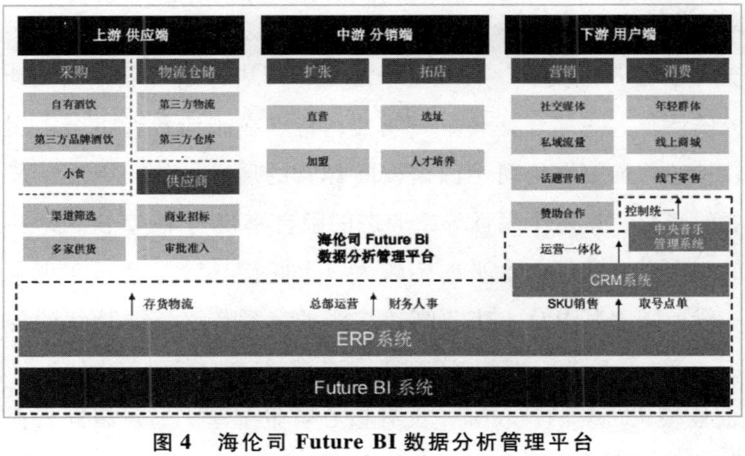

图 4　海伦司 Future BI 数据分析管理平台

注：海伦司 Future BI 数据分析管理平台：Future BI 系统——ERP 系统——CRM 系统——中央音乐管理系统

二、海伦司：自成一格的精准定位成就独特优势

（一）优势分析

1. 场景运营提高顾客体验。海伦司以“打造年轻人的线下社交平台”为核心，在精准把握目标消费群体需求的基础上，打造线下夜间社交场景，达到持续吸引客流的效果。同时，对目标客群的精准运营使之与目标客户建立情感连接，以异域风情的装修风格和音乐系统形成优质的门店环境，以适度、高效的门店服务确保顾客体验。将顾客体验值拉满也是海伦司不同于其他小酒馆的突出特点。

2. 直营的经营模式和管理体系的高度标准化。到目前为止，海伦司全部门店均采用直营的经营模式，能够最大限度地保证各门店统一和标准化，便于产品和服务品质的把控。此外，高度标准化的运营模式更容易使公司文化在直营店之间传递，同时又在一定程度上保护了商业机密。

3. 高性价比的产品组合。海伦司以自有产品为主，外部产品为辅，在其集中性采购和标准化运营下盈利能力稳定，自有酒饮毛利率更高，而且赠饮力度大，频次高，以其高性价比、饮料化的酒饮贴近目标群体消费力和消费需求。

（二）潜在劣势

1. 未来合适选址变少，行业竞争加剧，开店计划可能不及预期。海伦司的业务属性很大一部分是其聚会属性，特点在于消费者将会占用空间使用时间较长，再加上海伦司小酒馆夜间经营的属性，使其天然地放弃了早餐和午餐的经营，这两个属性导致业态的翻台率仅为 1—2 次，对比优秀餐饮门店的 4 次左右的翻台水平差距较大，也间接导致了公司在现金流层面的表现一般。随着其 IPO 上市，高速扩张的背后势必需要持续的外部资金支持。

2. 商业模式可复制性较强，没有核心竞争壁垒。通过跟同行业的竞争者对比发现，海伦司及这个行业连锁业态未来有可能遇到同质化竞争问题，大多数竞争者的商业模式在一定程度上呈现相似，这将导致海伦司缺乏核

心竞争力，其低价性价比的战略很容易被其他小酒馆模仿，所以在持续占领市场份额方面存在一定的不确定性，这会给海伦司上市后带来新的挑战。

（三）公司战略

在对行业发展趋势与目标消费群体需求的清晰认知下，海伦司形成了自己独特的商业模式与战略定位——以自有产品降低成本，打造极致性价比的年轻人社交空间。

具体来看，在公司层面，海伦司致力于打造自己的休闲酒吧品牌，面向年轻群体，提供酒水及小吃，并以直营而非加盟的形式进行标准化管理，更好地塑造自身品牌形象，目前已在全国开设超过400家直营门店。而在团队方面，海伦司具有专业化、多元化的管理团队，公司创始人拥有多年行业经验，长期专注于酒馆业务模式创新，多位高层管理人员也都曾有相关的工作经历，这些都为海伦司的发展奠定了良好的基础。而从产品及服务的角度来看，海伦司的产品主要包括自有酒饮、第三方酒饮和零售产品，并以自有产品来降低成本，为消费者提供极致的性价比体验（见图5），其服务主打社交空间，在主题装修风格方面主打东南亚异域风情，辅以欧洲花园风、欧式爱丁堡，将环境体验感分值拉满。

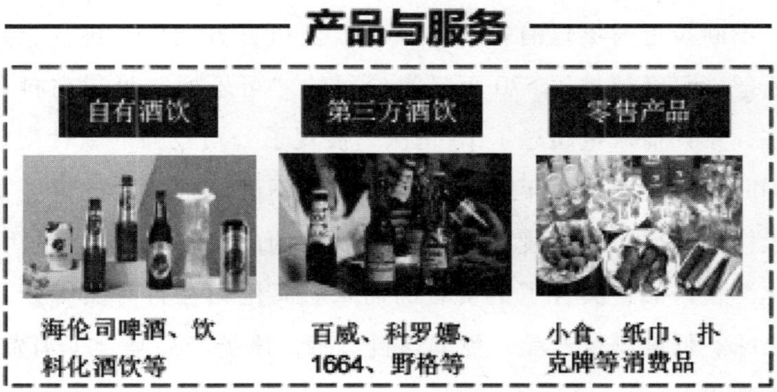

图5 海伦司产品与服务

1. 极致的性价比为公司带来极强的差异化。海伦司的三大运营策略使得公司拥有极高的性价比（见图6）。第一点是销售临期瓶装酒。招股书显示，公司向供应商采购的产品，保质期一般仅剩1/4至1/3。（实测中临期1—2周酒水偏多）。第二点是销售扎啤和混装酒，扎啤及洋酒混可乐类的混装酒毛利较高，海伦司也在极力推荐这类产品。策略三是销售自有品牌产品，海伦司的自有品牌产品占比一直可达 70% 左右，这也使其成本降低，能够以低价迅速占领市场份额。举例来说：公司 275mL 的百威啤酒售价 9.8 元/瓶，同行业对该款百威啤酒的平均售价为 15—30 元/瓶，海伦司比同行业对该款百威啤酒的平均售价低 35%—67%。

图 6　海伦司主打所有单瓶酒不高于 10 元的极致性价比策略

资料来源：海伦司招股书

2. 抓住新一代消费者的需求，通过新营销方式以及更符合年轻人群的酒类产品提升用户黏性。相比同类公司，海伦司拥有较强的新社交媒体营销能力，不断拉近与年轻消费者的距离。公司官方微信、抖音、微博账号累计的粉丝，已经超过了 570 万；海伦司的“可乐桶”挑战在抖音上引发大量关注，累计播放量超过了 10 亿次，展现了公司较强的新社交媒体运营能力。同时，海伦司针对年轻消费者对酒的不同需求，发现有更多的女性用户加入饮酒人群，酒精度数更低、更利口的品类增长更快，公司顺势推出饮料化酒精产品，契合了消费者的需求。海伦司在自有品牌产品中加入了更多果味、低度酒饮产品，更偏饮料口感，该类产品契合了消费者需求，销售量不断提升。

3. 为用户打造优质的放松、社交场景。海伦司门店的装修历史上已经迭代了 3 个版本，目前是 3.0 版，形成了以标准化、工业化、模块化为特色的装修逻辑。公司门店的迭代主要通过自己的探索 + 消费者意见进行自己探索：设计团队前往芝加哥、泰国等地交流学习，自己探索优秀的门店装修。消费者意见：不断收集消费者意见，打造消费者满意的空间（见图

7）。海伦司还精心为门店挑选、更新音乐，每年音乐授权花费不断增加。

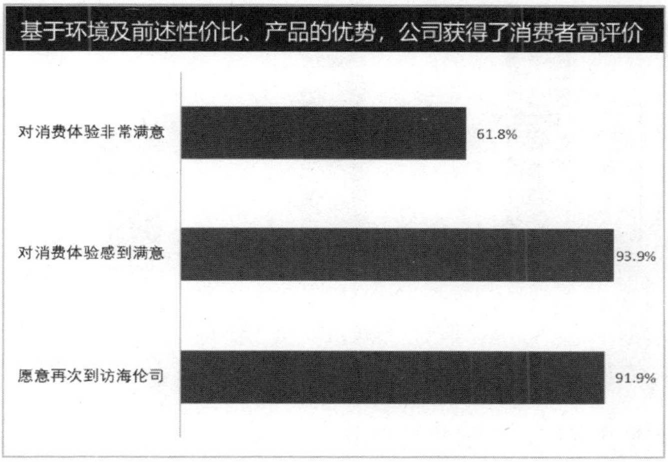

图7　海伦司消费者满意度调研

资料来源：海伦司招股书

4. 星火燎原，单店赋能整体营收。目前，海伦司小酒馆单店面积在350平方米左右，资本开支约90万元，营业利润率在30%左右，盈亏平衡期大致2—3个月，投资回报期10—12个月。单店毛利率较高，产品和服务的盈利能力较强（见表2）。

表2　海伦司单店模型

项目	比例
毛利率	65%—70%
人工费用	15%—18%
租金	10%—12%
水电费与折旧摊销	8%—10%
经营利润率	25%—35%

资料来源：光大证券研究所

单店盈亏平衡期不断缩短，开店提速具备良好前提。从2018年至2020年，海伦司单店盈亏平衡期从6个月缩短至3个月（见图8），成本管控的强化与盈利能力的提升使得单店面临的经营风险得到有效管控，也为其新店的增长提升了信心和奠定了良好的基础。

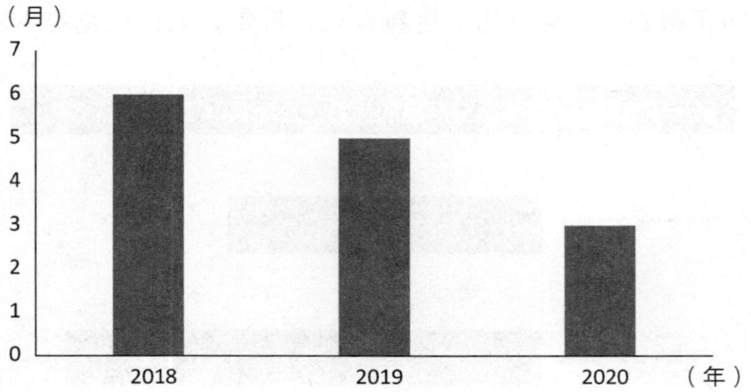

图 8　海伦司盈亏平衡期

资料来源：光大证券研究所、海伦司招股说明书

年轻化客群定位，营销精准触及消费群体，老客带新客促进用户增长下，海伦司小酒馆单店日均下单用户数实现显著增长，从 2018—2020 年，一线、二线、三线城市单店日均下单用户数都呈现大幅增长，2021 年一季度，三线城市单店日均下单用户数增长呈现较大突破（见图 9）。

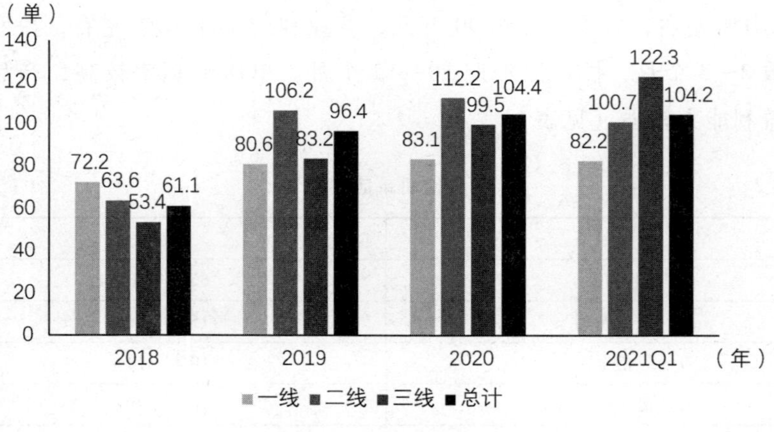

图 9　海伦司单店日均下单用户数

资料来源：华创证券、海伦司招股书

同时，单个下单用户日均消费金额也在逐年增长，2018 年单个下单用户日均消费 93. 2 元，而至 2020 年已近 110 元，复合年均增长率达 8%（见图 10）。

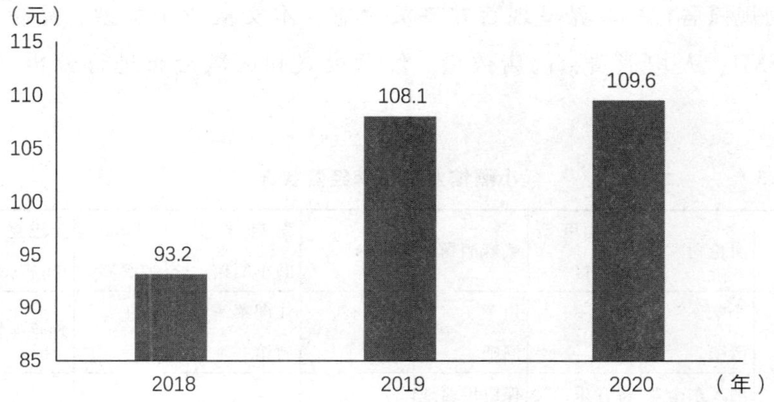

图 10　海伦司单个下单用户日均消费金额

资料来源：光大证券研究所、海伦司招股说明书

在公司的正确战略定位与较强的盈利能力加持下，近年来，海伦司小酒馆单店收入持续高增。从 2018 年到 2020 年，单店日均销售额从平均 5 700元增长至 10 900 元，复合增长率高至 38.3%，而 2021 年一季度公司单店日均消费额为人民币 1.17 万元，高于 2018—2020 年单个直营店日均消费，呈现出良好发展态势（见图 11）。与公司整体营收综合来看，单店对拉动公司营收增速复苏具有积极作用。

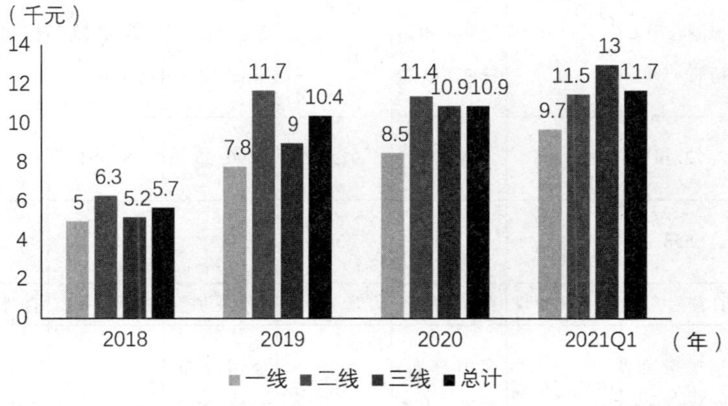

图 11　海伦司单店日均销售额

资料来源：华创证券、海伦司招股说明书

5. 竞争者分析：百花齐放，群雄并起谁统江湖。行业高度分散下目前

海伦司规模居首，业界呈现百花齐放之态，本文从业态类型、品牌定位、特色 SKU、人均消费、门店数量、经营模式和区域分布进行分析（见表 3）。

表 3　　小酒馆业态品牌经营状况

比较	海伦司	胡桃里音乐酒馆	贰麻酒馆	Perry's	先启半步颠小酒馆	BlaBlaBar 奈雪酒屋	星巴克 BarMixato
业态类型	小吃 + 清吧	川菜 + 酒吧	川菜 + 酒吧	西餐 + 清吧	江湖菜 + 酒馆	奶茶 + 酒馆	咖啡 + 酒
品牌定位	融入东南亚风情元素，专门为年轻人群量身打造的聚会场所。提供极具性价比的产品组合，打造特色休闲空间	将音乐、文化、川菜、酒吧融于一体。以酒吧、餐厅、咖啡馆混血儿的全新融合模式，打造一站式娱乐体验	保留川西地区的露天茶馆特色，让顾客体验地道安逸的成都慢生活。自制中式鸡尾酒一斗酒，低度易入口	量贩式嗨场、多元化社交平台；配备互动墙且提供特色“霸屏”服务，重新定义玩乐边界	古色古香且充满江湖气息的客栈风，菜名独特，“巨大化”菜盘菜量，唤醒武侠梦	与奈雪的茶空间联通；酒类容器形似香水瓶，精确瞄准年轻精致女性人群	臻选咖啡、酒坊模式：白天时段主营咖啡业务，进入夜晚就进入酒吧模式，带有星巴克特色的咖啡、美食
特色 SKU	自有酒饮、啤酒，SKU 精简	红酒、西餐	自制中式鸡尾酒、四川特色下酒菜	鸡尾酒、啤酒	江湖菜、川菜、白酒、果酒	果味调酒、“香水瓶”鸡尾酒	酒型咖啡、精酿啤酒、威士忌、鸡尾酒
人均消费（元）	72.14	113.06	145.51	92.04	90.33	82.58	87
门店数量（个）	558	347	165	51	52	18	3
经营模式	直营	直营 + 加盟	直营 + 加盟	直营	直营 + 加盟	直营	直营
区域分布情况	全国分布，东部、中部地区较多	中部、东部地区	全国分布，东部、中部地区较多	广东省、上海	全国分布，东部、中部地区较多	深圳、杭州、上海	上海、北京

资料来源：华创证券

三、前路漫漫，上下求索未来可期

1. 海伦司在此次上市前接受黑蚁资本领投、中金公司跟投的投资，而这两位投资方一位是深耕消费领域多年，投出多个明星消费项目的投资企业，一位是中国第一家中外合资的投资银行，拥有完整的后台支持部门和风险控制系统。说明海伦司获得了一定的资本青睐，而随着它在联交所的上市，可以预见海伦司未来将会面临更多资本市场的机遇和风险。

2. 2020 年海伦司已成为中国酒馆行业规模最大的酒馆品牌，在全国所有的直营酒馆内提供统一化的招牌产品组合。在上市后，海伦司有可能会面临门店数量野蛮增长的风险，这时候面对同行业竞争者出现的同质化问题也会随着上市和规模扩大越发突出。

3. 根据最新财报数据显示，截至 2020 年及 2021 年 3 月 31 日止 3 个月，海伦司收入从 6 203. 8 万元增至 3. 69 亿元，净亏损由 1 656. 9 万元扩大至 7 633. 2 万元。海伦司的战略定位和整体策略属于尽可能让利于消费者的企业，低廉的价格让其只能通过不断压缩成本来保持微薄的盈利，但其依靠回馈顾客等活动吸引流量的方式很难在现有的模式下获得高净盈利，还可能面临食材成本上涨、用工成本增加的风险，使盈利能力进一步降低。

综合以上几点，可以预见的是，海伦司在上市后还有很长的路要走，资本的青睐也许能够带给它资金和规模上的优势，但是究竟能不能在众多小酒馆中打造自己的核心竞争力，扬长避短合理发展，还要看海伦司在上市后的发展战略与财务表现，毕竟在上市前给投资人讲好故事是关键，但上市后真正能够走多远，还要看海伦司自身的能力，如何持续保持对年轻群体的吸引力以及如何从引流到真正实现现金流的净收入，我们期待海伦司能够在上市后的表现中给出答案。

想成为投融资观察报告创作团队的一员吗？微信扫描本书第 352 页二维码，现在就加入我们吧！

No. 20

当红齐天：龙头 XR 打造全产业链生态闭环，优质 IP + 硬件恐成未来 XR 组合拳

主笔：刘思睿　北师港浸大 UIC

交易概述：

2021 年 10 月 13 日，打造了多个标杆性大型 XR 主题乐园的当红齐天集团宣布完成数亿元 B 轮融资，小米战投、建银国际领投，野草创投、老股东联想创投跟投。本轮融资将用于推动 5G + XR 赛道更广泛的场景化应用落地，促进 5G + XR 产品的深度研发，打造线上线下联动的闭环 XR 生态链路，引领 XR 行业 2.0 时代的到来。

一、行业发展：从热炒到冷静到市场回温

由于狭窄的 to C 市场及网络、硬件和内容 IP 上的瓶颈，尽管 2012—2016 年 XR 行业经历了热炒阶段，但输血式的资本投入无法支撑行业的发展，行业进入泡沫破灭的低谷期，XR 行业进入寒冬（见图 1）。2020 年后随着接入网技术和 XR 交互能力大大提升，以 Oculus 为代表的 VR 头显全球销量显著增长，加上元宇宙的概念推动，行业开始迎来新的复苏（见图 2）。

内容资源匮乏、使用体验不佳等问题，仍然困扰着 VR/AR 行业。数据显示，VR 用户人群数量约为 1 796 万，潜在用户为 2.86 亿，其中有 56% 的 VR 用户渴望更丰富的内容 IP，50% 的潜在用户渴望更有吸引力的优质内容，如爆款游戏或 APP。而 44% 则渴望更好的设备性能，希望能进一步

解决眩晕感等问题。

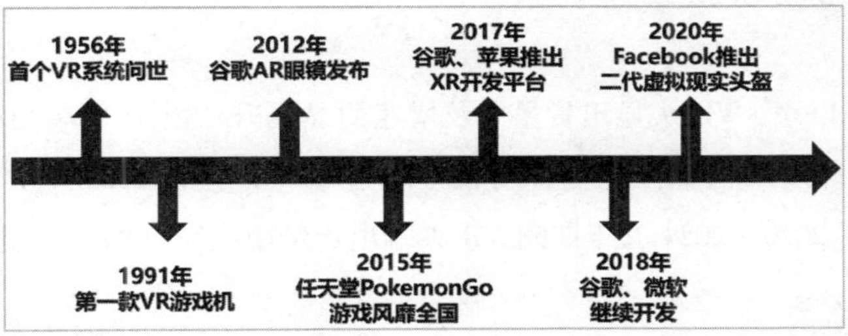

图 1　XR 行业的前世今生

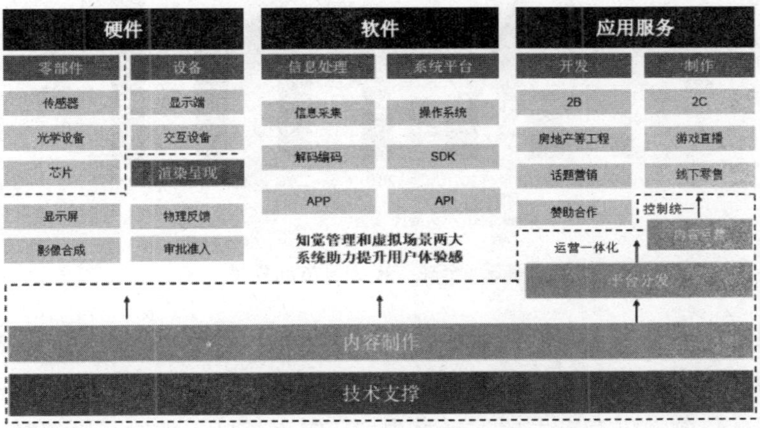

图 2　XR（VR/AR）行业产业链

一方面，目前的 VR 行业产品和内容都面临高度的同质化和简单化，缺乏单一爆品内容产品来吸引消费者，移动端和主机端大多的主流应用商店并未对 VR 内容独立分区，这导致内容隐藏深，查询难，消费者对于内容触达率低。

另一方面，硬件和网络的高要求也限制了产品应用的普及，间接抬高了使用成本，而现有的 CPU/GPU 无法保证在轻便的硬件上实现足够的计算速度、存储空间、传输速率和续航能力，在网络设施方面，VR/AR 对带宽和延时要求较高，提高了消费者的体验门槛。

而在使用的舒适度上，由于 VR 近眼显示技术存在分辨率不足、眩晕等问题，交互体验也一直有待提升。

二、未来市场预测

2020 年以来，VR 头显出货量以及增速明显提升，由于 B 端变现和 C 端持续发力，预计未来三年行业复合增长率超过 80%，预计 2023 年 VR 设备超过 35 000万台，2020—2024 五年期间 VR 终端出货量增速约为 84%（见图 3）。

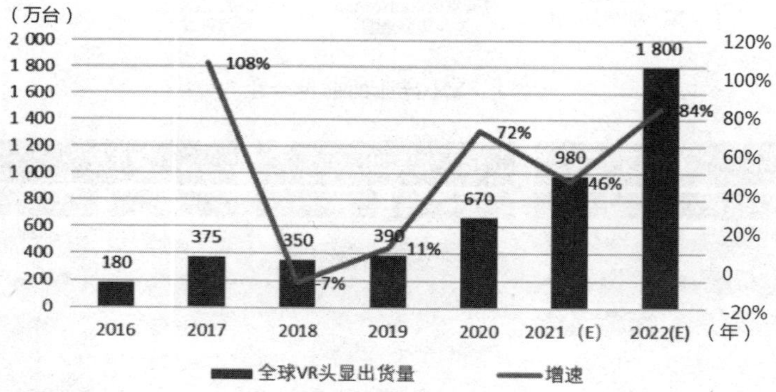

图 3　全球 VR 头显市场规模

目前来看未来 VR 产品在 B 端的市场将逐渐开阔，如教育、培训类等市场潜力较大，也有望最先落地，而房产交易、军事、家装家居以及医疗等龙头实体领域仍有较大的发展潜力。C 端市场可预见的是随着技术和硬件设备的不断进步，VR 游戏市场将进一步发展（见图 4），游戏行业本身的用户基数较大且黏性较强，且更加追求沉浸感，另一方面 5G 大宽带特性也将促进 VR 直播如 VR 体育赛事、演唱会等的发展。

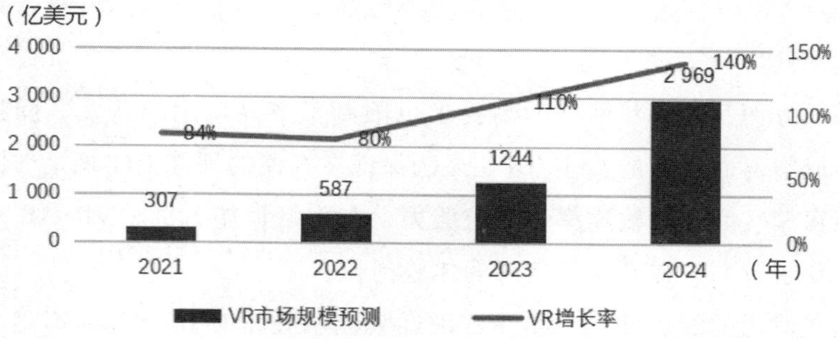

图 4　VR 未来市场规模预测

VR 的未来商业模式：优质内容 IP＋硬件组合拳。

VR 产业未来将以高质量的 IP 驱动为主，比如爆款的 VR 游戏或影视内容的 VR 体验。游戏方面往往拥有庞大的用户基数和较强的用户黏性；而 VR 直播如体育赛事、演唱会等等则拥有强大的粉丝优势。

在产业化层面，VR 供应商与强大的知识产权紧密合作，前者为后者提供技术支持，后者为前者提供内容，两者自然契合，VR 产业链可以进一步扩展。不仅如此，这些合作将有助于形成一个开放和完整的产业链布局，从内容生产到分销，以及社会互动等环节，从而促进整个 VR 生态发展。

三、当红齐天：XR 行业深耕数年，致力于打造全产业链生态闭环

XR 内容制作与内容制作 IP 运营，实现数字实景娱乐的产品落地。当红齐天主要围绕 5G＋XR 的应用场景落地进行技术布局，拥有 XR 产品商业化落地的闭环能力。业务以自主制造内容 IP，内容落地大型 XR 主题场馆为主，譬如迪士尼等大型娱乐场所。与此同时，2021 年也推出了 100—200 平方米的小模块全新 VR 产品，满足市场差异化需求（见图 5）。

图 5　XR 线下主题场馆

竞争优势如下：

内容＋硬件双驱动，技术和文化交融：当红齐天联合海内外 IP 进行内容开发和运营，不乏《变形金刚》《正义联盟》《头号玩家》《小王子》等优质 IP。与此同时，当红齐天也在创作 IP 内容，基本保持一年能够创造出 4 个 IP 内容的速度。另一方面，当红齐天与最新 VR 技术相交融，较为典型的案例就是穹幕影厅，且影厅内配备互动升降装置，为游客提供了沉浸式的体验。当红齐天有稳定的硬件、主题乐园等战略合作方，加上内容 IP 进一步的深化打造，以及运营推广模式多维度的积累，奠定了其在 VR 行业的不可替代优势。

业务多元，具有聚合优势：商业模式具有聚合优势和渠道化倾向，公

司未来甚至可能会成为渠道发行方。旗下的主要品牌 SoReal，涵盖八大业务板块，包括大型 VR 乐园、科技博物馆、VR 党建、大型科技秀、大型灯光秀、VR 体育竞技、5G 新基建等（见图 6）。

图 6　当红齐天生态布局

资料来源：当红齐天官网

规模强大的股东资本加持：从当红齐天的股东及投资方来看，中航信托可以提供 to G 领域的助力；芒果基金、韦玥集团提供了头部文娱资源；英特尔提供底层算力并有助于国际化；小米、建银国际和野草创投的加入，让当红齐天将在 XR 迭代升级上更具优势。与此同时，在公众人物中有张艺谋为代表的合作方，实力雄厚的资本加持，人脉和资源是它的核心竞争力之一。

但同时我们也看到，随着 5G 蓬勃发展，2025 年中国 5G 连接将超过 8 亿，XR 技术潜在市场十分广阔，作为新颖、高科技的娱乐项目，像当红齐天这一类的大型 XR 场馆，往往都对选址有一定的要求，VR 娱乐主题公园等多种形式进行落地，都需要较大的人流来支撑，比如大商场、主题公园、科博馆等。但在部分二线、大多三四线城市，VR 产业没有健全的产业链，尤其是缺乏 5G XR 沉浸式体验的场所。

四、竞品比较：深耕 XR 技术，在开发及商业态上已占据行业高点

当红齐天通过规模优势 + 平台优势，在商业化上已形成了规模优势，超越恒润集团、暴龙科技等其他竞品，逐步完成 5G + VR 布局（见表 1）。

表 1　当红齐天竞品分析

比较	当红齐天集团	恒润集团	暴龙科技	沉浸世界
创办时间	2008 年 2 月	2008 年 3 月	2017 年 2 月	2016 年 4 月
产品简介	“XR 内容制作 + 技术研发 + 数字运营整体解决方案及产品落地”于一体的 VR 娱乐综合服务商	特效影院及特效游乐场 服务方案研发商	AR 技术研发商	VR 虚拟现实娱乐社交品牌

续表

比较	当红齐天集团	恒润集团	暴龙科技	沉浸世界
目标客户	to B + to G	to B + to G	to B + to C	to C
融资情况	2009 年，种子轮 2016 年，数千万元人民币天使轮 2017 年，战略投资 2018 年，10 000 万元人民币 Pre - A 轮及 A 轮 2021 年，数亿元人民币 B 轮	2015 年，天使轮 2018 年，A 轮 2019 年，A + 轮	2017 年，300 万元天使轮	2016 年，种子轮 2017 年，天使轮及 2 000 万元人民币 Pre - A 轮 2020 年，1 000 万元人民币 Pre - A 轮及 A 轮
优势	规模优势 + 平台优势： 科技舞台秀、科技文化展馆及 VR 主题乐园在商业化上已形成了规模优势 通过与微软、Intel 及联想的合作，不断完善在 5G + XR 领域的布局，并持续关注解决方案及相关平台型机会 来自创始人的政府资源给集团带来的丰富的盈利机会	差异化优势： 践行“文化 +”战略，为旅游文化、娱乐教育等行业提供高品质的虚拟体验产品和服务 打造集创意设计、影视文化、主题高科技文化产品、VR 产品及内容制作及 IP 文化创意项目投资运营等为一体的全产业链产业集群	深耕行业： 以 AR 技术为核心，融合 VR 技术、语音识别及空间定位技术 产品针对文化旅游、营销推广、教育出版领域，推出了基于增强现实技术为核心的智慧旅游解决方案	专注线下 VR 游戏及社交： 通过 VR 技术解决传统线下娱乐门店高成本及低复购的痛点，突破物理空间的限制 通过研发与签约 IP 搭建更完善的内容平台，为下游提供标准化的空间解决方案和内容赋能

五、风险与启示

技术研发不及预期：上游硬件研发如芯片、集成电路板等，如若遇到研发瓶颈，会大大减缓 VR 技术的进一步研发与普及，产品线无法按照预期布局。

下游销量不及预期：一方面，由于消费者介绍程度不一，VR 或 XR 概念较新，消费者接受程度难以确定，可能会受传统观念和当地文化的影响；另一方面，受国际贸易摩擦影响，如中美贸易可能导致部分依赖进口的中国企业陷入危机，政治摩擦或许带来突袭式冲击。并且随着概念的热炒，同行竞争加剧，相关企业加大研发投入，产品更新迭代大大加快，竞争优势可能同化。

5G + XR 市场下沉是大势所趋，将会进一步促进对传统企业的智能化转型，并拉动地方经济，促进产业结构优化升级。未来 5G + VR 会以当地文化作为 IP 进行内容创作，争取将老工业遗存打造为新型沉浸式地标。

想成为投融资观察报告创作团队的一员吗？微信扫描本书第 352 页二维码，现在就加入我们吧！

No. 21

眠白科技：卧虎藏龙，科学助眠的“滩头堡市场”

主笔：王敏　新加坡南洋理工大学；宋梓颖　上海立信会计金融学院

交易概述：

眠白科技于2021年9月15日向媒体宣布已经完成数千万元A轮融资。此轮融资由SIG海纳亚洲创投基金独家投资，青桐资本担任独家财务顾问，融资金额将用于品牌推广、团队扩展、供应链及研发。

眠白科技是一家以睡眠科技为主打的公司，旗下主要有Downland、Downland Kids以及SleepWhite三大品牌，成立于2019年，主要有三系列床品：睡神系列（枕头）、控温恒温系列（纤维被、鹅绒被、睡袋）和冷感/暖感系列（毯、垫）。另开拓儿童寝具、香薰、睡衣、眼罩、卧室摆件等家具生活品。本文将从中国床品市场的行业及发展情况入手，分析中国床品市场特点，探讨眠白科技成功原因。

一、中国床上用品行业市场规模大，但增速缓慢，市场集中度低

我国目前的床上用品行业总体处于平稳阶段，市场规模大，但是增速缓慢，市场集中度相对较低，随着国内经济的快速发展以及消费者对产品品质要求的不断提高，我国消费者对床上用品的要求不再仅仅停留在实用

以及舒适度的层面上，更加注重床上用品的功能性层面，并且涵盖了“睡眠科技、健康舒适”的理念。

2015—2020 年的中国床品营收收入及利润表（见图 1）中可以看出，目前我国床上用品的消费结构正在发生变化，近六年的中国床上用品企业的营业收入略有下降，但是市场规模相对较大，结合目前的行业痛点，可以总结为三个方面的原因：首先是行业内新进入企业越来越多，从而加大了竞争力；其次是目前市面上的同质化产品过多，缺乏核心竞争力，顾客的回头率较低；第三是因为传统的床上用品企业已经占据了一定的市场规模，由行业内传统企业发展的路径来看，行业内的企业想要进行品牌曝光较难。针对这一现象，我们认为打造床上用品行业内的功能性产品，解决用户痛点，强调产品卖点，是目前该行业内新兴企业亟须思考的问题。

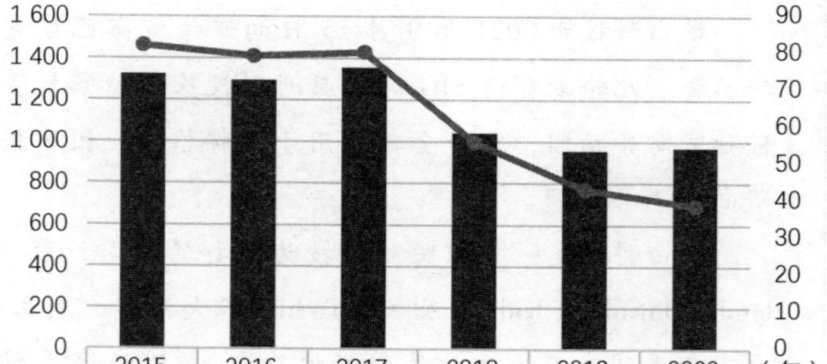

	2015	2016	2017	2018	2019	2020（年）
营业收入（亿元，左轴）	1 322.6	1 292.6	1 354.1	1 039.3	955.05	970.22
利润总额（亿元，右轴）	82.2	79.3	80.3	56	43.31	38.9

图 1　2015—2020 年中国规模以上床品企业营业收入及利润

资料来源：中国纺织工业、智研咨询整理

二、市场痛点——消费者的睡眠问题

“80 后”和“90 后”群体占失眠人群比重较大。目前失眠人群集中在一二线等发达城市（见图 2），经济压力越大，越容易失眠。根据艾媒咨询，2021 年中国失眠人群主要分布在 31—40 岁（见图3），即“80 后”群体，占失眠人群的 43.4%。其次为 22—30 岁，即“90 后”群体，占失眠人群的30.9%。“80后”“90后”群体在家庭生活中属于“中流砥柱”，生活压力较大，在失眠人群中占比较大。同时，“80后”“90后”等年轻群体更加关注睡眠问题。随着他们进入家庭生活，成为家庭消费的决策者，以白品芯类为主的寝具产品成为家庭睡眠升级需求的首选。而伴随着疫情常态化、持续性影响，人们对于家居生活舒适度的关注也会长期持续。

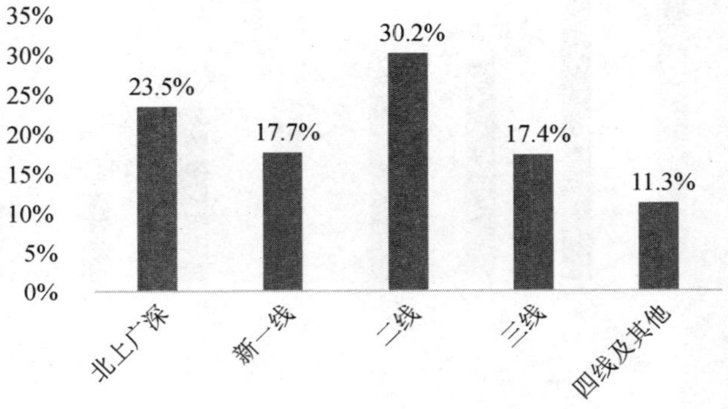

图2　中国失眠人群城市分布情况

资料来源：艾媒传媒中心

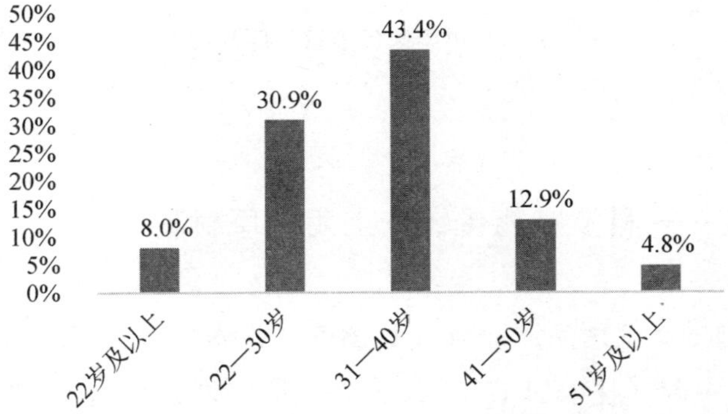

图3　中国失眠人群年龄分布情况

资料来源：艾媒传媒中心

“生活压力”与“工作压力”是导致中国国民失眠的主要原因，其中“生活压力”和“工作压力”分别占比57.05%和55.92%（见图4）。导致睡眠问题的原因多种多样，情绪原因、健康原因等都是导致国民睡眠水平下降的原因。当前市面上失眠原因多种多样，但市面上的助眠产品难以实现“千人千面”。所以能够通过“科技 + 床上用品”产品达到改善消费者睡眠的问题，是目前亟须进行的方案。眠白科技正是从这一“滩头堡”市场赢得了一批用户。

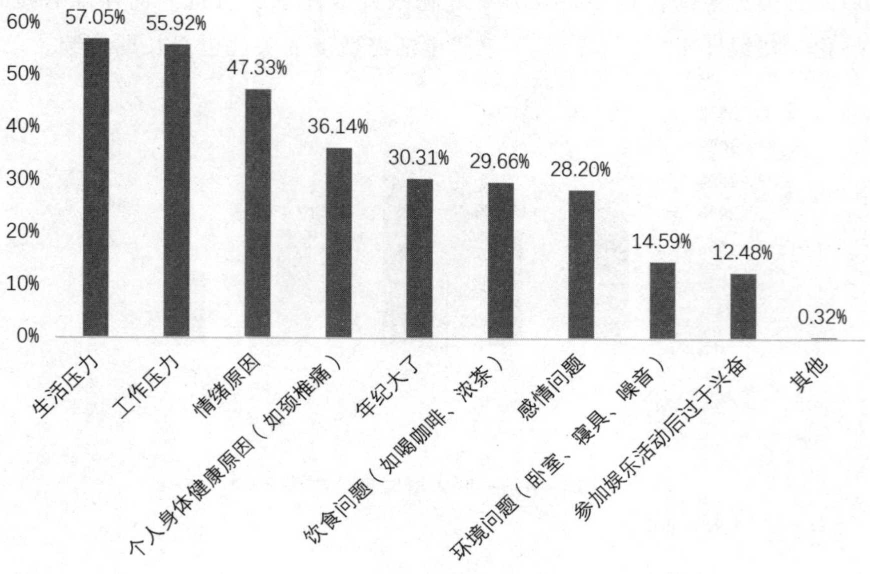

图 4　中国国民睡眠问题原因

资料来源：艾媒传媒中心

三、产业链——科技赋能传统床上用品原材料

我国目前的床上用品产业链（见图 5）总体分为三部分：上游（原材料供应商）、中游（技术加工等）、下游（销售渠道）。在上游端，随着互联网和信息技术的发展，信息差不断缩小，供应商的选择也越来越多，而且原材料的同质化严重，我国床上用品企业的优势难以突出，想要步入行业内的第二梯度以上的企业，首先原材料方面需要使用优质的原材料，在实用性和舒适度方面给消费者提供值得信赖的产品，这也是满足消费者最基本的消费体验。

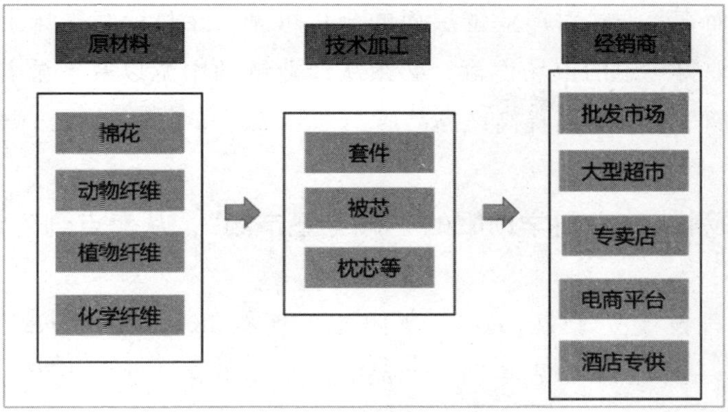

图5　床上用品产业链

资料来源：中商产业研究院整理

在中游端，即在技术加工方面，基于床上用品目前同质化严重的痛点，各厂商均希望从功能性的角度打造不同的产品来提升品牌和产品的区分度，这其中考验的就是各个公司对产品研发团队的培养和对产品研发的能力重视。

在下游端，我们可以发现目前主要还是通过“线上＋线下”相结合的模式进行销售，通过传统床上用品上市公司中的知名品牌——水星家纺的线上和电商收入情况（见图6）可以看出，近年来由于电商的发展，以线下销售为主的传统床上用品企业也正在逐渐转型成“线上＋线下”模式。

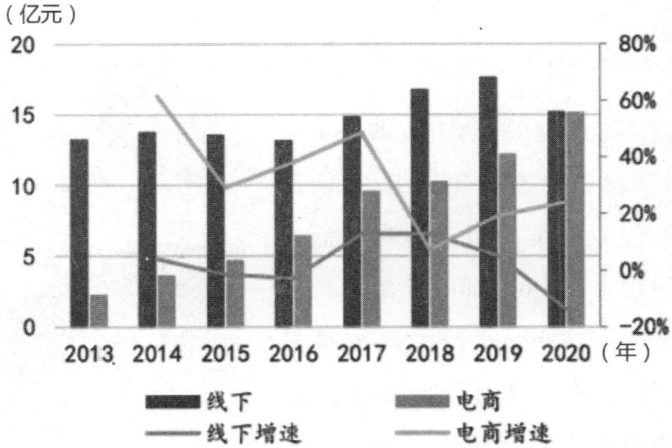

图6　水星家纺线下收入与电商收入情况

资料来源：Wind、华西证券研究所

总体而言，通过对产业链层面的分析可见，在目前我国床上用品产业链中想要取得一定的市场份额，必须从产业链的中游以及下游着手，跳出同质化的圈子里，不断提高产品品质。

四、眠白科技——科学助眠的“滩头堡市场”，从卖点到生活方式

眠白科技成立于 2019 年，集团旗下拥有 Downland、Downland Kids、SleepWhite 三个品牌（见表 1）。产品矩阵构建贯穿消费者人生各阶段，目标用户定位在家庭育儿时期的“80 后”“90 后”等对家居家纺消费有升级需求的人群。Downland 由眠白科技于 2015 年引入中国市场并注册商标，本身为具有 70 年历史的英国羽绒寝具品牌。通过中台能力的复用孵化了 Downland Kids、SleepWhite 两个品牌，主打产品有儿童寝具、睡袋，功能性枕头、床垫等，主打中高端产品。

表 1　　眠白科技产品矩阵

品牌	主打产品
Downland	控温鹅绒被、抑菌系列
Downland Kids	儿童羽绒寝具
SleepWhite	床垫等

资料来源：36 氪

（一）黑科技产品“宇”众不同

眠白科技于 2018 年开始引入 NASA 使用的 PCM 相变材料，加入 TENCL 植物纤维，从而得到控温纤维，用于解决被窝内冷热不均的问题。以 Downland 控温鹅绒被（见图 7）为例，Downland 控温鹅绒被是控温纤维 + 鹅绒配比填充，实现智能控温，从而使消费者在睡眠微环境中自主调节温度，获得最佳的睡眠体验。应对“男性怕热，女性怕冷”的生理结构差异，

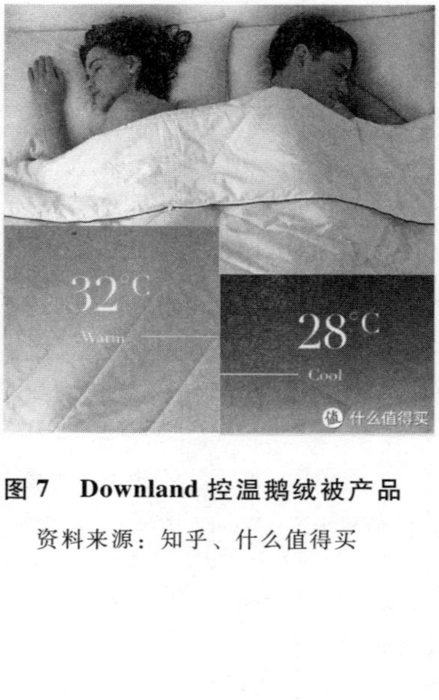

图 7　Downland 控温鹅绒被产品

资料来源：知乎、什么值得买

Downland 控温系列也表现得十分出色。在温度的话语权的争夺中，情侣之间的感情往往受到影响，而 Downland 控温系列恰好解决了这一难题。

（二）“成长计划”完善供应链

上游供应链方面，眠白科技倾向与两类工厂合作——有国际品牌合作经历的大型供应商和有开发能力的创新型供应商。眠白科技目前有十数家供应商，并制定了内部称之为“供应商成长计划”的方案对其进行管理，为其赋能工艺技术和研发成果。对于下游销售渠道，眠白科技线上线下全面开花。线上渠道方面，眠白科技目前入驻了天猫、京东、小红书等平台。2021 年“双十一”期间鹅绒枕销售量超出了 35 000 件；“双十一”第一波发售当日，店面位居天猫商城家居家具 TOP8。总体来说，眠白科技能够从短短的几年间，从众多的传统床上用品品牌中脱颖而出，与其对产业链全流程的管理和对产品研发能力的重视不无关系。

五、新一代消费者更容易尝试新兴品牌，并且更加注重产品的功能性

中国的床上用品市场庞大，家纺作为消费品，当国人乔迁、新婚、为家庭换新床上用品时，消费的可能性更高。针对目前“80 后”“90 后”消费者的特征，我们可以知道他们更倾向于尝试新事物，并且注重实用性和功能性。为了进一步验证眠白科技目前步入床上用品市场的可行性，根据行业属性划分为传统龙头以及新兴品牌，选取其中营收以及品牌知名度较前的企业品牌进行竞品分析（见表 2）。

表 2　　眠白科技竞品分析

比较	公司名称	品牌简介	融资情况	主打特点	主要产品	供应链	品牌营销
标的公司	眠白科技	睡眠科技公司，最早在家纺领域实现科技控温概念的品牌，核心用户群体是高线城市中产家庭	A 轮	运用 NASA 用的一种控温纤维，根据人体体温调节温度，保持恒温恒湿	Downland 鹅绒枕 399—599 元（总销量 3 万+）	供应链管理角色 + “供应商成长计划”	成立产品品牌内容部，在创意阶段就同步案和品宣方案

续表 1

比较	公司名称	品牌简介	融资情况	主打特点	主要产品	供应链	品牌营销
传统龙头	水星家纺	中国现代家纺业的重要奠基者。公司生产、销售、渠道规模及综合实力居行业前三	A 股上市（603365）	有完整的家居行业产业链，产品分布广泛，质量受信赖	鹅绒枕 299 元/659 元，普通枕头 300 元以下	严格的供应商甄选考核制度 + 智能化仓储物流中心	“恋一张床，爱一个家”为核心的文化理念深入人心
	罗莱家纺	国内渠道规模最大、品牌知名度最高、综合实力最强的家纺企业之一，连续 15 年荣获市场占有率第一名	A 股上市（002293）		鹅绒枕 409 元，普通枕头 300 元以下	已转型成熟的供应链体系，和加盟商利益共享	打造全渠道会员服务体系，运用直播提升周转率，打造爆品计划
新兴品牌	诗丹娜	源自 1968 年奥地利，国际自然睡眠研究会理事单位，1994 年完成国内商标注册。品牌定位北欧 + 精致风格，《时装》杂志推荐品牌	无	可水洗 95 鹅绒被，打破了冬被不可洗、羽绒被不可洗的固有观念	白鹅绒枕 598—698 元（总销量超 4 万件）	国外合作，跟欧洲百年羽绒企业 PETER KOHL 战略合作。PETER KOHL 是德国一家具有 110 年历史的企业，也是欧洲比较知名的羽绒供应商之一	线上 + 线下相结合，使用联名款。2020 春夏巴黎时装周、德国法兰克福家纺展、携手 ISA（国际空间档案局）推出 NASA 儿童床品限定系列、2020 年摘得德国红点设计大奖

续表2

比较	公司名称	品牌简介	融资情况	主打特点	主要产品	供应链	品牌营销
借鉴品牌	SIJO	美国家居D2C品牌SIJO成立于2019年，创始团队成员均出身于国际知名D2C品牌SIJO的主要客群为美国25—45岁有改善睡眠需求的中产阶层，其中女性占比接近60%	经纬创投的A轮与红点创投的A+轮融资	主打用桉树纤维制成的床上用品。据品牌介绍，桉树纤维具有低敏、抗菌、无静电的功效，如同蚕丝一样舒适	除了在床品和家居服两个品类进行面料研发，也将逐渐向其他家居场景产品扩展（美国市场属于中等价位）	DTC品牌全球化的路径，结合海外全渠道运营能力和国内供应链优势并存的团队，具有非常强的稀缺性	品牌策略为SIJO构建了更广泛、全面的品牌影响力网络，品牌多次获得美国本土媒体及杂志的报道推广。卡戴珊姐妹曾主动与SIJO取得联系，并在新家卧室中采用SIJO系列产品

可以发现，目前国内传统龙头的家纺品牌依靠先发优势，已经率先登录A股市场，并且都有比较完善的供应链体系，也是质量的保障，在过去的家纺企业脱颖而出。以鹅绒枕产品为例，可以发现目前对标的水星家纺和罗莱家纺总体也属于走中高端产品路线，但是传统企业由于存在一定的固化思想，创新较少，目前大多数传统企业还仅仅停留在基础功能上。

再看目前新兴的床上用品企业，选取诗丹娜作为对比品牌，可以发现该品牌也是在功能上进行了创新，可水洗95鹅绒为母婴等小众群体提供了便利，而通常购买家纺的消费群体主要是女性，新一代“80后”“90后”女性消费者目前的身份为母亲、女儿等，算得上是家纺消费的主力军。尽管诗丹娜定价相对传统品牌略高，但还是有不错的销量。另外，供应链和营销方面品牌业主要走高端系列，并且与国外接轨，这无疑也增加了一部分的消费卖点。

与眠白科技直接对标的品牌，我们选取了美国新进家具D2C品牌SI-

JO，作为睡眠科技赛道的公司，SIJO 与眠白科技同年诞生，主打美国市场，尽管目前 SIJO 有计划进入亚洲，但能否建立和打开亚洲本土化的销售路径及市场目前仍是未知数。眠白科技作为亚洲本土品牌，若能抢先一步在亚洲建立品牌影响力及销售渠道，仍然能够有较大的先发优势。

总体来说，眠白科技继承了传统品牌的品质，并且添加了现有消费者喜欢的功能性，但是如果企业真的要以“科技”标榜，还需要进一步进行研发，投入在新产品中，并适当借鉴 SIJO 的品牌营销渠道以及全球化的营销战略。

六、总结与展望

眠白科技作为一个偏向于功能性的床上用品企业，仍然需要对研发持续投入，力争在这一细分领域中占据一席之地；同时不断拓展床上用品品类，给消费者提供更多的选择，营造出消费者对于企业专业度的信任感。

总体来讲，眠白科技作为一个新兴的床上用品品牌，目前势头还是相对较好，从“科学助眠”这一滩头堡市场着手，相对减少了企业的竞争压力，并且从同质化的产品中脱颖而出。随着国民的消费水平的提高，消费者更加注重舒适度以及功能性的产品，更加追求生活品质和态度，眠白从中高端路线出发，有利于品牌影响力的提高，并且更容易提高营销的利润。尽管“科技”概念目前还有诸多质疑，但仍是当下消费环境中的时代热点。

本文参考文献

1. 2020 年中国床上用品行业呈稳步发展态势，龙头企业市占率不断提升。

2. 2021—2027 年中国床上用品行业市场供需规模及投资战略咨询报告。

3. 2020 年我国床上用品行业发展现状及趋势，线上渠道占比快速提升。

4. 中国床上用品产业链及主要企业分析（附产业链全景图）。

5. 家纺行业洗牌已久，何时能诞生超级巨头？

6. 36 氪首发丨提供更科技感、更舒适的睡眠体验，眠白科技获 SIG 数千万元 A 轮融资。

7. 36 氪出海首发丨美国睡眠科技 D2C 品牌 SIJO 获近千万美元融资，经纬中国与红点中国投资。

想成为投融资观察报告创作团队的一员吗？微信扫描本书第 352 页二维码，现在就加入我们吧！

No. 22

君亭酒店：突破重围的酒店第一股

主笔：管觅星　上海立信会计金融学院

交易概述：

2021 年 9 月 30 日，君亭酒店在深圳证券交易所创业板上市，证券代码为 301073. SZ，发行价格 12. 24 元/股，发行市盈率为 32. 47 倍。30 日收盘，报价 28. 64 元/股，涨幅 133. 99%，成交额 4. 08 亿元，总市值 23. 07 亿元。君亭酒店成为在疫情冲击下，一众谋求上市的中端酒店集团中的上市第一股。本文将从酒店行业概况入手，对君亭公司发展以及相关同业公司关于轻重资产模式的选择展开分析和讨论。

一、连锁酒店整体规模逐年增长，但连锁化率仍然处于较低水平

中国的酒店行业经历了起步发展、加速发展、回落、复苏和“黄金十年”阶段，目前处于存量整合与创新发展阶段（见图 1）。第一轮和第二轮快速增长分别对应了中国市场经济改革发展和加入 WTO 后的经济飞速增长时期。此外，1994—1999 年的行业回落阶段对应了国有企业改制的社会阵痛期，2013—2016 年的行业短暂停滞阶段是受中央八项规定出台的短期影响，由此可以看出中国酒店行业虽然起步很晚，但整体发展极快。

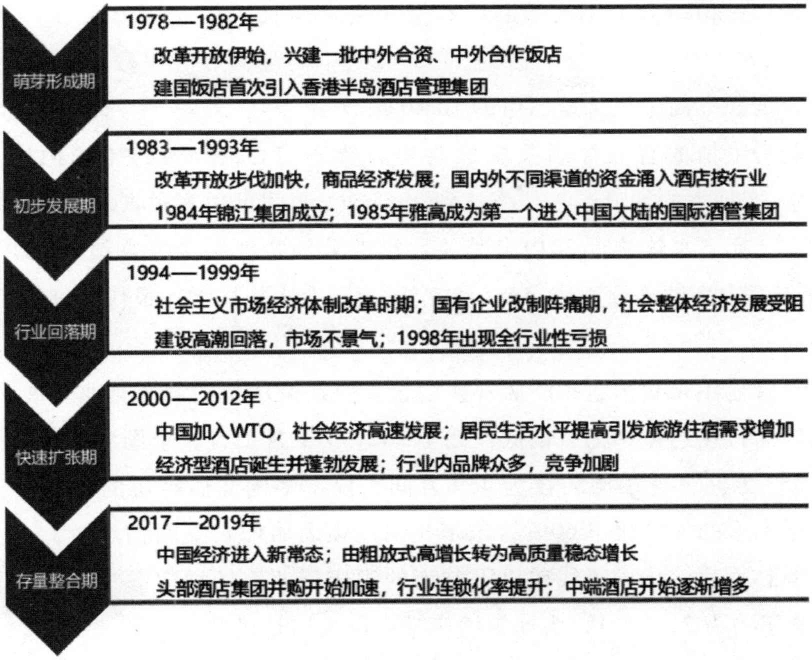

图 1　中国酒店行业发展阶段

根据中国饭店业协会数据显示，我国连锁酒店的数量从 2015 年的约 3.08 万家，增长至 2021 年的约 5.5 万家，年复合增速达 10.15%；客房数量方面，从 2015 年的约 215.01 万间，增长至 2021 年的约 469 万间，年复合增速达 13.88%（见图 2）。

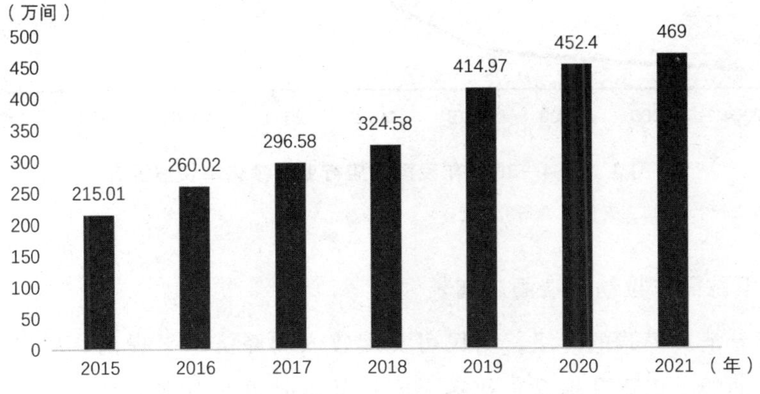

图 2　2015—2021 年连锁酒店客房数量

资料来源：中国饭店业协会

2015—2020 年，中高端酒店数量年复合增长率为 38.59%，高于中档酒店的 35.27%，经济型酒店的 11.29%；中高端酒店客房数以 24.57% 的年复合增长率高于经济型酒店的 10.01%。

随着疫情的有效控制及旅游业和消费者信心的恢复，中国酒店业在 2020Q4 实现大幅回升，入住率达到 50.5%，每间可用客房收入（RevPAR）为 152.7 元，总体接近 2019 年水平。据弗若斯特沙利文报告预计，2021—2025 年，中高端连锁酒店将成为整个酒店行业中规模增速最快的细分市场，2025 年收入将达 1 477 亿元，未来 5 年 CAGR 达 18.4%。

尽管近年来我国连锁酒店规模增长较快，但从全国酒店行业发展来看，我国酒店行业连锁率仍然偏低，截至 2021 年 1 月 1 日，全国酒店业客房数约 1 533 万间，连锁酒店仅为 469 万间，仅占中国酒店客房的 31%，远低于发达国家的连锁化率 60%，未来我国连锁酒店增长空间仍然较大（见图 3）。具体而言，中国三线或以下城市的酒店行业连锁酒店渗透率相对较低（2019 年约为 21.1%），为连锁酒店带来巨大增长机会。

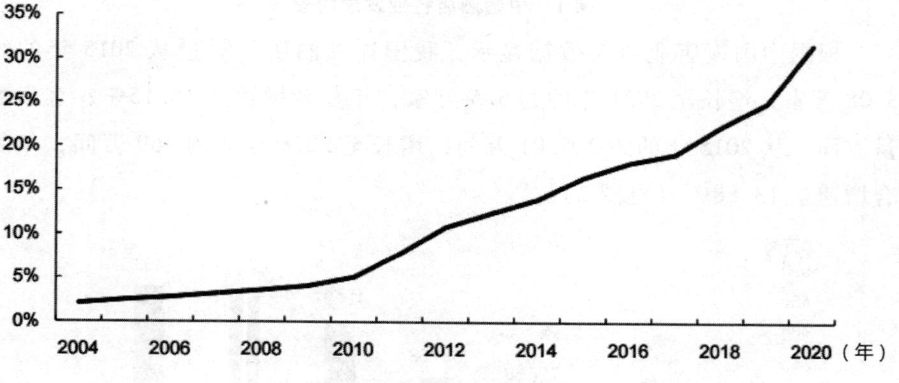

图 3　2004—2020 年我国酒店行业连锁化率快速提升

资料来源：Wind、安信证券研究中心

（一）下游需求拉动中端酒店增长

随着消费模式的升级，居民可支配收入和经济水平提高，居民在旅游消费方面的支出逐渐提升，使得大家在外出时更愿意选择舒适的环境，为酒店行业带来了更为广阔的发展空间。艾媒咨询数据显示，2019 年中国居民旅游支出在消费总支出中占比升至 21.9%，达到自 2015 年以来的历史新高。从2015年的19.2%到2019年的21.9%，中国居民旅游支出在消费总支出中的占比总体上有了一定的提升。

另一方面，随着国家出台“中央八条规定”“六项禁令”等限制公务消费政策，中端酒店消费水平与标准吻合，豪华酒店市场的降温给中高端酒店的发展提供了良好的发展机遇；同时，商旅市场需求也开始向中高端酒店倾斜。

政策方面，为进一步通过经济内循环战略刺激国内消费，国务院《十四五旅游业发展规划》提出我国旅游业发展目标，对出游人数和旅游收入、旅游投资提出增长预期，未来5年要加快文旅业发展速度，完善节假日制度，扩大节假日消费，推动旅游业扩张升级，从而带动酒店经济增长。

（二）三大寡头垄断，连锁酒店行业集中度较高，酒店行业相对分散，连锁化程度低

我国连锁酒店行业呈现出三大寡头垄断的稳定格局，集中度较高，锦江、华住、首旅为行业最高梯队玩家（见图4）。三大护城河逐步加深，形成滚雪球式扩张，强者恒强，在会员资源、物业资源、开发（BD）人才与运营管理构筑起酒店集团的三大护城河，在扩张的过程中逐步加深，后来者难以赶超，强者恒强，行业持续向龙头集中（见图5）。

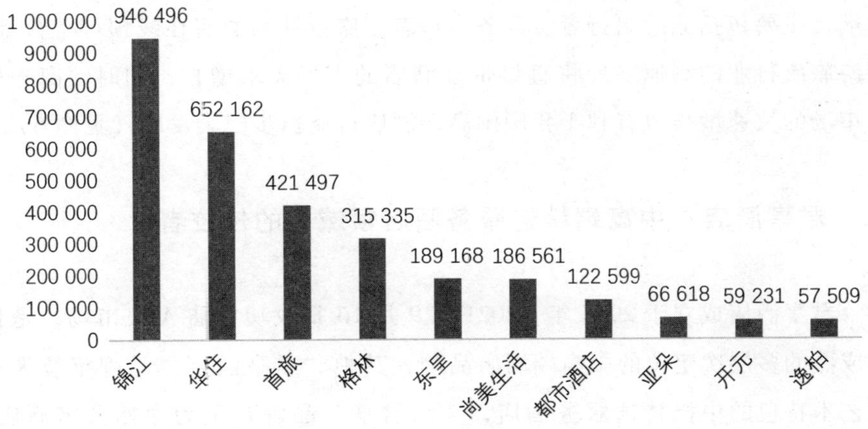

图4　2020年中国连锁酒店集团TOP10

资料来源：公开资料整理

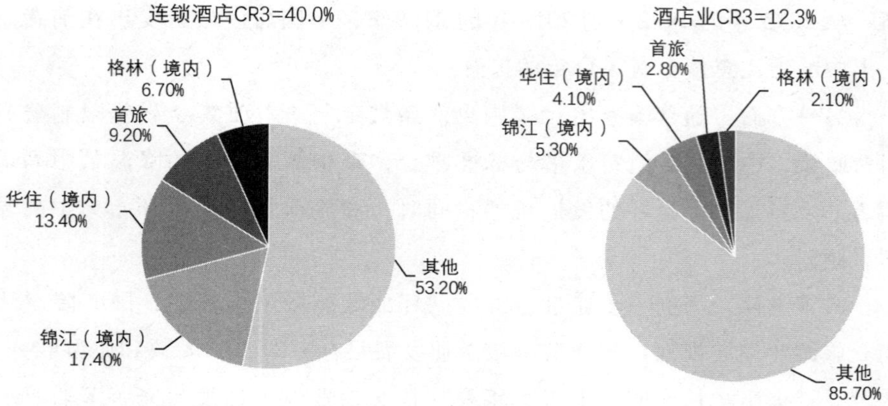

图5　连锁酒店及酒店业CR3

资料来源：公开资料整理

（三）连锁酒店行业产业链分析

酒店行业的上游是为酒店经营提供场地、原材料的行业，主要包括房地产行业、酒店用品行业等。酒店上游的物业租赁行业为酒店提供经营场所，一般是通过自建、购置或租赁获得。酒店用品行业为酒店提供经营所需的原材料，主要为酒店日常经营的消耗品，其价格水平高低在一定程度上影响酒店的利润水平。酒店行业下游是酒店产品的直接消费端和间接消费端，主要包括旅游出行者、商务出行者、旅行社和酒店在线预订平台等。下游旅游行业的高速发展将直接带动酒店的市场需求增长；同时，商务旅行市场的快速增长也有利于我国中高端酒店行业稳步健康发展（见图6）。

二、君亭酒店：中高端精选服务酒店领域内的佼佼者

君亭酒店成立于2007年，2021年9月16日成功登陆A股市场，是目前成熟的多层次定位的中高端酒店品牌，其中“君亭酒店”品牌定位为东方艺术特色的中档精选服务酒店，“寓君亭”品牌定位为中档公寓酒店，“夜泊君亭”品牌定位为高档历史文化旅游目的地酒店。

君亭已开业酒店服务区域主要集中在长三角城市群区域，特别是浙江省区域。根据招股书显示，其报告期内各期，公司在浙江省营业收入分别

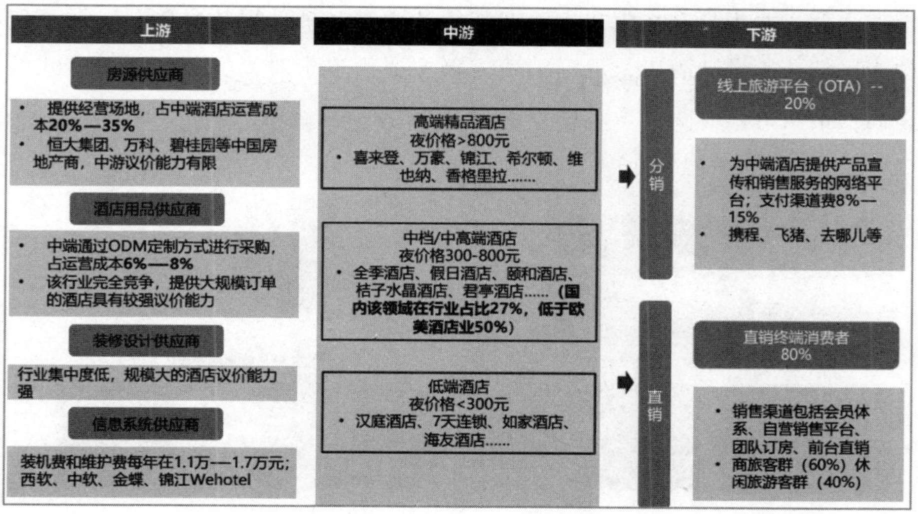

图6　连锁酒店行业产业链分析

资料来源：头豹研究所、君亭酒店招股书

占相应期间营业收入的比例分别为49.15%、47.41%和53.04%；同时，君亭正逐步向全国范围重点城市有序拓展。

（一）服务体系优势

君亭目前形成了“产品精选、文化精选及服务内容精选”的君亭式服务体系。BAS理念涉及Bed住宿+Art文化艺术+Service服务，产品包括“金可儿”床垫、“科勒”卫浴、“康乃馨”棉织品等五星级酒店档次的配套设施；文化内容有中国书画、佛禅石像、巴厘岛雕塑的东方文化元素，而“Pagoda君亭”品牌则注重“东西方美学的融合”；服务内容包括暖心粥、欢迎茶点、汽车遮阳板、定制早餐、高品质洗浴区域、阳光休闲区域和睡眠区域。

（二）开发设计理念领先，成熟的多品牌战略精准覆盖目标客户

公司在酒店项目产品开发过程中，创新性地推行酒店品牌溢出、高坪效设计、传统物业整体升级改造、目标消费者需求定制设计等理念。建立了多品牌的中高端酒店产品，品牌层次多元，不同档次的品牌定位不同消费能力的客群。寓君亭品牌定位为中档公寓酒店，目标为消费人群主要为城市白领群体，夜泊君亭品牌定位为高档历史文化旅游目的地酒店，目标

消费人群主要为具有文化艺术消费特征的中高产消费群体。Pagoda 君亭定位为高档艺术设计酒店，目标消费人群主要为追求时尚、创新生活方式的中高产消费群体（见图 7）。

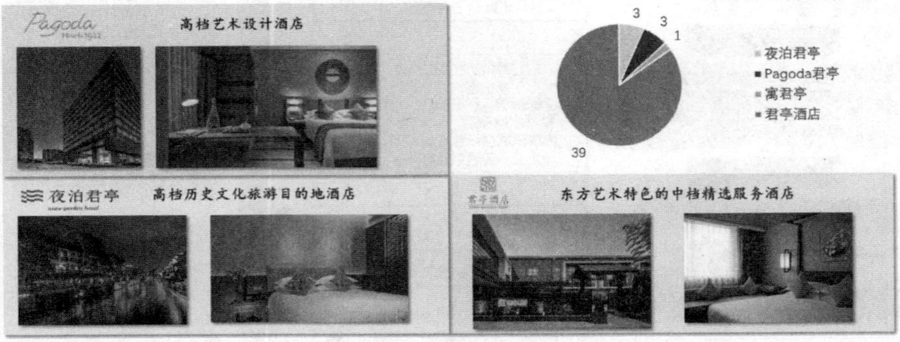

图 7　君亭旗下品牌组合及门店分布

资料来源：君亭公众号，民生证券研究院

（三）业务地区集中度比较好

截至 2021 年 5 月，君亭酒店总共开店 46 家，门店多集中在上海及浙江省等华东地区，尚未向全国范围拓展。2020 年年报中，浙江分部营业收入 1.36 亿，占比 53.04%。公司近年来积极拓展全国市场，但是一旦出现浙江省区域竞争加剧、业务规模饱和或地区监管政策及经营环境出现重大不利变化时，将会对公司盈利能力产生不利影响。

（四）采取直营 + 委托管理模式，现金流较为稳定

君亭受疫情影响，2020 年全年仍然实现净利润 3 035.75 万元，同比 2019 年下滑 52.98%，在竞品内比较减幅较小，成长性较好。君亭采取直营模式，特许经营店或加盟店占比较少，直营店的营收占比逾 90%，超行业水平——其中开元占比为 88.10%，首旅为 76.91%，锦江为 55.90%，集团现金流较为稳定。2018 年到 2020 年，君亭直营酒店收入在主营业务收入中的占比依次为 97.19%、96.11%、94.20%（见表 1）。当前中高端精选服务酒店行业中，差异化竞争是核心发展趋势，同时消费者对于酒店服务质量如卫生和安全要求、人性化与个性化要求、便捷性要求等越来越高。公司通过直营模式既可以统一执行君亭酒店特色的、严格的服务质量标准，又可以根据各酒店的特点进行差异化和个性化的产品竞争，避免了加盟连锁方式下的酒店产品千篇一律和服务质量不可控的缺陷。

表1　　公司主营业务收入按服务分类的构成情况

类别	2020 年度		2019 年度	
	金额（万元）	比例（%）	金额（万元）	比例（%）
酒店运营	24 119.35	94.20	36 677.44	96.11
其中：住宿服务	18 080.27	70.62	29 004.18	76.00
餐饮服务	2 242.96	8.76	3 356.58	8.80
其他配套服务	3 796.12	14.83	4 316.68	11.31
酒店管理	1 484.04	5.80	1 486.18	3.89
合计	25 603.39	100.00	38 163.62	100.00

资料来源：招股书

三、针对锦江、如家、亚朵及开元的同业对比分析（见表2）

表2　　针对锦江、如家、亚朵及开元的同业对比分析

比较	锦江酒店集团	首旅如家酒店集团	开元酒店集团	亚朵酒店集团	君亭酒店
证券代码	600754.SH	600258.SH	01158.HK	非公众酒店	301073.SZ
主营业务与简介	主要业务为“有限服务型酒店营运及管理业务”和“食品及餐饮业务”	专注于经济型及中高端酒店的投资与运营管理，并兼有景区经营业务	主营中高端酒店运营及管理业务，旗下有“开元大酒店”“开元曼居”等酒店品牌，打造具备民族特色的文化酒店	定位中高端精品主题酒店，酒店是第三空间倡议者，与网易云、虎扑、知乎等合作推出14家主题酒店	从事中高端精选服务连锁酒店的运营及管理，建立了多层次定位的中高端酒店品牌

续表 1

比较	锦江酒店集团	首旅如家酒店集团	开元酒店集团	亚朵酒店集团	君亭酒店
市场地位	国内最大酒店集团，市场占有率约 19.50%	国内第三大的酒店集团，市场占有率约 9.27%	国内第十大酒店集团，市场占有率约 1.00%	2020 年中高端酒店市占率为 9.38%，排名第一	按照客房规模统计在酒店行业市场份额约为 0.16%，在高端酒店细分行业市场份额约为 1.41%，位居中端及高端酒店行业第 28 位
扩张速度	57%	59%	—	—	31%
直营店数量 & 直营店营收占比	9.9% & 55.9%	16.1% & 76.9%	12.9% & 88.1%	6% & 40.9%	37.2% & 90%
中高端酒店品牌	锦江都城、Campanile、麓枫	如家精选、和颐、和颐至尊	开元大酒店	亚朵旗舰（Atour）、Atour S、轻居（Atour Light）、Atour X、中旅（ZHOTEL）	君亭酒店、寓君亭、夜泊君亭、Pagoda 君亭
目标客户群体	成熟的商务阶层、接近高端商务酒店	—	—	35 岁以下年轻群体	35—45 岁有较好教育文化艺术涵养的白领和中产阶层
中高端品牌门店 & 客房数量（2020 年 1 月 1 日）	门店 107 家 客房 14 231 间	门店 183 家 客房 21 369 间	门店 29 家 客房 7 324 间	门店 418 家 客房 48 439 间	已开业酒店 47 家、已签约待开业酒店 19 家，其中已开业酒店中直营酒店 15 家、合资酒店 1 家和受托管理酒店 31 家

续表 2

比较	锦江酒店集团	首旅如家酒店集团	开元酒店集团	亚朵酒店集团	君亭酒店
OCC 客房平均出租率 = 实际出租客房间夜总数/可供出租客房间夜总数 × 100%	66.5	54.1	53.7	67.1	49.9
ADR（平均房价）= 客房收入/实际出租客房间夜总数	233	262	277	390	371
RevPAR（平均每间可供出租客房收入）= 客房收入/可供出租客房间夜总数	154	142	149	275	183
毛利率（%）	39.0	28.7	23.8	21.6	29.1

资料来源：君亭招股书、亚朵招股书、西南证券、国信证券、海通证券

锦江：营业收入 2021 年上半年年报显示以酒店客房服务占比 42.99%，加盟费营收占比 39.75%。公司业务模式分为直营经营 + 加盟特许经营，盈利模式为自营酒店收入 + 加盟酒店收入。现阶段利润驱动模式主要由新增设加盟店为主。锦江未来将加速升级直销平台，以佣金优势获高黏性客户，旗下品牌已实现赛道全覆盖，后续升级自有渠道 WeHotel，统一会员体系实

现客户资源共享中端市场，并主攻下沉市场空白区，发展兼顾一二线城市和三线核心市场。

如家：以速度制胜、连续扩张以及低成本和快速圈地模式，综合采用合资、直营、管理、特许等多种经营方式，找准市场痛点、客户需求，以细分市场作为突破口。采取“租赁+经营”模式，在较短时间内来选定地址和项目签约。这种通过租赁和系统建设的方式，使周期大大缩短。开店势头不减，储备店再创新高，2021 年第三季度，新开店 325 家，其中直营 8 家，特许加盟店 317 家。

亚朵：主要通过输出管理的方式扩张酒店网络，管理酒店业务贡献营收 9.26 亿元，占比达到 59.13%，构成公司主要的收入来源。主打轻资产运营模式的加盟店超过直营店且中高端定位连锁集团以及生活方式品牌是亚朵核心优势。

开元：开元集团的“酒店+地产”模式，与其他板块相比，高端度假酒店是开元酒店的未来发展方向。2020 年财报显示，开元的高端度假酒店平均入住率、房价、收入等指标均位列所有业务板块的第一位。开元集团将加强区域战略合作，做好重点品牌项目拓展和质量监控，保持集团在高端酒店市场的竞争优势，并全面推进中端酒店的高速发展。

君庭：相较其他酒店采取重资产经营模式——直营。君亭将巩固区域长三角区域优势，扩大直营及受托管理业务规模，并有望通过并购实现外延扩张。公司未来三年的具体发展策略为：（1）扩规模：通过募集资金扩大直营门店数量规模，实现规模化经营。（2）深耕长三角核心一二线城市：客户群体定位仍为快速增长的中产消费群体，区域定位的主要对应区域仍为长三角核心区域经济发达城市。（3）优化管理与服务：通过信息化、互联网服务、内部管理结构优化、人力资源等多重手段优化内部管理水平，通过开发新产品、个性化服务、优化服务流程与质量管理等方式提高客户服务水平，全面提升公司的核心竞争力水平。（4）不排除通过多样化融资、投资并购加速发展：以上市募集资金投资项目为契机，充分借助资本市场，创造新的资本平台机会，与更多合作方合作，通过多样化融资、投资并购等多种方式加快公司在中高端精选服务酒店领域内的发展速度。

轻资产和重资产商业模式的对比和分析：

酒店运营模式不断创新，连锁加盟模式快速发展。对品牌方而言，直营模式属于重资产发展，存在酒店物业的增值空间或者融资担保作用。酒店集团主要采取连锁加盟的轻资产输出模式，统一物资供应链、物业服务和管理，保证现金流、提高净利率、快速扩张品牌影响力、降低金融风险；对单体酒店而言，连锁化有助于解决酒店运营效率低下的问题，拓宽单体酒店经营空间（见图 8）。中国酒店业经历近 20 年的高速发展，目前行业进入加速整合阶段，连锁化经营解决传统酒店行业重资产、低效率等痛点。

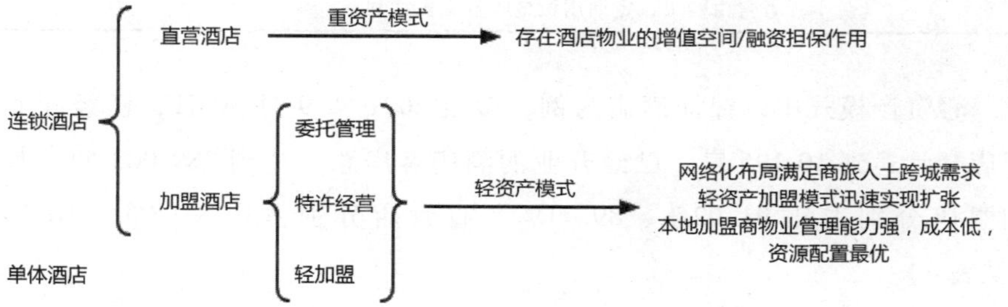

图 8　连锁酒店轻重资产模式对比分析

轻资产运营模式：具备轻资产运营条件的酒店企业一般是具有一定规模的大型集团，单体酒店受制于品牌营销力难谈轻资产运营。对于实施轻资产运营的酒店集团来说，其开发模式已不再是用自有物业建造酒店，自营为主导，而是以酒店集团的口碑作为品牌，输出管理经验，收取酒店管理费用，专注于营销与创新，授予品牌特许经营权来盈利。酒店行业对轻资产模式的尝试，已形成一种趋势且日渐成熟，摆脱传统酒店企业保有自营物业的经营窠臼。总体来说，酒店企业的轻资产运营模式有以下特征：连锁化率提升，费用结构优化，项目开发速度快。表 3 是轻资产运营模式的四种实施方法。

表 3　　轻资产运营模式实施方法

比较	轻资产运营模式实施方法
售后回租	通过协议安排，把直营酒店的房产出售给买方，再在买方手里租赁使用，并承担相应的租赁费用
特许经营	运营商（酒店集团）授权单体酒店使用旗下的品牌或商标，并按照集团的服务规范、形象设计标准、质量标准对单体酒店进行规范性要求，同时可连入酒店集团的中央预订系统（CRS），共享由集团铺设的会员体系

续表

比较	轻资产运营模式实施方法
受托管理	以非控股的方式管理运营酒店。酒店运营商与酒店业主之间通过协议安排达成共识，由酒店运营商输出专业的酒店管理者，同时被托管的酒店可以使用运营商的相关酒店品牌与标准，酒店业主按照协议条款向运营商支付基本管理费和奖励管理费
房地产投资信托	酒店企业将旗下自有的部分经营性酒店物业打包设立专业的信托投资计划，以酒店未来的租金或物业升值收益作为标的，发行受益权凭证或股权，供投资者自由购买，定期用租金收益派发红利

轻资产模式中以锦江酒店为例，截至2021年9月30日，已经开业的酒店合计达到10 195家，已经开业的酒店客房总数达到989 003间，其中加盟店分别占比91.02%、89.71%，直营店分别占比8.98%、10.29%（见表4）。

表4　　锦江酒店开业酒店家数及客房间数的酒店类型统计

类型	开业酒店家数		开业客房间数	
	酒店数量（家）	占比（%）	客房数量（间）	占比（%）
中端酒店	5 185	50.86	586 162	59.27
经济型酒店	5 010	49.14	402 481	40.73
全部酒店	10 195	100.00	989 003	100.00
其中：直营店	916	8.98	101 767	10.29
加盟店	9 279	91.02	887 236	89.71

资料来源：2021年锦江酒店三季报

重资产运营模式：直营，需要投入大量的资金和人力资源，买地买物业，设计，装修，酒店建成后盈亏自负，一般要熬上10—15年才能收回初始成本，存在相当大的投资风险。因此，传统的酒店企业在规模扩张时往往受资金、土地、建筑等重资产的严重制约。尽管在整个酒店行业上升期的时候，直营店能直接受益于酒店经营利润增长；但另一方面，在行业的衰退期，直营店的业绩也将被经济不景气大大拖累。由此可见，传统重资产运营模式下，酒店企业的业绩随市场周期的波动性较大。在传统重资产投入运营下，企业将重金投入固定资产、土地储备，使企业获得企业经营杠杆效益。优点是拥有更多的控制权，缺点是固定资产变现能力弱，缺乏灵活性，且重资产运营下企业融资压力和经营风险都很大。

综合2021年前三季度锦江酒店及君亭酒店的营业收入和净利润同期增长比率，我们可以看到锦江酒店净利润增长抢眼，而君亭酒店前三季度业绩低于预期（见表5）。

表5　2020年前三季度锦江酒店和君亭酒店营业收入和净利润同期增长对比

	营业收入（亿元）	较上年同期增长（%）	归属于上市公司股东净利润（亿元）	同比增长（%）
锦江酒店	83.00	19	0.92	491
君亭酒店	2.11	26.14	0.33	85.11

四、风险揭示：酒店行业竞争激烈且疫情常态化下的较大不确定性

作为中端酒店第一股，君亭酒店坚定直营+管理的模型，直营模式优势在于管理的可控和统一，尤其对酒店这类服务业而言，能显著提升服务水平，减少出现参差不齐的情况，然而直营模式为主的经营方式，带来的负面影响则是资本开支加大，运营成本提升，从而压低毛利率。君亭近几年除了营收增长乏力，综合毛利率也呈下滑趋势，且低于同行。

（一）行业竞争激烈

君亭酒店定位中高端市场，但市场份额仅在1%上下徘徊，越来越多的酒店集团向中高端市场转型或深耕，对君亭酒店较小的规模和市场份额造成威胁。而即使受到疫情冲击，各大酒店巨头仍在开店，2021年首旅酒店开店508家，锦江酒店开店446家，华住集团开店246家。此次疫情加速了酒店行业及龙头公司的转型之路，TOP3酒店集团均顺应趋势，积极布局中高端酒店品牌建设，以规模优势、品牌效应、会员体系、高效的经营管理等优势形成有效的护城河。作为竞品的亚朵酒店也在谋求上市之路，亚朵在2020年中高端酒店市占率为9.38%，排名第一，是君亭强有力的竞争对手。

（二）疫情常态化下，有较大不确定性

君庭酒店表示，新冠肺炎疫情对发行人 2020 年度业绩的不利影响是偶然性且暂时性的。截至 2020 年第四季度，发行人各项经营业绩指标已基本恢复至正常水平（见表 6）。尽管 2021 年上半年总体净利润同比上年同期大幅增加，然而，目前国内零星散发的疫情依然在一定程度上影响酒店业，加上上年受疫情“重创”，接下来，君亭酒店能否在 2021 年内完成逆转，把上年下滑的业绩追补回来甚至超越疫情前的业绩，这家作为 14 年来再次出现在上市公司队列中的酒店股新成员，能否作为中高端酒店的突围者，有待继续关注。

表 6　　2020 与 2019 同期主要经营业绩指标对比

项目	2020Q4	2019Q4	恢复程度（%）
营业收入（万元）	8 802. 9	9 535. 76	92. 31
净利润（万元）	1 755. 06	1 733. 07	101. 27
出租率（%）	69. 5	68. 77	101. 06

注：恢复程度 = 2020 年数据/2019 年数据

资料来源：公司招股书

想成为投融资观察报告创作团队的一员吗？微信扫描本书第 352 页二维码，现在就加入我们吧！

No. 23

小猪短租：转型“平台 +”综合体，“携手”飞猪有望走出困局

主笔：陈菲　南京大学

交易概述：

2021 年 9 月 22 日，飞猪宣布战略投资短租民宿代表企业——小猪民宿。双方还将达成深度战略合作，针对民宿业的长期、可持续发展探索更完善的解决方案，丰富用户的民宿消费选择。不过，此次投资的金额及飞猪旅行的持股比例暂未披露。据悉，小猪民宿的供给将全量接入飞猪民宿短租频道，用户通过飞猪和小猪民宿两个平台均可获得更丰富的民宿产品，并且双方计划深层整合供应链，帮助民宿从业者解决在品牌营销、获客和盈利等方面的经营痛点。

一、在线短租行业前景明朗，如何拓宽房源供给或成关键

在线短租是指在互联网搭建的双边交易平台上，房东或房源经营者能够发布空置房屋与价格信息、销售房屋的短期使用权，而有旅游、出差或其他居住需求的租客可搜索并浏览房屋相关信息，与信息发布者沟通并实现租住交易。处于在线短租行业的相关企业，如 Airbnb、途家、小猪等，在其中扮演的角色则是提供交易平台以降低信息不对称的影响，并从中获取一定比例的中介费用（见图 1）。

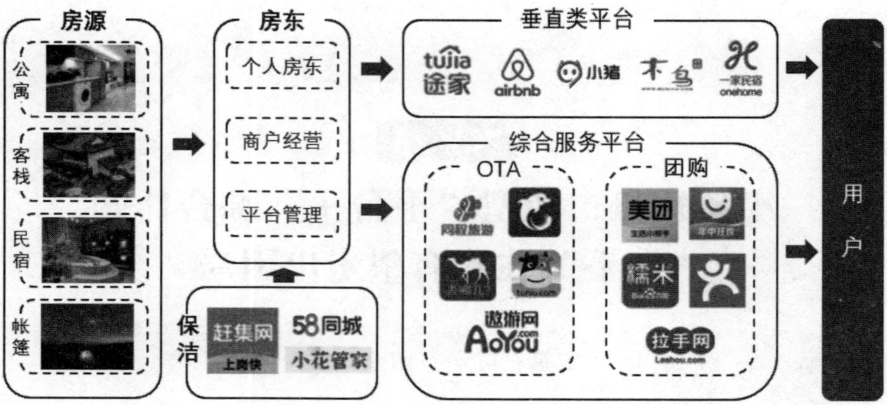

图 1　在线短租行业产业链梳理

（一）用户端和房源端都出现增长趋势，在线短租行业市场规模预计将维持增长放量状态

从用户端来看，2021 年用户规模达 3.5 亿人次，2017—2021 年中国在线短租用户规模 CAGR 达 39.6%（见图 2），增长趋势明显。从房源端来看，在线房东数量和在线房源数量总体均呈现增长趋势（见图 3）。

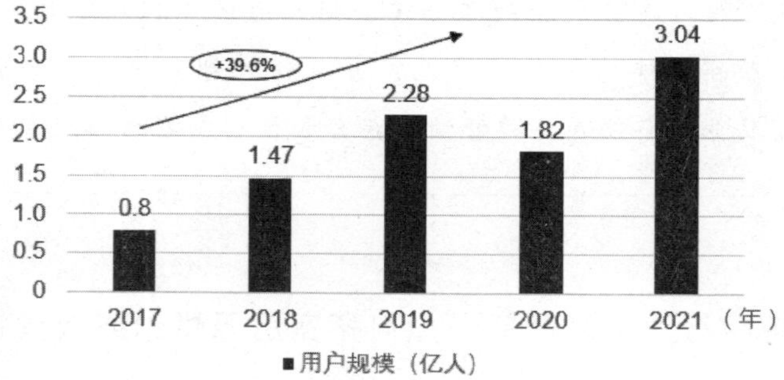

图 2　2017—2021 年中国在线短租用户规模及预测

资料来源：中国旅游与民宿发展协会

（二）对标住宿行业，在线短租行业需求端发展空间大

在线短租的下游客户需求集中在旅游及商务出行，整体是用于满足住宿需求，应对标酒店住宿行业并以住宿行业容量衡量需求天花板，需求端上升空间大。而目前，在线民宿行业市场规模不及酒店住宿行业的 3%

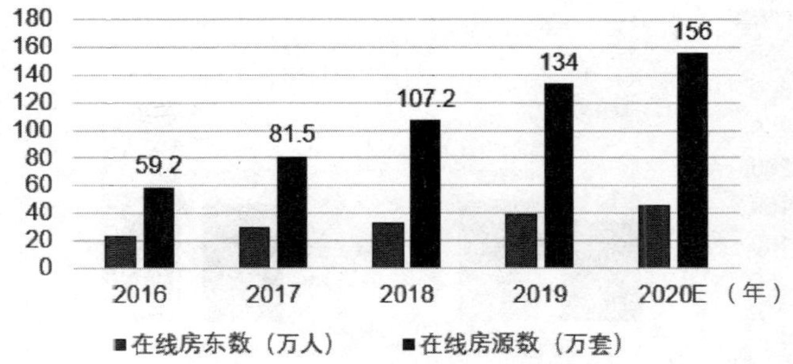

图 3　2016—2021 年中国在线民宿房东、房源数量

资料来源：中国旅游与民宿发展协会，前瞻产业研究院

（见图 4）。可见，住宿需求在短租民宿仍有极大的发展空间。

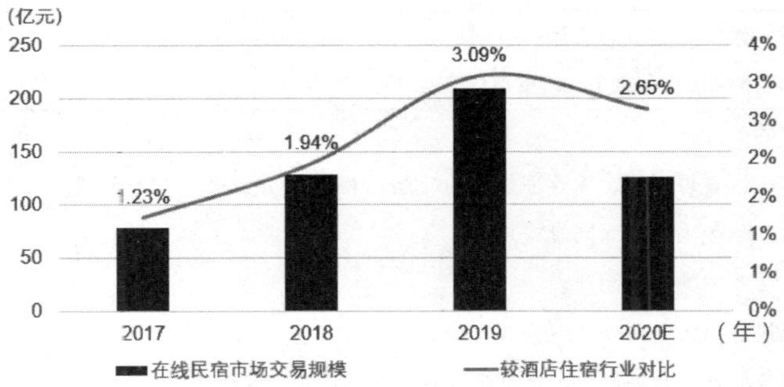

图 4　2017—2020 年中国在线民宿市场规模及其与酒店对比

资料来源：中国旅游与民宿发展协会，前瞻产业研究院

（三）短期内在线短租房源扩张趋势将延续；但城市短租所面临的监管压力将加重，房源的持续扩张预计困难重重

由于在线民宿房源总量增长不及总体民宿房源（见图 5），短租房源将维持扩张趋势。但从长期来看，城市短租民宿监督日趋严格。以北京市印发的《关于规范管理短租住房的通知》为例（见表 1），大部分现有城市短租房无法达到其中的经营条件。随着短租住房监管条例在各城市日益健全，房源数量的增长将困难重重。

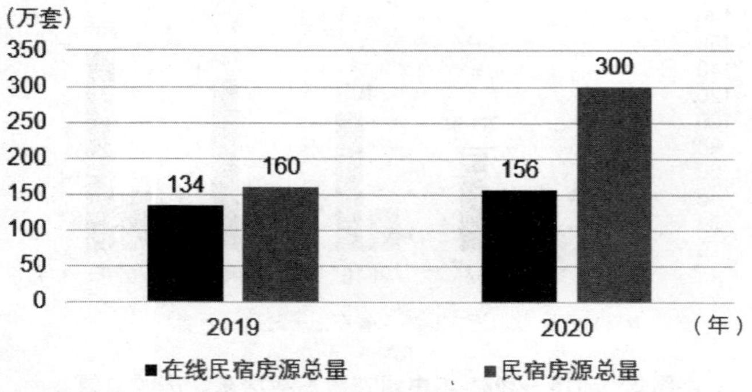

图 5　2019—2020 年中国民宿房源总量

资料来源：中国旅游与民宿发展协会

表 1　　　　北京市印发的《关于规范管理短租住房的通知》

北京市住房城乡建设委、市公安局、市网信办、市文化和旅游局于 2020 年 12 月 25 日正式印发《关于规范管理短租住房的通知》，重点内容如下：
经营短租住房的条件： • 应当符合本小区管理规约，无管理规约的应当取得业主委员会、物业管理委员会书面同意或取得本楼栋内其他业主的书面同意； • 取得出租住房业主的书面同意； • 房屋符合建筑、消防、治安、卫生等安全条件； • 经营者与房屋所在地公安派出所签订治安责任保证书； • 书面告知所在小区物业服务企业，无物业服务企业的书面告知社区居委会
短租住房经营者的安全责任：规定经营者应在住宿者入住前，当面核对住宿人员身份证件信息，即时通过规定的信息系统申报登记信息。登记信息内容包括：承租人姓名、身份证件类别、身份证件号码、居住时间、有效联系方式等。不得向无合法有效身份证明的人出租房屋。违反规定的由公安等有关部门依照《治安管理处罚法》《反恐怖主义法》处罚
互联网平台核验责任：规定互联网平台应当核验短租住房经营者提供的业主身份证明、经营者身份证明、房屋权属证明、治安责任保证书等材料，核实房屋状况，登记并实名认证经营者身份，逐人登记交易订单签订人和实际住宿人员身份信息和有效联系方式，并按照相关部门要求报送住宿人员、房屋等信息，不得为不符合要求的短租住房提供信息发布服务。违反规定的由公安、网信等部门依照《网络安全法》《反恐怖主义法》《电子商务法》处罚

（四）政策利好，在线短租行业总体上具备发展潜力；其中乡村民宿利好信号更强，有望成为重要发展方向

以表 2 所列的相关政策内容为例，民宿行业、短租公寓的发展是消费

升级的重要方向，获政策支持。而乡村民宿作为国家支持农业现代化的重要一环，有望获得政策扶持和迎来需求增量。

表 2　有关短租民宿及乡村民宿的重要发展政策

时间	发布单位	政策名称	主要内容
2015 年 11 月	国务院	《国务院办公厅关于加快发展生活性服务业促进消费结构升级的指导意见》	首次点名“积极发展客栈民宿、短租公寓、长租公寓等细分业态”，将其定性为生活性服务业，将在多维度给予政策支持。推动了民宿合法化，鼓励支持发展
2016 年 1 月	国务院	《中共中央、国务院关于落实发展新理念加快农业现代化实现全面小康目标的若干意见》	明确指出要大力发展休闲农业和乡村旅游，有规划地开发休闲农庄、乡村酒店、特色民俗、自驾露营、户外运动等乡村休闲度假产品
2016 年 3 月	发展和改革委员会、中宣部、科技部等十部门	《关于促进绿色消费的指导意见》	支持发展共享经济，鼓励个人闲置资源有效利用，有序发展网络预约拼车、自有车辆租赁、民宿出租、旧物交换利用等
2016 年 7 月	住建部、国家发展和改革委员会、财政部	《关于开展特色小镇培育工作的通知》	在组织领导和支持政策中提出两条支持渠道：一是国家发展和改革委员会等有关部门支持符合条件的特色小镇建设项目申请专项建设基金；二是中央财政对工作开展较好的特色小镇给予适当奖励。支持范围包括：土地住房
2018 年 3 月	国务院	《关于促进全域旅游发展的指导意见》	城乡居民可以利用自有住宅依法从事民宿等旅游经营。通过民宿改造提升、安排就业、定点采购、输送客源、培训指导以及建立农副土特产品销售区、乡村旅游后备箱基地等方式，增加贫困村集体收入和建档立卡贫困人口人均收入
2018 年 10 月	国务院	《完善促进消费体制机制实施方案》	在进一步放宽旅游服务消费领域市场准入方面，方案明确提出：鼓励发展租赁式公寓、民宿客栈等旅游短程服务

续表

时间	发布单位	政策名称	主要内容
2019 年 2 月	中共中央、国务院	《关于坚持农业农村优先发展做好“三农”工作的若干意见》	充分发挥乡村资源、生态和文化优势、发展适应城乡居民需要的休闲旅游、餐饮民宿、文化体验、健康养生、养老服务等产业
2020 年 7 月	农业农村部	《全国乡村产业发展规划（2020—2025 年）》	顺应老龄化社会的到来，发展民宿康养、游憩康养等乡村休闲旅游项目。依托都市农业生产生态资源和城郊区位优势，发展田园观光、农耕体验、文化休闲、科普教育、健康养生等业态，建设综合性休闲农业园区、农业主题公园、观光采摘园、垂钓园、乡村民宿和休闲农庄，满足城市居民消费需求

（五）乡村短租发展优势明显

从需求端来看，乡村短租的目标客户不局限于城市短租深耕的外来游客，还包括当地客户群，需求更广泛；从供给端来看，乡村短租发展较缓，房源供应扩展空间更大；从政策信号来看，乡村民宿政策利好信号明显，监管制度先行，规范化、合法化程度更高。

总结来看，短租民宿行业发展趋势良好，需求端有望持续增长，但供给端的长期增量尤其是城市房源的长期增量将因监管日趋严格而受到抑制。乡村民宿的发展在需求端、供给端、政策三个层面都呈利好趋势，或为短租民宿的长期发展方向。小猪短租作为短租民宿行业的重要参与者，在转型前便抓住了乡村民宿的发展契机，转型“平台＋”后与飞猪达成战略合作关系或将打破现有困局，紧跟短租民宿市场日益增长的发展趋势。

二、小猪处于业务转型期，引流模式从跨界营销转向 OTA 模式

小猪是国内共享住宿代表企业公司，为用户提供民宿短租服务。小猪长期来坚持“通过共享房屋改变中国人的住宿”的企业理念，坚持“居住自由主义”，深耕“共享经济”领域，其创始人陈驰还曾提出“做一个房

屋共享的产业互联网”的美好愿景。小猪提供的住房类型丰富多彩，既有普通民宿也有隐于都市的四合院、花园洋房、百年老建筑，还有绿皮火车房、森林木屋、星空房等，满足个性化的居住需求。小猪电脑端、手机端的操作界面与公司 logo 都以温馨的粉色为主色调，满足居住者对于家庭、住房温馨舒适的心理需求，契合改变居住方式的公司理念（见图6）。

图6　小猪操作界面和 logo 展示

在途家大肆并购扩张、爱彼迎进军中国市场的环境下，小猪走出“舒适圈”，积极谋求转型。其在业务上的重要转变聚焦于乡村民宿与旧区改造两大板块。2019 年其创始人陈驰就指出：“小猪未来会向乡村民宿、景区客栈、度假别墅等特色住宿领域发力”“小猪还开始与地方政府合作，参与到旧区改造的项目中，在成都市中心试点将一个老旧的住宅社区进行整体改造，使其成为城市民宿”。

在旧城改造的实施方面，小猪仅披露了于 2021 年 7 月 28 日在成都市锦江区牛王庙正式开业的“由里”项目，而乡村民宿方面小猪正在持续、强力推进（见图7）。2021 年与飞猪达成深度战略合作后也在乡村民宿方面获得新突破，开始发展投入成本更高的、联动效益更强的集群项目。与途家、爱彼迎相比，小猪在乡村民宿方面占据先发优势和规模优势，该优势有望成为小猪破局的重要一环。

小猪民宿在接受飞猪的战略投资后，一个重要改变在于引流方式从粗犷的跨界营销模式转变为更加契合管理团队专注业务特征的 OTA 模式。小猪

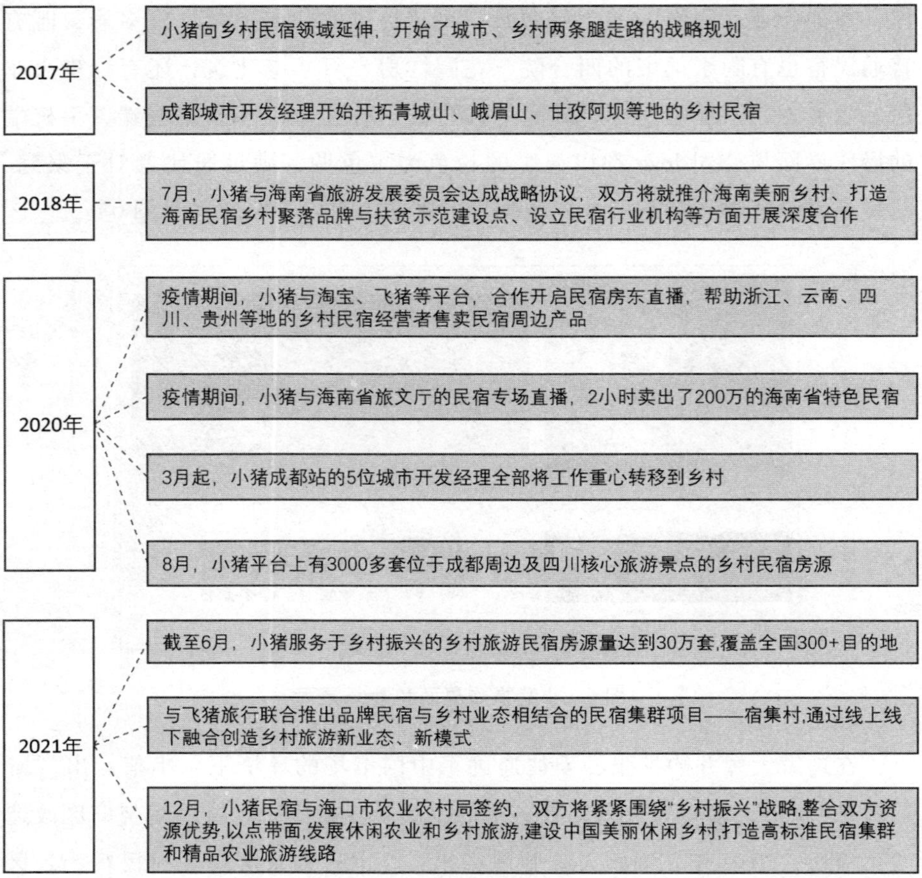

图 7　小猪在乡村民宿业务方面持续发力

业务逻辑遵循一般共享经济的“引流——流量变现吸引客户——吸引房源——吸引客户”循环模式，引流是重中之重，此次从外部引流到依托 OTA 内生流量，是小猪降低获客成本、回归业务本质的重要举措。

2018—2019 年小猪入驻《向往的生活》《高能少年团》、新版《流星花园》等综艺和剧集，与 Booking 集团旗下的 Agoda、阿里巴巴集团旗下旅行品牌飞猪以及闲鱼、马蜂窝实现战略合作，并宣布邓伦为代言人。在这个阶段，小猪以品牌入驻、明星效应、入驻第三方平台等方式跨界营销。但加持多元流量的小猪获客成本相当高，进入了共享经济野蛮发展的乱圈。2020 年开始，小猪入驻小红书，结合内容营销、直播营销；与办公套件飞书战略合作，关注商旅出行需求。在这个阶段小猪的营销策略在依托外部流量的同时着重以自身业务为支撑点，引流方式趋于转变。

而小猪此次接受飞猪投资后，深层整合供应链，将小猪供给全量接入飞猪民宿短租频道，正式进入 OTA 模式，实现内生流量、专注业务的转型。“双猪”合作预计帮助民宿从业者解决在品牌营销、获客和盈利等方面的经营痛点，助力推进行业的品牌化、平台化和数字化，让用户获得更好的、更自由的居住体验。

三、转型“平台 +”综合体，“双猪”合作带来新机会

在线短租现有 C2C、C2B2C、B2C 三种商业模式（见图 8）。

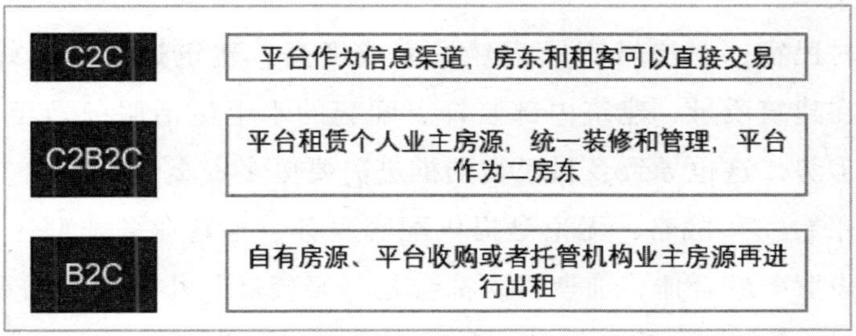

图 8　C2C、C2B2C、B2C 三种商业模式对比

2019 年 5 月 17 日，小猪 CEO 陈驰在品牌发布会上表示，小猪从纯平台向“平台 +”综合体转型，逐步构建适合中国市场的特色住宿生态。“平台 +”是指小猪将围绕主干的平台业务做更多“加法”，从纯线上走向线下，与产业链加强资本互动，逐步构建一个完整的住宿生态。而特色住宿比共享住宿边界更广，包括乡村民宿、景区客栈、度假别墅等品类，让住宿选择更加多元，契合公司“居住自由主义”的理念。

小猪“平台 +”的策略是小猪从纯 C2C 转为结合 B2C 的转折点，小猪从线上走向线下的举措主要有如下三点：

- 推出消防安全套装、智能设备、餐厨洗护等住宿配套设施，保洁、摄影等住宿配套服务；
- 打通上下游服务，在上海、重庆、成都、西安试点建立服务站，为用户提供行李寄运、接送机等地面服务；

• 在成都、重庆等城市推进旧城改造，建设线下民宿，并结合专业售前顾问、线下管家、保洁维修等全线专业服务团队。

小猪接入飞猪平台后，带来的不仅仅是引流模式的转变，更重要的是小猪可以依托飞猪平台雄厚的资本实力更好地推进旧城改造、乡村民宿和“平台+”三大策略。

• 旧城改造：虽然相较于完全的B2C模式旧城改造周期较短、投入较低，但对于长期以来轻资产经营的小猪来说，前期投入和现金流周转依旧是大难题，这很可能是该项目自“由里”项目以来鲜有推进的重要原因，而飞猪平台的入局或能解决这一困境。同时，“平台+”战略下小猪还要延伸产业链涉足与旧城改造项目相匹配的专业服务团队，这一举措更加需要资金上的支撑。

• 乡村民宿：对比城市民宿建设完成度高、建筑达标情况好的现状，乡村民宿在建筑质量、建筑内部装饰、配套的水电生活服务乃至交通便利度上均有劣势。这也导致乡村民宿的推进需要更多资金的支撑。

• “平台+”战略：无论是提供配套服务、丰富业务类型还是拓展上下游、建设服务综合体，前期投入都会是“轻资产”小猪面临的重大难题。

“双猪”合作后小猪的品牌知名度预计大幅提升，引流模式转变也将带来获客成本降低、盈利能力提升；同时，旧城改造、乡村民宿和“平台+”三大策略的实施将导致小猪业务转型走上正轨、日趋实现平台化和数字化的目标。从飞猪平台来看，飞猪平台投资小猪民宿也可以弥补其在民宿业务上的空白，补足与其他OTA平台（如携程、去哪儿）之间的业务差距。

四、在线民宿短租行业主要参与者竞争分析（见表3）

表3　　　　短租民宿主要参与者竞争情况分析

比较	小猪短租	爱彼迎	途家
商业模式	推行“平台+”战略，从纯C2C转型结合B2C	C2C	通过并购蚂蚁短租，从B2C转型B2C+C2C

续表

比较	小猪短租	爱彼迎	途家
盈利模式	•抽取交易额10%的佣金（主） •广告和增值服务	收取约10%—15%服务费	收取约10%—15%服务费
用户规模	129.7万	413.1万	187.9万
房源情况	房源覆盖全球超710座城市及目的地，房源超80万，其中农村民宿房源超50万套	国外市场为主、国内市场为辅，房源超740万套	国内400个城市和海外1 037个目的地，房源超230万套
客户画像	18—35岁有旅行和过渡性住宿需求的人群	年轻人居多	受家庭人群欢迎，中年、青年的比例相当
经营优势	•最先落地乡村民宿领域，房源量大，具备先发优势 •特色民宿、居住自由主义吸引年轻人	•用户渗透率高，品牌认可度高 •房源量最大，且持续投入房东社区，成长黏性高	•并购扩张：蚂蚁短租、携程和去哪儿旗下公寓寓民宿业务 •依靠OTA平台，具备引流优势 •自有房源标准化，保障品质
融资情况	•2015年，6 000万美元C轮 •2016年，6 500万美元D轮 •2017年，1.2亿美元E轮 •2018年，3亿美元战略投资	2020年12月登陆纳斯达克，招股书中表示中国为下一步重点扩张市场	•2014年，1亿美元C轮 •2015年，3亿美元D及D+轮 •2017年完成线上、线下拆分以后，线上平台完成3亿美元E轮融资

五、小猪转型B2C，C2C模式在中国短租民宿行业可行性存疑

小猪转型B2C模式、单纯经营C2C模式之时遇到多重困境，包括：在信用体系建设方面，房源质量、卫生服务等管理参差不齐，且退订规则往往由房东制定，消费者权益难以保障，投诉问题屡见不鲜；在房源数量方面，鉴于国内“人们买不起房，房地产卖不出房”、闲置住房少的实际情况，以及将家视为私密空间不愿意共享的心理实况，房源扩充难上加难。从这两个方面来看，B2C模式能够提供稳定房源、保障房源质量的特征更

具优势。

小猪面临困境、不得不转型 B2C，爱彼迎中国区五易领导、关键岗位高管变动频繁，途家本身便是 B2C 运营，三大行业参与者的经营情况不禁让人发出疑问：C2C 模式在中国民宿行业是否行不通？此前 C2C 模式的典型应用场景主要包括网约车（如滴滴）和电子交易平台（如淘宝），典型特征为使用频次高、交易频繁，相较而言民宿的使用频次就远远不及。另外，基于在中国与陌生人共享私密空间的普遍心理不适与房价高、闲置房源少的房源现状，房源问题将会是 C2C 模式企业面临的普遍问题。在 C2C 可行性存疑情况下，掌握稳定房源、涉足 B2C 将会是不错的路径选择，标准化供应链提供非标服务可能才是短租民宿经营模式的最终目标。

想成为投融资观察报告创作团队的一员吗？微信扫描本书第 352 页二维码，现在就加入我们吧！

No. 24

优地科技：新兴市场中一棵茁壮成长的大树

主笔：杨婕　北师港浸大 UIC

交易概述：

2021 年 10 月 14 日，优地科技完成 C + 轮融资，融资金额为 2 亿元人民币，投后估值为 30 亿元人民币。此次融资由诚鼎基金、云锋基金联合领投，新尚资本、58 产业基金等跟投，部分老股东继续追加投资。优地科技副总裁顾震江表示，本轮融资将用于扩大自身研发能力、提升产能，提高整体销售与服务能力，继续加大布局多场景应用，为全球客户提供可靠稳定的机器人整体解决方案。

一、商用服务机器人行业成为迅速扩张的新兴森林

回顾过去，因为缺少应用场景和起步晚，商用服务行业机器人相比其他细分领域表现得始终不温不火，然而 2020 年疫情的爆发让无接触式服务的需求暴涨，给商用服务机器人提供了成长的土壤（见图 1），疫情的持续让无接触的需求凸显，各家都想在这块新兴森林占据更大的土地，以期待未来能够成为行业里独一无二的大树。

商用服务机器人是服务机器人的分支，其主要面向的是 B 端市场，根据行业需求开发相应功能，运用于商用服务领域，主要为银行、餐厅、企业、大型卖场、专卖店等类商户提供商用系统服务，实现用机器人替代或

辅助人工，从而降低人员成本，提高管理效率。

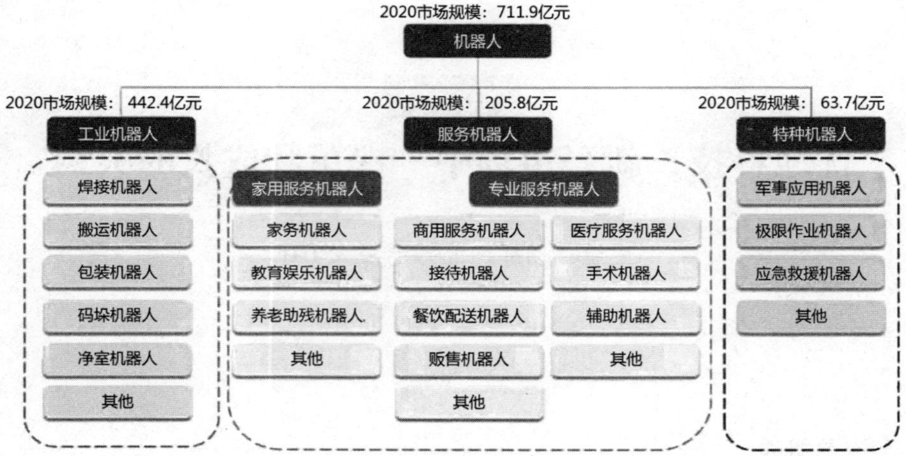

图 1　中国机器人分类及市场规模

资料来源：36 氪、艾瑞网

根据亿欧智库预测，2025 年中国商用服务机器人市场将突破 1 000 亿元规模，终端配送（不含室外）机器人约达 348 亿元。在未来，如果突破政策对无人配送车等智能网联汽车的广泛部署或测试的限制，室外终端配送机器人也将迅速爆发（见图 2）。

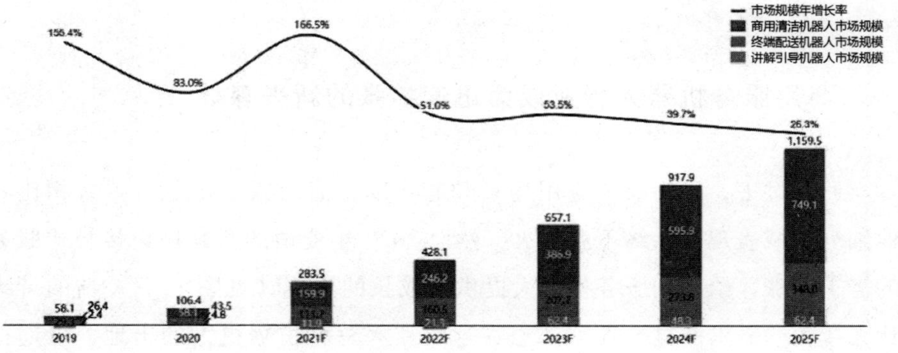

图 2　2019—2025 年商用服务机器人市场规模（亿元）及增长率

资料来源：亿欧智库

二、劳动力成本上升，商用服务机器人受"降本增效"需求驱动

据统计，2020 年全国就业人员平均工资达到 9.7 万元/年，同比增长 7.6%（见图 3）。在批发零售、住宿和餐饮等劳动密集型行业，商业服务机器人的需求进一步凸显，全国劳动力平均工资也在上涨，如上海 2020 年 7 月最低月工资标准上调到 2 590 元，增加 110 元。中国员工平均工资的逐年上升意味着企业的雇佣成本会增加，相应的企业的利润也会受到影响。另一方面，据亿欧专业访谈得知，近年来餐饮、酒店这些服务业招工难成为普遍问题，多家企业开始放宽年龄限制，因此这些行业劳动力出现老龄化问题。这样一来，劳动力工作效率将降低，而企业对效率要求只增不减。

图 3　2006—2020 年全国城镇就业人口平均工资（万元）及同比增速

资料来源：国家统计局

因此，追求降本增效是企业迫切需要解决的难题，而商用服务机器人就是很好地解决方案。目前，室内配送机器人售卖价格大约在 5 万—10 万元每台，租赁只需 2 500—3 000 元/月。据亿欧智库《2021 中国商用服务机器人市场研究》测算，以深圳、上海等一线城市为例，一个 8 小时工作的基础服务和配送劳动力，其最低工资成本标准约为 3 000—4 000 元/月，

而室内配送机器人的租赁价格约等于甚至小于劳动力人工成本，而且每台室内配送机器人可以替代 2—3 个人工，降本增效效果显著。

三、室外应用将是商用服务机器人未来增长重点

目前，全国终端配送机器人已进入数万家酒店和餐厅（见图 4）。在疫情控制阶段，一些医院还采用了配送机器人来运送药品和医疗用品，但总体来说室内的配送场景依然有限，整体市场规模增长也在逐渐放缓，未来的市场竞争将更加激烈。而户外的无人配送解决方案目前由于受到技术、安全等多重因素的影响尚未大规模实施和发展，目前主要是一部分从事物流和外卖的公司正在测试和驾驶无人驾驶的无人机和送货车。

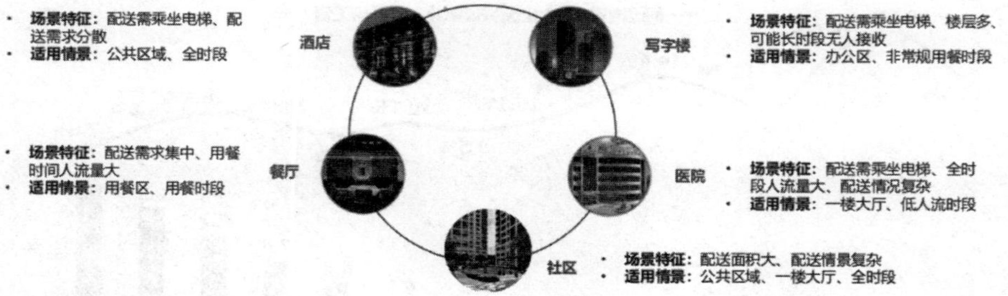

图 4　终端配送机器人应用场景、场景特征和使用场景

资料来源：亿欧智库

未来，户外终端配送取代快递和门到门配送的市场将是巨大的，北京和深圳已经出台政策，在一定程度上允许部署或测试无人送货车等联网智能汽车，相信户外无人配送在不久的将来会有迎来春天。

四、产业链：上中下游的发展突破点各不相同

服务机器人产业链上游是关键零部件供应商，他们拥有核心技术，在产业价值链中占据重要地位，是典型的技术突破型企业。中游的解决方案提供商较为独立，算法和数据是其核心竞争力。下游提供终端产品的公司竞争优势不在于具有绝对壁垒的技术和算法，核心突破点在于实现更多的

落地场景和在细分应用场景深耕（见图5）。

图5　服务机器人产业链

五、优地科技："多场景"布局室内外融合场景

目前，优地科技主要有优小弟、优小妹和优小哥三款配送服务机器人产品（见表1、图6），产品累计出货量已近万台，覆盖全国300余城市，与8 000多家B端酒店客户合作（见图7），累计服务数亿人次。其中，在文娱场景和酒店场景市占率均在前两名，发展较为成熟。

表1　优地科技主要产品及功能

比较	优小弟	优小妹	优小哥
性质	文娱休闲配送机器人	酒店配送服务机器人	室内外融合配送机器人
应用场景	主打应用于KTV的室内大平层	主要应用于酒店、商场等室内大平层	主要应用于室内外融合短距离配送
主要功能	带宾迎客；自主配送；多台协作；自动回充	送餐/运输；自主乘梯；灵活避障；智能带位	为外卖、快递公司承担3公里以内的短距离终端配送，代替外递、外卖人员完成封闭区域内的配送工作

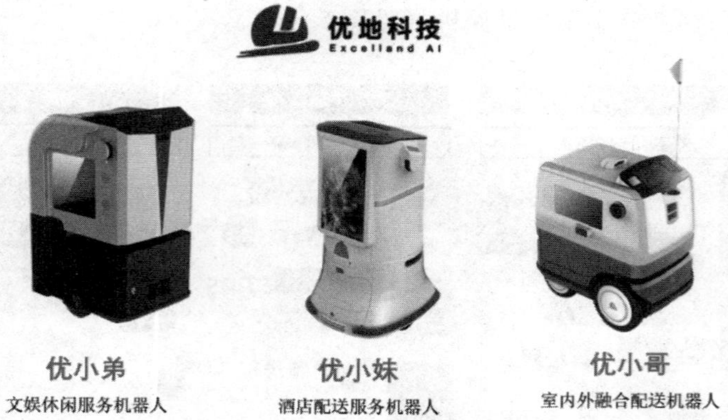

图 6　优地科技主要产品

资料来源：优地科技官网

图 7　优地科技主要客户

资料来源：优地科技官网

相较于发展已经相对成熟的文娱和酒店这样的室内场景，室外场景的可拓展性更强，室内外一体化配送机器人“优小哥”开拓了家用机器人融合室内外配送场景的新领域，其无人配送已经开始在园区内大规模应用，后续的商业投入或许也将引发商业服务机器人行业的新一轮调整。

（一）硬实力与软实力的加成让优地科技加速成长

优地科技融资软实力也能够帮助其更快成长，从成立至今优地科技已经累计完成了 6 轮融资，累计金额超过了 5 亿元，在国家大力支持科技类企业发展的背景下，优地科技的融资一方面提高了其对人才的吸引力，再加上有一定的客户的沉淀，未来也将有更加充足的“弹药”投入研发，拓展新的功能，或者能将某个细分市场做深，成为领域内的头部企业并登陆资本市场。另一方面，优地科技在多次融资中引入业务相关的战投方。目前，华住、首旅、格林酒店、饿了么、58 同城等酒店集团及潜在客户均为其股东，使其能够在未来与各投资方的合作中进行更为深度的结合探索（见图 8）。

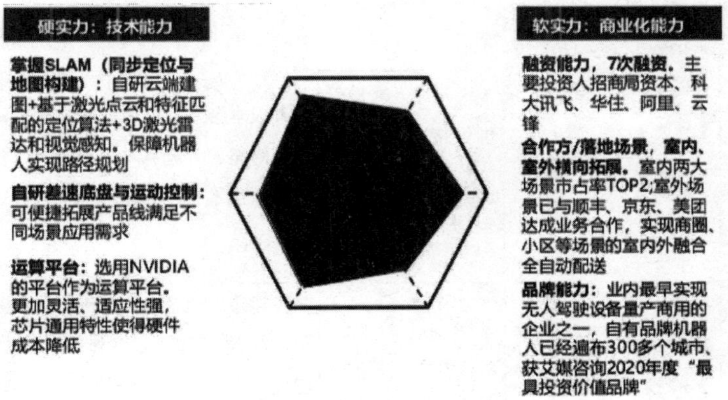

图 8　优地科技多维度打分

资料来源：艾瑞网

（二）竞品分析（见表 2）

表 2　　竞品分析

比较	云迹科技	康力优蓝	白犀牛	优地科技
产别类别/应用场景	商用：机器人服务生系统、消毒机器人、送餐机器人 Delivery、大屏展示交互机器人 Sail、机器人底盘 Water	烹饪：爱乐 商用：优友 U05（汽车 4S、政务司法等场景）、优友 U05H（酒店场景） 教育：优友小智、优友小哪吒 陪伴：HELLO KITTY	聚焦即时配送（配送蔬菜瓜果等生鲜）：白犀牛（最高时速是 25km）	文娱休闲餐饮：优小弟 酒店：优小妹，可匹配商城客需小程序、智能货柜 3 公里以内的末端配送：优小哥，目前已开始在园区进行规模化应用；机器人底盘

续表

比较	云迹科技	康力优蓝	白犀牛	优地科技
价格	• RUN－D，3.98 万元/台，半自助安装 • RUN－C，4.98 万元/台，全安装服务 • 送餐机器人约为 2 万—3 万元	• 优友价格在 20W • “小智”价格在 10 万元左右 • 实验室方案的打包价格在 60 万—100 万元	目前自动驾驶末端配送小车硬件成本为 30 万—50 万元之间。当规模量产后，整车成本有望降至 15 万元。若小车量产价格为 15 万元，使用寿命为 3.5 年，每年 20% 的运维费用，每月综合成本为 6 071 元。目前人力单月成本为 6 500 元，不考虑上涨因素，当成本降至 8 万元，车人费用对比将达到 1:2；当车辆成本为 5 万元，单月综合成本仅仅为 2 024 元	
战略合作客户	入驻 1 万多家酒店，如万豪、开元酒店、希尔顿、万达酒店；政企合作，如大同中院、深圳市饭店协会，运行里程超过 350 万公里	祖国七十周年庆典、第十三届全运会开幕式、世界机器人大会等重要场合秀出中国智能机器人的魅力	永辉超市、达达快送。白犀牛无人配送 小车也可作为合作伙伴的移动广告提供商，已布局数百台	与70% 的文娱/酒店头部品牌进行合作，客户包括希尔顿、洲际、亚朵酒店、如家酒店、华住等；合作 B 端客户超 8 000 户、出货量进万台、日均服务超 60 000 人次

六、总结与展望：技术差异并不明显，市占率成为竞争关键

从室内配送机器人的技术上来看，一方面，目前各家产品并没有明显的差异化和技术壁垒，同样功能的机器人，其基础零部件和上下游配件层面都已经非常成熟，各个玩家在核心算法中的差距并不大。

另一方面，目前商业服务类机器人公司与其说它们是终端产品的制造商，不如说更像行业应用的集成商，相比物流、酒店等拥有自己应用场景的行业，服务机器人作为解决方案提供商，必须将细分行业做到极致，同时向更多户外场景延展，才有机会在竞争中拔得头筹。

而与室内场景相比，室外场景中的道路条件更加复杂，增加了服务机器人落地的难度，并且在数据安全性、成本等方面都有严格的要求。当然，更高的进入门槛也意味着更多的商机。面对这些挑战，未来优地科技只有

抓住有巨大增长潜力的室外应用场景，继续布局室外服务机器人领域，在道路算法、安全、效率、成本和技术上继续下功夫，占据更大的地盘，吸取更多的养分，才能从激烈的竞争中脱颖而出。

想成为投融资观察报告创作团队的一员吗？微信扫描本书第352页二维码，现在就加入我们吧！

No. 25

Yesoul 野小兽：A 轮融资，疫情背景下的居家健身新潮流

主笔：陈成　东北财经大学

交易概述：

2021 年 10 月 11 日，家庭健身科技品牌“Yesoul 野小兽”完成亿元 A 轮融资。本轮融资由小米集团领投，顺为资本与清科创投跟投，TEM 资本与青桐资本担任本轮融资的财务顾问；领投方小米集团表示十分看好家庭健身赛道，将小米积累的技术优势与野小兽的软硬件研发相结合；Yesoul 野小兽则表示本轮融资资金将用于智能硬件的新品开发，优化本公司的供应链体系，强化线上的课程内容和开拓海外市场等，野小兽将借助小米海外渠道的优势，积极拓展销售渠道并落地海外的本地化内容以实现全球化布局。

一、疫情之下，中国智能运动健身市场发展的新趋势

2020 年开始的新冠疫情，使人们对健康更加珍视，大众的运动健身意识也在加速觉醒，有数据统计，仅 2020 年中国经常参加体育运动的人就达到了 4.35 亿人，相比于 2019 年增加了 2 700 万人，全民运动健身的局面正逐步形成（见图 1）。同时，由于疫情带来的行动受限，使运动健身开始向线上化，智能化的趋势发展，国民的健身习惯也在疫情的影响下开始悄然发生变化，使用互联网运动健身平台、户外健身、家庭健身的比例都在持

续提高（见图2）。

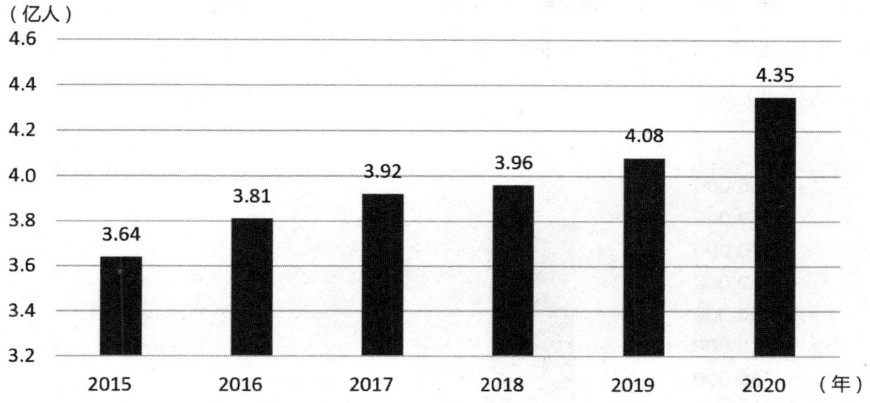

注：经常参加体育的人：年体育锻炼次数>12次

图1　2015—2020 年中国经常参加体育运动人数

资料来源：2021 年中国运动健身行业报告

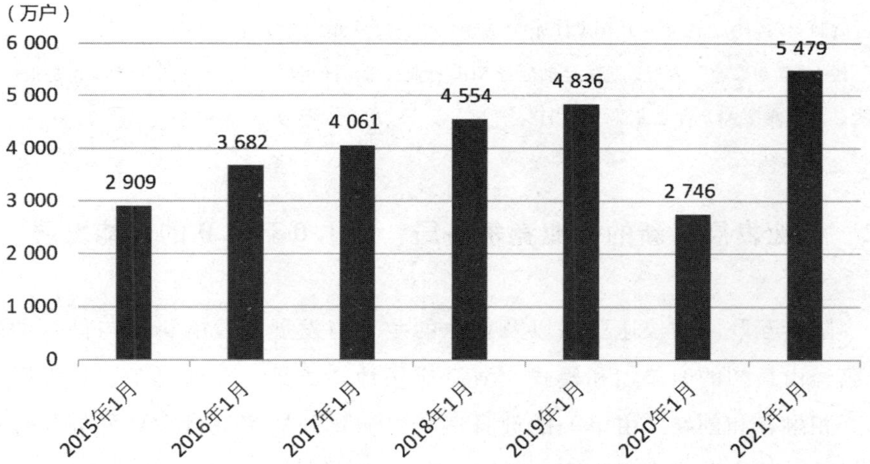

图2　2015 年 1 月—2021 年 1 月中国运动健身 APP 活跃用户规模

资料来源：2021 年中国运动健身行业报告

智能运动健身行业的线上运动健身方案逐渐在网络上涌现。在运动习惯发生改变的同时，“运动健身 KOL 分享经验 + 垂直 APP 获取专业服务”也开始成为主流。其中，KOL 平台负责提供健身兴趣内容，形成健身、减肥、球类体育、广场舞等各个社群，垂直 APP 中运动健康智能硬件类 APP

通过运动健康穿戴设备进行健康监测，运动垂直 APP 提供运动健康的服务支撑。伴随人们对健康愈发重视和丰富多彩的运动健身内容，7.8 亿用户开始线上云运动，使用垂直专业健身 APP 的运动达人规模也达到近 6 000 万人（见图 3）。

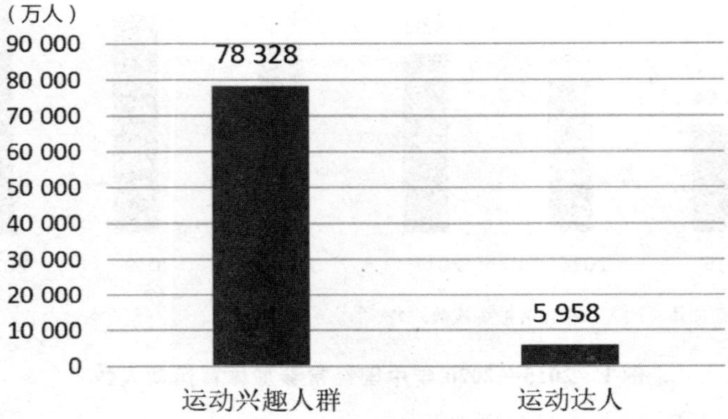

图 3　2021 年 2 月运动兴趣人数与运动达人规模

资料来源：QuestMobile GROWTH 用户画像标签数据库 2021 年 2 月

注：“运动兴趣”人群，是指运动健身 KOL 行业去重活跃用户；“运动达人”人群，是指运动健身、减肥瘦身 APP 行业去重活跃用户。

二、行业发展：新的行业竞争格局，从 1.0 到 3.0 的智能发展

随着互联网的快速发展以及行业的孕育与发展，智能科技与健身的融合已经由最初的简单加和模式，演变成场地、场景、硬件设备、软件服务的互相融合和创新。由单一的健身房场景演化到居家健身、户外健身等多元场景，技术运用更加全面和精细，更具有实用性和针对性（见图 4）。

目前中国的智能运动健身市场还处于快速发展阶段。一方面，移动端智能运动健身应用获得国民认可，智能健身应用的使用率有望进一步提升；同时，线下健身房的智能化发展还处于早期阶段，但已有场馆接入智能化系统进行管理模式的创新；通过智能运动健身器材，借助移动端智能运动健身应用的课程内容与智能交互，预计智能运动健身硬件在中国家庭的渗透率将快速发展（见图 5）。

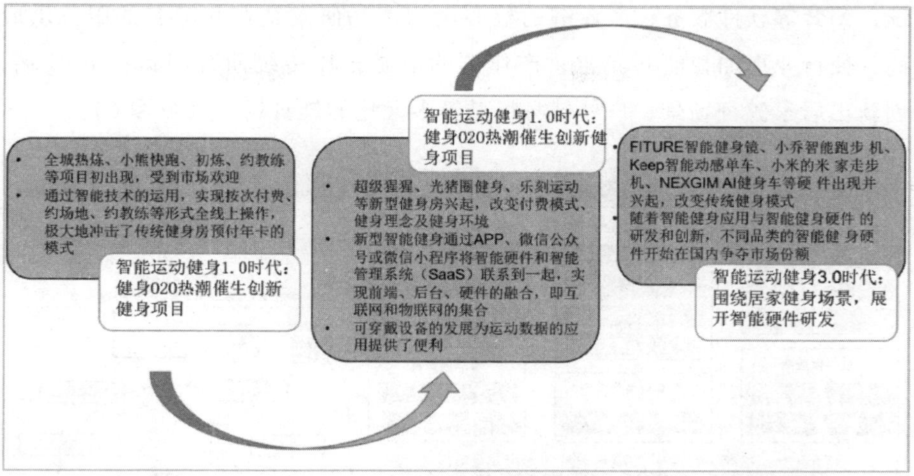

图 4　智能运动健身行业的发展历程

资料来源：艾瑞咨询研究院自主研究及绘制

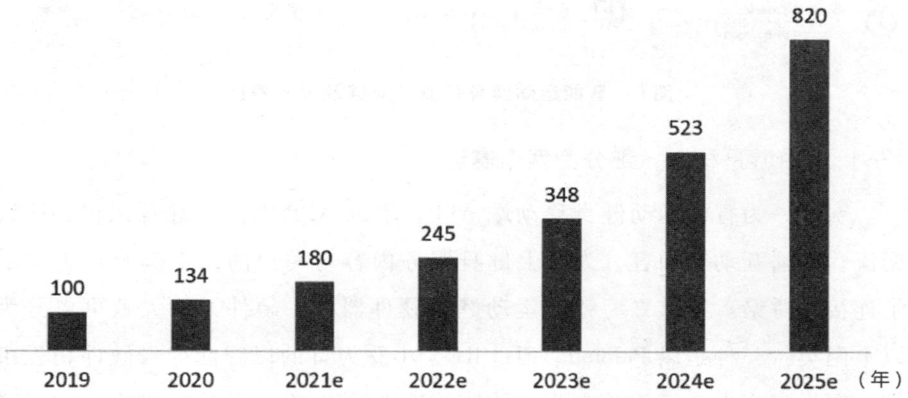

图 5　2019—2015 年中国智能运动健身行业市场规模（亿元）

资料来源：艾瑞咨询研究院通过分析市场主要智能健身应用、线下健身房以及智能健身硬件企业数据及情况，结合桌面研究与企业专家访谈自主研究绘制

三、智能运动健身产业链——融合科技满足用户个性化健身需求

智能运动健身行业的产业链相比于传统健身行业，在产业链的上游加入硬件供应商和软件供应商，分别生产芯片、传感器等硬件设备和操作系

统，APP 等软件服务；产业链的核心则为产品研发企业和配套的服务供应商，使行业更加智能和完善；产业链的下游相比传统而言创新在 to C 端，创新出居家健身场景、户外健身场景等多元化的健身场景（见图 6）。

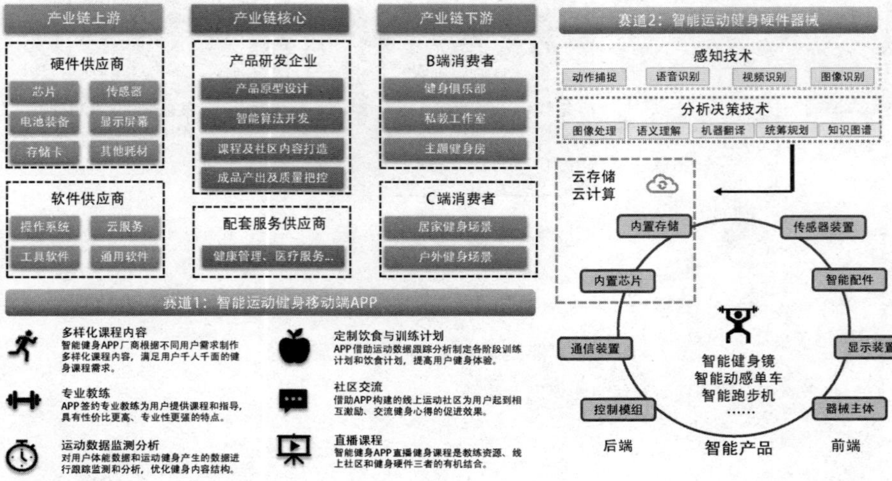

图 6　智能运动健身行业产业链及细分赛道

（一）上中游是核心，细分为两个赛道

赛道一为智能运动健身移动端 APP，借助 APP 丰富的健身课程、社区交流、直播互动等内容，为线上健身服务内容与用户的线下健身行为提供了连接的桥梁。赛道二为智能运动健身硬件器械，硬件方面大致可以分为以下两类：一种是以 Peloton、FITURE、小乔为首的以智能健身硬件切入市场，深入家庭生活场景的企业；另外一种则是以 Keep、咕咚等为主的互联网运动科技公司。硬件端和移动端齐发力使该行业逐渐衍生出多元化的发展形态。

（二）新模式下，软件端竞争激烈

在新的行业模式中，移动软件端主要可以分为运动健身服务软件、移动智能终端配套软件和体育用品品牌应用软件。运动健身服务软件的代表为 Keep、乐动力等 APP，主要以运动课程建立线上的课程体系，营造专业运动的社群氛围，邀请知名健身 KOL 入驻平台，并推出自有品牌商品以及线下体验店等方式打造护城河。

移动智能端终端配套软件以华为运动健康、苹果健康、小米运动等为代表，主要借助手机应用端程序，连接可穿戴设备，记录运动状态，评测身体状态，并给予个性化健康建议；体育用品品牌应用软件以 Nike Training Club、Adidas Go 等为代表，借助已有的运动官方品牌研发 APP 追踪跑步记录，提供健身教练指导和专业的力量训练课程。

四、野小兽——要做家庭健身科技领域的独角兽，打破传统禁锢

野小兽的创始人骆少猛 1977 年生于福建泉州，曾出任中国奥委会官方合作伙伴、中国著名健身设备品牌舒华 VP，在创办野小兽之前已在健身行业深耕多年。谈及当时的中国健身现状，骆先生曾表示：从表面看中国消费者有很强的健身需求，但健身的习惯还未养成，去健身房时间成本又太高，如此一来，方便、有趣、又有效的健身模式成为大家一致的追求。

有着几十年健身从业经验的骆先生也发现自己所就职的健身设备公司虽然每年销售了大量的健身器材，但实际的使用率却并不理想。由此一来，意图打破行业现状、在硬件基础上同时搭载软件内容的野小兽应运而生。

（一）打破单纯售卖模式，创新智能硬件＋课程直播

野小兽迈出的第一步就是打破单纯的器械售卖。野小兽在上海市长宁区设立线下体验店（见图 7），在这家体验店每天都会有 5—8 节的单车课程，同时这些课程会同步直播到购买了单车的用户的客户端中，用户只要支付少量的课程费用，就能随时随地享受到同步的直播课程。这样一来，不仅解决了器械被闲置的问题，也同时满足了消费者全场景使用器械的需求，而直播营造出来的氛围也让一个人的运动健身不再那么无聊。

图 7　野小兽线下门店

（二）硬件软件齐发力，严要求下的野小兽

为了达到高水准的课程直播和刺激用户持续支付的欲望，野小兽从教

练的选拔到课程的制作，再到课后的反馈和指导，都制定了一套严格的标准。在教练方面，野小兽聘请的教练都是国内顶尖的单车行业资深教练和运动达人，并且还有严格的培训和淘汰机制。对每节课程的制作，都会经过课前的商讨以及细节方面的选择，单一节课的背景音乐，教练可能需要从成百上千首歌曲中寻找，制作完成后交由总教练审核与修改。此外，用户锻炼过程中的各项身体数据也会记录在 Yesoul 的 APP 上，用户自己可随时观测，教练端也会实时根据数据的变化提出指导和课后反馈（见图 8）。

图 8　野小兽 APP 部分页面

在硬件端的打造上，野小兽同样严格要求自己力求做到行业标杆，Yesoul 制造所用零部件均采购自全球顶级厂商，单手调节坐垫高低、扳动式无级阻力调节杆、独创椭圆形浸塑把手，这都是野小兽在打造硬件时精细的思考。凭借精细的制造，野小兽在 2016 年斩获素有“设计界奥斯卡”之称的“红点奖”最佳好设计奖，让“中国设计”在世界舞台崭露头角（见图 9）。

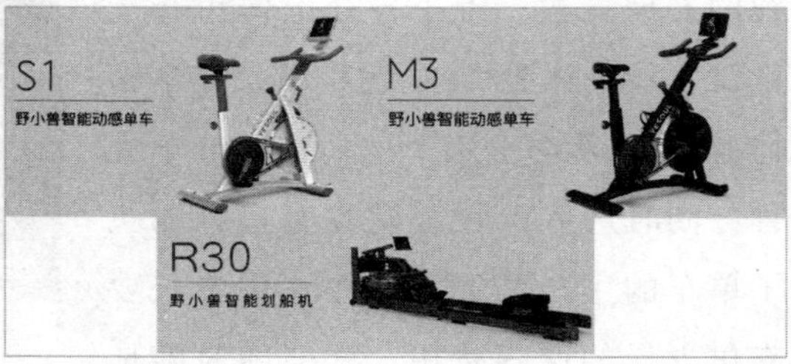

图 9　野小兽部分明星单品

（三）步入成熟的野小兽有无限可能

产品方面：野小兽 2017 年推出智能家用动感单车，同年上线 Yesoul

APP 为用户提供专业在线内容，以软硬件结合的优势迅速打开市场；2019 年推出智能家用跑步机；2020 年，推出智能划船机。据生意参谋和京东商智 2021 年 1—6 月数据显示，2021 上半年“Yesoul 野小兽”动感单车销售额在天猫与京东双渠道均位居该品类第一。

内容和团队方面：野小兽每年课程生产可达 3 000 堂，完播率达 87.3%，用户周均训练近 4 次，单次平均训练时长 27 分钟。公司在研发一线已配有近百名工程师，形成电子嵌入式研发、硬件设计研发、软件设计研发、课程研发等独立业务单元，鼓励开发者们探索 AI 技术落地垂直运动领域的更多可能性。

发展方面：与中国科学院计算技术研究所下属机构厦门数据智能研究院达成合作，通过海量运动数据分析，根据用户年龄、性别、运动能力、身体状态等差异点，借助 AI 算法输出千人千面的课程，并匹配个性化运动目标。公司还能定制个性化的燃脂计划和饮食计划，助其更快达成运动目标。即便是数百人同时参与的在线课程，用户也能同样获得个性化目标设定，实时输出个人当下达标情况和高光时刻。

五、运动健身行业的发展新模式——家庭物联网设备 VS 智能家居开放互联平台

（一）行业进入成熟期，投资逻辑初现

2021 年 1—4 月，运动健身行业获融资 63 亿元，融资金额约为上年全年 2 倍（见图 10、图 11）。而其中风险资本大举押注头部运动健身标的，过半的资金都投向 E 轮及之后的较成熟项目。由此可看出，投资方更愿意投资给较成熟的项目，且“赛马”投资策略特征明显；而在融资方，运动软件端竞争激烈，各品牌逐渐开拓价值新链条。

（二）家庭物联网与互联平台在运动健身方面的进攻与防守

在智能家居开放互联平台与家庭物联网设备的布局中，华为与苹果是不得不提的两家公司。华为在运动健康领域的生态布局从可穿戴设备开始，2014 年华为发布了旗下第一款智能手环产品，标志着华为正式进入智能可穿戴和运动健康市场。随后，智能手表、体脂秤、蓝牙耳机等智能设备也

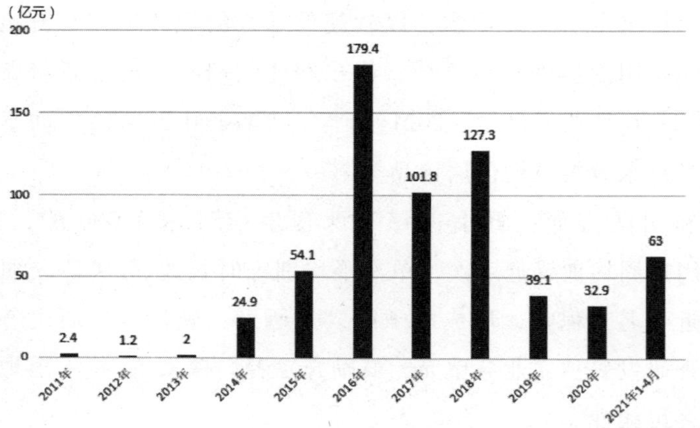

图 10　2011—2021 年 1—4 月中国运动健身行业融资金额

纷纷入市，并持续产出新的系列产品。可穿戴设备，如智能运动手表 HUAWEI WATCH 系列和运动手环 B 系列，以心率检测、睡眠监测等健康监测功能为主要亮点；其他设备如体脂秤等，也逐渐在基础体重、体脂测量功能之外，加入了更为全面的身体数据指标，从而实现多维分析用户身体状况，并能给出一定的科学性建议（见图 12）。

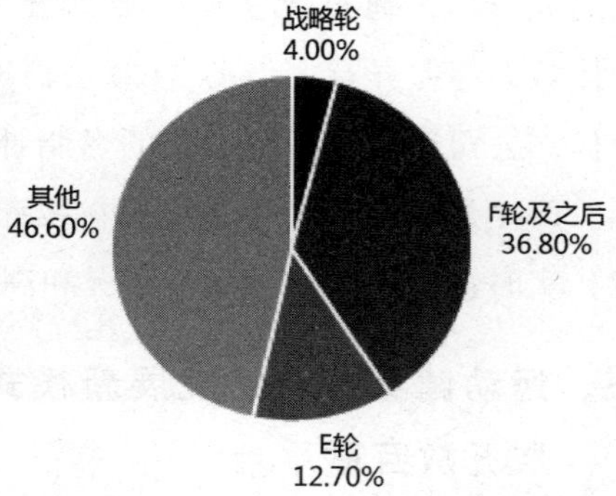

图 11　2021 年 1—4 月互联网运动健身创业企业融资阶段分布

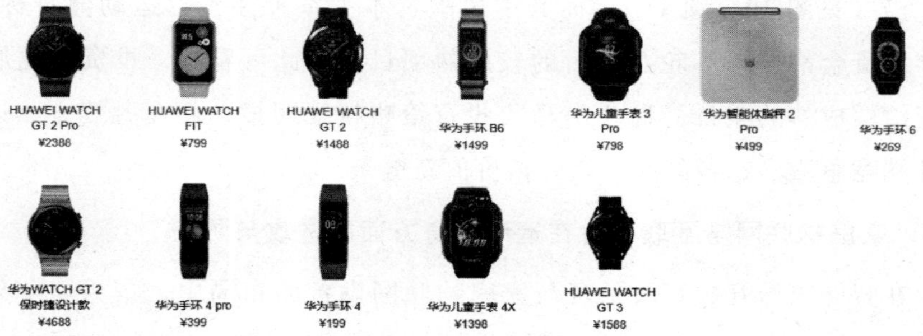

图 12　华为健康穿戴产品（部分）

更具有华为特色的是，不管用户使用的是哪种智能设备，都可以将个人数据同步到华为运动健康（HUAWEI Health）这款手机 APP 中。在 APP 中实现数据的统一管理，而且用户的数据并不会随设备的更换或丢失而损失。这也是运动健康版块“1 +8 + N”的“1”之所在——发挥智能手机作为个人数据中心的平台和载体作用。

由此可以看出，华为在运动健康领域主打的核心是智能硬件 + 数字化平台，通过运动健康中心实现“大连接”。值得注意的是，华为并没有一味地圈地为主，而是向更多的生态合作伙伴敞开大门。华为不仅可以与自己的智能产品相连接，也可以与合作伙伴的泛 IoT 设备相连接。这也可以看出华为致力于打造“万物互联”的生态网络的目标，用户可以在出行、运动、饮食、睡眠甚至是医疗等全行为、全场景、全时刻接入华为的健康管理体系，最终实现华为在运动健康领域核心地位的终极目标。

苹果对于 Fitness + 的正式投入源于 2020 年 9 月，发布会上推出这项录播健身课程跟练服务，首批覆盖美国、英国、澳大利亚、加拿大、爱尔兰和新西兰。大部分为无器械课程。每节课 3 位教练，动作幅度和频率不同，服务不同训练基础的消费者。定价每月 9.99 美元，每年 79.99 美元。然而想要使用 Fitness + ，需要满足两个硬性条件：一是拥有 Apple Watch；二是拥有 iPhone、iPad、Apple TV 等设备。

在 2021 年 9 月的发布会上，苹果宣布官方健身服务 Fitness + 升级，此次升级 fitness + 将覆盖 15 个新国家和地区，推出支持最多 32 人的团体训练功能。苹果希望打造一个“世界就是一个健身房”的理念，不同于华为“万物互联”的想法，苹果瞄准了更多从未进入过健身房的人群，也就是更加大众化。在器械商上，苹果与泰诺健跑步机、Tempo 智能镜、Life 划船机等厂商合作，在健身房运营商上，接入 Life Time 和 Orangetheory（见图 13）。

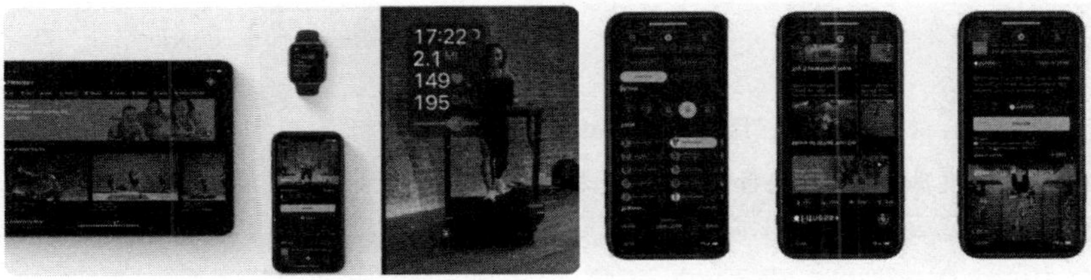

图 13　苹果 Fitness + 使用示意图

不论是华为还是苹果，面对家庭物联网设备的进攻，都不再仅仅局限在自己所设计的互联平台圈地为王，而是敞开大门与合作伙伴深度合作，致力于打造全场景全服务的运动健康服务，从而达到最终的“万物互联”或“世界是一个健身房”的最高理念。

六、竞品分析——各赛道夹击，野小兽如何推陈出新

（一）健身界的苹果 + 奈飞——Peloton

Peloton 是全球最大的互动健身平台，也是一家集健身、科技和媒体于一体的创新公司（见图 14）。截至 2021 财年末，Peloton 社区已拥有超过 321 万忠实用户，其中健身订阅用户 233 万，数字订阅用户 87 万户。2021 财年中，用户在 Peloton 平台上共进行了 741 万次健身运动。它主打线上内容 + 线下健身实体店结合的商业模式，既生产健身硬件设备及配套的平板电脑和软件，也有“网红教练”自行制作视频流媒体内容供用户订阅，成立了自己的零售体验店网络，实现了产品服务生产交付的垂直一体化。受益疫情，Peloton 业务爆发式增长，2021 年第一季度营收达 81.4 亿元，同比增长 141%（见图 15）。

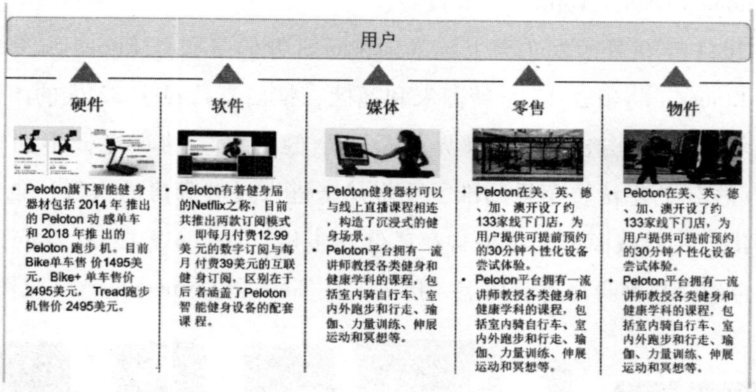

图 14　Peloton 整体布局分析

资料来源：艾瑞咨询研究院自主研究及绘制

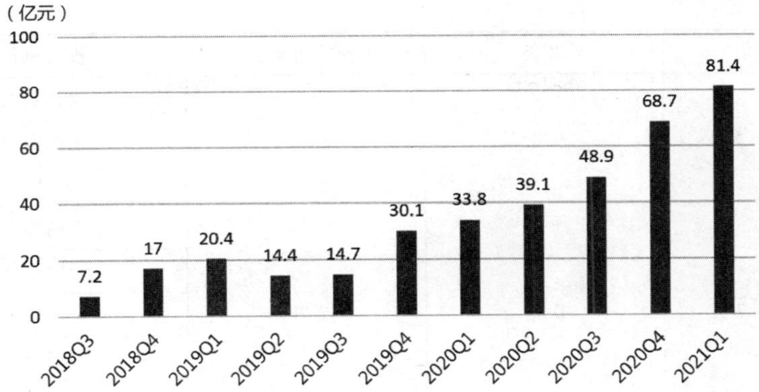

图 15　Peloton 2018Q3—2021Q1 营业收入

资料来源：2021 年中国运动健身行业报告

（二）自律给我自由——Keep

Keep 是一款具有社区属性的移动健身工具类产品，主打教学与社交兼备，致力于打造健身闭环。通过用户的基础数据信息，Keep 可以推送最适合用户的课程，小白用户基本上可以“傻瓜式”学习。用户在 Keep 上可以看到很多健身达人和教练的教学视频，关注他们的健身动态。值得注意的是，Keep 每节课程的视频大小做了技术优化，无须担心流量，几乎是秒下载。从“软件 + 硬件”到“软件 + 内容 + 硬件”，Keep 仍在商业化中不断尝试。如今 Keep 已累计融资近 50 亿元人民币，在 Keep 商城销售自有品牌商品，开设线下的城市运动空间 Keepland，打造 KeepKit 运动生态。研发 KeepUp 产品线覆盖城市运动生活的各个场景，推出全新的 KeepClass 内容模块，基于用户多元化的运动需求，通过视频、音频、直播等形式，分享经验，并有 Keeptrainer 和 KeepYoga 两款产品上线 Googleplay 和 AppStore，支持 15 种语言版本。Keep 融资过程见表 1。

表 1　Keep 融资历程

时间	融资	金额（万美元）	投资机构
2014 年 12 月	天使	—	泽厚投资
2015 年 4 月	A 轮	500	Ventech China
			BAI

续表

时间	融资	金额（万美元）	投资机构
2016 年 5 月	C 轮	3 200	晨兴资本
			纪源资本
			BAI
2018 年 7 月	D 轮	12 700	高盛
			腾讯
			纪源资本
			晨兴资本
			BAI
2020 年 5 月	E 轮	8 000	时代资本
			GGV 纪源资本
			腾讯
			晨兴资本
			BAI
2021 年 1 月	F 轮	36 000	软银愿景基金（领投）
			高瓴资本
			GGV 纪源资本
			腾讯
			五源资本
			Jeneration Capital
			贝塔斯曼亚洲投资基金
			高都资本

七、展望未来

总结来看，未来的智能运动健身移动 APP 将以数据为基础提供更完整的数字化智能健身体验；智能运动健身硬件器械将综合搭载光敏、声敏、压敏等多种传感器方案，跟踪捕捉用户运动表现和运动姿态等信息，将更专业化及个性化的方案反馈给用户。各厂商制造商将进一步拓展全场景模式，生产更符合中国人运动消费习惯的产品和定制服务，促进运动健身全民化发展。

而意图打破行业现状的野小兽在硬件基础和软件内容上双管齐下，本轮融资后又将借助小米海外渠道优势，积极拓展销售并落地海外的本地化内容以实现全球化布局，有望成为家庭健身科技领域的全球独角兽。

想成为投融资观察报告创作团队的一员吗？微信扫描本书第 352 页二维码，现在就加入我们吧！

No. 26

极氪智能：站在吉利汽车的肩膀上，顺应时代东风的新车企

主笔：徐煜媛　威斯康辛大学麦迪逊分校

交易概述：

2021 年 8 月 27 日，极氪智能宣布获得来自英特尔投资公司、宁德时代、鸿商产业控股集团有限公司、Bilibili 相关投资者及博裕投资的 5 亿元投资，投资后占极氪股比约为 5.6%，本轮投后估值接近 100 亿美元。根据公告显示，本轮融资完成后，吉利汽车占极氪智能科技的股权将由 51% 降至约 48%。但由于吉利汽车仍为极氪智能科技的单一最大股东，且控制极氪董事会，吉利汽车将继续控制极氪智能科技，并将其财务业绩并入综合财务报表。

一、行业现状：电动车快速发展渗透，传统主机厂加入战局

中国作为全球第一大汽车消费市场，根据统计（见图 1），在 2020 年全球汽车消费量约为 7 797 万辆，中国的消费量就达到了 2 531 万辆，占到了全球总量的 32.46%。

新能源汽车方面，中国市场也保持着高速增长。截至 2021 年 10 月，我国新能源车销量达到了 256.6 万辆，5 年年均增长率达到了 38.15%，新能源车的渗透率连年攀升，预计在 2025 年新能源车销量能达到 709.27 万辆（见图 2），根据发改委预测，2030 年我国新能源车预计达到 3 800 万辆，渗透率 95%。

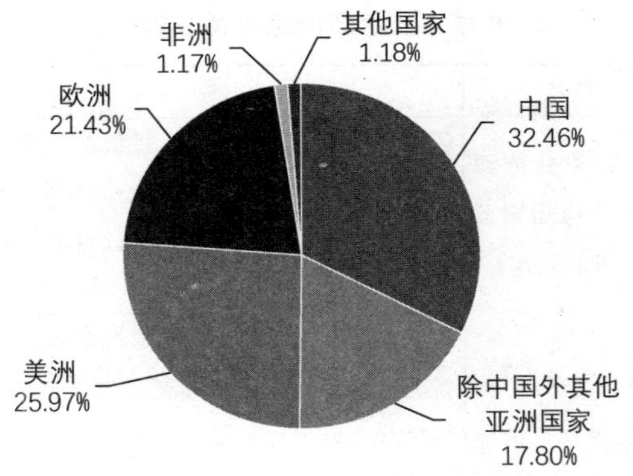

图 1　2020 年全球汽车消费量

资料来源：中汽协，天风汽车，笔者整理

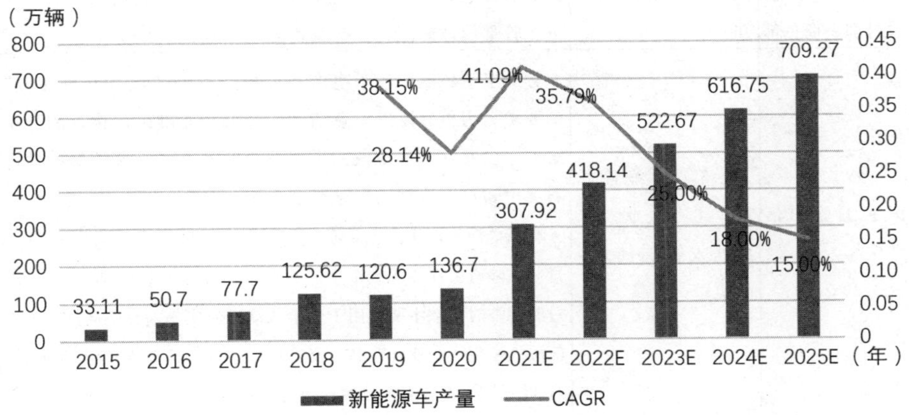

图 2　2015—2025 年新能源车预计产量

资料来源：中汽协，wind，笔者整理

政策和资本助推，科技发展降低研发成本成为快速增长的驱动因素。

政策：可以看到在 2020 年新能源车的暂时低迷之后，车市又恢复了高速增长，这和 2020 年出台的新能源汽车政策不无关系。2020 年出台的新能源相关政策从多个方面推动了新能源汽车的发展（见表 1）。财政上降低了新能源汽车的补贴门槛，延长了补贴的时间；提供多种渠道推动新能源汽车下乡和在公共领域的应用，提出 2025 年新能源车渗透率应达到 20% 的愿景。

表1　2020年出台的新能源相关政策规定

部门	文件名	主要内容
财政部、工业和信息化部、科技部、发展改革委	《关于完善新能源汽车推广应用财政补贴政策的通知》	该通知延长了补贴期限，将新能源汽车推广应用财政补贴政策实施期限延长至2022年底。另外，补贴退坡力度和节奏得到平缓，即原则上2020—2022年补贴标准分别在上一年基础上退坡10%、20%、30%
国家发展和改革委员会	《关于稳定和扩大汽车消费若干措施的通知》	该通知提出，要完善新能源汽车购置相关财税支持政策。将新能源汽车购置补贴政策延续至2022年底，并平缓2020—2022年补贴退坡力度和节奏，加快补贴资金清算速度。加快推动新能源汽车在城市公共交通等领域推广应用。将新能源汽车免征车辆购置税的优惠政策延续至2022年底
国家工业和信息化部、农业农村部、商务部	《关于开展新能源汽车下乡活动的通知》	该通知提出在2020年7月—2020年12月，由中国汽车工业协会负责组织实施，各地工业和信息化部、农业农村部、商务主管部门做好配合，开展新能源汽车下乡活动
国家工业和信息化部	关于修改《新能源汽车生产企业及产品准入管理规定》的决定	• 删除申请新能源汽车生产企业准入有关“设计开发能力”的要求。为更好激发企业活力，降低企业准入门槛，删除了第五条以及《新能源汽车生产企业准入审查要求》等附件中有关“设计开发能力”的相关内容 • 将新能源汽车生产企业停止生产的时间由12个月调整为24个月。删除有关新能源汽车生产企业申请准入的过渡期临时条款。过渡期临时条款主要适用于《准入规定》实施前已获得准入的新能源汽车生产企业和产品，要求其在2017年7月1日至2019年6月30日期间遵守有关过渡性规定，目前过渡期已经结束
财政部、工业和信息化部、科技部、发展和改革委员会、国家能源局	《关于开展燃料电池汽车示范应用的通知》	对我国燃料电池汽车产业发展明确了四个方面内容： • 一是支持方式。将采取“以奖代补”方式，对入围示范的城市群，按照其目标完成情况核定并拨付奖励资金 • 二是示范内容。示范城市群应找准应用场景，完善政策环境，聚焦关键核心技术创新，构建完整产业链 • 三是示范城市群选择。采取地方自愿申报、专家评审方式确定示范城市群。鼓励申报城市群打破行政区域限制，强强联合，自愿组队，取长补短 • 四是组织实施。示范城市群应确定牵头城市，明确任务分工，强化沟通协调，统筹推进示范。五部门将依托第三方机构和专家委员会，全程跟踪指导示范工作，并实施节点控制和里程碑考核

续表

部门	文件名	主要内容
国务院办公厅	《新能源汽车产业发展规划（2021—2035年）》	该规划提出了新能源汽车产业的发展愿景，即到2025年，我国新能源汽车市场竞争力明显增强，动力电池、驱动电机、车用操作系统等关键技术取得重大突破，安全水平全面提升。纯电动乘用车新车平均电耗降至12.0千瓦时/百公里，新能源汽车新车销售量达到汽车新车销售总量的20%左右

资料来源：中国政府官网，笔者整理

技术：锂离子电池单位成本逐年下降，助推电气化落地（如图3所示）。2010年锂离子电池单价为1 191美元/kWh，2010—2020年单位成本基本保持每年10%—30%的下降趋势，至2020年，单位成本低至137美元/kWh，预计2024年单位成本下降至94美元/kWh。电池成本占整车成本约40%，单位成本下降带来整车成本下降。

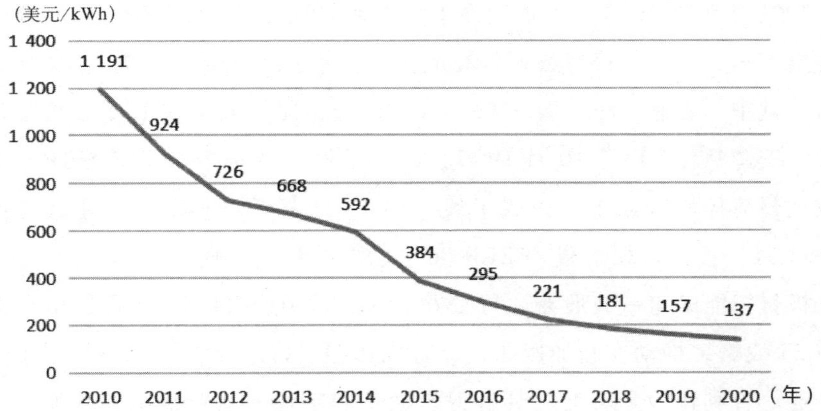

图3 2010—2020年锂离子电池单价变化

资料来源：中信证券，作者整理

资本：造车成本的下降和政策红利窗口开启为新能源赛道提供了新的机会，不同厂商纷纷入局加码新能源赛道，主要分为科技公司（苹果，小米，华为等）、传统车企（长城，吉利，上汽等）和造车新势力（蔚来，小鹏，理想）。资本的持续加码让这条赛道竞争更加激烈，也推动了新能源汽车的发展。仅仅2021上半年，新能源汽车赛道融资事件共57起，涉及项目50个，披露融资金额达827.1亿元（见表2）。

表 2　　2021 年上半年新能源融资过亿事件

被投企业	投资企业	融资轮次	融资金额
比亚迪	高瓴资本、红杉中国、社保基金、中投公司等	定向增发	超 262.1 亿元
恒大汽车	成宇控股有限公司、上宇有限公司、益荣国际贸易有限公司、翠林全球投资有限公司等	定向增发	超 216.4 亿元
宝能汽车	广州开发区国企	战略投资	120 亿元
零跑汽车	中金资本，杭州市政府	Pre - IPO	30 亿元
合创汽车	珠江投管集团，广汽集团	战略投资	24 亿元
小鹏汽车	广东粤财投资控股有限公司	战略投资	5 亿元

资料来源：公开资料整理

二、极氪智能——吉利的新能源汽车布局的重要版图

2021 年 3 月 23 日，由吉利汽车和吉利控股集团共同投资的吉利全新智能纯电汽车公司——极氪公司宣布成立。极氪公司注册资本高达 20 亿元人民币。其中，吉利汽车持股 51%，吉利控股集团持股 49%；由李书福任董事长，安聪慧任 CEO。10 月 19 日，极氪的第一款量产车型 ZEEKR 001 在宁波杭州湾极氪智慧工厂正式下线。10 月 23 日，ZEEKR 001 正式开启交付。11 月，极氪首款车型 ZEEKR 001 实现交付 2012 辆。

极氪智能的第一大股东、母公司吉利汽车在 2021 年 10 月提出吉利智造 2025 战略，推动吉利加速向智能时代转型，打造成为科技引领型全球汽车企业。吉利作为全球唯一具备卫星通信和定位、高精地图和导航、汽车芯片到软硬件全栈自研的汽车企业，将基于智能架构、智能驾驶和智能座舱打造未来“智能汽车”的核心竞争力。从 2025 年起实现完全自主驾驶，核心芯片未来拟全部自研。

吉利为极氪智能量身打造了 SEA 浩瀚架构。以用户出行体验为核心，以硬件层、系统层和生态层构建纯电架构，实现汽车软件开发周期缩短 50%，以从三域融合到中央集成的电子电气架构为基础，通过硬件软件化将硬件底层功能抽取出来封装为标准化服务，开放应用程序接口超 4 000 个，可实现全场景、全生命周期固件空中升级。

2020 年浙江吉利控股集团有限公司研发投入 218 亿元人民币，为中国汽车品牌研发投入第一。吉利公司将保持在研发上的投入，5 年内投入 1 500亿元。计划在 2025 年让极氪实现销量 65 万辆。同时，极氪 CEO、原吉利集团董事长安聪慧表示，极氪得益于庞大的吉利汽车和控股集团孵化与培育的极氪产业链生态圈，pre－A 轮前准备了 7 年，没有从资本市场获取一分钱。吉利极氪与同类公司平台对比见表 3。

表 3　竞争公司平台比较

车厂	车型平台	亮点分析
吉利极氪	吉利 SEA 浩瀚平台	• 拥有自己的电池技术、电池管理系统电机技术 • 拥有自己的电动汽车供应链支持 • 可通过 OTA 在整个使用周期内持续地提供软件升级服务口 • 具备开发完全自动 • 驾驶能力，硬件满足完全自动驾驶的需求
广汽埃安	广汽 GEP2.0 纯电平台	• 石墨烯基电池技术可实现“八分钟充电 80%” • 碳负极材料电池技术可实现 NEDC 续航超过 1 000 公里 • 全系搭载 ADiGO 智能网联系统，腾讯、华为等多个战略合作伙伴提供技术加持，功能随系统持续升级
北汽极狐	纯电动 MC 架构平台	• 与麦格纳合作，正向开发专属纯电动 MC 架构平台，成立北汽蓝谷麦格纳高端新能源汽车制造基地 • 与华为在技术研发产品创新、智能化转型等方面开展全面合作，量产搭载华为智能网联、智能电动领域技术以及全栈智能汽车解决方案

资料来源：公开资料整理

用户服务型和互联网式思维，促进用户共创。2021 年 11 月 19 日，极氪发布了 ZEEKR Care，持续构建极氪出行服务体系，依托大数据与智能数字化手段，实现产品的全生命周期管理，以及用户服务的全场景覆盖，做到智能高效的服务。基于领先的智能互联技术及大数据应用，实现车辆的智控预检，服务的全程追溯、全程透明以及对用车问题的智能诊断。当用户驾车途中意外出现车辆问题，可以随时呼叫极氪专属智囊后援会，“极氪橙” 团队 24 小时快速响应，为用户快速提供专业解决方案。

而专门为极氪打造的 SEA 浩瀚架构，则赋予了极氪 001 持续进化的能力，与其他架构相比，浩瀚架构可将软件开发周期缩短 50%，同时增加了软件升级的速度，还给予了极氪在首批交付后，根据用户反馈意见，对导航、中控屏控制和充电等相关功能进行优化的能力，践行为用户打造极致体验的出行生活的承诺。

极氪还形成自己的互联网式运营思维，围绕用户打造自己的生态体系。极氪 APP 从上线到现在已经迭代了 30 多个版本，吸引了超过 53 万用户注册，累计互动超过 230 万次，产生用户共创建议 1 300 条。及时根据用户的评论进行调整并基于回馈，这也展示出了极氪与传统车企截然不同的风格（见表 4）。

表 4　　对标竞争产品分析

比较	极氪 001	广汽 Aion LX	北汽极狐 aT	比亚迪汉 EV	特斯拉 model3	理想 one
车型定位	中大型轿跑	中型 SUV	中型 SUV	中大型车	中大型车	中大型 SUV
价格区间（万元）	29.9—36	22.96—34.96	24.19—31.99	22.98—27.95	25.57—33.9	33.8
零百加速时间（s）	3.8	3.9	4.6—8.4	3.9—7.9	3.4—5.6	6.5
电池容量（kWh）	86—100	73.3—93.3	67.3—93.6	76.9	75	40.5
NEDC 续航（km）	526—712	520—600	480—653	505—605	445—668	188

资料来源：公开资料整理

三、发展前景与风险：我国新能源仍是蓝海市场，极氪智能独具优势

根据《新能源产业战略规划》，我国新能源车渗透率还远远没有达到 20%。在遭遇 2020 年的新能源冷冻期后，极氪智能此时入场并不算晚。而相比纯粹的科技型产业和造车新势力来说，极氪智能背靠吉利汽车，造车科技实力雄厚，已经打通汽车全产业链，极氪站在巨人的肩膀上，相对遇到的阻力会更小。

（一）摒弃传统车企销售思路，向用户型企业转型

吉利汽车 2019 年推出了电动汽车品牌几何，但是到 2021 年 1 月的月销售量仅为 96 台。在技术方面和其他车相比并没有明显劣势而销量如此惨

淡的原因主要是因为宣发，没有形成自己独特的品牌。极氪正好弥补了这一点，单独成立了极氪科技公司，打造出独有品牌。之后也应该向用户型企业转型，实现真正的用户共创，从服务和产品多个方面形成壁垒，增强用户忠诚度，形成差异化优势。

（二）合规性要求难达到，极氪上市恐受阻

极氪是红筹股架构。2021 年 3 月美国证券交易委员会（SEC）通过了《外国公司问责法》最终修正案，要求中国在 3 年内全面接受美国上市公司会计监督委员会（PCAOB）的跨境执法，包括去上市公司所在国家的现场检查，获取工作底稿等。目前，中国政府正在不断收紧企业赴美上市，事实上美股上市也对中国公司关上了大门。而 A 股上市需要拆除红筹股架构。中国证监会出于对发行人控制权、股权清晰等方面的考虑，会要求红筹企业必须先拆除红筹架构才能申请 A 股上市。

港股上市可以接受红筹股架构，但是港交所 2020 年底提高了主板新股上市门槛，将企业近一年盈利的最低要求，从 2 000 万港元提高到 5 000 万港元。但是新能源汽车企业因为高额的投入，一般情况下从生产到盈利需要漫长的等待。同赛道的头部企业小鹏汽车和理想汽车从 2018 年至今，始终处于亏损状态。对比这两家同业公司，极氪要实现 5 000 万港元的盈利可能还遥遥无期。

No. 27

绿米联创：突围智能家居，不止于小米生态链

主笔：姜璞玉　上海立信会计金融学院

交易概述：

2021年10月28日，智能家居和物联网解决方案提供商深圳绿米联创科技有限公司（以下简称“绿米联创”）宣布完成10亿元C轮融资，投资方为深创投、愉悦资本、中国电信天翼创投、景林投资、众源资本、联通中金、云沐资本继续担任本轮融资的独家财务顾问。绿米联创是一个智能家庭生活产品研发商，作为小米生态链企业，其产品包括人体传感器、门窗传感器等小米智能家庭套装。本轮融资聚焦于产品研发与创新，继续扩大技术优势、加强物联关键技术攻关，进一步加强全球商业渠道的建设落地，从而深度赋能绿米联创自有品牌建设。

一、行业分析：智能家居行业蓬勃发展，市场规模逐年增加

在5G、物联网以及互联网家装市场快速发展等多重因素的作用下，中国智能家居市场展现蓬勃发展态势。数据显示，2016—2020年，中国智能家居市场规模持续扩大。2020年，中国智能家居市场规模同比增长11.4%至1 705亿元。随着互联网家装市场渗透率的提高，中国智能家居市场规模有望进一步扩大，预计到2022年将突破2 000亿元（见图1）。

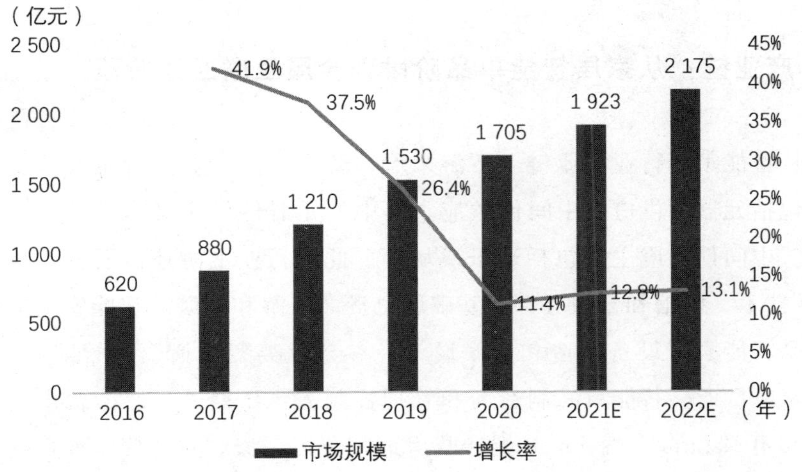

图 1　2016—2022 年中国智能家居市场规模及预测

资料来源：艾媒研究院

根据 CSHIA 数据统计，目前美国的智能家居市场渗透率达到 32%，欧洲多个国家渗透率超过 20%，但中国智能家居市场渗透率仅为 4.9%（见图 2）。长期来看，对标海外发达国家及地区，中国的智能家居行业未来增长潜力强劲。

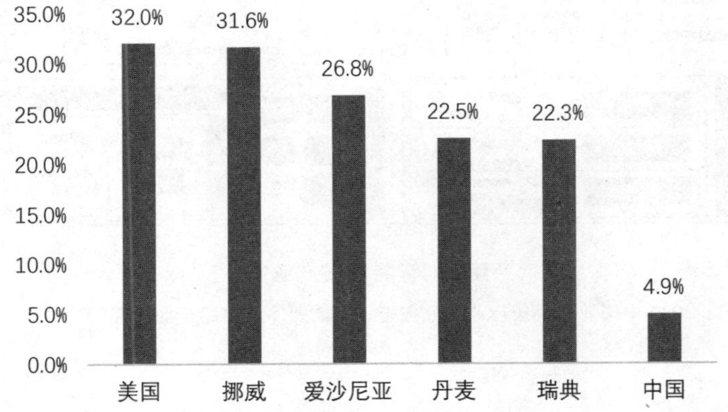

图 2　全球主要国家智能家居渗透率情况

资料来源：CSHIA，申万宏源研究

二、产业链：从家居智能单品阶段到全屋互联互通阶段

从智能家居行业产业链上下游来看，智能家居行业上游主要涉及技术层，包括元器件供应和中间件供应。其中，元器件供应又包括芯片、传感器等。中间件供应主要包括通讯模块等。此外行业上游还涉及基础层，包括 AI 技术、电信和云服务，而基础层也贯穿上游和中游。智能家居的中游主要是智能家居设备制造和方案设计，参与者类型包括全屋智能解决商、传统家电厂商、智能单品制造商和管理控制平台厂商。下游消费市场可细分为 to B 端和 to C 端，to B 端涉及房地产公司、家装公司等；to C 端包括线上渠道和线下渠道（见图 3）。

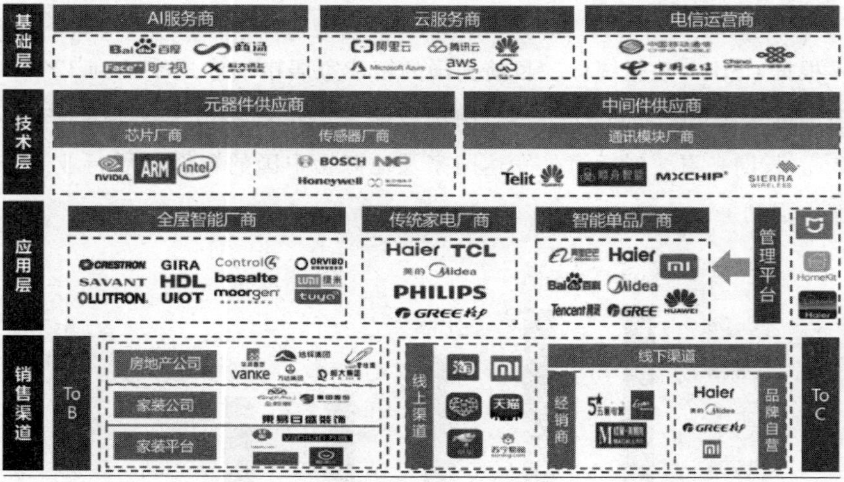

图 3　智能家居产业链

资料来源：2020 中国智能家居行业研究报告，亿欧智库、前瞻产业研究院

三、生态格局：竞争程度高，各类企业均有发展机会

伴随着中国智能家居行业逐步从智能单品阶段步入全屋智能阶段，2016 年后以海尔、美的为代表的传统家电巨头，以 BAT 为代表的互联网巨头，以小米为代表的新兴智能家居及手机行业巨头相继布局智能家居行业，

凭借其在产业链、渠道及技术方面的优势，抢占智能家居市场并发展及延伸其智能家居生态圈（见图4）。整体智能家居行业竞争程度较高，但同时存在企业间合作契机，各类型企业均有发展机会，整体格局暂不明朗。

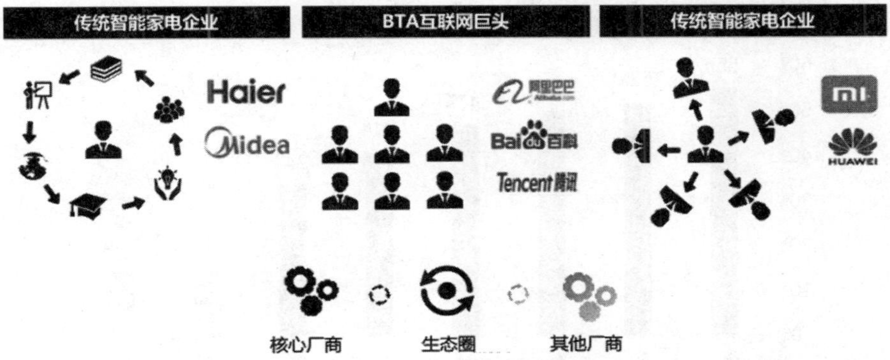

图4　智能家居生态格局

资料来源：Wind、头豹研究院

四、行业及驱动因素

政策与市场：智能家居作为物联网重点应用之一，在国家政策中被多次提及。多个政府部门对智能家居行业的发展做出过重要指示。市场方面，2020年我国智能家居配置率达84.2%，增长了15.1个百分点，市场大量住房库存为智能家具创造需求，消费升级助推家居智能化。

技术方面：物联网、云计算、边缘计算及人工智能技术的发展都在持续推动智能家居行业的发展。在5G的持续推进下，物联网应用变得更成熟，使得智能单品能够保持实时在线；云计算可以对大量的信息进行存储和处理；边缘计算让反馈更及时；终端人工智能让服务更贴心；短距离无线通信技术让系统能够获得更大的延展。

物质层面：人均收入的增长提振了国民消费能力，同时优化了消费结构，在人均可支配收入持续提升情况下，人们对生活有更多元化、品质化的需求，国民消费能力持续增强。

精神层面：人民对于美好生活的追求带动智能家居行业的发展。我国恩格尔系数呈现下降趋势，2017 年已进入联合国划分的 20%—30% 富足区间，居民消费整体开始更多转向服务型、精神享受型消费。据埃森哲数据显示，消费者对人工智能落地最期待的部分是智能家居领域，其比例占据 55%（见图 5）。

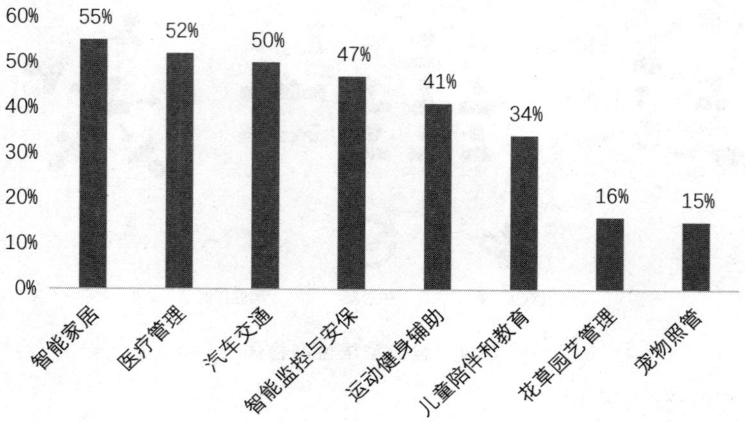

图 5　人工智能未来最被消费者期待的应用领域分布

资料来源：埃森哲《2017 年中国消费者数字趋势研究》

五、绿米联创：积极发展自有品牌渠道，不只是小米生态链

绿米联创的业务集中在中游智能家居产品及解决方案，主要从事智能网关、插座、开关等智能家居基础硬件产品的研发、销售与服务，致力于打造价格亲民、使用便捷的无线智能家居轻量化系统（见表 1）。

表 1　联创产品特性

产品类别	米家	绿米联创	绿米联创附加功能
智能网关	√	√	接入苹果 HomeKit
空调伴侣	√	√	自动判断空调待机状态并断电
无线开关	√	√	增加“双键短按”的控制方式
墙壁开关	—	√	—
智能门锁	—	√	—
智能窗帘电机	—	√	—

绿米联创现任 CEO 游延筠先生是资深的自动化和控制技术领域专家，曾就职于美国力拓集团、Enocean 等知名公司。目前，技术研发人员占绿米联创员工总数的60%以上。从创始人到团队，绿米联创都具备了浓厚的技术基因。目前拥有 30 多个品类、500 多个自研 SKU、800 多项专利申请；多项产品获国际 iF 设计大奖等奖项。

绿米联创的产品主要是以智能控制、智能安防为核心的小型智能硬件单品及连接设备。通过这些看似简单的小型设备，实现大家电之间的智能连接、远程控制等相对复杂的功能，在无须新购置智能化家电、无须重新布线的情况下，实现家居智能化并构建智慧家庭生活场景。绿米联创的产品早期主要包括米家智能家庭套装中的网关、无线控制器、传感器等，目前已延伸至更重安装属性的墙壁开关及智能门锁等产品。

（一）发展战略：轻量产品入场，构造立体生态

绿米联创从轻安装过渡到重安装，拓展前装与 B 端市场。其早期产品如网关、无线控制器等不需要安装就能实现家居智能化，随后开始拓展后装市场，如墙壁开关、智能门锁等更具安装属性的新产品，这些后装市场产品也可作为前装市场的切入口。

与此同时，绿米联创提高其产品的兼容性与附加值，与米家产生区分度。即使是与米家共有的产品，绿米联创也通过接入苹果 HomeKit、增加功能等方式改变其产品为基础款的定位，为拓展高端市场做准备。

（二）线上带动线下，立足国内走向海外

在国内，绿米联创以小米为主阵地，可接入米家 APP、小米 APP 和小米语音，登陆了小米商城、米家有品、小米之家与天猫、京东等平台，并在 2021 年“6·18”购物节实现 3.2 亿元销售额（见图 6）。同时，绿米联创也在加紧布局海外市场，加入 Matter 协议，获得 Alexa、HomeKit、Google Assistant 的接入资格，与海外品牌处于同一框架内。已登陆英法等国的亚马逊门店与 Apple Store，将于 2021 年四季度上线德国亚马逊。

图 6　线上带动线下，赚取服务收入

六、竞品分析：多类型玩家加入，技术 + 战略助力突围

本文选择了欧瑞博、海尔全屋智能、华为全屋智能作为竞品，从亮点、C 端与 B 端的业务布局、定价、融资情况、渠道投放、竞争优势几个维度分别展开对比（见表 2）。

表 2　竞品对比

品牌	亮点	业务布局		定价（元）	融资状况	渠道投放	竞争优势
		C 端	B 端				
绿米联创	轻量化无线智能基础硬件	网关、控制器、传感器、照明、门锁	地产、办公楼全屋智能方案	开关（129） 网关（349） 全屋智（10 000 +）	C 轮融资 10 亿元人民币	线上：小米有品、小米商城；天猫等； 线下：国美、小米之家、体验店	性价比高；轻安装、轻松完成家电智能改造；低能耗无线产品，使用便捷
欧瑞博	智能场景化硬件	传感器、门锁、照明、窗帘、音箱、智能镜子	地产	开关（99—2 499） 网关（459） 窗帘电机（1 600）	恒大高科技集团的 Pre－IPO 轮战略融资	线上：天猫、京东 线下：体验店；284 个地产精装项目	定位高端，采用触屏控制、引入生态智能家电；较早开拓 B 端市场，借地产项目接触大量中高收入客户
海尔全屋智能	智能家电商用/家用场景化智能方案	智能硬件 智能家电	酒店、地产、公寓、教育场景智能方案	冰箱（1 000—30 000） 洗衣机（900—14 000） 抽油烟机（1 000—8 000）	创业板 IPO，拟募集资金 12.81 亿元	线上：海尔商城、京东、天猫 线下：体验店	传统龙头企业；进入商用/家用智能行业较早，各价格段均有布局，业务模式成熟

续表

品牌	亮点	业务布局		定价（元）	融资状况	渠道投放	竞争优势
		C端	B端				
华为全屋智能	鸿蒙系统+全屋智能方案	主机；PLC全屋物联；全屋Wi-Fi6+	智慧屏、办公楼智能方案等	全屋智能套餐（99 999/149 999）	未独立融资	线上：华为商城 线下：体验店	多款大牌家电搭载鸿蒙系统； 电子终端数量优势，鸿蒙系统可实现华为全产品互联； 芯片、通信、网络安全技术优势

七、总结：产品矩阵变现潜力大、低价战略与B端增长存在风险

绿米联创从基础硬件出发，采取由上而下的SKU扩展思路，通过基础硬件提高市场渗透率、由延伸产品反哺品牌，其产品矩阵已具备“互联”的生态特质。从卖硬件到卖服务、卖数据，变现场景丰富。在服务上，绿米联创和LG在韩国市场的合作主打销售服务，每个用户按月付服务费，签订3年合同，但想要长久盈利，还需要培养客户的消费习惯，如用户长期购买监控、安防等服务。在数据上，基础硬件应用场景广泛，比起具体场景产品能收集到更多维度的数据。平台积累足够多的数据，可基于数据分析学习，为B端或C端提供管理决策、运营优化方案。

但同时绿米联创也存在一些风险。

首先，绿米联创的低价战略与基础功能定位有可能阻碍绿米联创接触高端客户群体，接入苹果HomeKit后产品定价必须上调，在未突破原产品定位的情况下，可能既无法开拓高端市场、又失去对原客户群体的吸引力。

其次，前装市场是智能家居行业的未来战场，但在房地产市场下行的背景下，B端市场空间持续缩小。绿米联创本已在B端相较欧瑞博等竞品公司缺少先发优势，现情况下其渗透速度或不及预期。

最后，轻量化产品技术有待提高。据各大消费平台用户反馈，轻量化

无线智能家居产品存在稳定性较差、信号难穿墙等问题，有可能影响用户体验从而进一步影响产品销量。

2020 年后，中国智能家居行业逐步步入全屋互联互通初级阶段。但智能家居行业内通信协议难以实现统一，同时各品牌智能产品相对独立，这在一定程度上也将阻碍智能家全屋互联发展进程。

想成为投融资观察报告创作团队的一员吗？微信扫描本书第 352 页二维码，现在就加入我们吧！

No. 28

盟科医药：超级抗菌“战士”再获资本垂青

主笔：陶钰　埃默里大学

交易概述：

2020年末，盟科医药宣布完成总计超过7亿元人民币的E轮融资（含新股及老股）。本轮融资由君联资本领投，盈科资本、方正和生投资、招商证券、德同资本、KIP中国、中泰创投等跟投。融资所获资金将主要用于新药拓展适应症研究，推进后续国际多中心临床试验，扩展研发产品管线。

本文主要分为七个部分，采用从宏观到微观的结构，详细介绍盟科医药所处在的行业、盟科医药的业务模式、此轮融资具体情况、盟科医药的投资亮点及潜在风险。具体结构图见图1。

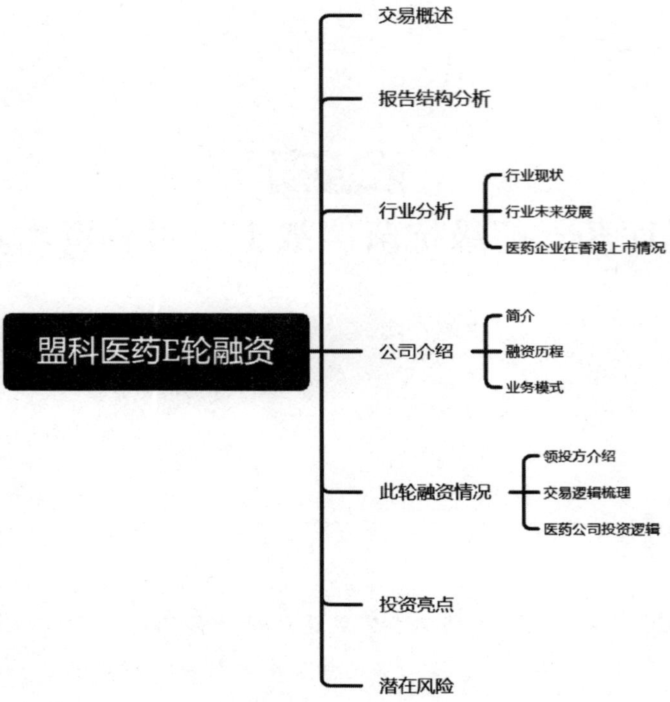

图 1　结构图

一、市场概览：病患面临“无药可用”局面，“超抗”行业备受关注

（一）病毒耐药性使“超抗”行业加速崛起

第二次世界大战以后，抗菌素在世界范围内的使用大大增加，逐渐成为主要的治疗手段之一（见图 2）。然而随着抗菌素的发明和使用，细菌不断进化，耐药性也不断上升。为了遏制这一情况，医疗行业将目光投向超级抗生素（Superdrugs）。其中，中国拥有全球最大用于人体治疗的抗生素药物市场，市场总收益从 2013 年的 215 亿美元增长至 2017 年的 233 亿美元，如果超级抗生素的研发不加快进程，患者将会面临无药可用的局面。

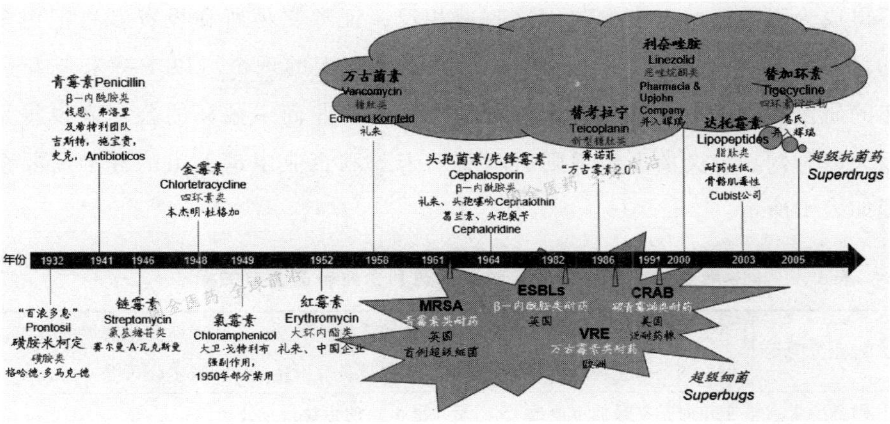

图2　超级细菌和超级抗菌药的演进历史

资料来源：各药企官网，国金证券研究所

（二）“超抗”市场规模巨大，未来发展空间瞩目

WHO预测，2050年全球因耐药菌而致死的人口将达千万人，会远超癌症的致死率。考虑到耐药菌对患者健康带来的威胁，世界各国纷纷出台“限抗令”，同时加强对于新药研发的鼓励和支持。这说明随着未来各国广谱抗生素滥用情况不断改进，多重耐药抗生素市场将得到进一步的发展。盟科医药所研发的管线，皆为“超抗”类全球领先水平的原研创新药，已获得中美政府的优先资助与资金支持。盟科医药获专利授权的在研药物contezolid为世界上唯一一种处于临床开发阶段的，可用于全身给药的恶唑烷酮类对抗多重耐药革兰氏阳性菌的抗菌素药物。中国多重耐药抗生素市场具有偌大发展前景。作为这个领域中的领跑者，盟科医药在不到半年的时间，就实现了近十亿元人民币的融资规模，表明盟科医药所研究的超级抗生素一旦问世，将为医疗行业及整个社会带来改变。①

二、医药企业上市新规颁布，港交所受到众多医药企业青睐

根据香港证券交易所发布的关于医药公司上市的新规，公司未盈利将

---

① 资料来源：公司年报，国金证券研究报告，东方财务证券研究报告。

不再成为阻碍公司上市的原因之一。相反，证券交易所和投资者将把更多的目光投向研发的体量，而且公司需要证明账上的现金可以支持未来 1—2 年的研发活动即可。这一改变将对整个医药行业尚未盈利的公司来说将是极大的利好。港交所上市规则新政对于未盈利企业申请上市的标准简要整理如表 1 所示。

表 1　　港交所上市规则新政对于未盈利企业申请上市的标准

行业范围	于生物科技领域中从事产品、处理技术或科技研发、应用或商业化发展的公司，例如制药、生物科技及生命科学、医疗设备及用品、医疗技术公司等
财务要求	上市时预期最低市值达 15 亿元（港币）的生物科技公司
产品阶段	申请人须至少有一只产品已通过概念开发过程（例如相关药物和安全监管机构，如美国食品和药物管理局、中国国家食品药品监督管理总局或欧洲药品管理局所规管的药物已通过首阶段临床测试，并已取得进行第二阶段测试所需的必要监管批准）
业绩记录	港交所要求生物科技公司申请人必须在上市前最少两个会计年度一直从事现有业务而且管理层大致相同
营运资金	申请上市的申请人的营运资金（包括计入首次公开招股的集资额），须涵盖集团未来 12 个月以上开支的至少 125%。这些开支主要包括一般、行政及营运开支及研发开支。港交所也预期首次公开招股的集资额大部分用于应付上述开支
披露要求	必须符合较严格的披露规定，以确保投资者完全知悉其中涉及的业务及研发风险
其他风险措施	未经港交所同意，不得进行任何可导致其主营业务出现根本性变动的收购、出售或其他交易或安排。然而，港交所强调，只要它们能让港交所相信其是按业务策略进行正当的业务扩展或多元化，一般都会授予事先同意

资料来源：根据公开信息整理

三、盟科医药——新起之秀

盟科医药是一家拥有多元产业并处于临床阶段的生物制药公司，专注于发现、开发及商业化安全有效的多重耐药（MDR）超级细菌的抗菌药疗法。根据公开可得的资料，盟科医药的研药物 contezolid 为世界上唯一一种处于临床开发阶段的可用于全身的抗菌素药物，可采用美国及中国混合模式，为产品开展互补开发项目，旨在全球各地加快新型抗菌素药物批准及商业化。

（一）盟科医药融资历程

2016 年 9 月，盟科医药完成超过 5 500 万美元 C 轮融资。

2017 年 12 月，盟科医药完成 1 亿元人民币战略融资。

2020 年 8 月，盟科医药收到了近 3 亿元人民币的 D 轮融资。其中华盖资本，国药中金领投。

2020 年 12 月，盟科医药仅在 4 个月内便完成了由君联资本领投的超 7 亿元人民币的 E 轮融资。

（二）专利体系 + 联盟制药 = 医药新星

盟科医药于过往十多年来一直专注于日益增长的多重耐药性，超级细菌感染的治疗市场。盟科医药的核心，是其治疗“超级细菌”感染的“超级抗生素”研发平台。基于其国际化研发背景，采用的是美国及中国混合模式，这样将使得公司的国际化研发在中美两国同时实施推进，为公司的产品开展互补开发项目，在全球各地加快新型抗菌素药物批准及商业化。同时，盟科医药拥有自主创新的完整专利体系。联盟制药在中国和美国建立了研究和开发团队，以保证公司在两国的持续发展。内部研发及设计产品，使得研发产品于主要市场拥有自主知识产权。

四、E 轮融资：未来发展的奠基石

2020 年初，盟科医药在中国提交了首款新药康替唑胺（优喜泰，代号 MRX－Ⅰ）的上市申请，并已纳入优先审评审批。康替唑胺是由公司完全自主开发的第一款 1 类抗菌耐药菌新药，是用于治疗包括耐甲氧西林金黄色葡萄球菌（MRSA）和耐万古霉素肠球菌（VRE）在内的多重耐药革兰氏阳性菌感染的新一代咪唑烷酮类抗菌药。自 2008 年发现康替唑胺以来，历经 11 年开发，于 2019 年完成了全球首个针对复杂性皮肤及软组织感染的三期临床试验，预计将在 2021 年上半年实现商业化。因此，此轮融资可以被认为是盟科医药实现商业化的奠基石，将为管理团队提供更多的资金基础。

据悉，盟科医药本轮融得的资金将主要用于新药拓展适应症研究，推进后续国际多中心临床试验、扩展研发产品管线以及中国市场的自主商业化。考虑到新药的研发周期长以及上一代抗生素药的知识产权保护期即将到期，未来将会集中出现抗生素药品知识产权过期的情况。对于此次融资，盟科创始人兼 CEO 袁征宇表示："致力于解决当今社会面临的最紧迫的公共卫生难题，通过新药研发来预防、治疗和治愈耐药菌相关疾病。改善人们的健康状况和生活质量是盟科十多年坚持的初衷。我们非常荣幸可以得到君联等国内顶级投资机构的信任和支持。本轮融资将进一步推动盟科以创新为原动力来驱动公司快速发展的策略，打造出一个造福患者的国际领先的生物医药企业。"因此，盟科医药在此时融资一方面表明了投资者对于盟科即将成为行业领头羊的信心；另一方面也暗示着广大投资者未来医药行业新格局的开启。

五、医药企业投资逻辑

对于一家研发新药的药企公司来说，研发过程通常需要 5—10 年。在经过实验室研发出化合物，即经过药理验证后，新药研发还要经过两个临床阶段，即动物临床和临床试验Ⅰ—Ⅲ期。新药研发过程长，投入多，并且每一期临床试验所耗费的资金会随着样本量的上升以及对药物有效性的要求改变而变化。

盟科医药从药理试验阶段到目前进入临床Ⅰ期和Ⅱ期，科研花销大约为 1 亿美元。未来，根据研究员分析，考虑到后续样本量的上升以及预建产线等要求的出现，本次融资预计可以支持未来 1—2 年的研发和生产。而药物如果获批药证上市，在未来 5—10 年会有比较稳定的可观收入，投资者也将收到利润回吐。例如根据美国制药巨头辉瑞公告，新型抗生素思福妥已于 2019 年进入中国市场，且投资者预测未来思福妥的销售额将达到数 10 亿美元。同时，以在港股上市的复星医药作为比较对象，过去 10 年，其归属于上市公司股东的扣除非经常性损益净利润指标实现了约 36% 的年复合增长率，且现如今市盈率接近 40 倍。以此推断，如果现在对盟科医药投资 1 亿美元，一年的投资回报率将达到将近 80%。

六、投资亮点

根据公司年报，盟科医药的主要竞争优势及投资亮点包括以下几点：

• 抗菌药组合具备充分条件进入治疗“超级细菌”感染的巨大且不断增长的全球市场。

• 美国及中国的混合模式及并行发展将在全球市场捕捉机会。

• 抗菌药研发引擎可扩展研发管线，并吸引顶尖人才及商业合作伙伴。

• 拥有美国和中国几十年抗菌药物开发经验的管理团队，得到知名的、资深的、专注于生物技术行业的股东支持；美国和中国有利的监管环境，得到政府支持。

• 抗菌药研发引擎可扩展研发管线并吸引顶尖人才及商业合作伙伴。

七、风险与机遇并存的时期

公司目前仍处研发亏损阶段，在研发与商业化过程中，还将存在未预见开支增加并影响实现盈利的风险。但是，可能会导致开支增加的原因诸多，例如：成功完成临床试验的任何在研产品提交批准上市的申请；研究或开发更多在研产品；获得授权许可或购买其他产品及技术；维持、扩展及保护知识产权组合；添置运营、财务及资讯科技系统；招募更多临床开发、质量控制以及科研人员；雇用专职人员支持未来商业化计划。同时，未来即将迎来较大规模的药物保护期到期，新药研发将受到一定程度的仿制药的冲击。因此，如何平衡好机遇与挑战，是否能将新药顺利发行，并顺利在香港上市将会是 2021 年留给盟科医药的问题。

想成为投融资观察报告创作团队的一员吗？微信扫描本书第 352 页二维码，现在就加入我们吧！

No. 29

赛诺威盛：国产 CT 巨头由影像向诊疗多学科延伸

主笔：林嘉欣　南京审计大学

交易概述：

2020 年末，赛诺威盛科技（北京）有限公司宣布完成 2 亿元人民币 D 轮融资，由扬州龙投厚德新兴产业投资合伙企业（有限合伙）及深创投联合领投。本次融得资金将用于加大 CT 影像研发投入和核心技术的攻关，进一步加快 5G + 机器人导航产品在各级医疗机构的落地部署；推进医学影像从诊断向治疗的多学科发展；加速人工智能影像在智慧医疗和互联网医疗建设中的应用。

一、市场概览

医疗影像诊断是医疗器械市场重要组成部分，中国仍处在医疗器械行业整体的上升趋势中，在全球医疗器械市场中，医疗影像排名第三，占比 12%，医疗影像设备也是中国医疗器械细分领域中最大组成部分。在中国，医疗影像是最大组成部分，占比 16%（见图 1）。

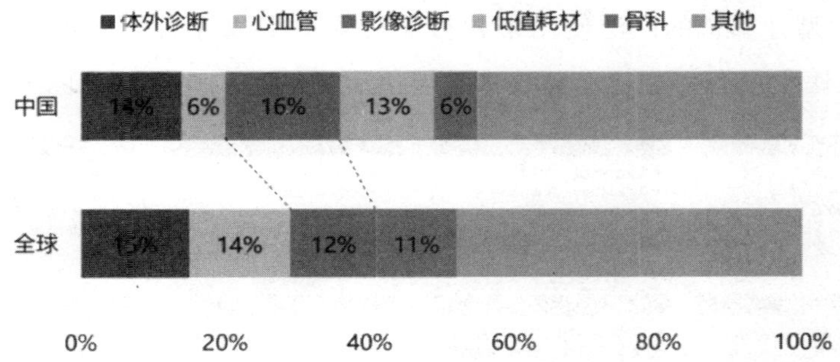

图 1　全球及中国主要医疗器械组成部分

资料来源：EvaluateMedTech、《中国医疗器械蓝皮书》《医疗器械分类目录》

中国医疗器械行业增速远高全球，整体处在上升趋势。受制于生产力发展水平，中国医疗器械行业整体起步较晚，2010 年整体规模仅为 179 亿美元。随着国家整体实力的增强以及工业基础的提高，2010—2017 年中国医疗器械行业市场规模复合增长率达到 19.8%，远高于全球的 3.4%，2018 年中国医疗器械总体市场规模达到 757 亿美元（见图 2）。

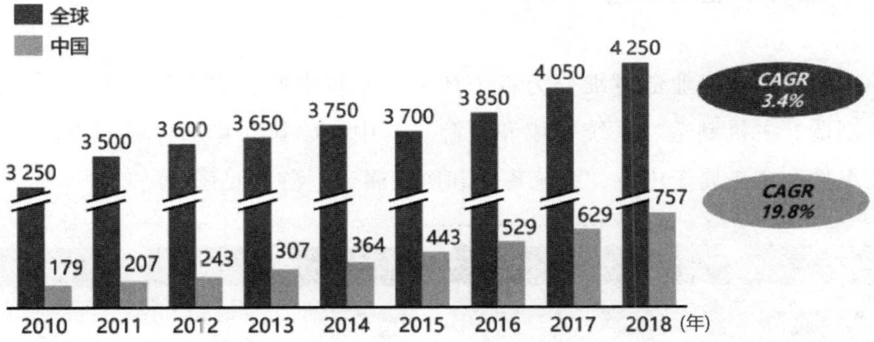

图 2　全球及中国医疗器械行业市场规模（亿美元）

资料来源：EvaluateMedTech、《中国医疗器械蓝皮书》《医疗器械分类目录》、亿欧智库

二、行业发展：医疗影像经过百年发展，我国技术发展较为落后

医疗影像起源于 19 世纪，X 线的发现和应用带领行业进入物理成像时代。中国于 1911 年引入 X 线设备，并于 1951 年开始生产 X 线机，1983 年第一台颅脑 CT 试制成功，1990 年拥有大型全身 CT 生产能力。20 世纪 90

年代，微型计算机的广泛使用带领行业进入数字成像时代，我国开始试制 MRI、核医学设备，相比全球技术发展落后大约 5—10 年（见图 3）。

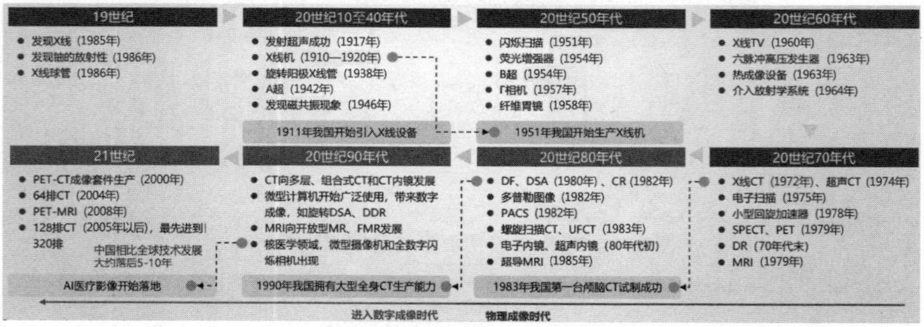

图 3　全球及中国医疗影像发展历史

资料来源：《医疗影像设备学》、中信建投证券、国联证券、YOLE；亿欧智库整理

三、产业链分析：医疗影像产业链条较长，关键部分为中游核心组件、主机制造

医疗影像产业链可细分为六个环节：原料生产、零部件生产、核心组件制造、主机制造、系统集成和医院。其中，原料和零部件属于上游，核心组件和主机属于中游，系统集成和医院属于下游（见图 4）。

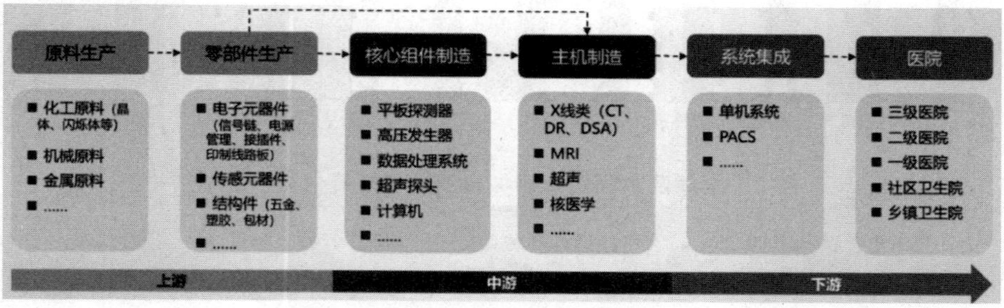

图 4　医疗影像产业链

（一）上游

医疗影像上游主要原材料种类众多（见图 5），不同的主机设备对应的上游元器件不同，因此医疗影像上游市场较为分散。从上市主机公司采购金额来看，传感元件和材料、电子元器件、结构件为主要原材料。

发展趋势：医疗影像主机五大趋势向上游传导，倒逼上游信号链及传感元件等升级，其中信号链升级在产业链发展趋势中作用明显。

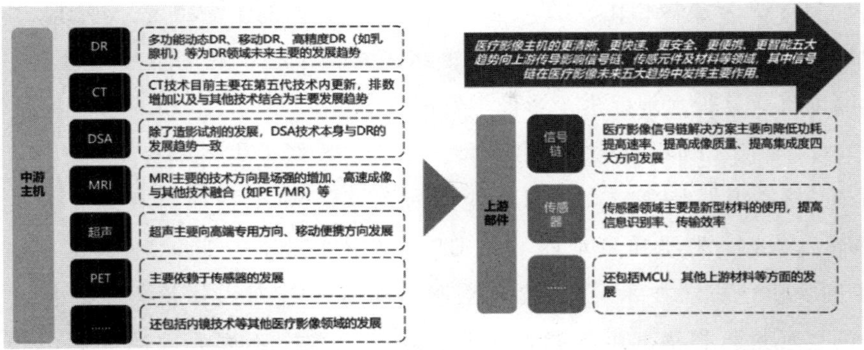

图 5　医疗影像上游主要原材料种类

资料来源：卫健委统计信息中心、中信建投证券

（二）中游：医疗影像核心环节，医疗影像设备是产业链的主体

平板探测器、高压发生器、数据处理系统、超声探头等均为医疗影像产业的重要组成部分，而相应的软硬集成、主机制造也需要长期的技术积累。医疗影像设备分为六大类，CT、MRI 和超声为三大主要市场。医学影像诊断设备可分为 X 成像、核磁共振成像、超声成像、核医学成像、光成像及热成像六大类。目前，市场主流设备主要来自 X 成像、磁共振成像及超声成像领域。2016 年计算机断层扫描（CT）、磁共振成像（MRI）、超声成像为前三大市场，分别占比 22%、19%、17%（见图 6）。

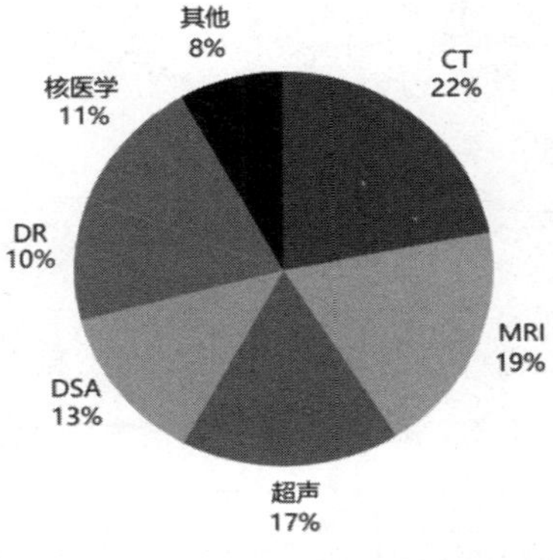

图 6　2017 年中国影像设备市场分布

资料来源：《医学影像设备学》《2017 中国健康产业蓝皮书》

其中，CT 为国内医疗影像市场最大细分产品，是 X 线领域和断层扫描技术的结合：CT（Computed Tomography）由 Hounsfield 在 1969 年设计成功，与传统 X 成像相比，CT 可显示人体某个断面的组织密度分布图，其图像清晰、密度分辨率高、无断面以外组织结构干扰，提高了病变检出率和诊断准确率，极大地促进了影像学发展。

CT 球管、滑环、X 线探测器和发生器、数据采集系统等 CT 技术（见图 7）核心组件壁垒较高，国产能力尚有差距，CT 扫描器（球管为主）、滑环、X 线探测器和发生器等为 CT 技术核心组件，同时还需要一定的 CT 图像重建算法技术。CT 技术原理是利用 X 线对人体检查部位一定厚度的层面进行扫描，由探测器接收该层面上各个不同方向的人体组织对 X 线的衰减值，经模数转换输入计算机，通过计算机处理后得到合成后的 CT 图像。CT 的核心部件国产能力较低；探测器、滑环、数据采集系统技术能力较弱；而在高压发生器和 CT 球管领域，低端产品可实现国产（见表 1）。

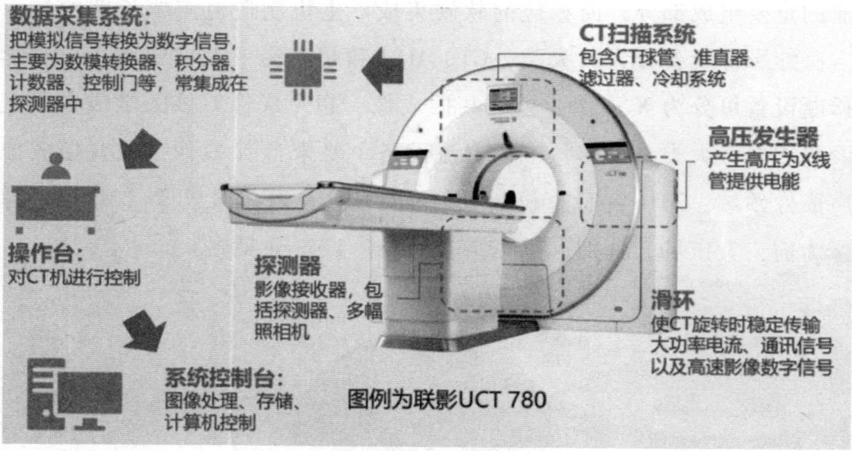

图 7　CT 核心部件

表 1　国产 CT 核心部件进口及国产化情况

CT	主要进口厂家	国产厂家差距
探测器	日本东芝、日立等	基本以国外为主
滑环	德国 Sliefring、美国 Moog 等	有较大差距

续表

CT	主要进口厂家	国产厂家差距
高压发生器	加拿大 CPI CMP200、加拿大 EMD、西班牙 SEDECAL 等	高端需要进口，低端部分国产
CT 球管	德国 Dunlee、美国瓦里安等	有较大差距，低端部分可国产

资料来源：《医学影像设备学》、联影官网、中信建投证券、国元证券；亿欧智库整理

从政策支持上看，特别审批通道鼓励本土企业创新，国产替代走向正轨（见表 2）。

表 2　医疗器械特别审批通道相关政策

发布时间	发布部门	政策文件
2014 年 2 月	药监局	《创新医疗器械特别审批程序（试行）》
2015 年 5 月	国务院	《中国制造 2025》
2015 年 8 月	国务院	《关于改革药品医疗器械审评审批制度的意见》
2016 年 7 月	发改委	《关于促进医药产业健康发展的指导意见》
2016 年 12 月	国务院	《“十三五”深化医药卫生体制改革规划》
2017 年 5 月	药监局	《关于鼓励药品医疗器械创新加快新药医疗器械上市审评审批的相关政策（征求意见稿）》
2017 年 10 月	国务院	《关于深化审评审批制度改革鼓励药品医疗器械创新的意见》
2017 年 11 月	药监局	《接受医疗器械境外临床试验数据技术指导原则（征求意见稿）》
2018 年 5 月	CDA	《创新医疗器械特别审批程序（修订稿征求意见稿）》

资料来源：国务院、国务院卫生健康委员会、发展和改革委员会、药监局、广证恒生证券；亿欧智库整理

医疗影像进出口价差较大，部分优势领域存在国产替代机会。中国主要医疗影像设备平均进口金额是出口金额的 2—12 倍。从 2018 年医疗影像设备进出口数据来看，CT 设备进口金额是出口的 6 倍，超声进口是出口的 2 倍，MRI 是 12 倍（见图 8）。可以看出，技术含量越高、中国自产能力越弱的品类进出口价差越大。国内优势领域超声、DR、CT 等存在国产替代、出口机会。目前，国内影像设备出口金额最大的是超声、CT（DR 暂未统计数据），这些优势领域存在国产替代机会。

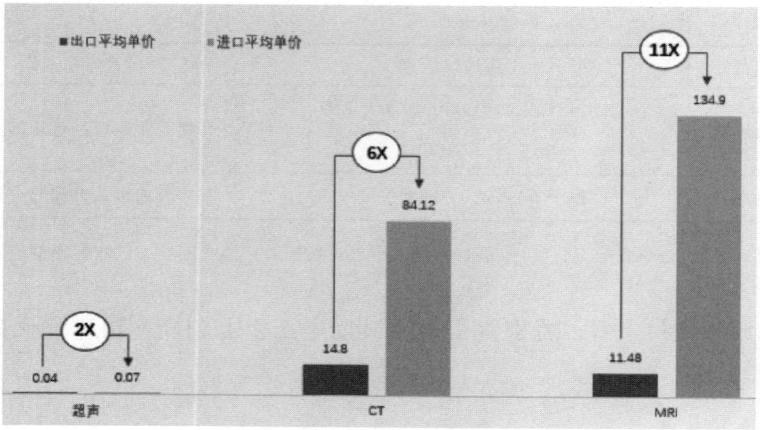

图 8　2018 年主要医疗影像设备平均金额（万美元/台）

资料来源：海关总署、Wind

（三）下游市场现状

1. 医院分布构成中国医疗影像市场下游基本面，高级医院需求大、基数小、配备程度高，基层医院需求小、基数大、潜力大

下游覆盖医疗机构超过 10 万家，二级、三级医院基数小，基层医院基数大。下游医疗机构中，二级、三级医院共 12 519 家，由于科室设置相对完善，对基本医疗影像设备需求多样；一级医院、社区及乡镇卫生院、专科医院共 92 610 家，需求主要集中在 X 光机。

基层影像设备配置逐年提升。2013 年至 2017 年，基层医院万元以上设备数持续增长，其中 50 万元以下设备由 4 723 台增至 6 982 台，50 万—100 万元设备由 78 台增至 158 台，100 万元以上设备由 23 台增至 56 台。

2. 下游发展趋势：医疗影像主机总体向更清晰、更快速、更安全、更便携、更智能五大趋势共进发展

更清晰，指的是成像质量上的提升，如 DR 的高精度机型、超声的高端机型、MRI 高场强机型都是在成像精度上的提升；更快速，指的是成像速度的加快，如 MRI 的高速成像趋势；更安全，指的是人体在放射性环境中的时间减少以及检测环节的安全性提高；更便携，指的是部分设备的小型化发展，如掌上超声；更智能，是与 AI 相结合提高部分性能。

（1）人口老龄化与低渗透长期利好中国医疗影像市场：人口老龄化从

长期角度推动医疗影像行业整体发展。2018 年，中国 60 岁以上人口比例已达 17.9%，人口老龄化带来的医疗资源的再投入将是长期的市场机会。

（2）中国医疗影像设备相比发达国家渗透程度较低，增长空间较大。对比日、美、韩、中在 CT、PET－CT 和 DR 领域的渗透程度，中国相较于其他国家差距较大，市场发展潜力较大。

（3）分级诊疗为长期利好，基层医疗机构需求增多。

（4）分级诊疗逐步推进，基层市场放量在即。

随着政策进一步深化（见表 3），2019 年开始的分级诊疗逐步在社会推进，但从目前医院病床使用情况来看，基层市场暂未完全放量，参考 2018 年基层机构达标建设内容，多项医疗影像设备有较大的市场机会（见表 4）。分级诊疗将带来部分医疗影像设备市场增量，以彩超为例，基层市场增量预计可达 3 万台，总金额或超 700 亿元（见表 5）。

表 3　　国家分级诊疗相关政策

发布时间	发布部门	政策标题
2014 年 8 月	国家卫生健康委员会	《国家卫生计关于推进医疗机构远程医疗服务的意见》
2015 年 1 月	国家卫生健康委员会	《关于推进和规范医师多点执业的若干意见》
2015 年 3 月	国务院	《全国医疗卫生服务体系规划纲要（2015—2020 年）》
2015 年 4 月	国务院	《国务院办公厅关于全面推开县级公立医院综合改革的实施意见》
2015 年 5 月	国务院	《国务院办公厅关于城市公立医院综合改革试点的指导意见》
2015 年 9 月	国务院	《国务院办公厅关于推进分级诊疗制度建设的指导意见》
2016 年 4 月	国家卫生健康委员会	《县医院医疗服务能力推荐标准》
2016 年 12 月	国务院	《“十三五”深化医药卫生体制改革规划》
2017 年 4 月	国务院	《国务院办公厅关于印发深化医药卫生体制改革 2017 年重点工作任务的通知》
2018 年 11 月	国家卫生健康委员会	《全面提升县级医院综合能力工作方案（2018—2020 年）》

资料来源：国务院、国家卫生健康委员会

表 4　　2018 年基层医疗机构达标建设内容

	社区服务中心（站）			乡镇卫生院		
设备类别	A 类	B 类	C 类	A 类	B 类	C 类
超声	√	√		√	√	
DR	√	√		√	√	
彩超	√	√		√	√	
生化分析仪	√	√		√	√	
CT				√		

表 5　　分级诊疗预计带来的市场增量（彩超为例）

	三级医院	二级医院	一级医院	乡镇卫生院	社区	基层市场增量
医疗机构数量（家）	2 681	9 478	11 014	36 179	35 176	
平均彩超数量（台）	25	15	3	0. 5	0. 5	
未来空间	67 025	142 170	33 042	18 090	17 588	35 678

资料来源：国家卫生健康委员会统计信息中心、中信建投证券；亿欧智库整理

（5）随着人工智能技术的发展，部分 AI 创业公司主要在下游影像辅助诊疗环节集中落地。

小结：国产医疗影像技术多数仍在成长期，但中国医疗影像市场广阔，全产业链未来有较大发展潜力，但大部分设备的核心组件仍然依赖海外市场，受政策扶持，国产替代走向正轨。

四、未来发展趋势

（一）技术角度

CT 技术目前主要在第五代技术内更新，排数增加以及与其他技术结合为主要发展趋势：

第一，CT 技术目前主要在第五代技术内更新，第六代技术尚在研究，临床使用较少。

第二，第五代 CT 机主要趋势体现在排数的增加，高端 CT 已有 128 排，

最先进到 320 排；CT 技术与其他技术相结合也是该领域发展的趋势。

（二）销售角度

疫情渠道打通，困难与产品白点相切：

第一，疫情之下的 CT 拓展：赛诺威盛团队建立了搭载智能处理工作站、赛诺云平台、具备 5G 技术的赛诺威盛车载全身 CT，从而缓解了部分地区发热门诊难以搭建的难题，也为医护人员提供了有效的安全防护。

第二，继续推动医疗发展，期待造福更多患者：全球医学影像设备这几年得到了快速发展，应用范围囊括全身每个部位的疾病诊断和治疗，市场对此需求也不断攀升。在此次抗疫斗争中，CT 影像更是被指定为临床诊断标准。赛诺威盛深耕 CT 研发领域 8 年，持续推动精准医疗和高效治疗的发展，期待该公司未来能造福更多患者。

（三）整体路径——智慧影像服务

智慧影像包括医疗影像大数据分析、医疗影像 AI 辅助诊疗、AI 辅助医疗、云服务平台、影像数据管理等。随着影像医疗的伴生行业——智慧影像行业的发展，基层医疗机构因为影像科医师缺乏而无法读片的问题将大大缓解，进一步推进整体医疗资源下沉，提升基层医疗机构对于大型医疗影像设备的购买能力。

1. 计算机辅助分析软件

最基础的智慧影像应用，基于医疗影像的专用图像后处理软件，通过对医疗影像进行细致的三围分析处理，为用户提供准确可靠的量化参数和直观便利的视图支持。

2. 影像数据管理

通过将医疗影像上传至影像数据管理平台，实现移动阅片、远程阅片、远程诊疗、历史影像调取等功能。

3. 影像大数据分析

将患者医疗影像进行预处理及拆分，并将处理后的影响提取特征，并基于已有数据库进行比对，进行初步的匹配判断。

4. 医疗影像 AI 辅助诊疗

基于电子病历的辅助诊断，目前已经落地 Watson for Oncology 的肿瘤辅助诊断治疗的 AI 产品，并在国际上各医院小范围推广。

想成为投融资观察报告创作团队的一员吗？微信扫描本书第 352 页二维码，现在就加入我们吧！

No. 30

子非鱼：潮玩行业的 IP 变现之路

交易概述：

2021 年初，潮玩公司“子非鱼”宣布完成 1 200 万元 A + 轮融资，投资方为挑战者资本。子非鱼以原创儿童 IP 起家，公司的原创 IP 小鱼人“莫叽”现已拥有动画剧、短视频、动画电影（制作中）、音频故事、国学教育动画、漫画、绘本等多个系列作品。作品全网播放量超 10 亿次，全网粉丝超过 300 万人。2019 年子非鱼切入盲盒领域，在 2020 年陆续上线了以“爱尔芙”为品牌名的两个系列产品，并入驻了所有盲盒的主流销售渠道，包括十二栋文化、名创优品旗下的潮玩店（TOPTOY）、X11、小红书、得物等。本文通过对子非鱼融资案例的研究，探讨潮玩行业的变现模式及未来发展。

一、潮玩市场处于成长期，发展潜力巨大

潮玩玩具本质上是大人玩具，往往具有较强的艺术性和设计感；同时，潮玩作为精神寄托被赋予了陪伴、倾诉、治愈等多重超越其本身的意义，受到了年轻一代的广泛喜爱。2019 年，全球潮玩市场零售规模达到 198 亿美元，预计 2024 年超过 400 亿美元（见图 1）。而中国潮玩市场更为活跃，2019 年中国潮玩市场零售规模达到 207 亿元，2024 年预计超过 700 亿元（见图 2），潮玩产品在市场的不断发展中进一步丰富化。

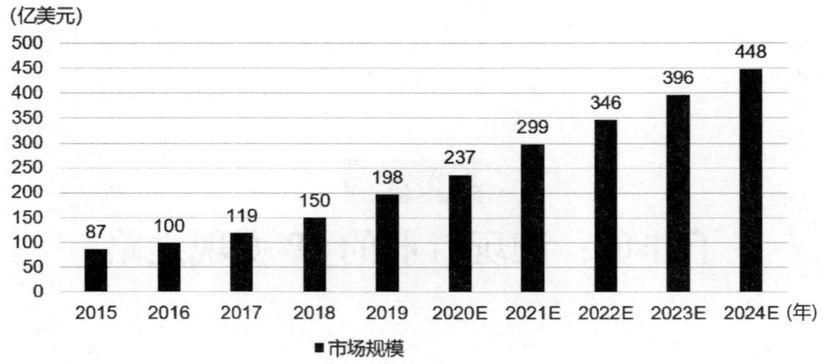

图 1　2015—2024 年全球潮玩市场规模及预测

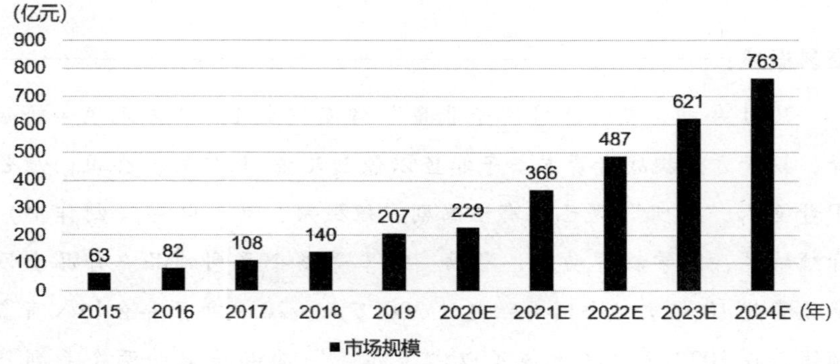

图 2　2015—2024 年中国潮玩市场规模及预测

资料来源：Frost & Sullivan

（一）中国潮玩行业市场竞争格局分散，泡泡玛特领先

在行业竞争格局方面，中国潮玩市场集中度较低，市场格局未定。2019 年中国潮玩行业的 CR5 为 22.8%。泡泡玛特暂时领先，占比达 8.5%（见图 3），所占市场份额并不大，未来仍然有可能出现新的巨头。

（二）潮玩行业上游 IP 运营为产业链核心

潮玩产业链由上游的 IP 运营，中游的设计生产和下游的渠道销售构成（见图 4）。上游的 IP 运营是产业链的关键环节，目前市场上主流的潮玩包括盲盒、扭蛋、手办、拼装模型、BJD 球形关节人偶等（见图 5），其中大多数产品均依托于文娱领域的知名 IP 设计而成，而 IP 的持续开发和运营是潮玩公司都要面对的共同难题。盲盒、扭蛋、手办等产品均为 IP 的衍生

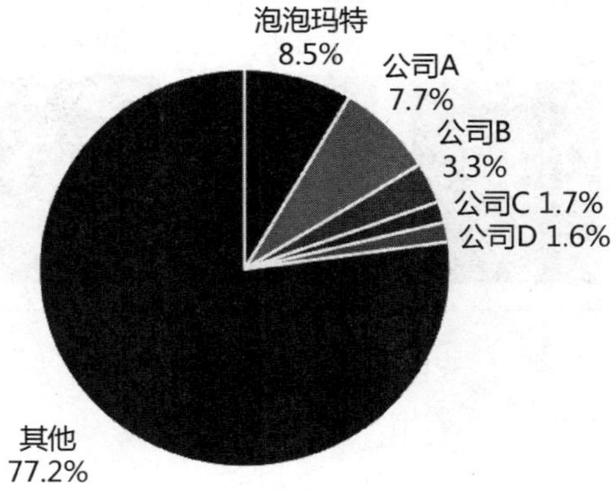

图 3　2019 年中国潮玩市场格局

资料来源：Frost & Sullivan

品，对于潮玩公司来说，IP 运营也存在着诸多难点，如难以定期推出受到消费者喜爱的原创 IP，以及持续获得知名 IP 的独家授权合作。因此，以 IP 为核心的变现方式的发展值得探究。

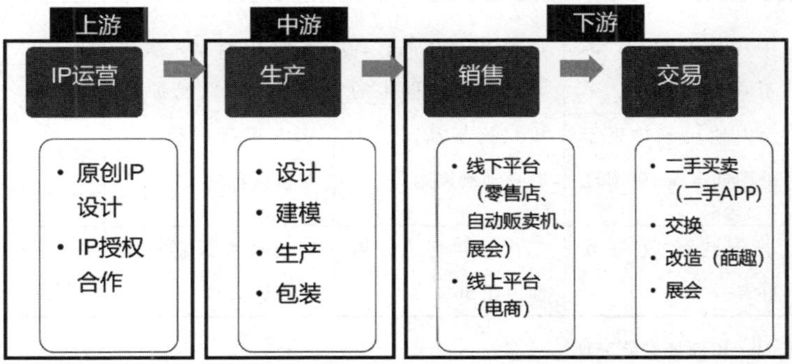

图 4　潮玩产业链

资料来源：公开资料整理

（三）中国本土 IP 变现之路仍处于早期阶段

20 年来中国潮玩市场的用户群体不断扩大，从小众收藏者，扩展至二次元年轻人，再走向更广的 15—40 岁人群。除此之外，潮玩的产品和玩法也越加丰富。

然而，中国的潮玩市场尚处于早期状态，由于自主 IP 和衍生品尚未形成产业化的联动，不同于美国依托电影业发展的潮玩市场以及日本依托动

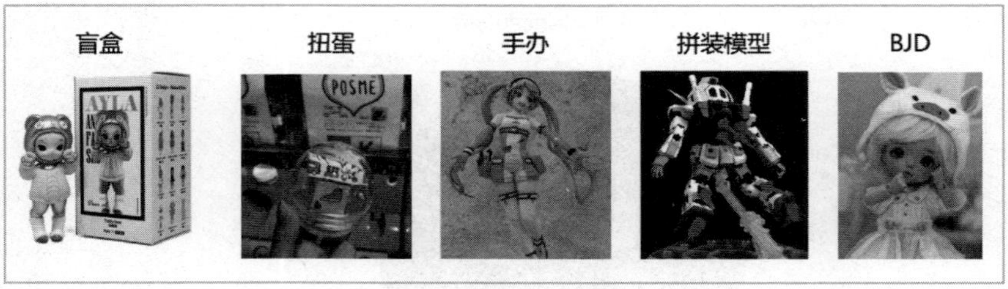

图 5　主流的潮玩

资料来源：公开资料整理

漫业发展的潮玩市场，中国的潮玩市场较为繁杂。日本和西方的 IP 输入使得中国本土 IP 形象长期居于下风。虽然本土也有深入人心的 IP，如封神榜、秦时明月等，但由于商业化能力的欠缺，IP 与衍生品颇有各自为营之势，因此中国本土 IP 的变现之路仍然很漫长（见表 1）。

表 1　　中国的潮玩市场发展轨迹

比较	20 世纪 90 年代	2010—2015 年	2016 年至今	未来
形式	小众艺术玩具；源于香港和日本，早期内地玩家热衷于外国如 Kaws 等潮玩	动漫 IP 衍生品；日本动漫产业催生的授权衍生品，如手办、动漫周边等	原创 IP 盲盒；潮玩龙头泡泡马特原创 Molly 系列潮玩，搭配盲盒玩法	迪士尼 IP 矩阵；以 IP 为核心的泛娱乐王国
受众	小众艺术收藏爱好者	二次元年轻人；男性占比 56%	15—40 岁人群；女性占比 75%	全年龄段；全人群

资料来源：招商证券研究所

二、IP 变现模式探究

（一）泡泡玛特的多元原创 IP 和全渠道分销布局

泡泡玛特成立于 2010 年，是中国领先的潮流文化娱乐公司，也是中国最大、增长最快的全产业链覆盖的潮流玩具公司，而 IP 内容和 IP 变现渠道是 IP 商业化变现的重点。从 IP 内容来看，泡泡玛特的 IP 分为三类：自有 IP 如 Molly、Dimoo，独家 IP 如 PUCKY、The Monsters、SATYR RORY，非独家 IP 如 Disney、Hello Kitty。截至 2020 年底，泡泡玛特共运营 93 个 IP，包括 12 个自有 IP、25 个独家 IP 及 56 个非独家 IP。从 IP 收入结构来看，2020 年泡泡玛特自有 IP 为主要收入来源，占比达 40%，且相比 2019 年有一定上升（见图 6）。自有 IP 中的 Molly 贡献收入达 14.2%，相较于 2019 年的 27.1% 有明显下降（见表 2）。综上可见，泡泡玛特作为中国领先潮玩公司，着力于培育自有的多元 IP，努力打造爆款 Molly 之外的 IP 集群，降低对单一 IP 的依赖程度。

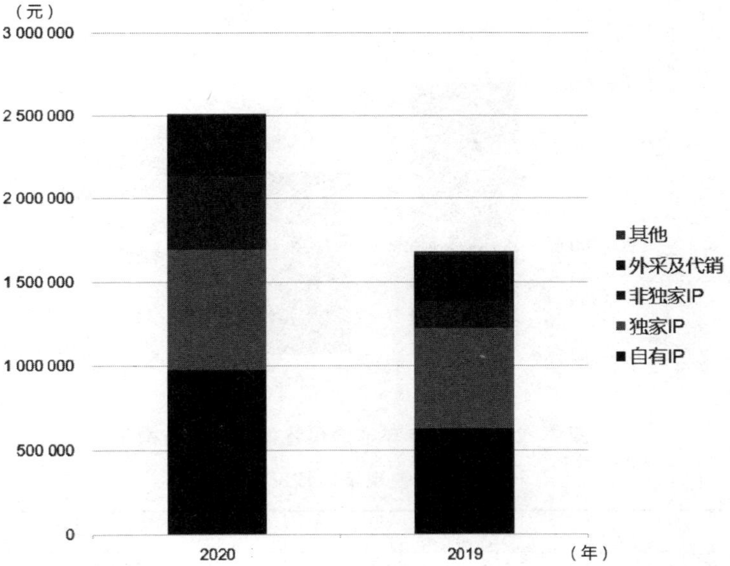

图 6　2019—2020 年泡泡玛特 IP 收入结构

表 2　泡泡玛特产品运营收入比较

比较	2020 年		2019 年	
	收入额（元）	占比（%）	收入额（元）	占比（%）
自主产品	2 136 196	85.0	1 384 209	82.1
自有 IP	979 940	39.0	627 027	37.2
独家 IP	711 904	28.3	597 820	35.4
非独家 IP	444 352	17.7	159 820	9.5
外采及代销	368 400	14.6	279 986	16.6
其他	8 875	0.4	19 239	1.3

资料来源：泡泡玛特 2020 年报

从变现渠道来看，泡泡玛特经营的产品主要包括基于 IP 的原创盲盒、手办、BJD 及其他衍生品。主要分销渠道有零售店、线上渠道和机器人商店（见图 7），各渠道相互协同以达到线上线下的全覆盖。主要销售渠道的毛利率均达到 60% 以上（见表 3）。2020 年线上渠道占比增长明显，一方面在于新增了京东电商，另一方面在于线上抽盒机玩法的成功。综上可见，泡泡玛特的产品线丰富，而且全渠道的布局也触达线下逛街的路人、线上忠实爱好者等各类需求消费者，营销与品牌形象树立有效结合。

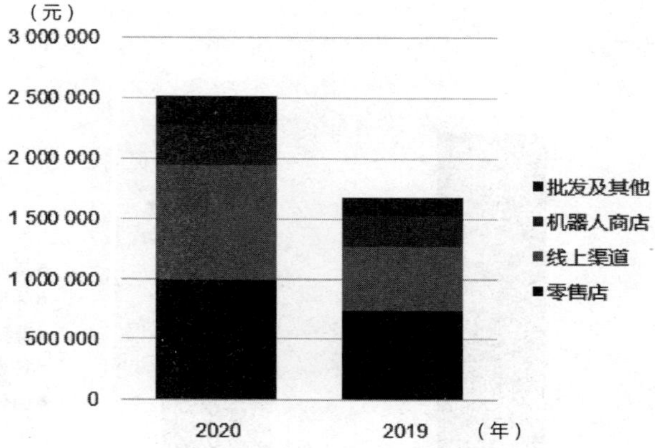

图 7　2019—2020 年泡泡玛特渠道收入结构

表 3　泡泡玛特变现渠道情况比较

比较	2020 年			2019 年		
	收入（元）	毛利率（%）	占比（%）	收入（元）	毛利率（%）	占比（%）
零售店	1 002 054	62.02	39.92	739 690	65.62	43.92
线上渠道	951 875	66.42	37.92	539 201	68.92	32.02
机器人商店	328 679	72.32	13.12	248 554	70.72	14.82
批发及其他	230 863	44.72	9.12	155 989	36.72	9.32

资料来源：泡泡玛特 2020 年报

从数据上来看，泡泡玛特的商业模式是成功的。做“中国的迪士尼，世界的泡泡玛特”，成为像迪士尼一样的全球平台型大娱乐企业是泡泡玛特的远景。

（二）Disney 的持续创新和多产业联动

1926 年，华特迪士尼制作公司成立。作为娱乐行业当之无愧的商业帝国，其 IP 变现之道具有很强的借鉴意义。在 IP 内容方面，作为超级 IP 帝国，迪士尼通过自主创新研发，挖掘已有故事和收购三大方式，引爆了多款热门 IP。例如其自主研发的经典形象米老鼠、童话故事中挖掘的迪士尼公主形象以及收购的漫威娱乐系列角色等。在 Statista 统计的 2020 年全球最赚钱的十大 IP 中，有 5 个 IP 来自于迪士尼，分别是第 3 名的小熊维尼、第 4 名的米老鼠、第 5 名的星球大战、第 6 名的迪士尼公主和第 8 名的漫威宇宙（见图 8）。

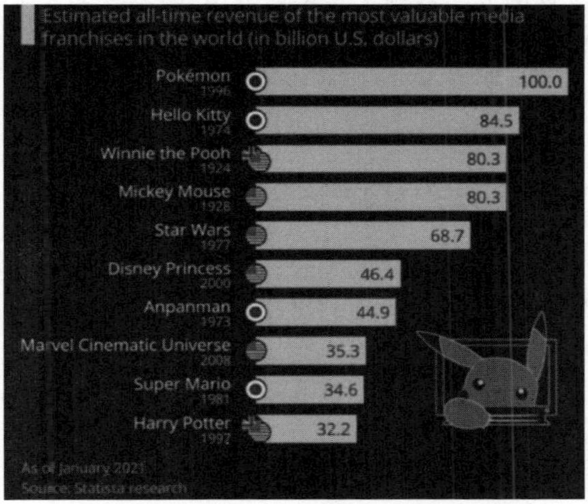

图 8　全球收入前十排名（10 亿美元）

资料来源：Statista

此外，迪士尼不仅拥有常青藤的经典 IP，其从未停止创新 IP 的脚步。“迪士尼乐园是一个永远都不可能真正完成的项目。它应该是一个一直在发展的，一直都能够增加新的元素的地方。”这也正是迪士尼可以长生不老，屹立不倒的原因。

在 IP 商业化方面，迪士尼拥有体系化的 IP 变现产业链。其首先以院线电影为核心推出新 IP 形象，并产生院线票房收益；其后通过电视频道或发行 DVD 获得多轮文化音像收益；此后选取爆款的 IP 形象进军迪士尼主题乐园和度假区，并通过 IP 授权和 IP 衍生品制作方式延长 IP 的周期，获得持续的收益。以 IP 创造为核心，电影、电视、乐园、周边环环相扣，迪士尼形成了体系化的多轮次 IP 变现闭环产业链，增强了核心竞争力（见图 9）。

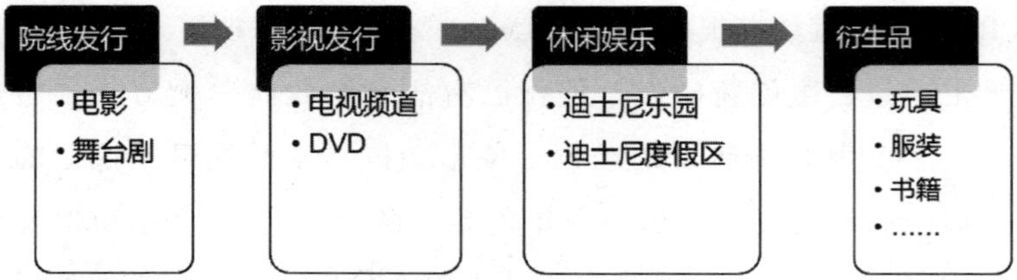

图 9　迪士尼 IP 变现产业链

资料来源：公开资料整理

迪士尼 IP 变现的成功依赖于其长期的 IP 内容积累、大刀阔斧的收购，以及多产业的联动布局。泡泡玛特等中国领先的潮玩公司和其相比仍有很长的路要走。

三、“子非鱼”——以儿童 IP 为核心的潮玩公司

子非鱼传媒成立于 2017 年，其以原创儿童 IP 起家，并以 IP 及其衍生品的开发为主营业务，头部 IP 为小鱼人“莫叽”和精灵少女“爱尔芙”，受众是 4—6 岁低龄儿童，主要的销售渠道是线上的天猫旗舰店和京东旗舰店，并与华数传媒，网易考拉拥有合作关系。目前已有数款落地产品（见图 10），包括：

爱尔芙ELF月光小镇系列盲盒

图 10　“子非鱼”部分产品

资料来源：子非鱼传媒官网

• 盲盒：爱尔芙 ELF 山海童话系列盲盒、爱尔芙 ELF 月光小镇系列盲盒。

• 动画：《小鱼人莫叽姆斯一家》1—5 季。

• 短视频：小鱼人莫叽姆斯为主角。

• 绘本/画册：《莫叽姆斯的魔幻世界》故事绘本第 1—2 部、《莫叽姆斯漫游中国》绘本画册。

• 周边衍生品：邮票、公仔、徽章、家居用品、宠物用品等。

子非鱼目前无论是从 IP 数量、IP 衍生品规模，还是销售渠道来看，均处于早期状态。其产品优势在于 IP 形象和衍生品具有教育意义，IP 的动画、短视频、画册产品具有早教属性。然而相伴而来的，低龄受众对于早教产品的需求弹性高，儿童 IP 形象能否吸引潮玩主力即 18—40 岁的消费群体，以及未来是否能保持原创 IP 的持续研发能力也是其不可避免的风险。

四、总结与展望

总结来看，潮玩行业具有很强的可塑性和延展性，其未来的产品形式和受众拓展均拥有无限的可能，预计未来知名 IP 数量会大幅增加，同时会出现超越盲盒、手办等基于核心 IP 的新载体和新玩法，潮玩产品的多元化也会促使受众从年轻群体渗透到全年龄段，满足不同群体的情感需求。潮玩的社交属性也会进一步拓展。社交媒体上潮玩的交换、换装、改妆、拆盒攻略等新内容将不断丰富，随之而来的是新型职业的诞生，如潮玩改造师、拆盒 up 主等。此外，覆盖全产业链的新潮玩公司或将脱颖而出，更多公司将致力于打造自身的 IP 变现生态，实现具有中国特色的新潮玩市场。

（注：中国人民大学童玥琳同学对此文亦有贡献）

想成为投融资观察报告创作团队的一员吗？微信扫描本书第 352 页二维码，现在就加入我们吧！

关于“云师兄”

我们是谁

云师兄（Career Atlas），共享泛金融资源，汇聚顶尖人脉，培养金融人才，致力于打造最有实战价值的泛金融领域学习平台。

致力于提升金融学子理论和实践相结合的能力，为职场人士开拓更广阔的视野和逻辑思维能力，成为青年职场人士之间交流的纽带，搭建企业与人才间的桥梁。

我们在做什么

我们涉及的领域包括开展日常技能训练和专业课程，提供青年经验交流平台和实习机会，为多项全国性金融赛事提供案例和评委，支持国内权威机构及一流高校对新经济相关领域的研究。

截至目前，经由我们推荐的云师兄成员已在东方花旗、君联资本、凯富利资本和 CICC 等多个专业机构参与了众多投融资交易，累计总金额超过 30 亿元人民币。部分优秀成员被推荐至海外参加丰富的行业交流活动。

我们能做什么

云师兄，严格筛选真实案例，多年研发独家体系化课程，打造最高效的金融实战课程，以职场所需的金融行业技能为主，拥有丰富行业从业经验的导师帮助学员开拓多重视野：

1. 快速掌握多行业，了解宏观经济趋势；
2. 掌握金融从业技能，培养应用型人才；
3. 加深自我认知，深刻思考职业发展。

采用线上为主、线下辅助的授课方式，强化学员多方面能力。

1. 专业基础：PPT 制作、演讲培训，财务知识强化；
2. 进阶能力：数据高效筛选，独立理解总结交易架构；
3. 分析思考：资本市场变化敏感性，核心数据逻辑及支撑、严密逻辑思维、数据深入挖掘能力，强化报告制作能力；
4. 以月为单位，自由选课，无时差地域限制，与全球高校优秀学生一起全面提升。

云师兄，不止是学习平台，从校园到职场，云师兄的陪伴是全方位的。我们的导师，不仅是课程老师，更以前辈的身份为大家解惑助力，以导师的身份严格告诉你能力欠缺点，以界内专家角度带你分析项目。

我们的学员，不仅是参课而已，我们课程期间互相探讨，结课后互相交流项目内容、实习心得、求职经验，一届届的互相帮助在云师兄沉淀传承。

云师兄，不止是线上学习，我们提供针对性项目与活动，线上课程为学员增强专业能力的同时，线下拓展综合实力，全方位培养学员作为金融人的职业素养。

我们的讲座内容覆盖求学、面试、求职、金融业内项目探讨等多方面，往期活动板块涉及演讲、礼仪、社交、沟通等多项能力。

加入我们

扫码了解咨询云师兄商学院的课程详情、讲座、活动、报名相关资讯。